刘冰 高福一 ◎等著

山东区域经济发展报告（2016）

Shandong Regional Economic Development Report

中国财经出版传媒集团

经济科学出版社
Economic Science Press

图书在版编目（CIP）数据

山东区域经济发展报告.2016／刘冰等著.—北京：
经济科学出版社，2017.7
ISBN 978 – 7 – 5141 – 6549 – 4

Ⅰ.①山…　Ⅱ.①刘…　Ⅲ.①区域经济发展 – 研究
报告 – 山东省 – 2016　Ⅳ.①F127.52

中国版本图书馆 CIP 数据核字（2016）第 016045 号

责任编辑：王冬玲
责任校对：郑淑艳
责任印制：邱　天

山东区域经济发展报告（2016）

刘　冰　高福一　等著

经济科学出版社出版、发行　新华书店经销

社址：北京市海淀区阜成路甲 28 号　邮编：100142

总编部电话：010 – 88191217　发行部电话：010 – 88191522

网址：www. esp. com. cn

电子邮件：esp@ esp. com. cn

天猫网店：经济科学出版社旗舰店

网址：http：//jjkxcbs. tmall. com

固安华明印业有限公司印装

787 × 1092　16 开　22.75 印张　500000 字

2017 年 7 月第 1 版　2017 年 7 月第 1 次印刷

ISBN 978 – 7 – 5141 – 6549 – 4　定价：68.00 元

（图书出现印装问题，本社负责调换。电话：010 – 88191510）

（版权所有　侵权必究　举报电话：010 – 88191586

电子邮箱：dbts@ esp. com. cn）

前　言

改革开放以来，历届山东省委省政府高度重视区域发展战略，在不断的探索实践中，全省区域经济布局日益合理，内部分工与协作不断加强，由东西结合共同发展到东中西梯次推进，由"一群一圈一带"、"一群一圈一带一洲一片"竞相发展到"一体两翼"统筹把握。2009 年、2011 年，黄河三角洲高效生态经济区和山东半岛蓝色经济区建设先后上升为国家战略后，全省经济发展格局有了新的起点，2013 年 8 月，省会城市群经济圈和西部经济隆起带发展规划出台，全省最终形成了"两区一圈一带"的区域发展格局，实现了从小板块区域错位发展到全省区域整体推进的飞跃。全省区域组团化、一体化、链条式发展模式日渐形成，区域综合实力迅速增加，区域竞争力大幅提高。

"十三五"时期，山东进入全面建成小康社会的决胜阶段和建设经济文化强省的关键时期。如何在新的历史时期实践创新、协调、绿色、开放、共享五大发展理念，如何破解发展难题、增强发展动力，形成新的发展优势，如何加快形成引领经济发展新常态的体制机制和发展方式，努力在全面建成小康社会进程中走在前列，是山东面临的新挑战。站在新的起点，省宏观经济研究院启动了对山东区域经济发展问题的系统研究。

在课题研究过程中，坚持理论研究与应用研究相结合的原则，在多方调研、搜集资料的基础上，综合运用多种研究方法，对山东区域经济发展的现状、问题、思路和建议进行了探讨。本书在调查研究的过程中，得到了省发改委等有关部门、研究机构、高等院校和相关市县的帮助支持，是凝聚各方面智慧的结晶。

本书共分综合篇、区域篇、专项篇三篇共十二章内容。综合篇四章，回顾了改革开放以来我省在不同的历史阶段实施的发展战略，以及区域发展格局的调整完善过程；探讨了区域发展与新型城镇化协调互动关系；研究了区域发展与主体功能区良性互动关系；分析了山东在全国区域发展中的地位与作用。区域篇四章内容，分别总结了"两区一圈一带""十二五"期间发展现状、发展亮点，并展望未来，提出对策建议。专项篇共四章内容，分别对"两区一圈一带"发展模式，发展的总体思路提出了对策建议。

首次编制山东区域经济发展报告，对我们来说是一项较大的挑战。虽然我们前期在区域经济发展方面进行了一些实践研究和理论研究，但山东各个区域发展情况比较复杂，区域发展的进程、变化较为迅速，许多资料和情况没有完全掌握，对各方面的政策了解不全、理解不深，对一些政策、问题的分析可能存在偏差，希望各级政府领导、专家以及各方面的人士不吝批评指正。

本书共分三篇十二章，全书由刘冰统筹，第一章至第四章由高福一、王安执笔，第五章由李莉执笔，第六章由李刘佳执笔，第七章、第八章由张鹏执笔，第九章、第十章由迟泓执笔，第十一章、第十二章由张磊执笔。汤薇同志在撰稿过程中也做了大量工作。

作　者

2016 年 12 月

目 录

综 合 篇

第一章 山东区域发展格局的调整与完善 ……………………………………………… 3

 第一节 "东部开放，西部开发，东西结合，共同发展"战略 ………………… 3

 第二节 "全面开放，重点突破，梯次推进，东西结合，加快发展"战略 ……… 7

 第三节 "龙头带动，重点突破，促强扶弱，协调发展"战略 …………………… 9

 第四节 "一体两翼"和海洋经济发展战略 ……………………………………… 12

 第五节 "两区一圈一带"战略 …………………………………………………… 16

第二章 区域发展与新型城镇化协调互动研究 ………………………………………… 22

 第一节 区域发展与新型城镇化协调互动关系研究 ……………………………… 22

 第二节 区域发展与城镇化协调互动模式分析 …………………………………… 25

 第三节 山东区域发展与城镇化协调互动总体评价 ……………………………… 27

 第四节 山东促进区域发展与新型城镇化协调互动的对策建议 ………………… 30

第三章 区域发展战略与主体功能区战略良性互动研究 ……………………………… 33

 第一节 区域发展战略与主体功能区战略互动关系研究 ………………………… 33

 第二节 山东省主体功能区战略实施评价 ………………………………………… 37

 第三节 区域发展与主体功能区协调互动模式分析 ……………………………… 40

 第四节 区域发展战略与主体功能区战略良性互动的对策建议 ………………… 43

第四章 山东在全国区域经济发展中的地位与作用 …………………………………… 47

 第一节 山东在全国的地位 ………………………………………………………… 47

 第二节 山东在东部地区的地位 …………………………………………………… 57

 第三节 山东在环渤海地区的地位 ………………………………………………… 60

 第四节 山东在全国区域经济发展中定位 ………………………………………… 61

 第五节 加快融入全国区域发展大格局的对策建议 ……………………………… 64

区　域　篇

第五章　蓝色经济区发展现状与 2015 年展望 ·························· 71
　　第一节　发展现状 ··· 71
　　第二节　发展展望 ··· 80
　　第三节　对策建议 ··· 83
　　第四节　亮点荟萃 ··· 89
第六章　高效生态经济区发展现状与 2015 年展望 ··············· 120
　　第一节　发展现状 ·· 123
　　第二节　发展展望 ·· 132
　　第三节　对策建议 ·· 137
　　第四节　亮点荟萃 ·· 145
第七章　省会城市群经济圈发展现状与 2015 年展望 ············ 167
　　第一节　发展现状 ·· 168
　　第二节　发展展望 ·· 174
　　第三节　对策建议 ·· 177
　　第四节　亮点荟萃 ·· 180
第八章　西部经济隆起带发展现状与 2015 年展望 ··············· 190
　　第一节　发展现状 ·· 191
　　第二节　发展展望 ·· 199
　　第三节　对策建议 ·· 204
　　第四节　亮点荟萃 ·· 206

专　项　篇

第九章　蓝色经济区新区建设的思路与政策建议 ················· 215
　　第一节　国内新区建设模式研究 ··································· 215
　　第二节　蓝色经济区新区建设综述 ······························· 229
　　第三节　蓝色经济区新区建设的总体思路 ························· 233
　　第四节　提高蓝色经济区新区建设水平的对策建议 ············· 248
第十章　高效生态经济区建设生态文明示范区思路与政策建议 ···· 256
　　第一节　生态文明示范区建设模式研究 ··························· 256
　　第二节　黄河三角洲建设生态文明示范区的重大意义 ··········· 267
　　第三节　黄河三角洲建设生态文明示范区的总体思路 ··········· 272
　　第四节　加快推进黄河三角洲生态文明示范区建设对策建议 ···· 280

第十一章　省会城市群经济圈一体化发展的思路与政策建议 ……………………… 289

　　第一节　区域一体化发展趋势分析 ………………………………………… 289

　　第二节　区域一体化发展模式研究 ………………………………………… 292

　　第三节　省会城市群经济圈一体化的基本特征 …………………………… 300

　　第四节　省会城市群经济圈一体化发展的总体思路 ……………………… 311

　　第五节　提高省会城市群经济圈一体化发展水平的对策建议 …………… 319

第十二章　西部经济隆起带特色高地建设思路与政策建议 …………………… 325

　　第一节　文化经济融合发展高地建设思路与政策建议 …………………… 325

　　第二节　商贸物流高地建设思路与政策建议 ……………………………… 336

　　第三节　生态低碳发展高地建设思路与政策建议 ………………………… 343

　　第四节　邻边经济高地建设思路与政策建议 ……………………………… 348

综合篇

第一章 山东区域发展格局的调整与完善

改革开放以来，顺应区域经济一体化发展趋势，山东省不断调整完善区域发展格局：从东中西三大板块——"一群一圈一带"—"一群一圈一带一洲一片"—"一体两翼"。2009 年、2011 年，黄河三角洲高效生态经济区和山东半岛蓝色经济区建设先后上升为国家战略；2013 年 8 月，省会城市群经济圈和西部经济隆起带发展规划出台，全省最终形成了"两区一圈一带"科学完善的区域发展格局。

第一节 "东部开放，西部开发，东西结合，共同发展"战略

这一阶段由 1984 年起至 1991 年，通过实施"东部开放，西部开发，东西结合，共同发展"战略，改革由农村向城市以及整个经济领域全面推进并逐步整顿深化、对外开放步伐不断加快。在区域发展过程中，强调优势互补，"东中西"梯次推进，相对平衡发展，形成总体优势，参与国内外大市场竞争。

一、实施背景

在农村改革的带动下，山东省各地经济普遍实现繁荣发展，经济总量不断扩张，人民生活水平显著改善，到1984 年温饱问题已基本解决。但与此同时，区域间差距扩大问题也日益显现出来，1984 年时全省人均 GDP 绝对差距达到 3 409 元，相对差距（极值比率）达到 8.13①。为应对迅速扩大的区域差距问题，1984 年 2 月，政府开始部署开展经济和社会发展战略研究，对区域差距扩大问题给予高度关注，并逐步形成一系列决策。1984 年 11 月 19 日，山东省委省政府召开沂蒙山区开发建设座谈会，研究确定了沂蒙山区开发建设的方针和奋斗目标，并于 20 日发出加速山区建设的通知，要求各级政

---

① 1984 年，全省人均 GDP 最高的东营市达到 3 887 元，而菏泽市当时仅为 478 元。

府进一步解放思想，放宽政策，采取有力措施，帮助山区特别是沂蒙山区尽快改变面貌。1985 年 7 月，在德州召开全省第一次东西部地区经济技术协作洽谈会，达成协作项目 93 个。1986 年 10 月，展开区域经济开发，在东平县召开现场办公会上首次提出"东西结合，共同发展"的战略。1988 年，进一步把区域发展战略确定为"东部开放，西部开发，东西结合，共同发展"。

不仅如此，随着经济的迅猛发展，山东省对各类资金、技术设备、管理经验等方面提出了更高的要求，迫切需要突破国内局限，在更广阔的领域内参与国际市场的交换和竞争，对外开放在推动经济发展中的作用日益突出。国务院确定青岛、烟台作为对外开放城市，并兴建两个经济技术开发区，实行类似经济特区的优惠政策，把山东推向了对外开放最前沿。1988 年 3 月，山东省召开对外开放工作会议，研究部署实施沿海经济发展战略，深化外贸体制改革，积极扩大出口贸易，加快利用外资和引进技术，加快山东半岛开放的步伐。同年 4 月，召开山东半岛对外开放工作座谈会，研究确定了对外开放的有关政策，部署加快实施沿海经济的发展战略。

二、主要政策

一是搞好点片开发。对沿海滩涂、海岛、渤海湾岸线、东平湖、南四湖、黄淮海平原和黄河三角洲等，有计划地组织开发建设。二是实行横向联合。出台加强东西部地区横向经济联合促进全省经济协调发展的意见，提出"优势互补，平等互利，相互促进，共同发展"的工作思路，对口建立了市地、县、企业三个层次的协作关系。从经济发展战略的角度推动胶济铁路沿线城市群工作，济南、淄博、潍坊、青岛和烟台五市，成立经济研究联谊会，在深入调查和探讨五市经济联合的客观条件、联合领域、方针和政策基础上，以青岛、烟台为海上门户，济南为辐射基地，淄博、潍坊为发展腹地，胶济、蓝烟铁路和济青公路为经济通道和联络纽带，建设能够带动山东经济起飞的经济发达地带。三是调整区域布局。作出开发建设黄河三角洲的决定，提出"油洲加绿洲，生态加发展"的目标要求，制定建设"海上山东"战略，致力于发展"蓝色产业聚集带"。四是加强省际合作。提出"四门大开"，"南联、北靠、西进"全方位联合，主动联合兄弟省市，积极推动沿海地区"对外开放大合唱"，在互惠互利的原则下密切协作，对沿海省市持以"优势互补、共同发展，携起手来走向国际市场"的态度，努力实现沿黄河七省市经济协作带"黄河大合唱"，对内陆邻省实行"双向服务"，积极主动地为内陆省发展对外贸易做"窗口"、做"通道"。

对外开放方面，从山东实际出发，实行全方位开放，全省分三个层次自东向西全面展开：第一个层次，在青岛、烟台、威海、潍坊、日照等七市，实行更加优惠和灵活的政策，让他们放开手脚，发展"两头在外"的出口加工产业，同时大力吸引外资加速现有企业的技术改造；第二个层次，在沿海七市进一步开放的基础上，扩大济南市、东营市和惠民地区利用外资、引进技术和进出口贸易等方面的自主权，进一步改善这些市地的投资环境，增长对外商投资的吸引力；第三个层次，鲁西北、鲁西南地区因地制宜积极发展外向型经济，采取东西结合、城乡结合、贸工结合等方式，在全省建立农副产品、纺织产品、石油化工产品、机电产品等出口生产体系，将山东经济逐步引上以国际市场为导向的发展轨道。具体措施包括：大力改善投资环境，加强港口、机场、邮电通信等基础设施建设，在办好青岛、烟台两个经济技术开发区的同时，在青岛、烟台、潍坊、济南等区域设立出口加工区；进一步搞活外资、外汇和金融，落实和完善外商投资政策，对外商投资企业全部按照国际管理进行管理，为外商投资企业生产经营创造良好的条件。

三、成效

这一阶段，山东省先后经历了 1985～1986 年和 1989～1991 年两次针对经济过热和通货膨胀而实行的全面治理整顿和继续深化改革。与 1983 年相比，1991 年全省地区生产总值增长 2.11 倍，年均增长 10.7%。在对外开放的带动下，威海成为 GDP 增长最快的地区，1991 年地区生产总值比 1983 年增长 3.04 倍，烟台、潍坊、日照、青岛等沿海城市也实现了较快的增长；相比之下，内陆地区尤其是德州、聊城、滨州、菏泽等市以及东营市，经济增长较为缓慢。

从人均 GDP 水平来看，山东省人均 GDP 由 765 元增加到 2 122 元，增长了 1.77 倍，年均增长 9%。与 1984 年相比，其中济南、烟台、潍坊、威海四市人均 GDP 增长超过 2 倍以上，德州与东营增长不足 1 倍。各市人均 GDP 相对差距呈先迅速扩大后逐步缩小的状态，1991 年人均 GDP 极值比率为 4.51，比 1984 年下降了 3.62（见图 1-1）。

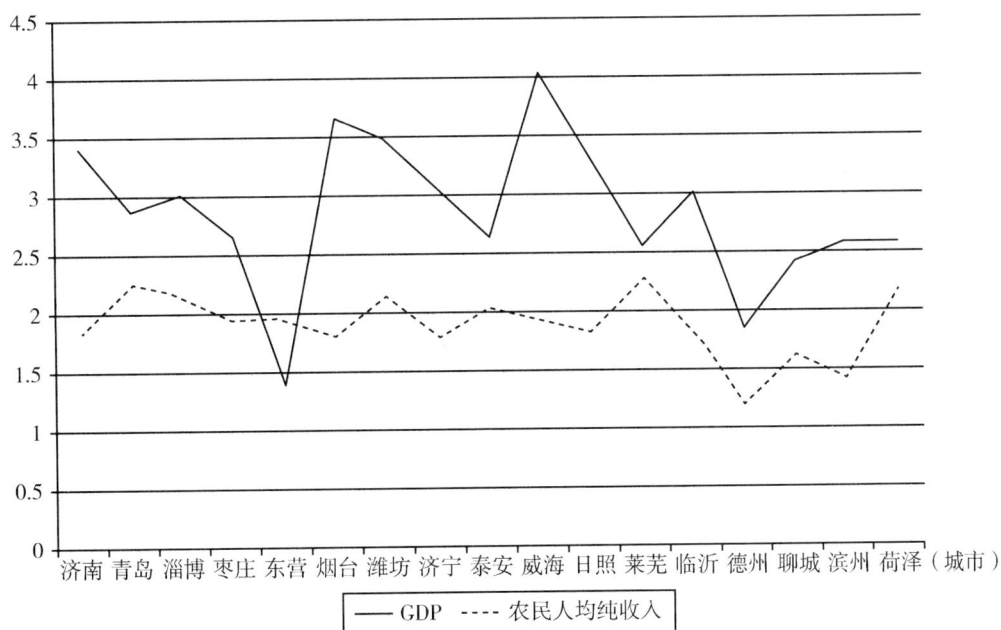

图 1-1　1984～1991 年各市 GDP 与农村人均纯收入增长情况

从区域发展状况来看，山东省自东西部地区有组织地加强横向经济联合以后，有效促进了省内东西部地区的共同繁荣。截至 1986 年年底，第一次东西部地区经济技术协作洽谈会达成的 93 个协作项目已经落实，产生了良好的经济效益。据对其中 26 项统计，每年新增产值 1.05 亿元，利税 1 545 万元。全省分为东西两大片、形成胶济、新石、德烟三条产业聚集带，建设鲁中、胶东、鲁东南、鲁西南、鲁西北、鲁北六个经济区的地区经济总格局框架逐渐形成。东部地区产业、产品结构不断调整优化，经济素质有新的提高；西部地区基础设施有较大加强，第二、第三产业发展步伐加快。

沿黄河经济协作带的工作在八省区共同努力下，也有了新的发展。山东省与沿黄河省区达成经济技术协作项目 260 多项，已落实 81 项，商品成交额约 12 亿元，引进资金 3 亿多元，人才交流 1 300 余人次。由市地组成的毗邻经济协作区工作也十分活跃，1991 年"中原经济协作区"签订经济技术合作项目 2 500 余项，融通资金 25 亿元，物资协作总金额 15 亿元，传递信息 1 万余条。"淮海经济协作区"、"环渤海十五市地市长、专员座谈会"、"冀鲁毗邻协作区"、"上海、沂蒙山区经济开发联谊会"等跨省区联合组织，也都积极开展活动，做了大量卓有成效的工作，促进了地区经济发展。

对外开放成为这一时期的显著特征，山东省经济格局开始向外向型转变，形成了经济技术开发区—沿海开放城市—沿海经济开放区—内地逐步推进的对外开放格局。出口贸易增长缓慢的状况得到很大的改变，1985 年尽管遭遇国际市场石油价格暴跌、农副产品需求锐减等不利因素影响，全省出口创汇仍实现 26.7 亿美元，创历史最好水平。尤其是利用外商投资突飞猛进，外商直接投资由 1984 年的 40 万美元，迅速扩展到 1991 年的 17 950 万美元，增长了 448 倍。

与第一个阶段相比，各市农村居民收入增速开始放缓，全面落后于地区生产总值增长速度，仅青岛、淄博、潍坊、泰安、莱芜、菏泽六市农民人均纯收入实现了翻番，增长 1 倍以上，其余市地增长缓慢，滨州市农民人均纯收入仅增长了 0.42 倍。另外一个显著变化是产业结构构成的变动，这一时期的显著特征是第三产业在生产总值中的比重迅速上升，第一产业比重迅速下降，产业结构逐步趋向协调、合理发展。非农产业的快速发展，带动山东省三次产业结构由 1984 年的 38.2∶41.1∶20.7，调整为 1991 年的 28.8∶41.2∶30.0，第三产业比重逐步超过第一产业，实现了由"二、一、三"向"二、三、一"的重要转变（见图 1-2）。

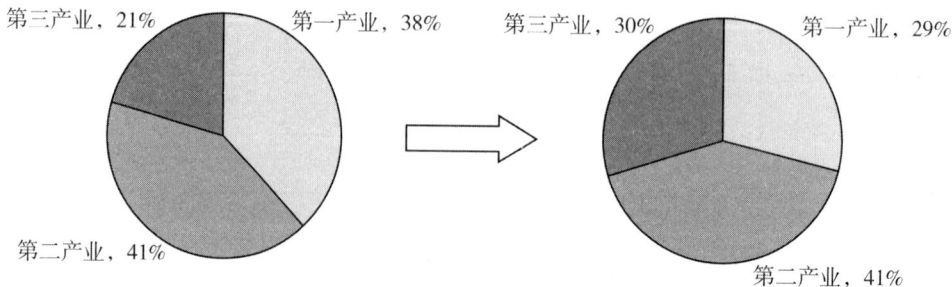

第三产业，21%　第一产业，38%　第二产业，41%

第三产业，30%　第一产业，29%　第二产业，41%

图 1-2　产业结构变动情况（左图 1984 年，右图 1991 年）

第二节　"全面开放，重点突破，梯次推进，东西结合，加快发展"战略

这一阶段由 1992 年起至 2002 年，以邓小平同志南方谈话为标志，山东改革开放和现代化建设步伐明显加快，同时东西部地区的差距也进一步扩大。

一、实施背景

1992 年，邓小平南方谈话掀起了我国经济体制改革和对外开放的新高潮。在对外开放的突破口上，邓小平提出重点突破，梯次推进、整体发展的战略，根据全国经济发展战略的设想，决定首先兴办深圳、珠海、汕头、厦门四个经济特区，作为对外开放的突破口，并进一步由沿海到沿边、沿江进而向内地梯次推进。在此背景下，山东掀起了又一轮思想大解放、经济大发展的热潮。1992 年 4 月，山东召开全省对外开放工作会议，决定实施"全面开放，重点突破，梯次推进，东西结合，加快发展"战略，努力推动形成以青岛为龙头，以烟台、威海、日照为前沿，两翼展开，向西纵深扩展的整体对外开放新格局，促使经济尽快转上以外向型为主的发展轨道，有力地推动了改革开放和经济建设。同年，提出强县强乡带动战略，是在深刻认识到省内存在的东西部发展不平衡的问题之后，自上而下主动采取的有力措施。

二、主要政策

一是优化区域布局。以青岛为龙头，以半岛为依托，沿青、烟、威环海公路和胶济线，自东向西，梯次推进，努力形成全省东中西互促互动的整体格局。在加快沿海和胶济沿线地区发展、争取率先实现现代化的同时，加快欠发达地区发展。借鉴国家西部大开发的有关政策，在政府投资、财政转移支付、信贷投放及社会保障资金等方面，对欠发达地区继续给予倾斜。

二是实行分类指导。东中西各有侧重，东部用足用好政策，充分发挥沿海地带的地理、交通、经济、技术优势，集中力量向高层次发展，从总体上上一个新台阶，实现率先突破，增强辐射带动作用，建成带动全省技术进步和经济发展的外向型经济区；中西部发挥资源优势，走重工强农的路子，在搞好农业综合开发的同时，充分利用农产品、矿产品资源丰富，水资源条件较好的优势，加快能源、交通、原材料建设，发展相关的加工工业，逐步建成全省粮、棉生产基地，能源、原材料基地和农副产品加工基地，并借助外力加快发展；坚持改革、开放、开发"三位一体"，进一步加强东西部的横向经济联系，按照互惠互利的原则，充分利用各自的优势，在加工深度和层次上合理分工，

把技术、资金、资源优势结合起来，相互支持，相互促进，使东部和西部地区在利益协调中共同发展，共同富裕，积极促进区域协调平衡。

三是加快城镇化步伐。建设大、中、小城市和重点建制镇四个层次的现代化城镇体系，形成胶济、新石、德东、京九四条产业聚集带，发展胶东沿海、鲁中南山区、鲁西北平原三个各具特色的现代化农业区。

四是全面实施建设"海上山东"和开发黄河三角洲两个跨世纪工程。加快"海上山东"建设，把经济建设的着眼点，由单纯开发陆地转移到陆海整体开发上来，依靠"科技创新和科技兴海"，逐步形成"陆上一个山东，海上一个山东"的经济发展新格局，进一步确立山东海洋大省、海洋强省的形象；加快黄河三角洲开发，立足发挥资源优势，多渠道增加投入，搞好水、电、路、港、讯等基础设施建设，发展现代农业、盐化工、石油化工和石油替代工业，建成全国重要的农牧渔业基地和石油化工基地。形成和完善"四四三二"布局框架，促进全省经济合理分工、协调发展。

在此期间，抓住中韩建交的时机，发挥地理优势，扩大对韩经济技术交流与合作；在京九铁路建成和新亚欧大陆桥开通之后，制定了借路、借桥振兴鲁西鲁南经济的区域发展规划，加快"京九"和鲁南"大陆桥"产业带发展步伐。

三、成效

这一时期，山东经济社会发展过程中创造的诸多发展模式，为中国改革开放提供了样本：潍坊的农业产业化，作为农村改革与发展的重大创新写进了中央决策；诸城国有中小企业股份合作制改革，打破了地方国企产权改革僵局；强县强乡带动与欠发达地区改革开放试点县的确定，开始了由非均衡发展向均衡发展的转变。

山东经济发展速度始终保持在两位数以上，地区生产总值首次突破1万亿元，成为全国三个率先过万亿的省份之一。与1992年相比增长3.68倍，地区生产总值年均增长13%，其中滨州、东营、莱芜、青岛成为增长最快的城市，地区生产总值增幅均超过4倍；菏泽增长最慢，增幅尚不到2倍。工业总产值增长4倍，达到15 588.5亿元，其中规模以上工业总产值11 495.3，列全国第三位，实现利税总额1 163.6亿元，列全国第二位；全社会固定资产投资增长4.8倍，达到3 509.3亿元。

城乡居民收入进入快速增长期。城镇居民人均可支配收入年均增长14.5%，达到7 615元；农民人均纯收入连跨1 000元和2 000元，2002年接近3 000元，达到2 954元，比1992年增长2.7倍。在此期间，1999年全省农村小康实现程度达到96%，比1990年的60.4%提高了35.6个百分点，全省农村总体上达到小康生活水平，经济社会发展开始朝着向21世纪中叶人均GNP达到中等发达国家的水平、人民生活比较富裕、基本上实现现代化的第三步战略目标迈进。

全方位、多领域的对外开放格局已经形成，开放层次和质量不断提高。2002年，进出口总额达到339.4亿美元，比1992年增长3.36倍，年均增长12.9%；实际利用外商直接投资 55.86 亿元，为 1992 年的 5.74 倍，年均增长 16.8%；对外承包工程和劳务合作营业额年均增长 35.9%，2002 年达到 8.3 亿美元，为 1992 年的 21.4 倍。

但不容忽视的是，在经济取得快速发展的同时，区域间的差距不断扩大。从各市人均 GDP 水平来看，不论是绝对差距还是相对差距，都在急速扩大。1992 年，人均 GDP 最高的东营与最低的菏泽之间，绝对差距为 4 352 元，极值比率为 5.04；而到 2002 年时，二者间绝对差距迅速扩大至 27 849 元，极值比率则增长到 9.93。

第三节 "龙头带动，重点突破，促强扶弱，协调发展" 战略

这一阶段由 2003 年起至 2007 年 4 月，立足于有效解决山东省东中西部发展中存在的较大不平衡性问题，加强东部对中西部的支援，引导东部继续领跑，促进中部快速崛起和西部跨越式赶超。

一、实施背景

长期以来，受基础、区位、资源禀赋及改革开放力度等诸多因素的影响，山东省市与市、县与县之间经济发展不平衡的矛盾一直比较突出，在东、西部县域之间表现得尤为明显，差距不断拉大。东部沿海地区凭借优越的区位、交通、政策等优势条件，率先发展，经济规模快速壮大，逐步成为具有国际影响力的山东半岛城市群，西部地区经济发展和城市化依旧相对落后。2003 年年底，菏泽市人均 GDP 仅为 3 337 元，和山东省东部的一些城市相比，差距高达 10 多倍。

进入 21 世纪后，随着山东省向全面建设小康社会的奋斗目标全力挺进，明确提出了"一二三四五六"的发展目标和工作思路，建设"大而强、富而美"的社会主义新山东。在此过程中，面对激烈的国际经济竞争和国内兄弟省市竞相加快发展的新形势，对山东省区域发展战略也有了更进一步的认识。2003 年 6 月召开的省委工作会议上，全面总结山东经济社会发展面临的新形势新任务，对深入推进全省区域协调发展作出进一步部署，提出了"一个龙头，三个突破，东西联动，城乡统筹，促强扶弱，协调发展"的工作思路，努力形成东中西各具特色、优势互补、良性互动、共同繁荣的区域发展新格局，迈出了统筹区域经济发展的新步伐。2003 年年底，进一步作出发展县域经济的决定，把培育壮大县域经济作为增强全省综合实力、增加农民收入、统筹城乡发展的战略举措。

二、主要政策

一是发挥青岛龙头作用。青岛地处亚太经济圈与环黄海经济圈的重要部位，是山东

发展条件最好、经济实力最强的城市和对外开放、走向世界的重要窗口，也是带动全省经济发展的龙头城市。鼓励青岛站在新起点、瞄准大目标、实现新发展，努力把青岛建设成为我国区域性经济中心、对外开放的重要基地、世界知名特色城市，充分发挥在全省改革开放和现代化建设中的示范、辐射、带动作用。出台《关于突出发挥青岛龙头带动作用的意见》，在经济发展政策、重大基础设施建设项目上进一步向青岛倾斜，周边各市要加强与青岛市的衔接，主动接受青岛的辐射和带动。此外，将国家政策调整后收到省里的管理权限下放给青岛，赋予其绝对宽松的自主发展权。

二是推动"三个突破"。东部突破烟台、中部突破济南、西部突破菏泽，明确各自定位，加强跨地区协作，促进东中西联动。支持烟台加快改革开放步伐，进一步发挥优势，形成新的强有力的增长点；充分发挥济南作为省会中心城市的优势，加快城市规划建设，大力发展省会经济和总部经济，全面提升省会形象；把加快菏泽发展放在更加突出位置，加大对口帮扶力度，实施"百个项目进菏泽"、"农村劳动力西输东接"，确定由东部8个强市、省直8个部门、8个强县和9个大企业集团对口帮扶菏泽9个县区，增强其经济社会发展活力。

三是规划建设"一群一圈一带"，分别是山东半岛城市群、省会城市群经济圈和鲁南经济带。其中，山东半岛城市群包含济南、青岛、烟台、威海、潍坊、淄博、日照、东营八市，省会城市群经济圈包含济南、淄博、泰安、莱芜、德州、聊城、滨州七市，鲁南经济带包含日照、济宁、临沂、枣庄、菏泽五市。编制半岛城市群区域发展规划，充分发挥区位条件、生产要素、资源禀赋、产业体系等优势，依托大型港口和陆路交通枢纽，积极打造环黄海经济圈重要的现代化都市群和面向日韩的国际化制造业基地两大品牌，努力形成全国开放程度最高、发展活力最强、最具核心竞争能力的经济增长极之一；加快推动省会城市群经济圈建设，发挥其在促进东部发达和西部欠发达交流互动、产业转移方面的作用，进一步优化全省生产力布局、推动区域经济协调发展；以提高整体效益和综合竞争力为目标，大力推进改革开放，着力完善基础设施，有效整合各类资源，强化分工协作关系，发挥区域集成优势，增强东方桥头堡和中心城市功能，努力把鲁南建设成为南承沪宁、北连京津、东接半岛、西启黄河中下游的城市群。

四是实施"双30"工程。在"点"上实施"三个突破"的同时，"面"上启动"双30"工程，对140个县（市、区）中的前30个经济强县和后30个欠发达县组织对口帮扶，通过"促强扶弱带中间"，推动县域经济全面发展。对经济强县下放权限、创造环境、实现率先发展；对欠发达县加大转移支付力度、培育自身"造血"能力，促其跨越式发展。

进一步，山东省八届十五次全委会议作出了打造山东半岛城市群、省会城市群经济圈、鲁南经济带、黄河三角洲高效生态经济区和海洋经济强省"五大板块"的形象概括，明确了"五大板块"各自的目标任务，为山东省下一阶段重点区域带动战略的提出奠定了基础。

三、成效

经过这一时期的努力，一个东中西各具特色、优势互补、良性互动、共同繁荣的区域发展格局正在形成，带动了国民经济的快速发展。2004 年开始，山东省经济总量跃居全国第二位，规模以上工业利税总额居全国第一位；2006 年，全省地区生产总值突破两亿元大关；2007 年，全省实现生产总值 25 887.7 亿元，5 年间增长了 1.15 倍，年均增长 14.6%，占全国的比重达到 10.4%；人均 GDP 分别于 2004、2005 年在全国连上两个台阶，由第九位上升到第七位，2007 年达到 3 657 美元，逐渐向世界中等收入国家平均水平迈进。人民生活富裕程度稳步提高，城镇居民人均可支配收入和农民人均纯收入 5 年年均分别增长 13.4% 和 11.0%，比全国年均增速分别高 1.1 个和 0.2 个百分点。

开放型经济取得了巨大成绩。山东省对外开放从沿海到内陆梯次展开，不断深化，基本形成了以青岛为龙头、以半岛城市群和省会城市圈为支撑、以经济园区为载体、以产业开放为主要内容的全方位对外开放格局。2007 年，全省进出口总额迈上千亿美元台阶，达到 1 226 亿美元，比 1978 年增长了 140 倍，外贸依存度上升到 36%。利用外资占企业固定资产投资的比重达到 10% 以上。涉外税收占全省税收的比重达 23%，外商投资企业就业人数占全省城镇在岗的比重达到 1/4，对外开放成为山东省经济社会发展的主要动力。

在区域发展战略的带动下，半岛城市群建设加快，辐射带动能力增强。2007 年，半岛城市群 GDP 增长 16.0%，比全省经济增速高 1.7 个百分点，GDP 总额占全省地区生产总值的比重达到 63.5%，对全省经济增长的贡献率为 63.8%，比上年提高 0.2 个百分点。中西部地区经济发展快速跟进，除地方财政收入增长低于半岛城市群外，各项指标增速均快于半岛城市群。2007 年，枣庄、临沂、济宁、泰安等其余 9 市 GDP 增长 16.2%，比半岛城市群增速高 0.2 个百分点。

烟台经济发展保持良好势头，一批优势企业和产业迅速崛起，经济增长速度跃居沿海开放城市前列。2007 年，烟台地区生产总值达到 2 879 亿元，比上年增长 16.6%，增幅高出全国、全省、14 个沿海开放城市平均水平 5.2 个、2.3 个和 1.8 个百分点；进出口突破 200 亿美元，达到 239.4 亿美元，增长 58.8%，出口增幅高出全省 31.9 个百分点。济南城市综合服务功能明显提高，辐射带动能力明显提升。2007 年，济南地区生产总值达到 2 554.3 亿元，第一、第二、第三产业比例由 2002 年的 8.4∶42.2∶49.4 调整为 5.9∶45.5∶48.6。第三产业占比达到 48.6%，居全省首位，对经济增长的贡献率为 54.9%，拉动 GDP 增长 8.6 个百分点；交通装备、电子信息等六大优势产业共实现主营业务收入 2 539 亿元，对全市规模以上工业增长的贡献率达到 84.4%；实现进出口总额 62.2 亿美元，其中出口额 34.35 亿美元，分别比上年增长 41.7%、40.8%。突破菏泽战略取得显著成效，菏泽市生产总值、固定资产投资、地方财政收入和农民人均收入连续 4 年均高于全省平均增幅。2007 年，菏泽市实现地区生产总值 659.9 亿元，比上年增长 17.1%；规模以上工业增加值 240 亿元，增长 31%；地方财政收入 42.1 亿元，增长 40.2%；城镇居民人均可支配收入 9715 元，增长 19.4%；农民人均纯收入 4 023.2 元，增长 15.6%。

县域经济得到快速发展，综合实力和竞争力不断增强。2006 年，县级地方财政收入增幅达 27.6%，比全省平均水平高 1.3 个百分点。30 个强县和 30 个欠发达县 GDP 分别实现 8 331.4 亿元和 2 243.3 亿元，分别增长 18.2% 和 17.6%；地方财政收入分别实现 332.3 亿元和 63.9 亿元，分别增长 27.8% 和 34.0%，增幅明显高于全省平均水平。在全国百强县中，山东增加到 22 个，是近几年新增数量最多的省份，百强县总量稳居全国第二位，其中有 15 个县（市）位次前移。

这一时期，区域差距不断扩大的趋势得到了一定的缓解。从 2004 年开始，济宁、莱芜、德州、聊城、滨州、菏泽等内陆地区经济增速普遍较快。2005 年，莱芜市 GDP 增速全省第一，2006 年聊城第一，2007 年菏泽第一。尽管人均 GDP 最高与最低城市间的绝对差距依旧不断扩大，但二者的比值在 2005 年达到 12.72 的峰值后开始回落，地区收入差距进入不断缩小的通道（见表 1-1）。

表 1-1 十七地市人均 GDP 差异演变

年份	均值	最大值	最小值	极差	极值比率	平均变异系数	加权平均变异系数	泰尔指数
2003	16 234	39 528	3 337	36 191	11.85	0.59	0.51	1.33
2004	20 007	50 193	4 160	46 033	12.07	0.58	0.51	1.33
2005	23 899	64 907	5 104	59 803	12.72	0.60	0.50	1.34
2006	27 825	74 048	6 652	67 396	11.13	0.58	0.49	1.35
2007	32 683	84 081	8 424	75 657	9.98	0.56	0.47	1.33

第四节 "一体两翼"和海洋经济发展战略

这一阶段由 2007 年 8 月起至 2013 年 8 月。在经济全球化和区域经济一体化的大背景下，围绕解决区域发展不平衡和收入差距过大问题，山东省不断思考和更新自己的区域经济发展定位，区域发展思路从过去主要侧重于以"东中西"为横向坐标考虑区域发展，转变为侧重于以"北中南"为纵向坐标观察和思考问题。

一、实施背景

改革开放 30 多年以来，山东省充分利用国家实施东部率先发展战略这一机遇，保持强劲的发展态势，经济发展已经站在新的起点上。区域经济格局逐渐演变为海上山东、黄河三角洲高效生态经济区、半岛城市群、济南城市群经济圈、鲁南经济带"五大板块"。但同时可以看到，山东省依旧存在经济结构不够合理，城乡、区域、经济社会发展不平衡等问题。沿海地区和胶济一线率先发展，经济社会发展水平较高，但同时面临着日益严峻的资源环境约束；南北两翼资源丰富，但工业基础相对较弱，城镇化水平相对较低，巨大的资源潜力远没有得到充分发挥，经济发展水平滞后。

就全国而言，我国区域发展格局发生了新的变化，统筹协调、一体化发展的态势日益明显，区域之间的竞争也更加激烈。国务院关于开展全国主体功能区规划编制工作的文件，将促进区域经济进一步发展纳入法制化、规范化、一体化的轨道。以经济为纽带的大区域融合竞争形态，正在催生一个又一个新的经济增长极。在南部，包括苏、浙、沪在内的长三角一体化发展已上升为国家战略，迈出了实质性步伐，苏北地区发展势头强劲；在北部，环渤海经济圈特别是天津滨海新区开发不断加速；在西部，中原城市群正在崛起。山东省南北两翼如不抓紧加快发展，在日益激烈的区域竞争中将面临被"抽离"和边缘化的危险。放眼长远，统筹海陆资源，拓展发展空间已经成为各个国家和地区的必然选择。

就山东省而言，区域发展也进入了一个新阶段，必须积极谋划，进一步明确"五大板块"之间的内在联系，因地制宜，因势利导，不断推动区域间的统筹协调、一体化发展。省第九次党代会之后，山东就促进山东经济社会又好又快发展16个方面的重大问题进行集中调研，其中两个题目涉及区域发展问题。通过调研，进一步深化了对省情特征的认识。在深入调研的基础上，2007年8月初，省委在原有区域经济发展基础上，对五大板块进行深度整合，提出构建"一体两翼"和海洋经济发展格局的战略构想（见图1-3）。

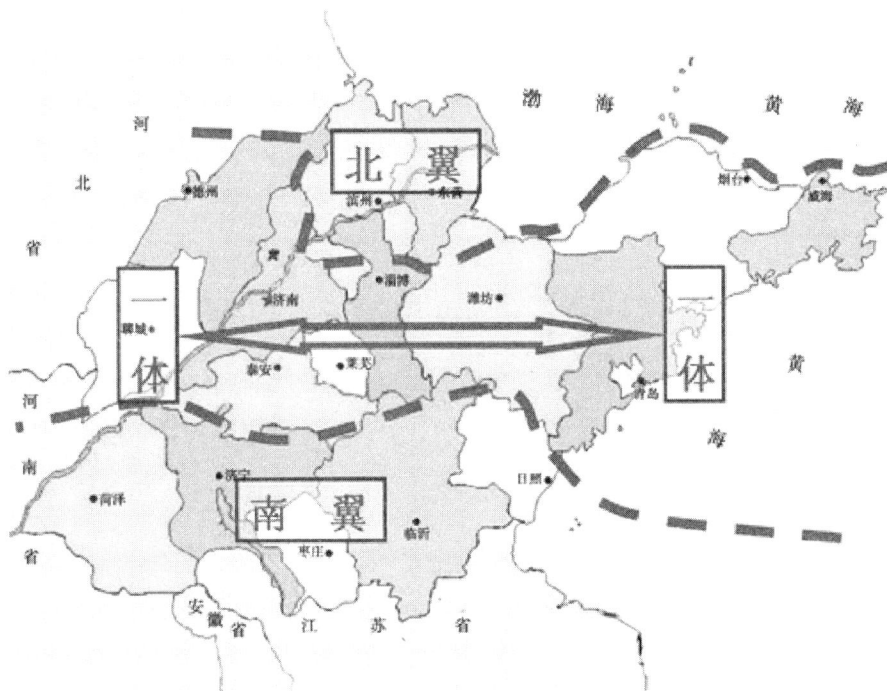

图1-3 "一体两翼"区域发展格局

二、主要政策

"一体"主要是指以胶济铁路为轴线形成的横贯东西的中脊隆起带，"两翼"则分别是北临渤海湾的黄河三角洲和南接苏豫皖的鲁南经济带。

优化开发"一体"。"一体"主要由山东半岛城市群和省会城市群经济圈两大板块构成，是对山东半岛城市群、济南省会城市群经济圈乃至海洋经济的整合。其中，济南、青岛、淄博、潍坊、烟台、威海6市构成"一体"的紧密层，泰安、莱芜、德州、聊城4市构成"一体"的外围层。充分发挥青岛的龙头作用和济南中心城市的作用，进一步把"一体"做大做强，加快工业化、信息化、城镇化、市场化、国际化进程，高水平建设胶东半岛制造业基地，加快推动胶济铁路两侧产业聚集带建设；推动紧密层和外围层良性互动，促进生产要素跨层流动，实现产业协作、优势互补，提高一体化水平。做优做强"一体"，使"一体"成为引领和带动全省经济又快又好发展的主体区，具有国际竞争力的经济增长区。

重点突破"北翼"。包括东营、滨州两市及潍坊市寒亭区、寿光市、昌邑市、乐陵市、庆云县、高青县、莱州市，是山东参与环渤海经济发展的前沿阵地，是对接天津滨海新区的首要窗口。在开发过程中，准确把握"高效生态经济区"定位，坚持开发与保护并重，按照产业集聚、城市辐射、园区带动、突出重点、率先突破的发展理念，展开"四点、四区、一带"布局，即加快东营、滨州、潍坊、莱州四个港口建设，重点规划建设四大临港产业区。加快共同市场建设，促进生产要素合理配置，在规划布局、招商引资、项目建设上协调动作，统一行动，营造区域经济发展的整体优势和竞争力，形成北部沿海经济带，建成全省的生态产业基地、新能源基地和全国的循环经济示范基地。

加快发展"南翼"。"南翼"处于泛太平洋经济圈、中日韩经济圈与新亚欧大陆桥经济带的交汇点，是华东与华北、山东半岛与中原地区、长江流域与黄河、淮河流域的结合部，在全省经济发展中具有承南接北的作用。坚持合作共赢，以港航路和输油管道等基础设施建设为先导，大力完善基础设施，有效整合各类资源，强化分工协作关系，发挥区域集成优势，增强东方桥头堡和中心城市功能，打造"一带、三区、六大产业基地"，加快构建现代产业体系，大力发展循环经济，增强区域可持续发展能力，实现跨越式发展，努力把鲁南建设成为鲁苏豫皖边界区域新的经济隆起带、山东经济发展的重要增长极。

大力发展海洋经济。充分发挥海洋资源优势，以港口为龙头，以海洋产业、临港工业和临港物流业为重点，与半岛城市群建设和半岛制造业基地建设相衔接，把发展海洋经济与全省经济发展紧密结合起来，构筑"一洲二带三湾四港五岛群"的特色海洋经济区，形成具有较强竞争力的海洋经济体系，把山东建设成为产业布局合理、比较优势突出、生态环境良好的海洋经济强省。

三、成效

"一体两翼"和海洋经济发展战略的实施，既是对山东省区域发展认识的深化和创新，又是优化国土开发格局、形成主体功能区的战略举措，突破了传统的"雁形成长理论"。"一体"带动"两翼"，"两翼"支撑"一体"，合力撬动全省区域协调发展，有力地推动了山东省区域经济的一体化，增强了山东省在全国区域发展中的竞争力。"一体两翼"区域区域发展格局，也为山东未来的发展埋下了伏笔：北接、南联、东拓、西进，即北翼对接京津冀与环渤海经济圈，南翼积极承接长三角地区产业转移，东拓则是依托日韩承接国际产业与资本转移，西进是向内陆省份挺近，拓宽山东发展腹地和资源配置空间。

2012 年，由半岛城市群和省会城市群经济圈构成的"一体"实现生产总值36 846.1 亿元，占全省的 73.67%，在全省经济社会发展中居主体地位；实现地方财政收入 66.1%，是山东省政府财力的主要来源地区；固定资产投资总额 21 876.2 亿元，占全省的 72.15%，是全省投资高度聚集地区；实现进出口总额 1 906.3 亿美元，占全省的 77.64%，是全省对外贸易的主战场。黄河三角洲高效生态经济区实现地区生产总值和地方财政收入达到 7 274 亿元、463 亿元，占全省的比例分别为 14.54% 和11.41%，比上年增长 11.8% 和 18.1%；鲁南经济带实现地区生产总值和地方财政收入11 045 亿元、426.1 亿元，占全省的比例分别为 22.08% 和 10.5%，比上年增长 11.6%和 19.5%，两翼经济增长速度均高于半岛城市群和省会城市群经济圈。

这一时期，区域差距进一步缩小，济宁、莱芜、临沂、聊城等中西部地区依旧是增长较快的城市，人均 GDP 极值比率由 2007 年的 9.98，下降到 2012 年的 6.77。人均GDP 最低的菏泽市于 2008 年突破万元大关，接着于 2012 年突破两万元。

表 1 - 2　　　　十七地市人均 GDP 差异演变（2007～2012 年）

年份	均值	最大值	最小值	极差	极值比率	平均变异系数	加权平均变异系数	泰尔指数
2007	32 683	84 081	8 424	75 657	9.98	0.56	0.47	1.33
2008	38 107	101 520	10 299	91 221	9.86	0.54	0.46	1.32
2009	40 995	102 370	11 649	90 721	8.79	0.51	0.45	1.30
2010	47 096	116 448	14 841	101 607	7.85	0.51	0.44	1.30
2011	52 897	130 811	18 730	112 081	6.98	0.49	0.43	1.29
2012	57 943	145 395	21 461	123 934	6.77	0.49	0.42	1.28

第五节 "两区一圈一带"战略

这一阶段由 2013 年 8 月起，以省会城市群经济圈与西部经济隆起带发展规划的实施为标志。面对国内区域经济一体化步伐的加快，面对"经济总量大而不强，区域发展快而不均"的软肋，面对省内东部转型升级压力的不断增大以及中西部转型升级的日益迫切，加快与京津冀、长三角、中原经济区等区域的融合互动，成为提升山东发展质量，推动区域经济协调发展的必然选择。为谋求向更广区域合作发展的方向努力，山东省委、省政府按照"面上推开、点上突破、融合互动"的工作思路，逐步推动形成了"两区一圈一带"的区域发展战略，以板块促进整体发展，以整体带动板块腾飞，推动区域内部优势互补、相互融合，为全国区域协调发展趟出了一条特色鲜明的路径。

一、实施背景

黄河三角洲是我国最后一个待开发的大河三角洲，拥有资源的土地后备丰富，长期以来也是山东人民的"跨世纪之梦"。早在 1993 年就进入省委、省政府的决策，后被列为全省两大跨世纪工程之一。联合国开发计划署把"支持黄河三角洲可持续发展"作为支持《中国二十一世纪议程》的第一个优先援助项目。国家"十五"计划纲要与"十一五"规划纲要也均把黄河三角洲开发建设作为主攻方向。但长期以来，由于基础设施建设相对滞后、对外开放水平不高、缺乏中心城市带动等原因，无论是在环渤海经济圈内，还是在山东省内，黄河三角洲长期处于相对落后的状态。随着我国经济增长热点区域逐步向北拓展，区域经济一体化战略的深入实施，黄河三角洲比较优势和发展潜力日益凸显，成为山东省拓展发展空间、保持持续快速健康发展的潜力所在、优势所在。站在新的起点上，推进黄河三角洲发展，将有助于促进区域协调发展，加快环渤海地区一体化进程，并将培育新的增长极。2009 年 12 月，国务院正式批复《黄河三角洲高效生态经济区发展规划》，标志着黄河三角洲地区的开发上升为国家发展战略。

21 世纪是海洋的世纪，海洋资源的开发越来越引起世界各国的重视，海洋经济发展潜力巨大，日益成为一个国家或地区发展的重要增长极，山东也不例外。早在 20 世纪 90 年代初，山东就提出建设"海上山东"的发展战略。2009 年 4 月，胡锦涛总书记视察山东时从战略全局的高度指出：山东"要大力发展海洋经济，科学开发海洋资源，培育海洋优势产业，打造山东半岛蓝色经济区。"同年 10 月，在再次视察山东时强调，要搞好山东半岛蓝色经济区建设。加快建设山东半岛蓝色经济区，不仅有利于拓展国民经济发展空间，维护国家战略安全，而且有利于我国沿海整体经济布局的完善。2011 年，国务院发布《山东半岛蓝色经济区发展规划》，成为我国第一个以海洋经济为主题的区域发展战略。以此为起点，蓝黄两区正式成为引领山东东部发展的新引擎。

在东部加速发展的同时，山东面临的区域不均衡问题依旧突出，中西部地区整体实力与竞争力有待提高，且东西部生产力差距有拉大的趋势。省会济南规模偏小、人口偏少、实力偏弱，缺乏足够的带动和辐射能力，全省经济、文化、科技、人才、金融中心的地位和作用没有凸显出来，产业凝聚力和集聚辐射能力不强；西部地区经济总量偏小、人均占有较低，在全省仍处于欠发达水平，2012 年时人均生产总值和公共财政收入分别仅相当于全省平均水平的 63% 和 48.7%；区域内劳动力、资金、土地、产权尚未形成统一市场，生产要素流通渠道不畅，分工协作不密切。面对周边省份和相邻地区竞相发展，进一步强化省会城市核心地位，加快中西部地区的发展，对实现富民强省的整体跨越，拓展全省发展新空间，培育区域竞争新优势具有重要意义。立足于补齐"短板"、完善区域布局，2013 年 8 月山东省出台实施了《西部经济隆起带发展规划》与《省会城市群经济圈发展规划》，标志着"两区一圈一带"区域发展总体格局的正式形成。2014 年，山东省委、省政府进一步明确了"面上推开、点上突破、融合互动"的工作思路，着重打造一批特色优势产业高地，形成区域联动协同效应。

二、主要政策

山东半岛蓝色经济区规划主体区范围包括山东全部海域和青岛、东营、烟台、潍坊、威海、日照六市及滨州市的无棣、沾化两个沿海县所属陆域。围绕建设具有较强国际竞争力的现代海洋产业集聚区、具有世界先进水平的海洋科技教育核心区、国家海洋经济改革开放先行区、全国重要的海洋生态文明示范区，不断优化海陆空间布局，提升胶东半岛高端海洋产业聚集集聚区核心地位，壮大黄河三角洲高效生态海洋产业聚集集聚区和鲁南临港产业聚集集聚区两个增长极，构筑海岸、近海和远海三条开发保护带，培育三个城镇组团，最终形成"一核、两极、三带、三组团"的总体开发框架；以培育战略性新兴产业为方向，以发展海洋优势产业集群为重点，构建现代海洋产业体系；突出海洋科技创新，突出海洋资源综合利用，突出打造海洋立体交通（见图 1－4）。

黄河三角洲高效生态经济区包括东营、滨州和潍坊、德州、淄博、烟台市的部分地区，共涉及 19 个县（市、区）。围绕建设全国重要的高效生态经济示范区、特色产业基地、后备土地资源开发区，以及环渤海地区重要的增长区域，黄河三角洲高效生态经济区建设将重点围绕高效生态这一主题，突出发挥沿海优势，以加快港口和临港产业园区建设为重点，实行"以港带区，港区联动"，促进黄河三角洲沿海经济带隆起；着力加快加工制造业发展，积极发展高效生态农业和第三产业，构建符合可持续发展要求的产业体系；搞好基础设施建设和配套；加强区域中心城市培育、完善区域城镇体系；明确界定黄河三角洲地区的优化开发、重点开发、限制开发和禁止开发四类主体功能区，按照不同区域的功能定位优化黄河三角洲区域开发格局（见图 1－5）。

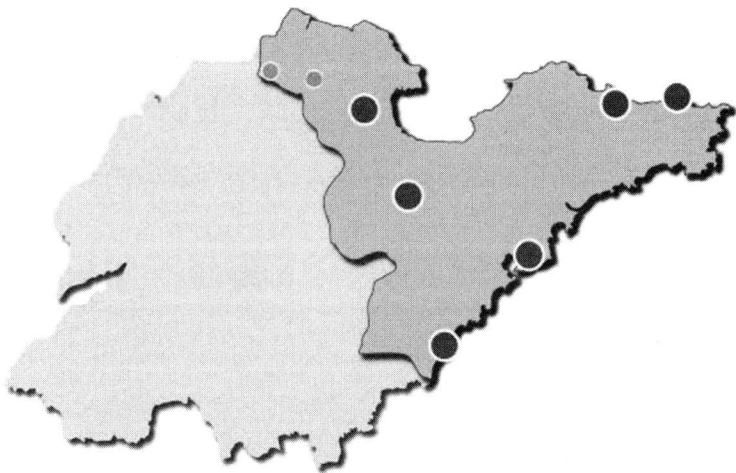

图1-4　山东半岛蓝色经济区

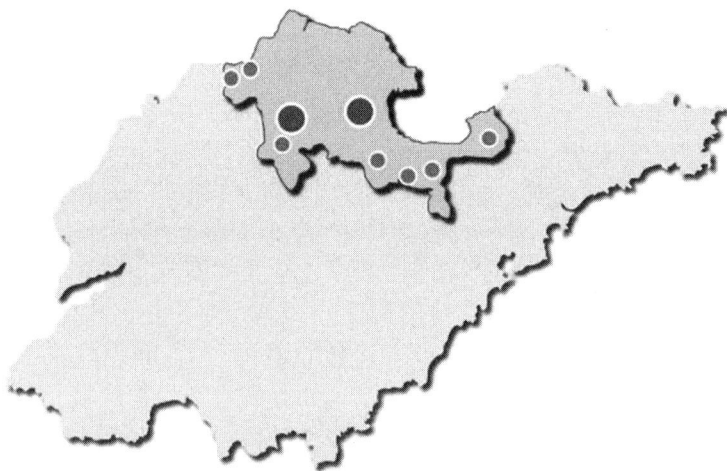

图1-5　黄河三角洲高效生态经济区

山东省省会城市群经济圈包括济南及周边的淄博、泰安、莱芜、德州、聊城、滨州，共七市。重点将围绕一体化发展，以做大做强省会城市为龙头，发挥济南在经济圈中的核心作用，提升济南的城市首位度，加强辐射带动，全力为其他城市提供全方位、多元化服务，实现"点上做大龙头率先突破"；发挥圈内各市特色优势，综合考虑当地的资源禀赋、发展优势，形成各有特色的产业集群，推动差异化发展与优势互补，实现"面上建设圈层整体推进"；打破区域限制，加快交通、能源、水利等重大基础设施项目建设，实现"线上强化轴带互动互联"，形成核心带动、圈层推进、效应扩散的发展格局，变局部优势为整体优势，促进区域协调联动（见图1-6）。

西部经济隆起带包括：枣庄、济宁、临沂、德州、聊城、菏泽六市和泰安市的宁阳

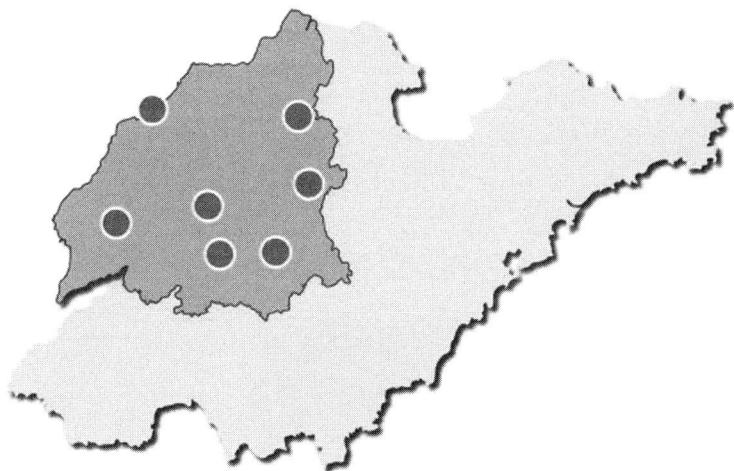

图 1-6 省会城市群经济圈

县、东平县，共60个县（市、区）。围绕推动西部经济隆起带建设，发展布局是加快推动生产要素合理流动和优化配置，加强分工协作，提高产业集中度，推动错位发展、差异化发展、一体化发展，充分利用后发优势，建设转型升级和经济文化融合发展、"两型社会"建设和商贸物、统筹跨越和生态低碳发展、科学发展和邻边经济四大高地，构筑京杭运河、临枣济菏、德聊菏三条发展主轴，提高各类园区发展水平，合力建设具有较强区域竞争力的经济隆起带，实现科学跨越发展（见图1-7）。

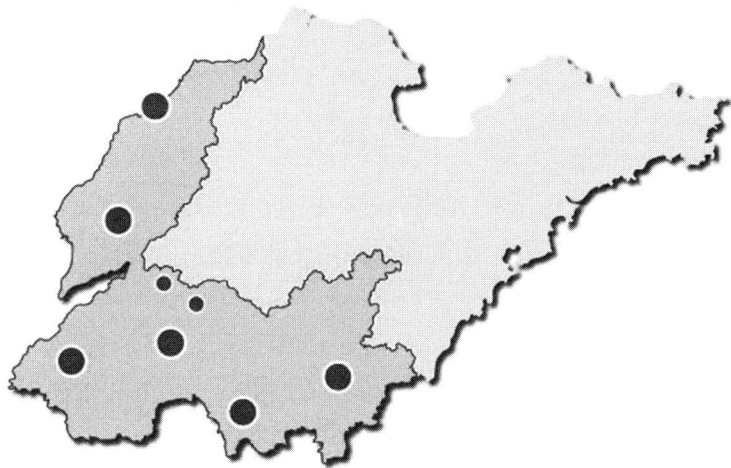

图 1-7 西部经济隆起带

整体而言，在"两区一圈一带"区域发展战略格局下：东部以海洋和生态高效为特征，推进山东半岛蓝色经济区、黄河三角洲高效生态经济区建设，使其成为全省经济转方式调结构、科学发展的强大引擎；中部以经济紧密型和一体化发展为特征，建设省会城市群经济圈，发挥承东启西的重要作用，带动中西部崛起；西部以条形布局、邻边经济为特征，建设新的西部经济隆起带。

按照山东省委、省政府关于"面上推开、点上突破、融合互动"的思路，围绕推进产业特色发展、区域一体发展、全省科学发展，突出培植优势产业，促进科技创新，加大资金投入，密切衔接国家丝绸之路经济带和海上丝绸之路，真正"把重点抓起来、把亮点抓出来"。

三、成效

"两区一圈一带"格局的形成，标志着山东省区域发展战略的全面完善和成熟，标志着全省区域发展迈入了一个新的历史时期，体现了各区域发展的阶段性特征，是山东重点区域带动战略的深化和完善。

"蓝区"现代海洋经济蓬勃发展。2013年，山东省海洋生产总值突破1万亿元，比2010年增长41.4%，总量和增速均位居全国前列。海洋装备制造业、海洋化工业、海洋生物产业、现代海洋渔业及水产品精深加工业、海洋运输物流及文化旅游业发展持续保持领先地位。"四区三园"快速崛起，青岛西海岸新区集聚了港口航运、船舶海工、汽车及零部件等六大千亿级产业集群。18家省级海洋特色产业园聚集效应增强、亮点纷呈、特色鲜明，共聚集企业2 000多家，其中海洋产业企业占比达到60%。

"黄区"高效生态经济迅速壮大。高效生态农业、石油装备制造业等五大优势产业加速发展，高效生态产业体系基本建立。黄三角已建成全国重要的优质粮棉、特色果蔬生产加工出口基地和生态养殖基地。培育了寿光蔬菜、沾化冬枣、黄河口大闸蟹、高青黑牛等一大批知名品牌，建立了全国规模最大、产业集中度最高、科研能力最强的石油装备制造产业基地。"渤海粮仓"工程实现突破，在中度盐碱地上种植的1万亩小麦获得成功，平均亩产达到300公斤以上。

"一圈"一体化进展顺利。济莱协作区一体化取得突破性进展，实现了交通同城化、通信同城、户籍管理同城化、公共服务同城化和资源配置同城化，成为全省区域一体化建设先行示范区，创造了可复制的经验，起到了有效的示范引领作用。"一圈"区域内的同城化并不仅局限在济莱之间，省会城市群经济圈城际铁路规划获国家发改委批复，已开始启动建设；济南牵手淄博、泰安、莱芜、济宁等八市，共同签署山东省会城市群旅游联盟，整合优质旅游资源抱团发展，建设无障碍旅游区；在全国率先建立了基于环境空气质量改善的地区间生态补偿机制。

"一带"各项政策落实取得积极进展。投资和财政政策方面，共安排支持西部隆起带区域转型基金23.2亿元，高标准基本农田建设、沂蒙革命老区和菏泽市水利工程建设，山东省补助比例比其他地区提高了5个百分点，加大了对财政困难县一般性转移支付力度，对财政体制改革集中的困难县收入予以全额返还，安排扶贫资金占到了全省的80%以上。土地政策方面筹集4亿元资金，在东营市购买了1万亩耕地占补平衡指标，用于支持西部地区重点项目建设。人才支持方面，出台了《关于加强西部经济隆起带和省扶贫开发重点区域人才支持的意见》，每年支持 100 个人才引进项目。

四、小结

回顾山东省区域经济发展思路的变迁，系统梳理不同阶段区域发展战略提出的背景、政策及实施效应，认真总结区域发展过程的经验与教训，将有助于加深对山东区域经济空间结构的认识，对"十三五"时期进一步完善区域发展政策、加快促进区域协调发展，具有重要的理论和实践意义。

由东西结合共同发展到东中西梯次推进，由"一群一圈一带"、"一群一圈一带一洲一片"竞相发展到"一体两翼"统筹把握，再到现在的"两区一圈一带"，体现了对山东区域发展特点、趋势和规律认识的不断深化。通过不断调整完善区域发展格局，山东省实现了从板块小区域错位发展到大山东半岛区域整体推进的飞跃，实现了由行政区经济向经济区经济的跃升，这是顺应区域经济一体化发展趋势的科学选择，是山东不断适应经济社会发展的要求，尤其是全面深化改革要求，进一步完善区域发展战略的结果，对于促进全省科学发展、和谐发展、率先发展，实现建设经济文化强省新跨越，具有重大的战略意义和现实意义，是山东省由大到强关键阶段中一个决定性的重要举措。

第二章 区域发展与新型城镇化协调互动研究

新型城镇化和区域协调发展是全面建成小康社会的关键。在我国,不同区域之间的发展差距,很大程度上就表现为城镇化水平的差距。从国际经验来看,推动区域发展与城镇化的良性互动,是发达国家经济发展过程的必经阶段,也是其促进区域协调、改善民生水平的重要手段。2014 年 9 月,国家确定在省、市、县、镇不同层级,东中西不同区域开展新型城镇化综合试点,城镇化被视为新的经济增长极,实现产业转型升级的重要抓手以及现代化发展的必由之路。

作为东部沿海经济大省,改革开放以来在区域发展战略的带动下,山东省城镇化进程取得了巨大的成就:城镇化水平由 1978 年的 13.46% 提高到 2014 年的 55%,提高了 41.54 个百分点①,年均增长 1.15 个百分点②,人口持续向经济发达地区和城镇不断聚集,山东半岛城市群加速崛起。整体而言,城镇化处于平稳有序发展的轨道。但不容忽视的是,新常态下经济增速的放缓、结构的调整和动力的转换,尤其是受制于财政支付能力的下降,未来山东的新型城镇化与区域协调发展进程将面临诸多新的问题与挑战,如何推动区域发展与新型城镇化的协调互动,不断优化经济发展空间格局,仍是一项需要深入探讨的重大课题。

第一节 区域发展与新型城镇化协调互动关系研究

区域发展与城镇化是两个紧密联系的命题,区域发展构成了城镇化的基础和内在动力,城镇化格局则是区域发展的重要组成部分和区域发展水平的重要表现,同时为区域发展提供强大的支撑。中共十七届五中全会明确提出:我国"要促进区域协调发展、积极稳妥推进城镇化,实施区域发展总体战略"。尤其是新常态背景下,新型城镇化将是

---

① 资料来源:《山东省新型城镇化规划(2014 - 2020 年)》。
② 资料来源:2015 年山东省政府工作报告。

我国经济最大的潜力和动力所在，是保持区域经济持续健康发展的重要战略支撑。

一、区域发展是新型城镇化的基础和持续动力

所谓城镇化，就是农村人口不断向城镇转移，第二产业不断向城镇聚集，带动第三产业不断发展壮大的历史过程，集中体现了一个区域的综合实力和市场竞争力。这一过程中，城镇化和区域经济发展水平密切相关，区域经济的规模大小、发展程度直接决定着城乡的战略布局及发展潜力，城镇化水平的差异则反映了地区经济发展的差异。钱纳里（1988）对1950~1970年101个国家经济发展水平与城市化水平数据进行的分析表明：在一定的经济发展水平上，必然有一定的生产结构、劳动力配置结构和城市化水平与之相对应。当人均收入超过500美元（按1964年价格计算）时，作为一种典型情况，城市人口在总人口中占主导地位；超过700美元时，作为一种典型情况，工业吸纳的劳动力超过初级生产部门；当收入水平超过2 000美元时，这些过渡过程才宣告结束。

新型城镇化则相对传统城镇化而言，是以科学发展观为统领，城镇化质量和水平全面提升，城乡、区域一体协调发展，集约、智能、绿色、低碳的有中国特色的新型城镇化。中共十八大强调，要坚持走中国特色新型城镇化道路，推动"四化同步"发展。中共十八届三中全会进一步明确要"优化城市空间结构和管理格局，增强城市综合承载能力"。新型城镇化的推进，必然受到区域发展基础条件、区域经济规模、产业发展和体制背景等多方面的影响，需要以区域经济社会发展水平的提高为前提。改革开放以来，在区域发展战略的引领下，山东省农村生产经营方式深刻变革，城乡二元经济结构的坚冰逐渐打破，农村经济发展迅速，区域经济不断向高层次跳跃，这些都体现了经济发展水平的提高。在此基础上，区域就业、投资、消费等需求持续增长，基础设施与生态环境不断改善，医疗、教育、社会保障等民生工程投入加大，有力地满足城镇化更高层次的要求。这些，都为新型城镇化的加速推进提供了重要基础，同时也是经济社会进步的必然规律。

二、新型城镇化是推动区域发展的重要支撑

城镇化是现代化的必由之路，加快城镇化建设是世界范围内区域经济发展的重要道路选择。工业革命后，以英、法、美等资本主义国家为代表，在全国范围兴起城市化建设浪潮。对我国及各个区域而言，加快推进新型城镇化也是当前和今后一个时期促进经济增长的重要动力，是转变发展方式、调整经济结构、扩大内需的战略重点。江苏、浙江、广东等先进省份，纷纷将新型城镇化作为提升区域竞争力的重要手段，积极引导城镇密集区、城市群的协调发展。

新型城镇化的推进，是推进经济转型升级的重要举措。首先，城镇化水平的持续提高，将有利于不断扩大城镇消费群体促进消费结构和消费方式升级，释放消费潜力。据

权威机构测算，我国城镇化率每提高 1 个百分点，可以增加近 100 万城市人口，增加投资 2 300 亿元，增加地方财政收入 200 亿元，对刺激消费、拉动经济增长有巨大作用。其次，城镇要素集聚和城乡生产要素优化配置，有利于促进区域产业分工协作，大幅提高劳动生产率和资源利用效率，促进产业优化升级，并带动区域竞争力的整体提升，拓宽区域辐射能力。

新型城镇化的推进，还将产生两大红利：产业聚集红利和人才聚集红利。城镇化具有高度的聚集性，是区域人口、经济、信息、技术、活动等的集中地。通过人口的集聚带动人才和科技资源等其他要素的集聚，新型城镇化将有效地推动技术创新和升级，提升区域经济规模，优化生产力要素，重构产业链，有效降低发展成本，充分实现大中小城市功能互补，切实保障基础设施共建共享，促使资源的集约和节约利用，提高经济效益，对区域经济的未来发展产生结构性优化和功能性提高效应。

三、新型城镇化是区域发展水平的集中体现

诺贝尔经济学奖得主、美国经济学家约瑟夫·斯蒂格利茨曾说：21 世纪初期对世界影响最大的两件事，一个是新技术革命，另一个是中国的城市化。城市化是衡量一个国家发展程度的重要标志，是社会经济发展的必然结果，是社会进步的表现。

对城镇化问题的研究，应将视野放大到人类发展的大格局、经济社会发展的大趋势中去。现代化是一个由传统社会向现代社会多层面、全方位转变的过程。从一定意义上讲，现代化是由工业革命引发和带来的，现代化的过程是工业化、城镇化的过程。以城镇化和工业革命为代表的近代史显示：一国特别是大国要成功实现现代化，在推进工业化的同时，必须同步推进城市化。城市化的程度是衡量一个国家和区域社会组织程度和管理水平的重要标志，也是衡量一个国家和区域经济、社会、文化、科技水平的重要标志，是区分发达国家与发展中国家一个很重要、很清晰的界限。在成功实现现代化的发达国家，城市化率通常在 75% ~80% 甚至更高，城镇人口比例和非农就业比例也都很高。战后日本城市化率由 1950 年的 37.5% 猛增到 1955 年的 56.3%，5 年上升 18.8 个百分点，年均提高 3.77 个百分点。联合国发布的《世界城市化展望》，从 2011 年到 2050 年，世界城镇人口将由现在的 36.3 亿增加至 62.5 亿，城市化率由 52.08% 提高到 67.13%，其中较发达地区将提高到 86.26%，而欠发达地区也将提高到 64.08%。我国要实现从经济大国向经济强国迈进，必须自觉遵循城市化发展的客观规律，努力推进新型城镇化，进而实现国家的现代化。

四、新型城镇化是实现城乡、区域协调发展的重要抓手

新型城镇化和城乡区域协调发展是全面建成小康社会的关键，以新型城镇化引领区域协调发展是我国现代化进程的必由之路。国内外发展的历史表明，推进城镇化的过

程，就是不断推动经济和社会均衡发展的过程。

首先，新型城镇化有助于推动城乡统筹。新型城镇化突出内涵式的城镇化发展理念，强调以市民化为核心，消除户籍歧视、城乡歧视和区域歧视，打破城乡壁垒，为全体居民提供全覆盖、均等化的基本公共服务和社会保障体系，促进人口和要素向城镇集聚。随着城乡二元体制逐步破除，更多的农村人口进入城市，将有助于带动农村人均资源占有量的大幅增加，并提升农业产业化水平，加快农业现代化进程，对实现农业增长、农村稳定、农民增收，实现城乡共同繁荣发展具有重要意义。

其次，城镇化有利于推动区域协调发展。区域协调发展的过程，是生产要素和人口在空间上合理聚集的过程。改革开放以来，我国东部沿海地区率先开放发展，形成了京津冀、长三角、珠三角等一批城市群，有力推动了东部地区快速发展，成为国民经济重要的增长极。但与此同时，中西部地区发展相对滞后，与东部地区的差距明显，一个重要原因就是城镇化发展很不平衡，中西部城市发育明显不足。山东省情况也基本类似，区域内东西部城市化水平差距大，东部城市化水平明显高于西部城市。新型城镇化理念下，城镇化建设将有传统的片面追求城市数量增加和空间规模扩大，转变为强调大、中、小城市之间协调发展，推动人口经济布局更加合理，不仅有助于缓解东部地区人口、产业高度集中的压力，也有助于培育形成新的增长极，促进国土空间均衡开发和区域协调发展。

综上所述，城镇化与区域经济的发展是良性互动、相辅相成的，城镇化促进区域经济发展，区域经济发展带动城镇化。区域发展战略的完善和城镇化的推进，将共同推动区域增长结构及整个经济结构调整的进程（巴曙松和王志峰，2010）。李克强总理在新型城镇化建设试点工作座谈会上指出，新型城镇化是关系现代化全局的大战略，是最大的结构调整，事关几亿人生活的改善。我国经济保持中高速增长、迈向中高端水平，必须要用好新型城镇化这个强大引擎。今后一个时期，将着重解决好现有"三个1亿人"问题，即促进约1亿农业转移人口落户城镇，改造约1亿人居住的城镇棚户区和城中村，引导约1亿人在中西部地区就近城镇化。

第二节　区域发展与城镇化协调互动模式分析

我国人口众多，经济发展不平衡，区域发展与城镇化的协调互动模式也必将是多元化的。从各地的探索与实践来看，以特大城市和大城市为核心的城市群模式、中小城市和小城镇协调发展模式、就地城镇化模式，成为区域经济与城镇化互动发展的主要模式。

一、特大城市和大城市为核心的城市群模式

从各国城市化的模式看，当城市化进入一定阶段后，城市群成为重要趋势，并逐渐

成为城市化进程中的主体形态。我国也不例外，城市群是今后经济发展格局中最具活力和潜力的核心地区，也是我国生产力布局的增长极点和核心支点。研究表明，城市群具有促进各种生产要素汇聚与扩散的功能，发展水平较高的城市在地域空间上聚集或集中，将表现出明显的学习效应、协同效应和网络效应。在市场和政府的共同作用下，城市群内部通过密切的经济社会联系构成一个有机整体，并不断调整和优化自身结构，功能不断趋向明确，城市群整体的经济效益和对外服务能力得以提升。

目前，长三角、珠三角、环渤海城市群已初步形成，成为中国城市经济和区域经济发展强劲的板块。以长三角城市群为例，包括上海、苏州、杭州、合肥等在内的 30 个城市，是中国城市化程度最高、城镇分布最密集、经济发展水平最高的地区。近期，国务院正式批复同意《长江中游城市群发展规划》，是继推出"一带一路"、京津冀协同发展和长江经济带三大战略之后，国家推动区域发展的这一重大举措。借助现代交通运输体系和信息网络，发挥区域协同效应，将有助于培育新的战略性增长极；同时，通过城市群的合理布局，强化产业分工协作，将带动腹地发展，增强不同区域的发展动力，进而缩小区域发展差距，促进区域协调发展。可见，城市群发展模式下，通过打破区域行政界限，重点是解决跨区域的产业布局与区域差异问题，推动区域发展迈向一体化。

二、中小城市和小城镇协调发展模式

中小城市和小城镇在山东省城镇化中有着重要地位和作用，是人口和产业的适宜集聚区，也是城市群（带）的组成部分，具有类型多样、形式灵活、方便宜居等特点。中小城市和小城镇涵盖了广大农村地区，起着承上启下的作用，发展中小城市和小城镇对于破解城乡二元结构、实现区域与城乡发展一体化具有重大意义。在推进农业转移人口市民化的过程中，中小城市和小城镇的优势也非常明显。

在中小城市和小城镇协调发展模式下，需要把握几个关键问题：一要找准定位。根据自身的区位条件、资源条件、交通条件、经济社会发展等综合考虑，从产业、功能等方面找准自己的定位，与大城市形成差异化发展、借势借力发展、功能互补发展，发挥节点作用；二要强化产业支撑。发挥中小城市和小城镇土地价格低、生态环境好、有资源特色等优势，通过招商引资和对外合作，形成一批特色型、优势型、资源型产业；三要提高城镇化质量。提升中小城市和小城镇吸纳农业转移人口的能力，提高公共事业发展水平，不断完善就业、教育、医疗、养老、文化等公共服务体系。在具体实践方面，中小城市和小城镇承载了以块状经济为特色的浙江经济，在同一区域内集中发展某一产业，且有较长的产业链、细化的社会分工、专业化生产和企业之间紧密的关联，形成了人口与产业的聚集。在这样的空间背景下，产业集群让普通农民有机会就业、创业，在本地发展经济，较高的发展水平又不断促进大量人口涌入，进一步加快了泛城镇化进程，实现了中小城市与区域发展的两性互动。

三、就地城镇化模式

就地城镇化是指区域经济社会发展到一定程度后，农民在原住地一定空间半径内，依托中心村和小城镇，就地就近实现非农就业化和市民化的城镇化模式。主要表现为：人口集聚程度比较高；生产方式上实现"一二三产联动"，并以第二、第三产业为主；公共服务已达到或接近城市水平。在实践过程中，山东省各地城镇化充分结合实际，进一步形成了以诸城为代表的"多村一社区"发展模式、德州为代表的"两区同建"模式和烟台为代表的"功能区带动型城乡一体化发展"模式。

诸城市依据相邻相近村庄与中心村庄的地理关系，创建"多村一社区"发展模式，依托社区载体和平台，推动城乡公共服务均等化，并将公共管理与服务职能延伸覆盖到农村基层，促进农村社区城镇管理服务功能提升，构筑起了以"城区—镇街驻地—农村社区"为框架的新型城镇体系；德州市按照"两区同建"发展思路，在建一个新型农村社区的同时，同步建一个农村产业园区，促进农民在家门口实现生产生活方式"双改变"，推动工业化、信息化、城镇化与农业现代化同步发展；烟台市提出"功能区带动型城乡一体化发展"模式，重点发展各类园区、度假区、行政区域等功能区，促进产业、要素、人口聚集，带动全市城镇化的发展。就地城镇化模式强调以本地资源禀赋和积累为基础，推动本地城镇化的特色化发展，通过吸收和消化本区域劳动力，促进本地各类资源要素的优化配置，在生产和生活空间结构上促进了城乡互融互通，有力支撑了本地经济发展和城镇化升级，适应了山东省人口多密度大、人口转移压力大、仅靠大城市难以承接的省情实际，有效推动了区域发展与新型城镇化的协调互动。

第三节 山东区域发展与城镇化协调互动总体评价

改革开放以来，在区域发展战略的带动下，山东省城镇化进程取得了巨大的成就，城市经济加快发展，辐射带动作用日益增强，城乡统筹加快推进，一体化趋势日益明显，全省梯次明显、层级合理的城镇体系初步形成。

一、城镇化快速发展，区域发展再上新台阶

按照城镇化发展的一般规律，人口城镇化率在30%以上为加速发展阶段。2014年年底，全省常住人口城镇化率达到55.01%，比2010年提高5.61个百分点，年均提高1.4个百分点，城镇化发展质量和水平明显提高。区域经济的平稳快速增长为城镇化平稳发展提供了强大动力，2014年全省地区生产总值达5.94万亿元，居全国第三位。《中小城市绿皮书：中国中小城市发展报告（2014）》显示，青岛市黄岛区、济南市历

城区、临沂市兰山区、威海市环翠区、日照市岚山区、东营市东营区、烟台市牟平区、泰安市泰山区、烟台市福山区等 11 个区入选中国综合实力百强市辖区，龙口、荣成、邹平等 18 个县入选综合实力百强县，在中小城市和县域经济发展方面走在了全国前列。城镇化与调整产业结构、促进就业创业"共振"，2014 年全省第二、第三产业增加值比重分别达到 48.4%、43.5%，带动城镇新增就业 118.5 万人，农村劳动力转移就业 131.5 万人。服务业增加值比重提高 1.5 个百分点，服务业从业人员占比超过 34%。同时，城镇化具有聚集资源、创造需求、提高效益的作用，随着城镇化的深入推进，内需潜力将得到充分释放。城镇化进程的加快，水平的持续提高，伴随着内需的强势释放，促进了区域经济的快速发展。

二、城镇体系明显优化，区域发展格局不断完善

近 20 年来，山东省城镇数量明显增加，城镇人口加速集聚，形成了以山东半岛城市群为主体，济南、青岛、淄博、烟台、潍坊、济宁、临沂 7 个大城市，枣庄、东营、泰安、威海、日照、德州、聊城、滨州、菏泽 9 个中等城市，89 个小城市，1 086 个小城镇协调发展的城镇格局。《山东省城镇化发展纲要》、《山东省新型城镇化规划》、《山东省城镇体系规划纲要》和省会城市群经济圈、西部经济隆起带城镇体系规划，确立了"一群、一带、双核六区"的城镇化空间布局，省域城镇体系梯次明显，不断走向布局合理、功能完善、结构理想，形成了较为合理的"金字塔"式的城镇等级规模结构，大中小城市和小城镇协调发展的格局已经形成。经积极争取，青岛、威海、德州、郓城被列为国家新型城镇化综合试点，是全国试点城市数量最多的省份之一，并进一步确定了 19 个省级试点。城镇体系布局科学，大中小城市和小城镇各司其职，优势互补，协调联动，竞相发展，带动区域发展格局不断完善。

三、小城镇和农村新型社区建设成效显著

2012 年山东省启动"百镇建设示范行动"，2013 年示范镇数量增加到 200 个，2014 年 200 个示范镇实现地方财政收入 355 亿元，增长 37%，是全省平均增幅的 1.6 倍，占全部乡镇的 45%，一批示范镇已初具小城市形态；农村新型社区建设稳步推进，制定了农村新型社区纳入城镇化管理标准，组织编制《山东省农村新型社区和新农村发展规划》。全省累计建设农村新型社区 6 221 个，580 万人纳入城镇化管理。全省 770 个、1 035 个建制镇建有污水处理设施和垃圾中转站，分别占总数的 71%、95%。78 个县（市、区）达到城乡环卫一体化全覆盖认定标准，全省城乡环卫一体化基本实现全覆盖①。

---

① 资料来源：山东省住房城乡建设事业"十二五"规划实施情况汇报。

四、新型城镇化梯度推进，区域协调水平不断提升

东部地区地理位置和交通条件优越，具有较强的经济实力，西部地区经济发展相对落后，但资源比较丰富。新型城镇化建设的深入推进，东部地区城市进入优化提升阶段，产业转移将加快，中西部城市依托资源环境承载力较强的优势，承接产业转移、集聚资源要素的能力不断增强，城镇化进程将加快推进，新的增长极逐步发展壮大，带动区域经济加快发展，推动市场空间由东向西梯次拓展，促进全省经济布局更加合理、区域发展更加协调，区域一体化格局加速形成。

此外，伴随城市规模扩大和城际之间交通条件的改善，尤其是高速公路和快速铁路的迅猛发展，相邻城市辐射的区域不断接近并有部分迭合，城市之间的经济联系越来越密切，相互影响越来越大，城市间的分工协作、集群发展趋势明显，为促进区域协调发展提供了有力支撑。

总体而言，近年来山东省城镇化取得了显著成效。但制约城镇化水平和质量持续提升的矛盾、问题还不同程度地存在；与经济发展水平先进的兄弟省份相比，还存在差距和问题；城镇化总体水平仍滞后于工业化；城乡差距和东西部区域差异还比较大，区域协调发展水平不足，在一定程度上影响制约着城镇化的健康发展。主要表现在：

一是城镇化水平偏低。山东省城镇化总体滞后于工业化，城镇化率与工业化率比值为1.15，低于1.16的全国平均水平，更低于国际公认的1.4～2.5的合理区间；许多地区生产方式已发生根本转变，非农产业、非农就业已经占主导地位，但城镇化发展滞后，"半城镇化"问题较为突出，成为制约区域发展的重要难题。

二是人口城镇化与土地城镇化协调问题。新型城镇化的核心是人的城镇化，但山东省人口城镇化显著低于土地城镇化，城镇用地集约度不高，一些城市形成"摊大饼"式空间扩张，导致原本紧缺的土地资源浪费严重。2000～2011年山东省城镇人口增长了35%（全国45.9%），而建成区域面积增长了71%（全国64.5%），土地城镇化比人口城镇化快1倍多。

三是产城融合问题。产业发展是城镇化建设与区域发展的强力支撑，新型城镇化的推进与区域经济的发展都必须要有强大的产业支撑，但山东省产业结构不合理、就业支撑能力不强，特别是第三产业比重较低，民营经济不发达，城市综合承载力不足，城市与产业间缺乏有效的互动融合。

四是城镇体系完善问题。山东省城市群数量不足与质量不高并存，大城市不强与小城镇偏弱并行，成为制约山东省城镇化与区域协调发展的重要因素。山东半岛城市群和省会城市群经济圈的发展水平不仅落后于长三角、珠三角京津冀等国家级城市群，也落后于辽中南、海峡西岸和长株潭等新型城市群，如何聚合蓝黄国家战略，构筑全省城镇化发展核心空间载体，打造继长三角、珠三角、京津冀之后的全国第四大城市群，成为今后需要关注的重大问题。济南、青岛两大中心城市首位度不高，综合实力和辐射带动

能力不够强问题比较突出。小城镇数量多，但规模小，实力弱，导致产业集中度低，基础设施配套不完善，难以形成规模效应。

第四节　山东促进区域发展与新型城镇化协调互动的对策建议

当前，山东省已进入全面建成小康社会的决定性阶段，处于经济转型升级、城镇化快速发展的重要时期，也处于实现由大到强战略性转变的关键时期。但经济社会发展不平衡问题依旧比较突出，城乡区域发展差距仍较为明显，促进城乡、区域协调发展作为"十三五"时期的重要任务，必须更加深刻理解城镇化在促进经济社会发展、实现区域协调中的关键作用，在"两区一圈一带"区域发展战略基础上，不断创新城镇化发展理念、发展模式，努力实现区域发展与新型城镇化的协调互动。

一、加强区域发展与城镇规划衔接，强化规划引领作用

规划衔接是协调规划各个方面利益和统一思想认识的重要方式，要创新各类空间规划管理体制，坚持城乡统筹，兼顾人口、经济、资源环境、社会发展、区域发展之间的关系，加强城市规划与经济社会发展、主体功能区建设、国土资源利用、生态环境保护、基础设施建设等规划的相互衔接。积极稳妥开展"三规合一"或"多规合一"试点，形成以国民经济和社会发展规划为依据，各类规划定位清晰、功能互补、统一衔接的空间规划体系。围绕促进"两区一圈一带"城乡空间的合理布局，按照《山东省新型城镇化规划（2014～2020年）》、《山东省农村新型社区和新农村发展规划》、《关于推进新型城镇化发展的意见》等规划或政策文件，各地区、各城市城镇规划要加强与省级规划的一致性，打破行政区划束缚，突出经济区域导向，引导各地城镇化协调有序发展。强化规划的执行效力，提高规划的科学性、权威性和约束力，加强对规划实施的监督管理，坚决遏制违法违规建设行为，切实使规划落到实处。

二、强化城镇化协调机制，促进区域协调发展

推进城镇化与区域发展协调互动，势必打破原有的利益格局和行政区划界限，加强对各地的协调，建立跨行政区域的规划建设协调机制，充分发挥省城乡规划委员会的指导、协调作用，统筹推进全省经济发展和生产力布局、城镇与区域建设、重大设施共享、区域环境保护、资源开发利用、区域空间管制、产业合作循环，避免重复建设和恶性竞争，提高管理效能。

三、积极推进新型城镇化，优化城镇化布局

积极对接国家城镇化空间布局，结合"两区一圈一带"区域经济发展总体格局，优化省域城镇化布局形态，构建多极多层次的城镇体系，形成与区域发展协调互动的良好局面。充分利用半岛蓝色经济区建设战略机遇，发挥海陆联动、南北贯通的交通区位优势，突出高端产业集聚，实现科技先导、转型发展，加强辐射带动作用；利用黄河三角洲高效生态经济区建设机遇，加强重点生态功能区保护，高效利用后备土地资源，推进资源型城市可持续发展，加强重点生态功能区保护，探索低碳生态城镇化发展模式；省会城市群经济圈应大力促进区域内部各级城市紧密互动、功能整合，推进区域一体化发展；西部经济隆起带以陆桥通道为轴线，以中心城市、县城和重点镇为载体，引导人口、产业等要素向综合发展走廊集聚。大力提升中心城市发展质量，增强辐射带动能力，加快发展中小城市，有重点地发展小城镇，促进大中小城市、小城镇和农村新型社区协调发展。

四、以核心城市群带动区域发展，建设大城市连绵区

城市群是城市发展到成熟阶段的最高空间组织形式，是在地域上集中分布的若干城市和特大城市集聚而成的庞大的、多核心的、多层次城市集团，是大都市区的联合体。对山东而言，经济社会整体上已经处于较高水平，"两区一圈一带"各板块尽管在区位条件、经济基础等方面存在较大差异，城市化进程也处在不同阶段。但由单个城市进入城市群、由分散发展进入规模化集中组团发展已经成为山东城市化发展的必由之路。具体而言，就是进一步优化济南、青岛城市空间布局，强化集聚和辐射功能，建设山东半岛城市群。济南要充分发挥省会优势，拓展城市发展空间，优化提升老城区，加快建设西部新区、东部新区和滨河新区，完善城市功能，努力建设黄河中下游地区的中心城市；青岛作为山东半岛蓝色经济区的核心，打造青岛西海岸新区、胶州湾东海岸现代服务业核心区、北部高端产业集聚区和青岛"蓝色硅谷"，构筑现代产业高地，构建"环湾型、组团式、多层次"的城市发展格局，成为全省对外开放的龙头、黄渤海地区的中心城市。积极加强与京津冀、长三角地区的密切联系，参与东北亚地区合作，构建开放的城镇化格局。

五、强化交通运输网络支撑

加快建设与省域城镇化空间相协调，布局合理、结构完善、衔接顺畅、安全高效的现代化综合交通体系。一是加强综合运输通道建设。以济南、青岛、烟台机场为干线机场，威海、济宁、潍坊、临沂、东营等13个机场为支线机场，共同构建开放的航空运

输体系；强化青岛港口国际集装箱枢纽地位，加强港口整合，建设国际贸易基地；完善机场、港口与地面交通有效衔接的综合交通网络，充分发挥对城市群（带）、城镇密集区的辐射带动作用。二是完善省域交通枢纽布局。构筑以济南、青岛为全国性综合交通枢纽，15个地级市为地区性交通枢纽的两级交通枢纽体系，引导交通资源分层分级、差异化配置，促进各交通枢纽之间的合理分工，引导国家、省域和城镇密集区运输功能在不同层级枢纽的合理组织。

六、推动城乡一体化发展

城乡一体化是一个国家或地区在生产力高度发达的条件下，城市与农村的经济活动、社会发展、空间布局与居民生活相互促进，逐步融合的过程，是城市与农村协同度、融合度逐步提高的过程。但是，目前山东全省总体上城乡一体化还处于加速启动阶段，加上长期城乡分治的历史长、区域经济差距大等因素的影响，城乡一体化还存在一些有待突破的难题。因此，要坚持城乡统筹，加快建立以工促农、以城带乡的长效机制，有效破除城乡二元结构，形成城乡经济社会发展一体化新格局，建设新型城乡关系。这一过程不仅要求城乡之间在规划编制、产业布局、基础设施方面衔接，更重要的是实现城乡之间在公共服务、劳动就业和社会保障等方面的接轨，逐步促使城市在公共服务、社会保障方面向农民延伸，把符合落户条件的农业转移人口逐步变为城镇居民，并逐步使农民市民化。

第三章 区域发展战略与主体功能区战略良性互动研究

在充分借鉴世界各大国区域规划理论与实践的基础上，为化解我国传统区域发展模式中存在的一系列问题，"十二五"规划建议明确提出：将建设主体功能区提升到国家战略高度，实施区域发展总体战略和主体功能区战略。2010 年年底颁发第一部全国性的空间开发规划《全国主体功能区规划》。区域发展战略强调发挥不同地区的比较优势，通过促进生产要素的合理流动，带动区域合作良性互动发展，最终达到缩小区域发展差距的目的；主体功能区战略则强调根据资源环境承载能力，确定不同地区的功能定位和开发模式，提出构建城市化地区、农业地区和生态地区"三大格局"和优化开发、重点开发、限制开发和禁止开发"四类开发模式"，以此控制开发强度，完善开发政策，规范开发次序。

第一节 区域发展战略与主体功能区战略互动关系研究

区域发展战略和主体功能区战略并驾齐驱、相辅相成，共同构成了我国国土空间开发完整的战略格局，体现了国土空间开发思路和开发模式的重大转变，是国家区域调控理念和调控方式的重大创新，对山东省加快转变经济发展方式，进一步构筑合理的区域发展空间格局具有重要意义。

一、区域发展战略与主体功能区战略的区别与联系

区域发展战略与主体功能区战略的侧重点不同，实施的具体要求也存在差异。主体功能区战略在国土空间上画出建设的"红线"，解决的是"能够开发"与"不能开发"的问题；区域发展总体战略则解决"开发什么"和"如何开发"的问题，阐述具体的开发内容。

（一）指导思想不同

区域发展问题研究的目的在于，通过促进资源要素的合理配置，优化地域经济空间结构，实现经济社会发展各个环节的协调和自然、经济、社会三维复合系统的和谐共生。区域发展战略是在一定时期，基于区域发展的现实条件和内外部环境，综合考虑区域发展中各方面的关系，对某一特定区域范围内经济发展所进行的重大的、具有长远性和全局性的谋划（豆建民，2009）[①]。其功能在于站在全局的高度，明确未来某一区域发展的方向、方法、思路、重点和步骤，从而合理引导促进区域发展的各类行为，形成有目标、有组织、有系统的推进机制，是指导区域发展的总体策略。

主体功能区则是一个空间范畴，具体是指将一定区域确定为特定主体功能的一种空间地域单元。基于不同区域的资源环境承载能力、现有开发密度和发展潜力等，主体功能区从未来开发的角度，对不同区域的空间开发方向、开发时序和开发强度的总体定位，是超越一般功能和特殊功能的区域，具有主体功能和辅助功能作用。

从指导思想来看，区域发展战略侧重于生产力的调整和区域的经济开发，目的是实现区域发展和人民生活水平差距的不断缩小。主要通过推动生产要素的合理流动、不同层次产业的空间转移、重大项目的区域布局以及财政税收和改革开放政策等手段，促进区域合作走向互动良性发展，在充分发挥区域比较优势的基础上，破解区域发展难题，提升区域自我发展能力，培育区域增长极。

相比之下，主体功能区战略则侧重于国土资源的优化开发与保护，强调不同地区根据资源环境的承载能力、现有开发密度和发展潜力来确定主体功能定位和开发模式，目的在于通过控制国土开发强度，增强可持续发展能力，扭转长期以来国土整治工作不力、区域开发秩序混乱、区域生态环境问题日趋严峻的局面。可以看到，在主体功能区战略下，区域发展的目标任务从单纯追求经济增长向追求经济、社会、生态全面协调发展转变，最终形成人口、经济和资源环境相协调的国土空间开发格局。主体功能区战略并不针对区域差距现象，也不着眼于解决区域差距问题，而是主要关注于优化国土开发。

（二）调控方式不同

从国家的区域发展战略来看，东部率先、中部崛起、西部开发和东北振兴，是区域发展的分块调控模式，主体功能区则基于区域发展的分类调控模式。在分块调控模式下，区域发展战略在区域功能定位、产业发展、生态建设等方面有一定的局限性，过分突出板块的概念。

主体功能区战略强调根据不同区域的资源环境承载能力确定功能定位和开发模式，根据区域主体功能确定不同区域的开发强度，构建城市化地区、农业地区和生态地区

[①] 豆建民：《区域经济发展战略分析》，上海人民出版社 2009 年版。

"三大格局"和优化开发、重点开发、限制开发和禁止开发四类开发模式。优化开发区域是指国土开发密度已经较高，资源环境承载能力开始减弱的区域；重点开发区域是指资源环境承载能力较强，经济和人口集聚条件较好的区域；限制开发区域是指资源承载能力较弱，大规模集聚经济和人口条件不够好，并关系到全国或较大区域范围生态安全的区域；禁止开发区域是指依法设立的各类自然保护区域。推进主体功能区建设，是区域发展宏观调控模式由分块调控逐步转向分类调控的战略举措，是在更高层次、更广领域推动区域一体化发展的重要保障。

（三）战略重点不同

对山东而言，区域发展战略的总体要求是：通过深入实施"两区一圈一带"区域发展战略，发挥东部地区龙头带动作用，加快发展蓝色经济、高效生态经济，并推动各种资源更多地向中西部地区倾斜，构建经济紧密型和一体化发展的省会城市群经济圈，建设西部经济隆起带，进一步拓展区域发展空间，增强区域发展活力和动力，形成各板块相互促进、优势互补、共同发展的格局，实现区域由局限性的成长向整体统筹发展的战略转型，提升山东省区域综合实力和辐射带动能力。主体功能区战略则是把国土空间的开发作为主线，从现代化建设全局和永续发展的战略需要出发，遵循不同国土空间的自然属性，构建国土空间的"三大战略格局"，即以"一群一圈一区一带"为主体的城市化战略格局、六大农产品供给功能区为主体的农业战略格局和"两屏三带四区"为主体的生态安全战略格局。

与此同时，区域发展战略与主体功能区战略间也存在密切的联系，两者相互补充、相互促进。主体功能区战略是对区域发展战略的创新和完善，是我国区域发展在新的历史阶段的一项长期战略和国策，弥补了区域发展战略在协调经济发展与资源环境保护方面的不足，能够更好地贯彻和落实科学发展观。区域发展战略则是推动形成主体功能区的重要力量。当前，通过各层面的不懈努力，我国从概念上基本划定了国家层面和省级层面的主体功能区，但距离主体功能区的最终形成还有很大的距离。未来的发展过程中，需要通过有序开发，引导资源和要素的流动与集聚，统筹重大项目布局，提升优化开发区发展质量、加快重点开发区发展速度，并通过利益补偿机制、加大公共服务投入等措施提升限制开发区和禁止开发区的条件，以上均需要区域发展战略的支撑。

二、主体功能区战略对区域发展模式的影响

推进形成主体功能区是为了落实好山东省区域发展战略，按照区域主体功能深化、细化区域政策，更有力地支持区域协调发展。

（一）有利于坚持统筹发展，促进区域协调

从不同空间尺度进行划分，主体功能区可以在各个空间尺度上覆盖所有行政空间范

围，既可以有以市、县为基本单元的主体功能区，也可以有以乡、镇为基本单元的主体功能区。因此，以主体功能区作为区域一体化模式选择的基本空间单元，可以做到兼顾区域一体化进程中区域开发与保护。在发展模式的空间载体选择上，构建主体功能区的空间基本单元，应统筹考虑未来区域人口分布、经济布局、国土利用和城镇化格局。选择主体功能区作为区域一体化发展模式选择的基本空间单元，在国家宏观政策导向下，从多样性的方式选择、集中或分散性的道路选择、梯度性的地域选择、综合性的城镇化效益选择、阶段性的城镇化进程选择等方面，对城镇化主导模式进行多维审视；处理好政府与市场、城市化与工业化、迁移与转换、城市与乡村、载体与空间、发展与保护的关系，强化区域的主体功能，促进区域主体功能的发挥，有助于推动区域一体化进程的健康发展。

（二）有利于构筑更加合理的城镇化发展格局

以主体功能区建设推动资源要素合理配置、生产力和城镇合理布局，推动城镇化与工业化协调发展，是新型城镇化建设的本质要求。主体功能区战略下，将适宜大规模、高强度工业化城市化开发的国土空间确定为优化开发或重点开发的城市化地区，使之集聚全国主要的经济活动和大部分人口，为农产品和生态产品生产腾出更多空间；将不适宜大规模、高强度工业化城市化开发的国土空间确定为限制开发或禁止开发的重点生态功能区，使之成为保障全国生态安全的生态空间。城市化地区的主体功能是提供工业品和服务产品，集聚人口和经济，但也必须保护好区域内的基本农田等农业空间，保护好森林、草原、水面、湿地等生态空间，并提供一定数量的农产品和生态产品。

（三）有利于加强和改善区域调控

为追求短期经济效益最大化，部分区域在开发过程中没能很好地考虑自身的资源环境承载能力，大规模肆意粗放开发，由此带来的后果非常严重。针对不同的主体功能区，国家实行分类管理的区域政策。财政政策而言，增加对限制开发区域、禁止开发区域用于公共服务和生态环境补偿的财政转移支付，逐步使当地居民享有均等化的基本公共服务；投资政策而言，重点支持限制开发区域、禁止开发区域公共服务设施建设和生态环境保护，支持重点开发区域的基础设施建设；产业政策而言，引导优化开发区域转移占地多、消耗高的加工业和劳动密集型产业，提升产业结构层次。引导重点开发区域加强产业配套能力建设，引导限制开发区域发展特色产业，限制不符合主体功能定位的产业扩张；土地政策而言，对优化开发区域实行更严格的建设用地增量控制，在保证基本农田不减少的前提下适当扩大重点开发区建设用地供给，对限制开发区域和禁止开发区域实行严格的土地用途管制，严禁生态用地改变用途。政策的落实，将极大地有利于四类主体功能区功能的充分发挥，增强政府的区域经济调控能力，对区域经济格局产生重要影响。

（四）有利于推动城乡发展一体化

主体功能区构建在实现城乡要素双向流动、明晰城乡统筹模式、形成合理城乡结构及保证城乡公平发展等方面，对城乡统筹的推进具有创新性影响，是推动城乡一体化发展的助推器。首先，将主体功能区理念运用于城乡统筹过程当中，对农村地区进行精确的功能定位，并将主体功能类型相同的片区作为发展的基本单元，有利于解决城乡行政分割、管理分治的弊端；同时，通过主体功能区配套政策体系对相关部门进行约束，积极构建城乡统一市场，有助于实现经济、文化和人才要素在城乡间的合理分布和双向流动。其次，城乡统筹过程中应充分考虑区域条件差异性和经济发展阶段性特征，以城乡状况的细致考察和科学评估为基本出发点。通过优势功能的科学界定，清晰地完成地区社会经济发展水平及其相应开发模式的空间排序，并找到不同主体功能区域社会经济文化交流的主要方式和方向，并以此为基础构建分区指导的城乡统筹模式。

第二节　山东省主体功能区战略实施评价

长期以来，由于规划体系不完善，重产品、行业和部门发展规划，轻空间布局系列的规划，特别是缺乏全国综合性的国土空间开发利用的总体规划和重点地区的区域规划，致使国土开发和建设布局无序，经济社会发展与资源、生态、环境间的矛盾日益突出，主体功能区战略实施日益迫切。

一、传统区域发展模式的不足

在分块调控的区域发展策略下，如东部率先、中部崛起、西部开发、东北振兴等，尽管在相当长的一段时期内推动了国民经济的高速增长，但日益暴露出诸多的问题：

（一）区域发展不协调、不平衡

在传统的分块开发模式下，实施沿海优先发展的战略，我国东部沿海地区优于西部内地而实现迅速发展，引起经济布局和人口分布的不平衡，并最终导致区域经济社会发展差距拉大。此外，尽管我国已初步构建起了涵盖城市规划、区域规划和国土规划等在内的空间规划体系，但依旧存在规划体系不健全，实施缺乏有力的制度保障等问题，三大规划之间的地位和关系不明确，缺乏系统衔接和有效协调，甚至存在相互矛盾和冲突。区域发展不平衡成为制约经济可持续发展的重要障碍。

（二）城乡统筹力度偏弱、差距明显

改革开放 30 多年来，我们走了一条快速城镇化之路，有力地支撑了经济的高速增

长。但这种传统城镇化实行的主要是城市偏向政策，是以土地为核心、以物质资本大量消耗为动力的粗放型扩张模式，人口城镇化滞后于土地城镇化是传统城镇化的突出特征。过分土地城镇化导致规模无序扩张，挤占了农业空间和生态空间；人口城镇化滞后于土地城镇化，农村转移到城镇的劳动力不能真正市民化，无论对农村，还是对城市，都会带来诸多社会问题。在城乡收入方面，2012年我国城乡居民收入比为3.1∶1，保持3倍以上的差距，基尼系数依旧高达0.474①；在社会福利方面，城市居民享受的住房补贴、物价补贴等各种补贴，以及各种社会保险如医疗保险、失业保险、最低收入保障等，绝大多数农民都不能享受；在基础设施方面，交通、通讯、环保等领域均存在明显的城乡差距。

（三）资源环境约束日益趋紧、生态环境恶化

我国总体上看是一个资源并不富集、空间分布非常不平衡的国家，由于经济总量和人口数量的快速增长，再加上粗放的经济增长方式，使得我国很多地区资源环境承载能力面临日益严峻的挑战。南水北调工程的实施就是因为东部地区集聚的经济和人口超出了水资源承载能力。产业结构重型化加剧了空气污染，雾霾天气有不断增加的态势；盲目开发造成水源污染，河湖干涸，环境污染严重，生态系统退化；许多地区因超采地下水，出现了大面积地面沉降；超载过牧，造成草原沙化退化；过度开垦带来荒漠化和水土流失，生态环境不断恶化。

（四）国土空间开发秩序混乱、结构不合理

长期以来以行政区经济为主导，省、市、县等各级政府按照行政辖区进行空间开发和产业布局，形成自成一体、相对独立的产业和经济体系。随着经济一体化进程的加快以及我国社会主义市场经济体制的不断完善，行政区经济带来的问题和弊端越来越突出：地区间各自为政、重复建设，带来严重的恶性竞争和无序开发；各类园区遍地开花，土地供应趋紧与大量土地闲置浪费现象并存，国土利用效率明显偏低；不少地区不顾自身实际情况和比较优势，盲目追求生产规模的扩大和经济总量的扩张，过度依赖资源消耗和环境代价的粗放型增长方式让我们付出了高昂的经济和社会成本；地区间变相设置各种贸易壁垒和要素流动障碍，制约了区域经济一体化进程的推进。

二、山东省国土空间开发面临的问题②

近年来，山东省国土空间规划工作取得长足进展，相继编制实施了《山东省土地利用总体规划》、《山东省主体功能区规划》等一系列空间规划。其中，主体功能区规划

---

① 资料来源：国家统计局发布的2012年宏观经济数据。
② 本部分数据来源于《山东省主体功能区规划》。

提出构建城市化战略格局、农业战略格局和生态安全战略格局，在合理配置国土资源、优化国土开发空间、保护资源生态环境、统筹区域和城乡发展等方面发挥了重要作用。同时，全省也面临着区域城乡发展失衡、空间开发无序扩张、资源短缺、生态环境恶化等严峻挑战，对国土空间规划宏观调控的需求进一步加大。

（一）土地资源不足

山东省耕地面积为 11 502.43 万亩，人均 1.21 亩，低于全国 1.52 亩的平均水平，其中部分市县人均耕地低于 1 亩。人均耕地面积少、土地后备资源缺乏的基本省情没有改变，且未利用土地的开发难度较大，耕地问题仍十分突出。城镇建设用地集约利用程度不高，农村宅基地使用普遍超标，闲置、浪费土地现象仍然存在。综合考虑耕地数量、质量、分布、人口增长和建设用地需求等因素，当前耕地保护任务依然严峻。土地资源不足，已经成为制约国民经济扩大再生产的重要因素。

（二）水环境问题突出

山东省水资源总量为 291.7 亿立方米，仅占全国水资源总量的 1.04%，且呈现不断下降趋势；人均水资源占有量 300 立方米，低于国际公认的维持一个地区经济社会发展所必需的人均水资源量为，100 立方米的临界值，不足全国人均占有量的 1/6。水环境质量总体状况较差，全省废水年排放总量接近 50 亿吨。地下水过度开发造成了地下水漏斗、地面沉降、海（咸）水入侵。截至 2015 年 2 月，全省有 21 个断面水质劣于五类，占 20.4%，7 个市存在劣 Ⅴ 类水质断面。省控湖泊富营养化较为严重。近岸海域普遍受到无机氮及活性磷酸盐的污染，局部海域存在化学需氧量和石油类超标现象。

（三）生态比较脆弱

目前，全省水土流失面积约 2.7 万平方公里，面积相当于 5 个济南市大小，主要分布在鲁中南山地丘陵区、胶东半岛地区以及鲁西北黄泛平原区与滨海地带。水土流失严重，造成河道、湖泊淤积，加剧了下游地区的洪涝灾害。土壤酸化、次生盐渍化不断加重，胶东地区尤为突出，pH 值小于 5.5 的酸化土壤面积已达 980 多万亩。湿地面积 174 万公顷，占全省国土总面积的 11%，但湿地面积缩减、功能退化、利用过度以及管理体制不健全、基础设施薄弱等问题依然存在。全省生态脆弱区域面积较大，生态系统功能退化。

（四）资源环境压力较大

能源消费结构单一，煤炭和原油占一次能源消费的 97% 以上，特别是煤炭消费占74% 左右，远高于全国及世界平均水平。能耗水平依然较高，山东省人均能源消费已超过世界平均水平，但人均 GDP 仍不及世界平均水平，与广东、江苏、浙江等省份也存在较大差距。化学需氧量、二氧化硫、氮氧化物等污染物排放量居全国前列，大气质量、饮用水安全和水生态受到严重威胁。严峻的环保压力，制约着一些地区的产业选择，产业结构和空间结构调整的压力很大。

（五）城乡和区域发展不协调

山东省人口分布与经济布局在东、西部区域之间很不协调。东部地市人口数量少于西部地市，但经济社会发展水平明显高于西部，经济发展的不均衡使得区域间人民生活水平和公共服务的差距过大。区域经济结构不合理，各地追求本地区的综合发展，优势产业发展雷同，低水平重复建设严重，地区产业结构趋同化，产业布局亟待优化，区域产业分工体系亟待建立。城乡之间的差异较大，东西部农村发展的差距也很大。国民收入分配仍存在着重城市和工业、轻农村和农业的问题，与城市相比，农村生产生活条件还很落后；在财税政策、社会保障、金融政策等方面还存在着不利于农村经济发展或不合理的现象。

第三节 区域发展与主体功能区协调互动模式分析

无论是德国、法国等欧洲国家，还是美、日、韩以及中国的香港、台湾地区，都将空间规划作为政府科学管治国土开发、协调区域发展的重要手段。国内部分地区也进行了积极探索，为我们推动区域发展与主体功能区战略实施提供了宝贵经验。

一、德国模式

德国空间规划的理论基础雄厚、研究支撑有力、规划体系完整、协调机制健全、实施效果显著，在空间规划及其支撑空间规划的研究领域，居于全世界领先地位，建立了一个覆盖全国的多层次的空间规划体系。

（一）空间规划的核心内容

德国空间规划研究涵盖了四个方面的核心内容：第一，城镇功能等级定位；第二，城镇对它周边的辐射影响带动及其合理组织；第三，建设各种基础设施网络系统，促进欠发达地区的发展或者促使生产要素向政府期望的地点集聚；第四，对不同功能在空间的土地利用板块上进行的管制。由于发展阶段和影响因素的差异、地域单元的差异和目标取向的不同，以及研究的重点和规划的重点的不同，要对以上四个方面进行统筹安排、综合组织难度较大。为此，德国空间规划除了强调综合规划的作用外，还特别注重分析目前空间结构发展的阶段及其主要特点，注重分析影响空间结构未来走向的核心因素，将政府的目标与空间结构的演变规律进行合理的组合，突出时序安排和分类指导。

（二）空间规划体系

德国的空间规划是世界各国空间规划体系最完整的国家之一。与行政体制相适应，德国的空间规划包括从全国、州、行政管辖区、县到空间规划基础单元的空间规划体系。联邦一级对国土空间规划颁布框架性法律的权力，制定全国国土空间协调发展的原则和总体性、方向性、纲领性的目标，协调联邦各部门规划，并协调各州的国土空间规划；州的任务是颁布州国土空间规划法，将全国的框架性法律具体化，制定符合本州情况的州国土空间规划，确定本州国土空间协调发展的原则和具体目标，规定州内各区域的发展方向和任务，并协调州内各部门规划；各州根据自己传统和实际情况确定的一个规划区域，区域的作用主要是组织和实施区域规划，是对州一级空间规划的延伸和在各个区域的具体化，制定区域空间协调发展的具体目标，规定了各城镇的发展方向和任务；城镇规划是确定城镇自己的任务，包括两级：覆盖整个城镇的土地利用总体规划和小区的控制性详细规划，前者确定城镇范围内各种类型用地的布局安排，后者确定具体地块的开发利用的内容。

（三）空间规划的特点

一是法律地位突出。在德国，规划就是法律，包括两种法律形式：第一种法是编制规划本身，它明确要编制此项规划和规划需要解决的重点问题等，从而保证规划编制的法律地位；第二种法是规划编制完以后，规划文本以法的形态出现，某一地区的规划法其实就是它的规划文本。立法为本，规划先行，德国充分体现规划的法律地位，在德国整个空间有序开发中发挥着重要作用。二是协调机制健全。从国家到地方有着成千上万部与空间规划有关的规划方案，做到不同规划之间不发生相互冲突。任何一个层次的空间规划，都必须与上个层次及下个层次的空间规划相协调。原则上，上个层次的规划对下个层次的规划具有指导作用，下个层次的规划是对上个层次规划的进一步落实。三是解决问题为导向，强调规划的实用性和时代性。目前德国整体空间结构已处于相对稳定的状态，空间规划成为落实政策的重要手段，强调空间规划导向性和实用性。以解决问题区域为例，德国在空间规划法案直接提出要进行扶贫，除财政均等化制度外，区域补偿制度是唯一的专门针对特定区域的政策。四是基于区域特色的多样性。德国的空间规划是基于每个区域的特色编制的，各个地区编制的区域规划呈现多样性，同时由于明确了不同的时间段区域的目标导向和功能的需求，规划的主题也因此具有了时代性。五是传统与前沿并重。德国的空间规划一直以来延续着公共服务领域的规划和解决区域的共性问题的传统思维。

二、美国模式

美国自20世纪70年代开始对全国进行经济地区的划分。综合考虑行政区经济社会发展状况、历史文化习俗、自然资源和环境特点等因素，建立不同等级和层次的经济区划体系，并随着发展状况的变动不断进行动态调整，成为各级政府、企业和科研机构进行区域经济分析、实施区域规划、制定区域政策、确定区域投资分布的重要依据。

（一）规划体系、方法及步骤

美国区域和城市空间规划按行政隶属关系可分为县域规划、州级规划和跨州规划；按规划范围可分为流域综合开发规划、区域开发规划、城市规划等。美国划分经济地区的方法和步骤主要包括以下几个方面：第一是节点认定，作为大都市区或经济中心的地区；第二是将各县合理分配到相应的节点，形成成分经济地区；第三是综合考虑经济规模、经济联系、通勤量等因素，合并成分经济地区形成经济地区；第四是在经济地区的基础上，进一步归并分类形成区域经济地区组合。

（二）规划理念的变迁

根据发展时期的不同，美国区域与城市空间规划在目标上存在较大的差异：在"二战"后恢复和繁荣期（1940~1960年），空间规划主要侧重自然资源的初始开发，以提高贫困地区人民的生活质量，缩减区域间差距为目标；在经济危机与振兴时期（1960~1990年），空间规划的内容重点是产业结构调整、国土综合治理，增强综合国力与现代化建设；20世纪90年代以后（1990年~），各州的空间规划都将提高人民的生活水平作为主要目标。

（三）区域性组织的协商和合作

为加强不同地区政府间在一些重大事务上的协商和合作，各级政府成立各级各类区域性组织，在重大基础设施建设、环境污染共同防治、地区安全、资源合作开发等方面开展合作。

（四）发展权转移作为实现区域和城市规划目标的重要工具

政府更多地依靠市场机制来体现自己的战略意图，实现长远的战略目标和要求，发展权转移就是一种非常有效的政策工具。所谓发展权转移主要是指通过容积率、建筑密度、开发强度等一系列指标的控制和交易，实现区域和城市规划中的空间布局和功能结构要求。例如，政府在城市规划中由于国防、生态、环保等原因，对某一区域的容积率、建筑密度等指标限定最高标准，原有的超出限定标准的容积和建筑指标可以通过市场交易的方法转移到其他区域。这样一方面弥补了限制区域内企业、机构和个人的损失，促进他们按照政府城市规划的要求实施搬迁和布局调整；另一方面，有利于欠开发区域获得更多的容积和建筑，缩小与发达和密集区域的发展差距。

三、重庆样本

重庆市加快推进形成主体功能区，既是有效利用国土空间的地方发展实际需要，更是科学发展观指导区域发展的具体实践。

（一）基本情况

重庆地处长江上游，幅员 8.24 万平方公里，自然禀赋和开发空间差异较大。主要表现在：适宜开发的土地资源较少，平原及台地面积占比不足 5%；水资源总体丰富，但东西部分布不均衡；渝东地区属我国较好的生态保护区域，但生态敏感度也高，环境污染消纳能力不强。从国土空间开发情况看，重庆在西部地区属开发强度最高的地区，人口密度达到全国平均水平的 2.6 倍，但总体上重庆单位城镇空间集聚的人口偏少，人口密集度偏低。这就需要以科学发展观为指导，按照高效、协调、可持续的发展理念，加快转变重庆空间开发利用的方式。

（二）主要做法

重庆是国家开展主体功能区规划的 8 个试点省市之一，早在 2007 年就根据国家区域战略部署，全面进行了主体功能区规划的编制工作。目前，重庆根据资源分布特征，将全市国土空间划分为三种类型。一是重点开发区域。以重庆主城为核心，包括渝东北、渝东南的万州、黔江等 30 个区县，是产业发展和人口集聚的主体区域。二是限制开发区域，主要包括渝东北、渝东南地区的生态区域和农产品主产区，今后要因地制宜地发展特色农业等生态产业，引导超载人口逐步有序转移。三是禁止开发区域，包括国家及市级的自然保护区、地质公园以及重要的水源水库等区域，今后应实施更加严格的保护政策。

从 2008 年开始，重庆试点推进区县经济社会发展规划、土地利用规划、城市规划、环境保护规划"四规叠合"。首先，根据国土空间综合评价进行功能区的总体划分；其次，按照城乡统筹、全域覆盖、导向明确、分区联动的原则细划农业、生态、工业和城市综合服务等多个功能区；在此基础上，开展近期建设布局，规划重大产业、基础设施和公共服务设施，实现了发展理念与空间布局的有机结合，引导区域差异化发展、协调发展。按照发挥比较优势、突出各自特色、促进功能互补、形成梯级产业分工的设想，对不同功能区给予不同的发展定位和区域政策，促进全市资源利用最大化和功能配置最优化。按照统筹区域城乡协调发展与打造重点功能区相结合的思路，统筹全市城镇体系建设和各功能区协调发展。

第四节　区域发展战略与主体功能区战略良性互动的对策建议

实施区域发展战略与主体功能区战略，是一项复杂的、系统的工程。实现区域发展战略与主体功能区战略的良性互动，关键是在强化规划衔接的基础上，进一步增强政策配套，发挥利益、政策、机制和绩效考核等手段的导向作用，完善分类管理的区域政策体系。

一、强化科学发展意识

推进主体功能区战略，实现区域的协调发展，充分体现了科学发展观的要求，是全面、协调、可持续的重要内容。推动区域发展战略与主体功能区战略的良性互动，必须强化科学发展的意识，坚持因地制宜、统筹兼顾，制定切合实际的社会经济发展举措，实现经济发展和资源环境的和谐统一，促进区域的可持续发展。这就要求各级政府和各个部门要着眼长远，明确目标方向，推进形成主体功能区。对于各级政府的考评方式，也必须改变以 GDP 为主的传统考核办法，确立区域经济社会的综合发展目标。需要借鉴区域生态学、区域经济学、区域社会学以及可持续发展等相关学科的研究成果，建立我国现阶段适度的区域空间发展目标评价体系、指标控制体系，并加强发展阶段、发展时序、动力机制的研究。

二、强化规划衔接

主体功能区规划是科学开发国土空间的行动纲领和远景蓝图，是国土空间开发的战略性、基础性和约束性规划，同时也是编制其他各类空间规划的基本依据。推动区域发展战略与主体功能区战略良性互动，要做到各级区域总体规划、土地利用规划、城市建设规划以及环保、水利、农业、能源等各专项规划与主体功能区规划有机衔接，通过修编、修订、调整等措施，使主体功能区的战略理念和目标要求充分体现在各类规划当中。在实施过程中，要正确处理行政区和主体功能区的关系，打破行政区界限，改变完全按行政区制定区域政策和绩效评价的方法。

三、推进区域发展对接

推进区域功能定位对接。必须强化国家和省级主体功能区规划的总控地位，加强不同区域的发展定位与主体功能区定位的对接。对接过程中，应按照循序渐进的原则。有关地区正在按照区域发展规划的功能定位集中力量推进规划实施，如果功能定位调整过快，推倒重来，势必会造成极大的浪费。因此，应给予规划实施主体一定的调整时间和空间，允许在实施区域发展规划的过程中逐步调整与主体功能区有冲突的功能定位，实现功能定位的有效对接。

推进区域产业发展对接。要尊重不同区域的产业基础、产业结构已经基本形成的现实，按照求同存异的原则，与主体功能区产业发展要求相同的，应给予主体功能区规划明确的相应政策，支持把产业做大做强；与主体功能区产业发展要求有出入的，要在严把产业准入关的条件下，应给予技改方面的优惠政策，支持产业向高端化发展，实现产业发展的有机对接。

推进区域生态功能区保护对接。主体功能区规划站在提供生态产品、建设永续发展家园的高度，明确了全国的重点生态功能区。不同区域发展规划中也明确了需要重点保护的生态功能区。生态环境具有系统性、完整性，对一定区域影响不大的生态功能区有可能在全局中具有重要地位。因此，应按照强力推进的原则，在区域发展规划中补充主体功能区规划确定而区域内没有明确的生态功能区，实现生态功能区保护的无缝对接。

四、加快建立区域利益协调机制

区域发展总体战略和主体功能区战略要以构建和谐的区域关系为目标，建立全新的区域利益协调机制。在这个新机制中，每一区域都要找到适合于自己的发展方向，从而使整个社会经济生活纳入一种新的均衡与和谐之中。这就要求我们，合理构建区际价格、供求、竞争关联机制，打破资源、市场利益的条块分割，以发挥优势、共同发展、提高效率为宗旨，在经济社会发展的各个领域，协调东、中、西部地区进行广泛的交流与合作，通过经济杠杆调节和政策引导使中西部地区的资源转换战略和东部地区的加快发展战略相互联结、有机结合。加快推进优化开发区、重点开发区、限制开发区和禁止开发区发展的有机结合，形成地区间相互促进、共同发展的区域结构，让有条件的地区率先实现现代化。

五、以主体功能区战略为主构建区域政策体系

主体功能区战略下，不同区域将承担不同的主体功能。推动区域发展战略与主体功能区战略的良性互动，需要正视主体功能区战略导致的利益矛盾与冲突，加强主体功能区政策与区域发展政策的衔接，有效整合两类政策资源，最大限度地发挥政策组合效应，实现政策的叠加对接。

（一）财税政策

改变以经济总量为导向的财税分配制度，加大均衡性转移支付力度，使不同主体功能区的居民享有均等化的基本公共服务。提高对重点生态功能区、限制开发区的财政转移支付系数，保证地方政府基本财力，增强其实施公共管理、提供公共服务和落实各项民生政策的能力。对于优化开发区，以鼓励创新的财税政策为主，推动区域转变经济增长方式，把产业升级、提高增长质量和效益放在首位，提升参与全球分工与竞争的能力。对于重点开发区，要以激励发展的财税政策为主，支持发展产业集群，壮大经济规模，全面推进增值税转型，实施消费型增值税，在有条件的地方进行地方债试点，为重点开发区的发展提供更为灵活的资金来源，助推重点开发区迅速成长为新型区域增长极。

（二）投资政策

实施按主体功能区安排投资和按领域安排投资相结合的投资政策。按主体功能区安排的投资，用于支持国家重点生态功能区和农产品主产区的生态修复和环境保护、农业综合生产能力建设、公共服务设施建设等方面；按领域安排的投资，则要在符合区域主体功能定位的前提下，基础设施投资向重点开发区倾斜，生态环境投资向国家重点生态功能区倾斜，农业投资向农产品主产区倾斜。并积极引导和鼓励民间资本和金融机构按照不同区域的主体功能定位进行投资、调整信贷投向，形成导向明确、主体多元、宽严适度、进出有序的投融资格局。

（三）产业政策

修改完善现行产业指导目录，明确不同主体功能区鼓励、限制和禁止类的产业。优化开发区要制定严格的产业准入标准，鼓励优先发展高新技术产业、先进制造业和现代服务业，引导消耗少、污染小、附加价值高、带动力强的产业；重点开发区应大力推进新型工业化进程，大力发展新兴产业，增强吸纳产业转移和自主创新能力，增强产业配套能力，促进产业集群发展，构建现代产业体系；限制开发区的农产品主产区应大力引导特色农业发展，积极推进农业现代化进程；重点生态功能区则应加快建立生态补偿机制。对于限制开发区内不符合主体功能定位的现有产业，可以通过设备折旧补贴、迁移补贴等手段，促进产业跨区域转移或退出。

（四）土地政策

科学确定不同主体功能区的用地规模，严格控制优化开发区建设用地增量，适当扩大重点开发区建设用地规模，对限制开发区域和禁止开发区域实行严格的土地用途管制，严禁生态用地改变用途。积极探索城乡之间用地增减挂钩的政策和城乡之间人地挂钩的政策，使人口、土地、城建与产业发展相协调。

第四章　山东在全国区域经济发展中的地位与作用[①]

伴随经济全球化和区域经济一体化的深入推进，伴随新一代信息技术的迅猛发展和高速交通时代的到来，通过推动区域合作向纵深化、一体化发展，打造区域整体发展和竞争优势是大势所趋。顺应这一时代潮流，国家站在培育经济增长和转型升级新引擎、打造对外开放新平台的战略高度，实施"一带一路"、京津冀协同发展、长江经济带三大战略，谋求拓展区域发展新空间，推动区域协调融合发展。

山东省位于中国东部沿海、黄河下游，作为东部沿海经济大省、人口大省、文化大省和全国重要的开放前沿，是黄河流域最便捷的出海通道，是环渤海地区对接长三角的桥头堡，是东北亚经济圈的重要组成部分，是由南向北扩大开放、由东向西梯度发展的战略节点，在全国区域发展布局中具有重要的战略枢纽地位。经济新常态下，山东省已进入经济增长动力的换挡期、转型发展的关键时期。深刻认识山东在全国发展大局中的战略地位，进一步发挥在区域发展中的作用，明确发展方向和发展目标，积极融入国家区域发展战略，将有助于促进区域融合互动，开创山东区域发展的新局面，为山东立足更大范围、站在更高层次、瞄准更高目标，推进经济文化强省建设，在全面建成小康社会进程中走在前列注入新的强大动力。

第一节　山东在全国的地位

自古以来，山东省在全国政治、经济和文化格局中占有重要的地位。多年来，凭借优越的自然和人文条件以及有利的外部环境，山东省经济社会发展取得了举世瞩目的成就，在全国的地位不断提升。

[①]　除特殊说明外，本章数据均来自于《山东统计年鉴》和《山东年鉴》。

一、区位优势突出

作为国家"一带一路"规划海上战略支点和新亚欧大陆桥经济走廊沿线重点地区，山东具有独特的区位优势，在全国区域经济发展中居于"融南汇北、沟通东西"的强有力地位。东与朝鲜半岛、日本列岛隔海相望，西连黄河中下游广阔腹地，南接长三角地区，北邻京津冀都市圈、辽宁沿海经济带，是黄河经济带与环渤海经济区以及"一横"（陆桥通道）与"一纵"（沿海通道）两大轴线的交汇处、华北地区与华东地区以及环渤海与长三角地区的结合部，是黄河流域地区最便捷的出海通道，是东北亚经济圈的重要组成部分和欧亚大陆桥头堡之一。作为全国唯一拥有三个亿吨大港的省份，山东与亚太、欧亚区域有着紧密的联系，是连接东北亚的重要通道。

不仅如此，山东在国家"一带一路"战略中也具有重要地位，长期以来不断加强与沿线国家和地区的互动交流，青岛、烟台也已进入国家战略规划。2014 年"一带一路"沿线国家地区备案投资额 28.1 亿美元，增长 106.5%，占比 44.7%；与沿线国家新签对外承包工程合同额 68.7 亿美元，完成营业额 49 亿美元，分别占总量的 64.8% 和52.9%。全省建有国家一类港口 24 个，港口货物吞吐量 11.8 亿吨，居全国第二；拥有 4 个国际机场，航线通达 140 个国家和地区。其中，青岛处于"一带一路"海陆交汇点上，内联我国东中西部各省区，外联世界主要国家的立体综合运输网络，区位优势明显、港口条件得天独厚、国际交流合作广泛、军事战略地位突出、国际知名度较高，是国内最早开展海铁联运的口岸，直达韩日的航线有 33 条，直达东南亚、南亚的航线有24 条，被国家定位为新亚欧大陆桥经济走廊 9 个节点之一和海上合作 16 个战略支点之一。

二、全国重要的资源能源基地

（一）矿产资源

矿产资源种类齐全、类型多，储量在全国占有重要地位。截至 2012 年年底，山东已发现 150 种矿产资源，占全国已发现矿种的 87.2%；已探明储量矿产 81 种，占全国的 50.9%。资源保有储量列全国前五位的有 45 种，列全国前十位的有 77 种。鲁东地区是我国金矿的重要分布区，也是石墨、滑石、菱镁矿等非金属矿产分布区，黄金产量占全国的 1/4 以上，全国黄金产量排名前七位的矿山均在山东省；鲁中地区是煤炭及铁矿分布区；鲁西北及鲁西南地区是煤炭、石油、天然气及地下热水资源分布区。微山县郗山为全国第二大稀土矿，也是全国三大轻稀土产地之一。矿产资源的区域分布，为不同地区形成各具特色的矿业经济布局奠定了物质基础。

（二）能源基地

山东是全国重要的能源基地之一。胜利油田是中国第二大石油生产基地，中原油田的重要采区也在山东。近年来，胜利油田钻探范围逐步进入渤海海域，高科技钻井技术的广泛应用，使油田一直保持着稳产、高产。2013 年，胜利油田累计生产原油 2 776.2 万吨，连续 18 年原油产量稳定在 2 700 万吨以上。山东境内含煤地层面积 5 万平方公里，兖州煤田是全国十大煤炭基地之一。山东电网是全国六大电网中唯一的省独立电网，2012 年全省发电装机总容量达 7 314.56 万千瓦，发电量完成 3 305.8 亿千瓦时，发电量和装机容量均居全国第三位。国务院发布的《能源发展战略行动计划（2014～2020 年）》中，山东省的鲁西煤炭基地、胜利油田、大型现代风电基地等均被列入。

（三）土地资源

黄河三角洲区域内土地后备资源丰富，拥有近 800 万亩未利用土地，另有浅海面积近 1 500 万亩，受黄河冲击影响，土地后备资源还在以每年 1.5 万亩的速度增加。统计资料显示，黄三角土地后备资源得天独厚，人均未利用地 0.81 亩，比中国东部沿海地区平均水平高近 45%，这在中国沿海省份独一无二。2012 年，山东省在黄三角地区启动未利用地开发项目，与国土资源部沟通衔接，共同推进区域内东营和滨州两市未利用地开发管理改革试验区建设。随着土地后备资源逐步增加，具有吸引要素集聚、发展高效生态经济的独特优势，既可以为本地区拓展发展空间，也可以为其他地区提供新的机遇和空间。

三、全国重要的经济核心区

（一）经济总量优势

长期以来，山东省主要经济指标均位居全国前列，是中国经济板块乃至东北亚地区极具影响力的经济隆起带，辐射北方及黄河中下游地区的经济核心区。从经济总量来看，地区生产总值占全国的比重处于不断上升的态势。经济社会发展形势总体向好，经济运行保持总体平稳、稳中有进。2002 年，山东省地区生产总值首次突破 1 万亿元，迈入"万亿元"门槛，占全国 GDP 的比重达到 10.1%，为历史峰值，总量位居全国第二位；此后，2006 年突破 2 万亿元，2008 年超过 3 万亿元；接着，2011 年实现地区生产总值 4.54 亿元，继广东、江苏之后，成为第三个迈入"四万亿俱乐部"的经济大省；2013 年，山东省实现地区生产总值 5.47 万亿元，占全国的 9.6%，比 1978 年提高了 3.4 个百分点，总量位列广东、江苏之后，居全国第三位，实现经济增速 9.6%，高于全国平均水平 1.2 个百分点。从各产业发展来看，第一、第二、第三次产业增加值占全国的比重分别达到8.3%、11%和8.6%，比1978年提高了1.02、4.14和5.03个百分点，在全国经济大版图中分量十足。2013年，山东省固定资产投资额、社会消费品零售额达到3.68万亿元、2.23万亿元，分别占全国的8.2%和9.4%，均居全国第二位，公共财政预算收入占全国的6.6%，居全国第三位。2014年中国省域竞争力蓝皮书《"十二五"中期中国省域经济综合竞争力发展报告》显示，在全国省域宏观经济竞争力排名中，山东省位列全国第三位（见表4-1、图4-1、图4-2）。

表4-1 　　　　　　　　　　山东省主要经济指标及在全国的排名

指标名称	山东	占全国比重	在全国位次
一、年末总人口（万人）	9 733	7.2	二
二、土地面积（万平方公里）	15.79	1.6	十九
三、地区生产总值（亿元）	54 684	9.6	三
四、人均地区生产总值（元）	56 323		十
五、主要农业产品产量			
粮食（万吨）	4 528.2	7.5	三
棉花（万吨）	62.1	9.9	三
六、全社会固定资产投资额（亿元）	36 789	8.2	二
七、公共财政预算收入（亿元）	4 560	6.6	三
八、社会消费品零售额（亿元）	22 295	9.4	二
九、外贸外经旅游			
进出口总额（亿美元）	2 671.6	6.4	六
出口总额（亿美元）	1 345.1	6.1	五
十、人民生活			
城镇居民人均可支配收入（元）	28 264		八
农民人均纯收入（元）	10 620		八

（二）产业发展优势

1. 农业。

山东是中国第一农业大省，是全国最早实行农业产业化经营的地区，农业领域形成了以11大优势农产品为主、覆盖全省的8大优势产业带，瓜菜总产继续稳定在1亿吨以上，食用菌总产量保持全国第一大省的地位，现代农业发展绩效评价排全国第一，农

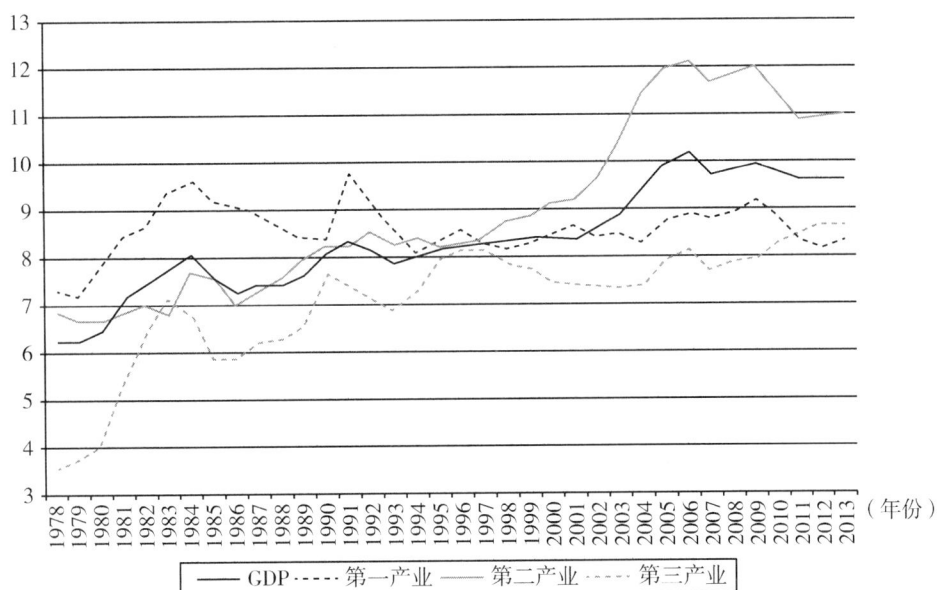

图 4 - 1　山东省 GDP 及三次产业增加值占全国的比重（1978~2013 年）

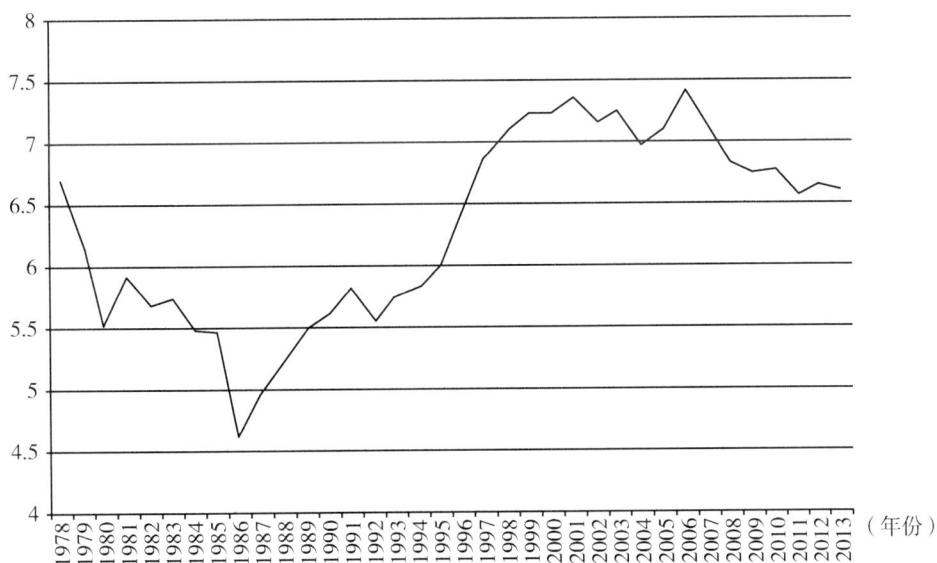

图 4 - 2　山东省财政收入占地方公共财政收入的比重（1978~2013 年）

产品加工增值率已达到 67%。2013 年，全省实现农业总产值 4 742.6 亿元，增长 3.8%，占全国的 8.3%，多年居全国首位；粮食总产量达到 4 528.2 万吨，实现连续十一年增产；粮食、棉花产量占全国的比重分别为 7.5% 和 9.9%，均列全国第三位，农业大省的地位进一步巩固。山东省设立黄河三角洲农业高新技术开发区，未来将打造成全省乃至全国现代农业发展的样板，引领全国农业转型发展的示范基地。

2. 制造业。

山东是传统的制造业强省，经过近年来的发展，规模不断扩大，产出总量不断攀升。截止到2013年，山东拥有规模以上制造业企业37 155家，与2005年相比，增长41.6%，年均增长4.4%；资产总计64 441.4亿元，增长1.7倍，年均增长17.8%。企业个数和资产总计均位居全国第三，位列江苏、广东之后。规模以上制造业实现主营业务收入120 946.3亿元，位居全国第二，仅次于江苏；利润总额7 562.2亿元，位居全国第一；利税总额11 907.3亿元，位居全国第二。目前，重点监测的140种主要工业产品中有100余种产量位居全国前三位，其中四十余种产量位居第一位。尤其是在纺织、化学制品、造纸、石油加工、专用设备制造等多个行业区位熵大于1，拥有较高的专业化水平（见表4-2）。

表4-2　　　　　　　　2013年山东省工业分行业的区位熵

行　　业	区位熵	行　　业	区位熵
煤炭开采和洗选业	0.92	石油加工、炼焦和核燃料加工业	1.36
石油和天然气开采业	0.87	化学原料和化学制品制造业	1.50
黑色金属矿采选业	0.38	医药制造业	1.18
有色金属矿采选业	1.25	化学纤维制造业	0.25
非金属矿采选业	0.84	橡胶和塑料制品业	1.53
开采辅助活动	0.84	非金属矿物制品业	1.07
农副食品加工业	1.52	黑色金属冶炼及压延加工业	0.62
食品制造业	1.01	有色金属冶炼及压延加工业	0.95
酒、饮料和精制茶制造业	0.70	金属制品业	1.17
烟草制品业	0.30	通用设备制造业	1.29
纺织业	1.83	专用设备制造业	1.32
纺织服装、服饰业	0.85	汽车制造业	0.71
木材加工	1.24	铁路、船舶、航空航天	0.66
家具制造业	0.98	电气机械及器材制造业	0.78
造纸及纸制品业	1.39	计算机通信	0.45
印刷和记录媒介复制业	1.07	仪器仪表制造业	0.65
文教体育用品制造业	1.20		

3. 高端装备制造业。

按照国家高端装备分类，山东省基本形成规模化生产能力，已构建起门类比较齐全、规模较大、技术水平较高的高端装备产业体系。船舶和海洋工程装备、智能制造装备居江苏之后，列第二位；轨道交通装备居湖南和江苏之后列第三位。智能装备子行业中的机床制造营业收入居辽宁之后，列第二位，机床产量居全国首位；输配电设备居江苏之后，列第二位；仪器仪表和电机制造均居江苏和浙江之后，列第三位。2013 年，高端装备制造业营业收入、利税、利润占全国的比重分别为 13%、14% 和 14.4%，列江苏之后居第二位（见表 4 - 3）。

表 4 - 3　　　　2013 年全国主要省市装备工业主营业务收入情况

	装备工业			高端装备工业			
	总量	占全部工业比重	占全国装备工业比重	总量	占装备工业比重	占全国高端装备比重	排名
全国	328 377	0. 319	—	64 186	0. 196	—	—
江苏	60 242	0. 455	0. 183	15 759	0. 262	0. 246	一
山东	35 588	0. 269	0. 108	8 319	0. 234	0. 13	二
上海	19 462	0. 564	0. 059	4 599	0. 236	0. 072	三
浙江	20 383	0. 33	0. 062	3 846	0. 189	0. 06	四
广东	49 097	0. 474	0. 15	3 217	0. 066	0. 05	五

4. 服务业。

仓储物流、现代金融、科技信息等现代服务业发展迅速，2012 年物流业实现增加值 3 721 亿元，居全国第一位。全省拥有限额以上流通企业达到 2.1 万家，其中销售收入过百亿元的企业达到 6 家，10 家企业进入全国连锁百强，鲁商集团以 611 亿元销售收入列全国第七位。在住宿餐饮、卫生、社会保障和社会福利业等均具有较高的专业化程度。为促进服务业发展，山东出台 30 条政策措施，每年设立 4 亿元省级引导资金，重点扶持金融保险、电子商务、现代物流、云计算等现代服务业（见表 4 - 4）。

表 4 - 4　　　　2012 年山东省服务业分行业的区位熵

行　　业	区位熵	行　　业	区位熵
交通运输、仓储和邮政业	1. 18	科学研究、技术服务	0. 52
信息传输、计算机服务和软件业	0. 59	水利、环境和公共设施管理业	0. 96
批发和零售业	1. 53	居民服务和其他服务业	0. 87
住宿和餐饮业	1. 17	教育	0. 77
金融业	0. 78	卫生、社会保障和社会福利业	1. 00
房地产业	0. 78	文化、体育和娱乐业	0. 56
租赁和商务服务业	0. 71	公共管理和社会组织	0. 92

四、海洋经济优势明显

根据国家海洋发展战略的总体布局，山东省将作为国家海洋经济发展试点省份之一，重点围绕发展海洋经济、维护海洋权益，建设海洋强国问题率先进行实践探索。姜异康书记指出，山东作为沿海经济大省，在发展海洋经济方面具有独特优势，在提升中国海洋经济综合竞争力中肩负重要责任。

（一）海洋资源优势

山东省海洋资源得天独厚，拥有大陆海岸线长度 3 345 公里，占全国的 1/6；拥有 500 平方米以上海岛 326 个，海岛面积 147 平方公里，沿岸有海湾 200 余处，其中优良港湾 70 余处；渤海近岸海域已探明石油地质储量 11.8 亿吨，海洋矿产资源丰富，是全国四大海盐产地之一，9 种已探明矿产储量居全国前三位；胶东半岛已探明水下煤炭储量 12.9 亿吨，龙口煤田是我国第一座滨海煤田，探明储量 11.8 亿吨；山东半岛及附近岛屿年平均风速 5.4 米/秒，是全国风能资源最丰富的地区之一。丰富的海洋资源，为山东省海洋经济发展提供了强力支撑。

（二）海洋经济优势

2013 年山东省海洋生产总值预计突破 1 万亿元，仅次于广东省，居全国第二位。山东省制定了全国第一个海洋领域的产业指导目录，重点培育 50 个海洋产业重点项目和 60 家骨干企业，一大批海洋特色园区崛起，产业集群正在形成。现代海洋产业，如海洋生物、海洋工程装备、海洋化工、海水养殖及水产品加工等产业规模均居全国首位；海洋药物的种类和市场占有率以及深水半潜式钻井平台的设计和生产能力居全国领先，有力地支撑了海洋产业的快速发展，海洋产业竞争力有效提升。

（三）海洋科技优势

山东海洋科研资源实力居全国首位，拥有 60% 左右的全国性海洋科研机构，聚集了包括两院院士在内的全国半数以上的海洋科研人才。目前已建成 4 个海洋领域的国家级工程技术研究中心、16 个省级工程技术研究中心、6 个国家"863"计划产业化基地、5 个国家级科技兴海示范基地，青岛海洋科学与技术国家实验室是我国海洋领域唯一的国家实验室。承担重大海洋科技项目多年保持全国首位，"973"计划海洋项目首席科学家 11 项。蓝色半岛科技创新体系，从传统的海水养殖，到工程技术，再到生物医药，海洋科研能力在全国遥遥领先。以国际海洋科技教育中心、国家海洋科技示范区为定位的青岛蓝色硅谷建设，将进一步提升山东省的海洋科技与海洋人才聚集优势。

（四）载体建设优势

围绕沿海资源特色和产业基础，启动了 7 个创新型海洋科技示范基地建设。"四区三园"建设龙头带动效应凸显：青岛西海岸经济新区正在报批国家级新区，区域转型发展促进作用明显；烟台东部海洋经济新区金山港区进入实质性开发阶段，养马岛整体开发等项目加快推进；潍坊滨海海洋经济新区累计完成投资 1 800 多亿元，新引进项目 95 个；威海南海海洋经济新区引进了一批世界 500 强企业，90 个过亿元的项目落地；中德生态园成为全国首家综合标准化示范园区，已引进青岛德国中心及体验馆等 20 个新兴产业项目；日照国际海洋城年度计划投资 12.25 亿元，蓝色产业项目建设进度不断加快，海洋产业项目陆续开工建设，基础设施项目全面铺开，将建成全国首个中国—新加坡合作的海洋经济园区。

五、中华文明的重要发祥地

作为中华文明的重要发祥地，山东省文化资源丰富，历史底蕴深厚，是文化资源大省，文化消费市场潜力巨大，为文化事业与文化产业发展提供了巨大机遇和良好前景。

（一）文化资源优势

山东是中华文明的重要发祥地，春秋战国时期，一大批杰出的思想家、政治家、文学家和发明家聚集，逐步创建起博大精深的齐鲁文化。习近平总书记 2013 年 11 月 26 日视察曲阜和孔子研究院时指出，山东是齐鲁文化发祥地，要加强对中华传统文化的挖掘和阐发；要因势利导、深化研究，使我国在东亚儒家文化圈中居于主动，在世界儒学传播和研究中始终保持充分的话语权。山东省文化资源丰富多样，既包括儒家文化、墨家文化等历史文化资源，又包括运河文化、海疆文化、名山文化等自然人文资源，还拥有潍坊风筝、高密剪纸、淄博美陶等民间文化资源。泰山和曲阜"三孔"是我国最早被联合国教科文组织列入的世界遗产；大运河成功申遗，成为中国第 46 个世界遗产项目。山东省现有国家级历史文化名城 10 座，国家级历史文化名镇 2 个、名村 5 个，国家级传统村落 16 个，全国重点文物保护单位 196 处，全国古籍重点保护单位 14 个，入选国家级珍贵古籍名录 945 部，国家级非物质文化遗产项目 153 项，国家级文化生态保护实验区 1 个、生产性保护示范基地 3 个。以济南泉水、泰安泰山为代表的山水文化在国内外具有较高的知名度，以青岛、烟台等地为代表的海洋文化、工业文化和国外建筑文化驰名中外。

（二）文化产业优势

2013 年，山东文化创意产业增加值有望突破 3 000 亿元，总量和规模连续稳居全国前列，GDP 占比不断攀高。青岛、济南、威海、烟台 4 个市文化产业增加值占 GDP 比重达到5%以上，成为国民经济支柱性产业。2013年，山东共确定重点文化产业项目230个，涵盖文化演艺、动漫游戏、文化创意等10多个门类，总投资达1 650.4亿元。巨野县书画艺术产业园入选2014年度全国首批特色文化产业重点项目库。东方圣地、仙境海岸、平安泰山、齐国故都、天下泉城等在内的十大文化旅游目的地品牌的打造，将进一步推动文化与旅游高度融合发展。2014年，由中国人民大学和文化部文化产业司共同发布的"中国省市文化产业发展指数"显示，山东省文化产业综合指数得分为77.7，在全国排第六位，其中生产力指数排名前三位。

（三）公共文化服务体系建设优势

2013年山东省公共图书馆、文化馆、博物馆分别达到151个、158个、210个，达到国家三级馆以上标准的数量均居全国前列，数字图书馆建设在全国率先实现县级以上图书馆国家数字资源全覆盖。文化共享工程建立起互联网和卫星双重覆盖到村的传输网络，山东省成为全国唯一的"示范省"。文化部与山东省签署《关于合作推进文化强省建设框架协议》，在公共文化服务机制和模式创新、科技成果推广应用等方面，支持山东先行先试并给予支持。青岛市被命名为首批国家公共文化服务体系示范区，山东省有2个项目被命名为国家公共文化服务体系示范项目；烟台市进入第二批国家示范区创建行列，淄博市张店区文化协管员和济宁市"政府搭台，百姓听戏，激情广场大家唱"文化惠民工程2个项目，进入第二批国家示范项目创建行列。启动实施"四大文化传承展示工程"，大力实施乡村儒学和社区儒学推进计划，很多好经验、好做法被称为具有示范性的"山东样本"，在全国范围内推广和学习。

（四）肩负重大的历史使命

近几年来，党和国家领导人对山东的发展提出了更高的要求，国家在相关规划中也赋予了很高的定位，为明确山东在全国区域发展中的定位指明了方向。习近平总书记在视察山东时强调，要认真学习贯彻党的十八届三中全会精神，锐意改革，敢创新路，坚决打好转方式调结构攻坚战，切实做好保障和改善民生、创新社会管理这篇大文章，努力在推动科学发展、全面建成小康社会历史进程中走在前列；在参加河北省委常委民主生活会时要求，山东要凤凰涅槃、腾笼换鸟，优化产业结构，继续起到"领头雁"、"火车头"作用。国家赋予蓝黄"两区"很高的定位，明确山东半岛蓝色经济区要"建成具有较强国际竞争力的现代海洋产业集聚区、具有世界先进水平的海洋科技教育核心区、国家海洋经济改革开放先行区和全国重要的海洋生态文明示范区"，为实施海洋强国战略和促进全国区域协调发展做出更大贡献；要求黄河三角洲高效生态经济区建成"全国重要的高效生态经济示范区、特色产业基地、后备土地资源开发区和环渤海地区重要的增长区域"，在促进区域可持续发展和参与东北亚经济合作中发挥更大作用。

第二节　山东在东部地区的地位

东部沿海是我国对外开放的前沿，也是中国经济最具活力的区域。经过改革开放三十多年的迅速发展，经济活动不断聚集，已成为全球性核心区域的重要组成部分。作为东部沿海地区的重要省份，山东地处环渤海与长三角交界地带，是东部沿海地区率先开放的大省，在沿海地区率先发展中居于重要地位。

一、连接环渤海与长三角的纽带

山东作为环渤海与长三角地区沟通的重要桥梁，在推动两地融合发展中优势突出，责任重大。

（一）区位优势突出

山东地处京津冀与长江经济带的中间位置，南连长三角，北接京津冀，是环渤海区域中与长三角地区直接接壤的唯一省份，在沿海地区发展中具有重要的战略地位。李克强总理指出山东是由南向北扩大开放、由东向西梯度发展的战略节点，在全国发展中地位重要，要求山东省在改革开放和现代化建设中走在全国前列，形成自身发展新优势和与周边协同互动新格局。

（二）产业互补优势

山东作为环渤海区域的重要组织部分，与环渤海区域各省市长期保持良好合作关系，产业互补优势明显，以现代服务业为重点的鲁京合作、以现代产业发展为重点的鲁津合作、以能源开发利用为重点的鲁蒙合作、以资源能源综合开发为重点的鲁晋合作、以互联互通为重点的鲁冀合作、以沿海经济带为纽带的鲁辽合作正有序推进。2013 年上半年，在山东省招商引资项目中，来自环渤海各地的项目数占比达 33.6%，到位资金数量达到 32.3%。作为长三角产业转移的重要辐射区和淮海经济区的重要组成部分，山东省立足自然资源、劳动力资源等比较优势，积极承接长三角产业转移，与长三角地区的经济互动协作取得了较大进展，为对接长三角奠定了合作的基石。

（三）基础设施连接优势

京沪高铁的建成，使山东经铁路到北京、上海的时间分别缩短至 1.5 小时和 3.5 小时，正式融入环渤海和长江三角洲两大经济区"半日生活圈"，为推动环渤海与长三角间的互动融合提供了便捷的通道。随着鲁冀、鲁苏间省际通道建设的加快，重大交通基础设施的互联互通，沿海港口发展规划的协调衔接，将形成区域性的快速便捷、功能完善、互联互通的立体交通网络和现代物流体系。渤海海峡跨海通道的建设，将进一步提升环渤海乃至东北亚与长三角区域的互动融合。

二、东部地区重要的经济增长极

从东部沿海地区经济发展状况来看，近五年来，山东地区生产总值占东部沿海12省（市）生产总值的比重始终维持在15%左右，位列第三，是东部沿海地区重要的经济增长极。《山东半岛蓝色经济区发展规划》提出，将山东半岛蓝色经济区建设成为具有国际先进水平的海洋经济改革发展示范区和我国东部沿海地区重要的经济增长极。《山东省新型城镇化规划（2014～2020年)》也明确指出，加快山东半岛城市群人口和产业集聚，构建全省城镇化发展的主体空间，建设具有国际竞争力的现代服务业和先进制造业基地，形成东部地区经济增长极，与京津冀、辽中南共同构筑世界级的环渤海城市群（见表4-5）。

表4-5　　　　　　山东地区生产总值在沿海地区的比重及排名情况

年份 项目	2009	2010	2011	2012	2013
山东GDP（亿元）	33 896.65	39 169.92	45 361.85	50 013.24	54 684.33
沿海十二省市GDP （亿元）	219 646	260 058	305 302	333 774	363 715
占比（%）	15.43	15.06	14.86	14.98	15.03
排名	3	3	3	3	3

三、东部地区对外开放的前沿阵地

山东濒临渤海与黄海，与朝鲜半岛、日本列岛隔海相望，在我国深化沿海地区改革开放、提升综合竞争力中具有重要的战略地位。2013年，全省进出口总额2 671.6亿美元，位列全国第六，外商投资140.5亿美元，境外投资45.1亿美元，分别是2001年的9.2倍、3.9倍和32.2倍。在外贸总量持续增长的同时，山东进出口总额占全国的比重也由1990年的3.71%，不断提高到2013年的6.42%，在国家对外开放格局中的重要性日益提高。全省农产品出口创汇额152亿美元，约占全国的1/4，连续15年领跑全国。建立78个出口农产品质量安全示范区和6个农产品质量安全示范市，示范区农产品出口额占到全省农产品出口总量的98%，出口农产品检验检疫合格率保持在99.95%以上。铁矿砂、铝矿砂、天然橡胶、大豆、食用植物油等进口量均居全国首位（见图4-3）。

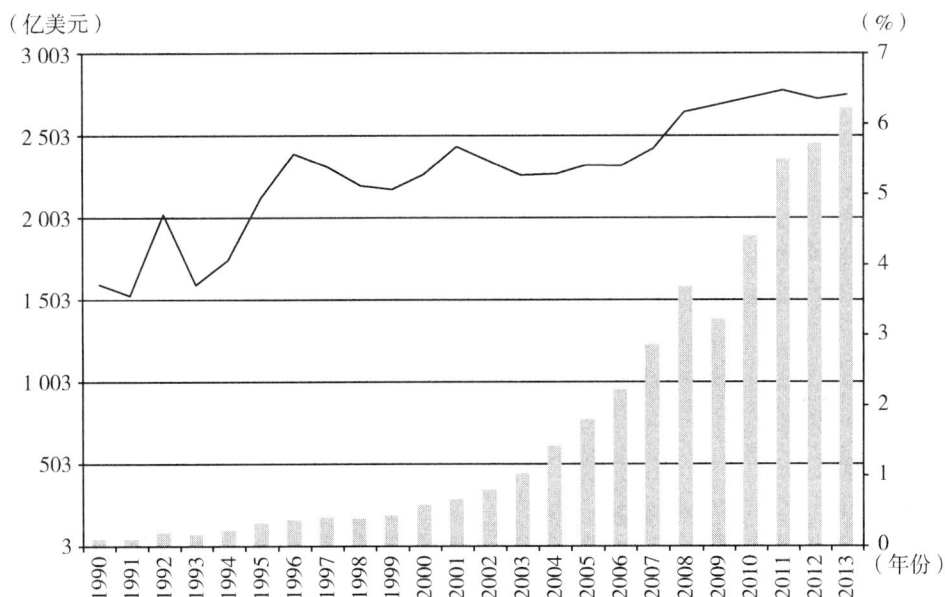

图 4 - 3　山东省进出口总额及占全国的比重

通过引导外资参与结构调整和产业升级，惠普全球大数据应用研究及产业示范基地、甲骨文（山东）OAEC 人才产业基地、一汽 - 大众（青岛）华东生产基地等一批重大项目，对山东省产业优化升级发挥了较强的带动作用。2014 年，引进总投资 3 000万美元以上的外资大项目 278 个，其中过亿美元项目 50 个；积极引导优势产能向境外转移，全年核准境外产能转移项目 87 个。全省拥有省级以上经济开发区、高新技术开发区、保税港区等各类园区共 171 家，数量居全国之首；建成国际友城 196 对，与全球72 家境外商协会等贸促机构建立了合作关系。

四、面向日韩合作的桥头堡

山东是我国距日韩最近的省份，与韩国最近距离只有 93 海里，与日本最近距离只有 174 海里，人员往来频繁，经贸、产业、人文等领域交流合作基础良好。多年来，山东与日韩的经贸合作水平稳步提升，目前日本已成为山东第 4 大外资来源地和第 5 大贸易伙伴，在鲁日资企业达 2 000 余家；山东省吸引韩资高达韩国对华投资的 50% 左右，与韩国进出口占两国贸易总额的 12%，分别列全国第一位和第三位，仅青岛、烟台就拥有韩资企业 5 000 家左右，韩方人员超过 13 万人。政府层面交流持续深化，2014 年 9月山东省政府与韩国产业通商资源部会商确定了建立合作机制和共建产业园区等事宜；11 月山东省政府与韩国首尔市就加强中小企业、环境保护、产业园区和城市管理等领域务实合作达成了共识。另外，山东与日韩的民间友好往来日益频繁。

第三节　山东在环渤海地区的地位

环渤海区域是中国经济增长的"第三极"，是我国东北、华北、西北地区的主要出海口和对外开放的重要门户，处于东北亚经济圈的中心地带。作为环渤海区域经济总量第一的大省，山东省是环渤海地区与长三角对接的前沿阵地，对引领环渤海区域转型发展，推动环渤海区域一体化具有十分突出的战略地位。

一、环渤海第一经济大省

山东省在经济总量、财政收入、国内贸易、固定资产投资等方面均居环渤海五省二市第一位，综合经济实力优势明显。2013 年山东省实现地区生产总值 54 684 亿元，占环渤海区域生产总值的 31.5%，且比例不断提高，是河北省（第二位）的 1.9 倍；实现公共财政收入 4 560 亿元，占环渤海区域公共财政预算总收入的 23.56%；社会消费品零售总额达到 21 744.8 亿元，超过辽宁（第二位）和河北（第三位）两省之和；全社会固定资产投资 35 875.9 亿元，占环渤海区域固定资产投资总额的 28.1%，居第一位；城镇居民人均可支配收入、农村居民人均纯收入分别为 28 264 元和 10 620 元，在除京津之外的环渤海区域位居首位。

二、产业转型优势突出

2013 年山东省三次产业比例为 8.7∶50.1∶41.2，服务业规模在环渤海五省二市中居于首位，服务业比重除京津两市外最高，增幅居环渤海区域第二位；规模以上工业企业利润总额居全国第一位，新产品项目数为 28 171 件，新产品开发经费达到 814.8 亿元，均居环渤海区域首位；质量强省战略深入实施，商标有效注册量为 30.45 万件，明显高于天津、河北、山西、内蒙古、辽宁等省（区、市）；产业发展质量优势，拥有中国驰名商标 428 件，位居环渤海区域首位，是居第二位的辽宁省的 2.03 倍。

三、区域创新能力较强

2012 年山东省教育支出为 1 311.8 亿元，占地方公共财政预算支出的 22.2%，居环渤海五省二市首位，在人才培养方面优势明显；R&D 经费投入达 1 020.3 亿元，仅次于北京，居环渤海区域第二位，R&D 经费投入强度在除京津之外的环渤海区域位居首位，其中规模以上工业企业 R&D 经费支出 905.6 亿元，占环渤海区域支出总额的 44.4%，比北京、天津、河北、山西、内蒙古的总和还要多；专利申请受理数和授权数分别为

128 614 件和 75 496 件，明显高于环渤海区域其他省市。

第四节　山东在全国区域经济发展中定位

当前，山东正处于由大到强战略性转变的关键时期，进入提前全面建成小康社会的决定性阶段。今后一个时期山东省在全国区域经济发展中的定位是：区域转型发展的"火车头"、对外开放的"桥头堡"、海洋强国建设的重要引擎、环渤海与长三角互动融合发展的"桥头堡"、全国生态文明制度建设示范区、经济文化融合发展高地。

一、区域转型发展的"火车头"

良好的支撑条件，为山东省经济转型发展奠定了坚实的基础，且由于山东省与全国产业结构相似，转型发展的经验将对全国具有重要的借鉴和示范意义。深刻认识世界经济社会转型发展趋势，把握世界经济体系重构与布局的历史机遇，立足山东现有基础和优势条件，坚定转型发展方向，争当区域转型发展的"火车头"，充分体现了国家战略和山东发展目标的有机结合，是时代赋予山东省的重大使命，对环渤海区域乃至全国转型发展具有巨大的引领作用。

以推动和实现山东经济转型发展为主线，未来应坚持高点定位，以高端、高质、高效产业为支撑，继续实施农业十大产业振兴规划，深入推进黄河三角洲农业高新技术开发区建设，改造传统优势产业与培育战略性新兴产业相结合，加快发展信息、物流、文化、旅游、养老、医疗、金融、商务等现代服务业，积极争取有利于新兴产业发展的政策，争取国家产业专项资金、重大规划布局，以及相关试点工作、示范基地建设等方面的支持，打造山东产业发展新优势；在发展方式上更加注重通过体制创新、科技创新，注重发挥人的积极性和创造性，更加注重经济与社会、城市与农村协调发展，更加注重人与社会和谐融合，在优化结构中促增长，在创新驱动中促转型；着力放大区域战略红利，促进蓝黄"两区"、一圈一带及沂蒙革命老区融合互动，形成区域联动升级协同效应，打造新的发展引擎，提升山东区域综合竞争力，当好环渤海及全国转型发展的"领头雁"、"火车头"。

二、对外开放的重要门户

立足区位优势，实行更加积极的开放战略，全面推动山东与东北亚及环太平洋地区的交流合作，打造立足东北亚、面向环太平洋的对外开放重要门户，是山东省实施开放型经济战略的必然选择，将为全面深化改革和扩大开放探索新途径、积累新经验，对提高对外开放层次和水平具有重大意义。

展望未来，国家大力实施自由贸易区战略和"一带一路"战略，随着改革的深入推进，市场在配置资源中的决定性作用日益凸显，我国市场经济国家地位将会得到世界各国普遍认可，越来越多的国家将会与我国签署FTA，国家自由贸易战略的实施将进入全面开花的时期，为山东省充分利用两个市场、两种资源，扩大"引进来"、"走出去"领域，提高"引进来"、"走出去"层次，全面提升国际化水平和层次提供难得的历史机遇。未来应充分利用与东北亚及环太平洋先进地区产业的互补性，深化重点领域和关键环节的改革，充分发挥友好城市的桥梁纽带作用，坚持互利共赢，加快对接融合，加强交流合作，大力推进中日韩区域经济合作试验区建设，大力推进产业合作示范园区建设，加快培育大型港口集团，深化我国与东北亚及环太平洋地区各国的战略伙伴关系，打造国际物流中心、国家重要的大宗原材料交易及价格形成中心，进一步拓展对外开放的广度和深度，为建设立足东北亚、面向环太平洋的对外开放桥头堡奠定坚实的基础，构筑我国参与经济全球化的重要平台。

三、海洋强国建设的重要引擎

从国家战略全局的高度出发，努力将山东省打造成为建设海洋强国的重要引擎，是山东省履行海洋强国建设责任和使命的具体体现，是顺应21世纪海洋强国建设的科学选择。

按照以陆促海、以海带陆、海陆统筹的原则，未来应：着力优化海洋经济结构，强化园区、基地和企业的载体作用，加快培育战略性新兴产业，推动海洋优势产业集群式发展，构建三次产业合理布局的现代海洋产业体系；实施现代渔业园区、海洋牧场、远洋渔业、水产品精深加工、水产品仓储物流五大建设工程，打造"海上粮仓"；着力提高海洋科教支撑能力，加强海洋科技创新综合性平台、专业性平台和科技成果转化推广平台建设，完善现代海洋教育体系，加强重点学科建设和海洋职业技术教育，加快海洋创新型人才队伍建设，努力建设具有国际先进水平的海洋科技、教育、人才中心；积极推进海洋综合管理，构建海洋区域合作新平台，加快重要海洋生态功能区建设，实行海陆环境同治，大力发展循环经济，完善海洋监测预测和防灾减灾体系，实现海陆统筹、联动发展，增强海洋经济可持续发展能力，全面提升对环渤海区域乃至全国海洋经济发展的引领示范作用（山东半岛蓝色经济区发展规划，2011）。

四、环渤海与长三角互动融合发展的桥头堡

充分发挥地缘优势，利用环渤海与长三角地区经济发展的互补性特征，积极推动环渤海与长三角间的交流合作，增进两大区域的互动融合，打造环渤海与长三角互动融合发展的示范区，是积极履行国家使命的重要体现，是顺应区域一体化发展趋势的必然选择。

未来，应充分利用山东省环渤海市长联席会议、淮海经济区、大京九经济区等区域组织成员身份，积极推动与环渤海、长三角各省市签订战略合作协议，以推动省际协议落实为突破口，选好切入点和结合点，突出与重点省区的合作，切实把与环渤海、长三角间的区域合作引向深入；按照"走出去"与"请进来"相结合的方针，发挥特色优势，主动加强与环渤海和长三角各省市之间的联系，积极探索项目引进、基础设施和工业园区建设等方面的共建共享和对口合作关系；在积极承接产业转移的同时，鼓励企业对外投资，特别是鼓励过剩产能向外转移；加快推进港口、铁路、公路、机场等重大基础设施工程的建设，实现区域内互联互通；积极利用北京、上海金融资源集聚优势，加强山东与京沪两地知名金融机构的交流合作，吸引更多外部金融资源服务山东，增强金融服务承载力，探索体现山东优势的金融创新之路，为环渤海与长三角地区的互动融合发展作出积极贡献。

五、全国生态文明制度建设示范区

山东省生态文明建设无论从理论还是实践，都走在了全国前列。但不容忽视的是，山东省污染物排放总量依旧较多，在全国生态文明建设过程中肩负巨大责任。顺应低碳化、生态化发展趋势，打造全国生态文明制度建设示范区，是山东省转变的发展方式、践行科学发展观的重要举措，是顺应时代发展和实现科学发展的必由之路。

展望未来，要在密切结合省情、民情的基础上，健全国土空间开发、资源节约利用、生态环境保护的体制机制，采用最严格的制度、最严密的法制；不断调整优化产业结构，转移淘汰落后产能，构建与生态文明建设相适应的现代产业体系，降低产业发展对资源环境的依赖度；转变资源利用方式，狠抓节能减排降低消耗、狠抓水资源节约利用、狠抓土地节约集约利用，大幅降低能源、水、土地等资源消耗强度，努力用合理的资源消耗支撑经济社会发展；以加强污染治理为着力点，坚决治理大气污染、大力治理水污染、加紧治理土壤污染、积极应对气候变化，切实提高生态环境质量和水平；加快推进生态文明体制改革，实行最严格的源头保护制度、损害赔偿制度、责任追究制度，完善环境治理和生态修复制度，用制度保护生态环境（张高丽，2013）；以促进绿色、低碳消费为重点，引导全社会树立生态理念、生态道德，加快形成推进生态文明建设的良好社会氛围，努力将山东建设成为全国生态文明制度建设示范区。

六、经济文化融合发展高地

作为 21 世纪最有发展前途的"朝阳产业"，文化产业已成为衡量一个国家或地区经济社会发展水平的重要标志。充分发挥山东省文化资源与文化产业优势，履行习近平总书记视察山东时赋予山东省的文化责任和历史担当，大力弘扬中华传统文化，打造经济文化融合发展高地，是顺应世界文化发展潮流，推动山东经济文化强省建设的战略抉择。

今后，应按照习近平总书记视察山东和孔子研究院重要讲话精神，进一步完善投入机制、加强政策支持、保护知识产权、强化法制保障，在全社会营造鼓励文化创造的良好氛围，让一切文化创造的活力持续迸发；推进公共文化服务体系建设，完善公共文化服务网络，创新公共文化管理运行机制和服务模式，全面提升山东公共文化服务能力和水平（关于合作推进山东文化强省建设框架协议，2012）；进一步发挥山东文化资源富集的优势，依托和整合独特丰富的优势文化资源，推动形成具有山东特色的现代文化产业发展格局，如黄河三角洲高效生态经济区着力发展生态观光、影视娱乐业、文化旅游业，半岛蓝色经济区打造独具海洋特色的演艺业、滨海文化旅游业、文化创意产业，使文化产业成为国民经济支柱性产业；加强文化品牌策划、包装和优化，建立文化品牌保护体系，注重文化品牌宣传推广，在品牌建设方面有所突破，以文化名牌产品带动提升全省文化综合竞争实力；扩大对外文化贸易，大力推动齐鲁文化"走出去"，打造具有影响力的对外文化交流品牌项目，全面提升山东对外文化交流与合作的层次和水平；充分发挥文化部、科技部文化科技融合部际联席会议机制，共同建设齐鲁文化科技融合示范区，全面提升山东文化事业与文化产业的科技水平，打造"文化体制"新优势、"文化惠民"新优势、"文化创意"新优势、"文化品牌"新优势、"文化贸易"新优势，真正建成与山东省文化资源相匹配、与综合实力相适应、与富民强省目标相承接的文化强省。

第五节 加快融入全国区域发展大格局的对策建议

实施"一带一路"、京津冀协同发展、长江经济带三大战略，是"十三五"我国区域发展与合作的战略重点，对推动国际国内区域协同发展、提高对外开放水平、实现中国经济发展新跨越具有重大战略意义。目前，山东省已经形成"两区一圈一带"相对完善的区域发展战略格局。结合各板块优势与发展重点，积极参与、深度融入全国区域发展大格局，将有助于推动实现更广范围的区域联系与互动协调，进一步深化沿海地区改革开放，同时也将为山东发展提供更加广阔的空间，更好地肩负起历史赋予的重任。

一、建立多层次合作机制，加快战略与政策对接

积极整合山东省各类资源，强调部门与地方的协调配合，官方与民间的良性互动，调动各方积极性，形成分工协作、步调一致、共同推进的多层次合作机制。

在对国内省市方面：充分利用我省环渤海市长联席会议、淮海经济区、大京九经济区等区域组织成员身份，积极推动周边经济区建设。积极与京津冀、长江经济带沿线省市签订战略合作协议，并根据协议确定的合作原则、要求、领域和合作机制，结合山东省实际，研究制定《推进落实山东省与其他省区合作协议工作计划》，进一步确定责任

部门、细化工作任务、明确时间进度。

在对外合作方面：以友好互访为引领，构建双边为主、多边为辅的地方政府间交流机制，双边促多边，多边带双边，调动相关国家地方政府参与的积极性和主动性，深化利益整合。把"一带一路"建设作为地方政府互访的重要内容，通过一系列外事活动，促进与沿线国家省州的政治互信，达成合作新共识，为推进各领域务实合作指明方向、奠定基石。积极参与中央政府与沿线国家的多层次、多渠道双边沟通磋商，推动双边关系全面发展。积极发挥友好城市在提升山东省开放型经济发展水平方面的重要作用，把友城工作与国家"一带一路"战略密切结合起来，加强对友好省州的研究，摸清对方经济社会发展情况、发展战略、产业优势、资源禀赋，搞清与山东的结合点，加强战略推介与项目对接。积极探讨与沿线国家大型跨国企业、财团、国际组织建立战略合作关系。同时，充分发挥民间团体的作用，积极鼓励民间商协会与"一带一路"沿线国家商协会签订合作协议，积极构建广泛的国际商事联系网络渠道和机制，逐步建立具有较高层次和较大影响的商界联系网络和机制性平台。

二、加快基础设施互联互通，构建综合交通网络体系

加快实施《山东省综合交通网中长期发展规划》，以基础设施建设为突破口，努力构建安全、便捷、高效、绿色、联通、一体的交通体系，在道路、交通、港口上实现对接与资源整合，形成发达便捷的区域综合交通网络，成为山东省融入全国区域发展大格局的桥梁与纽带。要从整体上规划区域交通设施建设的战略布局，结合制度创新和体制机制创新，推动区域资源整合和要素市场统一建设，提升区域合作功能和整体效益。在港口方面，继续扎实推进港口资源整合，深入推进港口战略联盟，限制港口无序竞争，支持青岛建设面向日韩、辐射东南亚、陆连中亚欧的"一带一路"综合枢纽城市。加强与周边区域其他港口的分工协作，构筑港口合作网络，实现各港口功能之间的优势互补，促成联动发展格局；在公路、铁路方面，以环渤海大通道的建设为契机，加快环渤海高等级公路、环渤海铁路网络建设，加强高速公路对接建设和交通远景规划对接，有效连接沿海港口群，增进与京津冀、中原经济区、长江经济带其他省市的交通联系。加快推进渤海跨海通道的立项和建设，形成环渤海沿海经济带的环行联结，提升海路联动效应，增强山东与辽宁以及东北地区的互动与辐射功能。同时，积极对接长三角公路、铁路交通网，发挥山东省在对接融合长三角中的桥头堡作用，实现环渤海与长三角的"无缝对接"。

三、深化区域双边互动，增进区域经济联系

突出区域特点，深化针对性的区域双边互动，不断拓展合作领域，增进与京津冀、长江经济带等相关各省市的联系。

与京津冀和环渤海区域合作方面：以现代服务业为重点，深化鲁京合作。加强现代物流合作，进一步完善绿色农产品物流通道和基地建设。加强金融合作，鼓励金融企业设立分支机构以及金融产品创新合作。深化科技创新合作，加大重点领域的联合攻关，实现科技资源开放共享。大力推动服务外包合作，加大双边商贸、旅游合作；以现代产业发展为重点，推进鲁津合作。加强与天津滨海新区等现代制造业基地的合作，加强与天津港合作，共建北方国际航运和国际物流中心；以能源开发利用为重点，推动鲁蒙合作。制定双方能源中长期供应规划，鼓励企业积极参与内蒙古电力、煤炭、天然气、新能源等资源开发利用，积极开发双方煤炭资源综合利用，大力合作开发风能等清洁能源。以资源能源的综合开发为重点，推进鲁晋合作。全面落实两省战略合作协议和指导意见，加快晋电入鲁工程建设，鼓励企业参与山西煤炭电力等资源开发。以互联互通为重点，加强鲁冀合作。加强高速公路对接建设以及交通远景规划对接，加快高速铁路建设以及港口合作，加强双方现代农牧业以及旅游合作；以沿海经济带为纽带，促进鲁辽合作。充分利用两省地域优势和服务外包基础，强化两省对日对韩的贸易合作以及服务外包合作，建设全国服务外包基地。

与长江经济带沿线省市合作方面：加快推进鲁苏经济社会发展合作进程，按照经济社会发展合作框架协议，建立全方位的双边框架协议，积极创建全方位边界协作机制；进一步深化鲁浙两省旅游合作，积极借鉴浙江民营经济发展经验，探索民营经济转型新路径和企业转型升级的新动力，推动民营经济繁荣发展；利用上海国际金融中心和自贸区政策优势，积极加强与上海金融中心、交易所、知名金融机构等交流合作，吸引更多外部金融资源服务山东省，增强金融服务承载力，探索体现山东优势的金融创新路径；与安徽按照签署的全面合作框架协议，共同推动两省经济技术的全面合作，促进加工制造业和资源开发合作，合作开发旅游资源和建设基础设施；与湖南探索建立资源共享、市场共育、互利共赢的跨区域合作新模式，推动鲁湘两省文化交流合作；按照《山东—四川战略合作协议》，在经济、社会、教育、人才、城乡建设等各个方面深化合作交流，进一步提高鲁川合作的层次和水平；继续与重庆扎实开展扶贫经贸合作，互派挂职干部和专业技术人员，持续推动经贸互动、技术交流；加强与云南在农业开发、能源资源、基础设施、新兴产业、旅游业等领域开展合作，开启常态化、制度化交流，打造东部与西部互动、沿海和沿边结合、南方和北方互利的典范。

与"一带一路"沿线国家合作方面：立足山东省比较优势，瞄准沿线国家市场，结合山东产业结构调整实际，积极建立产业投资合作基地，推动山东装备制造业走出去、优势产能转出去、技术标准带出去。鼓励具有自主知识产权和较高技术水平的高铁、核电、轨道交通、电子信息、通信等行业企业，到沿线国家投资兴业。支持工程机械、农用机械、汽车制造、轻工纺织、食品加工等行业企业，到劳动力资源丰富、靠近目标市场的沿线国家投资办厂，扩大境外生产经营。引导钢铁、水泥、电解铝等行业企业，到资源丰富、市场需求大的沿线国家建设生产基地，释放国内富余产能。支持企业以仓储物流、生产加工、国际贸易为切入点，在农业资源丰富、合作前景广阔的沿线国家投资，推动农业走出去。鼓励和引导企业到沿线主要资源出口国投资建厂，延伸产业链，提高资源就地加工转化比重。通过产业合作，培育一批具有国际竞争力的跨国公司，在更高层次上参与国际产业分工。

四、搭建"两区一圈一带"合作平台

紧紧围绕国家"一带一路"建设，结合山东"两区一圈一带"区域发展战略，充分发挥各地区比较优势，实行更加积极主动的开放战略，加强各区域板块间的互动合作，构建全省开放新格局，全面提升开放型经济发展水平。

紧紧抓住国家实施"一带一路"建设、中日韩地方经济合作示范区等重大战略的有利时机，以青岛为龙头，以山东半岛蓝色经济区为载体，积极设立和建设青岛自由贸易港区，积极推进青岛中德生态园、日照国际海洋城等中外合作园区建设，加快融入新欧亚大陆桥建设步伐，与沿线国家开展合作，大力发展金融、服务贸易、海洋经济等高端产业，打造山东省开放型经济发展新高地；以东营为龙头，以黄河三角洲高效生态经济区为载体，积极推进中美清洁能源合作中心项目建设，加强与俄罗斯、中亚、南亚、东南亚等相关国家合作，积极发展高效生态农业合作项目，规划发展山东黄金海岸养老健康文化休闲旅游聚集带，将黄河三角洲高效生态区打造成为山东省与沿线国家开展生态农业、文化旅游休闲产业合作的示范区；发挥济南核心城市的科技、人才、产业优势，加快发展金融保险、信息产业、服务外包等现代服务业，积极拓展省会城市群经济圈与沿线国家合作空间；深入挖掘西部经济隆起带开放型经济后发潜力，着力提升发展质量，强化与沿线国家的产业合作和经贸往来，巩固扩大劳动密集型产品、农产品等传统优势产品出口，在生物医药、精细化工、装备制造、现代物流等领域开展多种形式的合作，努力形成全省开放型经济新的增长极。

五、创新企业走出去方式，加快走出去步伐

深化走出去管理体制机制，放宽企业走出去的资质限制，进一步简化审批手续、减少审批环节，加强对企业走出去的指导协调。

加快转变企业走出去方式，支持企业通过链条式转移、集群式发展、园区化经营等方式走出去。发挥骨干企业的带动作用，吸引上下游产业链转移和关联产业协调布局，建立研发、生产和营销体系，提升产业配套能力和综合竞争力。鼓励企业集群式走出去，推动同行业企业实施差别化经营，避免同质竞争，有效配置资源，形成规模效应，提高市场影响力和占有率；支持企业组成联合体或采用联盟方式组团走出去，实行资源开发与基础设施建设相结合、工程承包与建设运营相结合，探索"资源、工程、融资"捆绑模式，进行跨领域、跨行业项目"打捆"投资，扩大投资影响力，实现综合投资效益。鼓励到境外建设产业园区、科技园区、经贸合作区等，通过专业化园区运营，整

合各类生产要素，搭建产业合作平台，吸引国内企业入园投资，促进集中布局、集群发展。

鼓励企业以 BOT、PPP 等方式，开展境外铁路、公路、港口、电信、电力、仓储等基础设施投资，带动省内设备、技术、标准和服务走出去。创新对外投资和合作方式，鼓励支持企业在研发、生产、销售等方面开展国际化经营，加快培育源自山东的跨国公司和国际知名品牌。

六、建立援助与合作互动机制

利用对外援助带动开发合作是国际普遍做法。"一带一路"沿线有大量发展中国家，他们借助中国经济腾飞，实现本国经济社会全面发展的意愿非常强烈。目前，国家正稳步扩大对沿线国家的援助规模。山东省应紧紧抓住重大历史机遇，积极参与对沿线国家的对外援助，建立援助与合作的良性互动机制，以援助促合作，以合作巩固发展双边关系。

要根据国家确定的差别化国别援助政策，重点强化对重点受援国的支援力度，积极参与重大基础设施援助项目、农业合作项目和民生领域的援助项目，帮助受援国提高技术和管理水平，增加当地就业，培养亲华友华力量。依托在对外援助中建立的良好合作关系，不断提升与沿线国家的经贸合作水平，积极推动山东省企业走出去，到沿线国家建立产业投资合作基地、资源能源合作开发基地，不断拓展全省经济发展空间。

区域篇

第五章 蓝色经济区发展现状与 2015 年展望

第一节 发展现状

山东半岛蓝色经济区建设上升为国家战略以来，取得了重要的阶段性成果，现代海洋经济得到长足发展，产业园区聚集能力持续提升，科技引领作用明显增强，基础设施支撑体系不断完善，生态文明建设成效显著，改革创新步伐加快，呈现出战略效应集中释放、综合实力快速增强、发展格局明显优化的良好态势，成为全省科学发展的强大引擎。2010~2014 年，蓝色经济区地区生产总值年均增长 10.9%，高出全省 0.3 个百分点；全社会固定资产投资年均增长 20%，高出全省 2 个百分点；地方财政收入年均增长 18.1%，高出全省 1.2 个百分点。蓝色经济区建设已经成为推动全省转方式调结构、向经济文化强省迈进的强大引擎。本章内容中涉及的数据均来自《山东统计年鉴》和蓝色经济区所辖各地市、省直部门关于《山东半岛蓝色经济区发展规划》实施情况的自查报告。

一、发展成就

（一）现代海洋经济实现跨越式发展

2013 年，山东省海洋生产总值突破 1 万亿元，比 2010 年增长了 41.4%，总量、增速均居全国前列，占全省 GDP 的比重由 17.6% 提高到 18.3%。海洋装备制造、现代海洋化工、海洋生物、现代海洋渔业和水产品精深加工、海洋运输物流和文化旅游业等海洋优势产业快速集聚发展，现代海洋产业体系基本建立，成立了 4 个海洋产业联盟。目前，主营业务收入过 10 亿元的海洋优势产业集群达到 85 个，50 亿~100 亿元的 25 个，过 100 亿元的 21 个。

1. 海洋装备制造业异军突起。

初步建成了船舶修造、海洋重工、海洋石油装备制造三大海洋制造业基地，分别由烟台中集来福士和潍柴重机发起成立了烟台海洋装备产业联盟和潍坊海洋动力装备产业联盟，海洋工程装备产业规模居全国首位。2013年，海洋装备制造业实现主营业务收入8 176.6亿元，增长15%。潍坊高新区装备制造业基地成为国家新型工业化产业示范基地。烟台中集来福士是国内唯一具备批量建造半潜式海洋平台能力的企业，交付的深水半潜式平台占国内同类产品的3/4，占全球同类产品的逾三成。潍柴重机生产目前中国产品系列最全、功率覆盖面最宽、应用领域最广的船舶动力设备。

2. 现代海洋化工产业链条不断延伸。

重点开发了盐化工、溴化工、苦卤化工、精细化工等系列产品，建立了千亿级的国家石化盐化一体化产业基地，建成全国规模最大、产品品种最多的海洋化工生产和出口创汇基地，产业规模、产品产量和市场占有率居全国第一，纯碱、氯化钙、硝盐产量和市场占有率居世界第一，原盐、溴素、溴化物、水玻璃、白炭黑等产品产量居全国第一。2013年，海洋化工产业实现主营业务收入3 814.4亿元，增长14.3%。由山东海化发起成立潍坊海洋化工产业联盟，包括38家企业和1家科研机构，联盟积极建设"石化盐化一体化"项目，实现了从无机产品到有机产品、从低技术含量到高技术含量、从低附加值到高附加值的"三个转变"。

3. 海洋生物产业蓬勃发展。

已建成8个海洋生物产业基地，培育了224家海洋生物骨干企业，开发了海洋药物、海洋生物新材料、海洋功能性食品、海水养殖优质种苗等系列产品，产业规模、海洋药物的种类和市场占有率居全国首位。2013年，海洋生物产业实现主营业务收入742.4亿元，增长18.2%。青岛市被国家发改委认定为全国海洋特色生物产业基地，由青岛明月海藻、贝尔特生物等10家海洋生物企业发起成立了青岛海洋生物产业联盟，青岛明月海藻成为世界上最大的海藻生物制品生产基地，海藻酸钠产量稳居世界第一，青岛中皓生物公司的组织工程人眼角膜项目，开创了海洋生物材料应用于人体器官重建领域的先河。

4. 现代海洋渔业及水产品精深加工领先全国。

已建成146处省级现代渔业园区、76个海洋牧场和14个大型水产品精深加工基地以及71处省级渔业生态和水产种质资源保护区，渔业总产量由2010年的783.8万吨增加到2013年的853.7万吨，产值由901.8亿元增加到1 400亿元。远洋渔业快速发展，远洋渔船达402艘、占全国1/3，远洋渔业产量11.8万吨、产值15.3亿元，威海市建成全省最大的现代化专业远洋渔业船队，印尼远洋渔业基地开工建设。海洋商品国际交易中心、国家海产品质检中心、国际金枪鱼交易中心和荣成、城阳、芝罘等冷链物流基地加快建设，巩固了山东省全国最大的绿色食品（水产品）生产基地、全国水产品加工示范基地和全国北方重要的水产品价格形成中心的地位。2013年，山东水产品出口创汇额达47亿美元，占全省农产品出口创汇的1/3以上，连续多年居全国首位。2013

年，水产品精深加工产业实现主营业务收入 2 910.5 亿元，增长 15.1%。

5. 海洋运输物流及文化旅游加快发展。

加快建设青岛、日照、烟台、威海四大临港物流中心。2013 年，沿海港口货物吞吐量达到 11.8 亿吨，居全国第二位，全省海洋运输船舶达 1 116 艘、总运力 658 万载重吨。青岛创意 100 文化产业园、潍坊杨家埠民间艺术大观园等一批重点文化产业项目扎实推进，诸城中国龙城旅游投资公司被命名为国家级文化产业示范基地；规划建设了长岛休闲度假岛、荣成好运角旅游度假区和中国北方最大的国际邮轮码头，"仙境海岸"、"黄河入海"等旅游品牌闻名全国。2013 年，蓝色经济区旅游业总产值达 2 650 亿元，比 2010 年增长 65%。2014 年 1 月，完成全国海洋经济试点阶段性评估工作，《试点工作方案》确定的阶段性目标任务基本完成。现代海洋经济已成为增强山东经济总体实力、提升综合竞争力的重要支撑力量。

（二）海洋特色产业园区聚集能力明显增强

国家规划确定的重点园区载体功能显著提升，特色产业集群化发展步伐加快。

1. "四区三园"建设全面展开。

青岛西海岸、潍坊滨海、威海南海、烟台东部四个海洋经济新区园区基础设施不断完善，产业集聚和承载能力不断增强。青岛西海岸新区董家口、古镇口军民融合示范区等功能板块共完成基础设施投资近 200 亿元，2013 年实现海洋经济增加值 493 亿元，占青岛市海洋经济增加值的比重达到 37.4%，出台了支持青岛西海岸经济新区建设的政策措施，青岛自由贸易港区试点申请上报国务院。潍坊滨海新区累计投资 135 亿元进行基础设施配套，围绕海洋动力装备、海洋物流、海洋化工、海洋医药、海洋能源等主导产业，引进并开工建设了 128 个重大项目，新签约 110 个项目。威海南海新区累计完成基础设施投入 100 多亿元，引进投资过亿元产业项目 84 个，总投资 600 多亿元，南海新港等重点工程加快推进。烟台东部新区投资 500 亿元的龙湖滨海生态城、投资 135 亿元的中冶国际商务城加快建设，海德新能源汽车产业园、龙湖葡醍海湾游艇码头等 10 个投资过亿元项目开工建设。青岛中德生态园、潍坊滨海产业园、日照国际海洋城三个中外合作园区建设加快推进。青岛中德生态园成为全国首家综合标准示范园区，签约入园项目 11 个，投资额 16.7 亿美元，"青岛德国中心"开工建设。潍坊滨海产业园已投产潍柴重机、红旗机电等 26 个项目，华创机器人、华春生物医药等 21 个项目加快建设。日照国际海洋城开展与新加坡淡马锡的合作，引进亿元以上大项目 12 个，总投资近 28 亿美元，将建成全国首个中国—新加坡合作的海洋经济园区。

2. 现代海洋特色产业园初具规模。

省里认定的 18 家海洋经济特色产业园建设加快推进，园区聚集效应增强、特色鲜明，共聚集企业 2 000 多家，其中海洋主导产业企业占比达到 60%。青岛海西湾国家船舶出口基地已入驻青岛北海船舶重工、海洋石油工程（青岛）等重点企业，2013 年完成海洋主营业务收入 130 亿元。荣成经济开发区海洋食品药品经济园集聚了寻山集团、海之宝科技公司等一批海产品养殖、精深加工、药品、保健品企业114家，拥有全国海产贝类行业唯一的国家工程技术研究中心，荣成市被誉为"中国海洋食品名城"。

（三）海洋科技创新体系初步构建

蓝色经济区大力实施创新驱动战略，加快科技、教育、人才中心建设，推动创新要素集聚，在科技创新平台建设、推进产学研紧密合作、促进科技成果转化等方面取得积极进展，海洋科技创新体系逐步构建。

1. 重大科技创新平台建设进展顺利。

拥有149个省级以上海洋及相关领域创新平台，科技部将建设青岛海洋科学与技术国家实验室作为深化科技体制创新改革试点先行先试。青岛"蓝色硅谷"列入《全国海洋经济发展"十二五"规划》，青岛国家海洋技术交易服务与推广中心落户其中。国家深海基地开工建设。青岛国家级海洋设备质检中心开工建设，烟台海洋产权交易中心筹建方案获批，威海国家级海产品质量监督检验中心建成使用，海洋商品国际交易中心主体工程完工。

2. 科技成果转化步伐加快。

蓝色经济区建立了14个海洋产业技术创新战略联盟。三年来，蓝色经济区组织实施了一批重大科研项目，其中承担国家"863"计划、科技支撑计划等国家重大专项200余项，突破了世界首款前置前驱8挡自动变速器、全球首台零挥发5.5T低温超导磁选机、我国首座深水半潜式钻井平台等一批重点产业的核心关键技术和设备，催生了一批对海洋产业有重大拉动作用的科研成果，转化、转移高校科技成果400余项。青岛市已有"黄海1号"中国对虾、"丹法鲆"等11个海水养殖新品种通过国家审定，9个海洋类新药取得一类新药证书。

3. 人才引进培养成效显著。

启动实施了《泰山学者蓝色产业领军人才团队支撑计划》，成功引进19个高端人才团队。国家外专局批复在日照设立国内首家"中国蓝色经济引智试验区"，支持海外高层次技术和管理人才引进。2013年，蓝黄"两区"引进高层次海外专家200多人次，其中"国家千人计划"、"泰山学者海外特聘专家"等15名，目前蓝黄"两区"共拥有两院院士30人，占全省院士总量75%，入选国家"千人计划"、"万人计划"、"创新人才推进计划"人才142人，占全省总量65%；拥有泰山学者特聘专家（含海外）400余人，占全省的60%以上。泰山学者蓝色产业领军人才团队支撑计划扎实开展，确定了两批34个蓝色产业计划项目，为海洋经济的创新发展发挥了重要支撑作用。

（四）基础设施互联互通加快推进

按照统筹规划、适度超前的原则，加大交通、水利、能源等重大基础设施建设力度，经济社会发展的支撑保障能力不断增强。

1. 交通设施。

编制完成了山东省综合交通网中长期发展规划和民航、高速公路发展规划，初步形成了以济青高铁、青岛烟台日照港、地方机场为骨干的综合交通大框架。"黄金通道"济青高铁可研报告获国家正式批准。全面实现了县县通二级以上高等级公路，100% 行政村通公路。青荣城际铁路建成通车，进一步缩短了青烟威交通时间，为半岛一体化发展提供了重要保障。济青高铁、青日连铁路获批建设。青岛新机场获得国家批复，烟台蓬莱机场投入运营，日照机场开工建设。沿海港口实现快速发展，2014 年前 11 个月，沿海港口吞吐量达到 11.7 亿吨，较上年同期增长 8.1%，2014 年青岛港董家口港区、日照港岚山港区 30 万吨级矿石码头项目获批建设，生产性泊位增加 61 个。

2. 水利设施。

南水北调山东段干线工程正式通水运行，胶东调水工程试通水成功，辐射全省的"T"型现代水网骨干框架初步形成；新建平原水库 9 座，增加调蓄能力 0.8 亿立方米。

3. 能源设施。

"外电入鲁"取得实质性突破。宁东—青岛特高压直流输电工程和日照—东明、黄岛—潍坊、莱州—昌邑输油管道建成投产，华能威海电厂建成投产，华电莱州电厂一期工程完工，华能山东石岛湾核电厂和海阳核电一期工程进展顺利。

（五）海洋生态文明建设取得积极进展

蓝色经济区各市牢固树立生态文明、绿色发展理念，统筹推进经济社会发展和生态保护，生态环境全面改善，可持续发展能力不断提高。海洋生态文明建设示范区创建在全国率先突破，威海市、日照市、长岛县入选首批国家级海洋生态文明建设示范区，建成潍坊昌邑等 10 个省级海洋生态文明示范区。

1. 生态环境保护能力持续加强。

已建立国家级海洋公园 9 处，国家级海洋保护区 30 处，各类省级以上海洋保护区达到 67 处，总面积约 80 万公顷，海洋保护区数量和面积均居全国前列。加快实施了生态修复与治理、沿海防护林建设、海岸带综合整治工程，在全国率先开展了海洋资源有偿使用和生态损害补偿试点，在重点流域建立了重点生态功能区补偿机制。重点建设了乳山潮汐湖生态修复与海岸整治、寿光小清河河口海岸带综合整治修复等 51 个海域、海岛、海岸带整治修复和生态环保项目。截至 2013 年底，破损岸线治理率达 74%，符合一类、二类海水水质标准的海域面积约占山东省毗邻海域面积的 92%。

2. 节能减排强力推进。

大力推动节能减排，淘汰落后产能，为高效、低耗的优质增量腾出空间。把循环经济与园区转型、产业升级结合起来，建设了一批循环经济示范园、再生资源利用园、生态畜牧养殖园，构筑了生态环保产业链，有效提升循环经济产业的集约化水平。加强海陆污染同防同治，沿海企业直排海废水达标率和近岸海域水质一类、二类海水所占比例均达到 95% 以上。以小清河流域为重点，全面构建"治、用、保"流域治污体系，入海河流水质明显改善。截至目前，海河、小清河、半岛三大流域主要河流化学需氧量、氨氮平均浓度比 2010 年分别下降 24% 和 45%。海河流域治污在国家考核中名列第一。

3. 环境质量明显改善。

开展了主要环境质量、重点污染源监测以及生态、农村等专项监测工作，监测领域和范围不断扩大。编制实施大气污染防治规划和一期行动计划，积极构建大气污染联防联控机制。蓝色经济区环境空气质量优良率平均保持在 85% 以上，建成区绿化覆盖率达到 43.5%，城市污水集中处理率达到 95.1%，城市和县城垃圾无害化处理率达到 100%。威海、烟台、日照、寿光获联合国人居奖；城市饮用水源地水质达标率保持 100%。

4. 集中集约用海成效显著。

国务院批复了《山东省海洋功能区划》，国家海洋局批复了董家口、丁字湾、潍坊滨海等 8 个集中集约用海片区规划。截至 2013 年年底，登记集中集约用海面积 327.8 公顷，开发利用海岛 1 个，烟台群岛、威海群岛等五大岛群得到重点开发保护，胶州湾、石岛湾等 5 处海湾优化开发工程加快建设，东营市被列为全国海洋与土地统筹管理试点地区。

5. 海洋管理水平稳步提升。

在全国率先出台了《海域使用管理条例》，海洋管理法律法规体系进一步完善。海域使用管理、海上安全生产、海洋防灾减灾和抢险救助能力明显加强，形成了覆盖全省沿海的海洋环境监测预报网络海洋环境监察、海上联合执法力度不断加大，海洋综合管理水平处于国内领先地位。

（六）改革创新深入推进

蓝色经济区坚持先行先试，强化顶层设计，推进改革创新，体制机制不断完善，区域发展战略红利和改革红利加速释放。

1. 综合改革配套试点。

青岛西海岸新区获国务院批复，成为全国第 9 个国家级新区；青岛市调整行政区划，设立了新的黄岛区，统筹加快新区建设。国家商务部已批复《关于在山东半岛蓝色经济区建设中日韩地方经济合作示范区的框架方案》，依托国家级开发区建设 7 个中韩合作园区，中韩地方经济合作示范区取得积极进展。

2. 金融创新。

总规模为 300 亿元的蓝色经济区产业投资基金投入运营。国务院正式同意青岛市财富管理金融综合改革试验区总体方案，青岛市成为我国以财务管理为主题的金融综合改革试验区。山东海洋产权交易中心（烟台）筹建方案已获批并完成注资，正在筹建。齐鲁农村产权交易中心（潍坊）获批组建，积极开展涉农抵质押贷款试点。青岛蓝海股权交易中心正式揭牌成立，首批挂牌 13 家企业。青岛、东营、潍坊三市被列为首批"区域集优"债务融资模式试点。东营市邦迪化学等三家企业成功发行全省首单中小企业集合私募债。

3. 职业教育改革。

潍坊市积极推进职业教育改革创新，成为全国第一个国家级职教创新发展试验区的地级市，在全省率先开展了"3 + 2"高职本科衔接培养、"3 + 4"中职本科衔接培养、学分互认学籍互转等试点，7 所高职院校实施单独自主招生；规划建设了科教创新区，打造全国一流的高技能人才培养基地和蓝色高端产业科教创新基地。

4. 对外开放。

2013 年，蓝色经济区实现进出口总额 2 069.7 亿美元，其中出口总额为 1 034.6 亿美元。海洋生物医药、海洋食品加工、海洋装备制造、港口物流等产业国际合作规模不断扩大；开放环境明显优化，在我国海洋经济国际合作与对外开放中的地位进一步提升。

（七）民生保障成效显著

坚持以人为本，保障和改善民生取得明显成效。各市坚持把保障和改善民生作为根本出发点和落脚点，全面落实各项惠民利民政策，积极推进基本公共服务均等化，切实把"两区"建设成果体现到人民群众得实惠上。

1. 社会保障方面。

连续多年提高企业退休人员养老待遇，积极开展新农保试点，大力提高城镇基本医疗覆盖率和新型农村合作医疗参合率，积极推进新型农村和城镇居民社会养老保险全覆盖。

2. 社会事业发展方面。

坚持规划带动，项目引领，不断加大对教育、科技、文化、卫生等领域社会建设的投入，全面提高社会事业发展水平。

3. 安居工程建设方面。

把保障性住房建设作为民生工作和经济发展的结合点，加大财政投入，落实供地、税收、信贷等政策措施，加快保障性住房和棚户区改造步伐，安居工程建设取得较大进展。

4. 社会管理创新方面。

健全联系群众机制，创新群众矛盾调解方式，积极化解各类矛盾纠纷，努力维护社会和谐稳定。

二、存在的问题

蓝色经济区发展态势良好，但建设过程中仍然存在一些问题和不足，需要引起高度重视。

（一）海洋产业发展"大而不强"

近年来，在蓝区国家战略的引导和推动下，区域内现代海洋产业实现了快速发展，产业规模不断扩大，但优势特色产业仍不够突出，产业竞争力不强。主要表现在：

1. 区域间海洋产业同构问题凸显。

产业同构导致同质化竞争和产能过剩问题突出，制约了资源空间配置效率的提高，区域内产业互补和配套的能力不强，需要进一步通过转型升级和优化空间布局提高产业错位发展、差异化发展、一体化发展的能力。例如，青岛与烟台产业雷同度达到22%，海工装备、海洋生物等产业较为类似，青岛与日照在港口物流、机械钢铁等领域也存在同质化竞争等。

2. 海洋产业结构不合理。

总体来看，区域内水产养殖、精深加工等传统海洋产业占据主导地位，以海洋装备制造、海洋生物、海洋化工等为代表的海洋新兴产业成长较快，但总体规模不大、贡献率偏低。例如，青岛海洋产业中港口运输、滨海旅游和海洋渔业三大传统海洋产业贡献率近70%，海洋新兴产业整体贡献率偏低；烟台战略性新兴产业实现产值占海洋产业总产值的比重不足1/5。

3. 海洋产业聚集度低。

产业布局相对分散，产业聚集度、关联度低，龙头企业亟须加快扩张提升。蓝区《规划》确定的一批重点特色园区，大部分处于起步阶段，产业聚集度还不强，产业层次不高，特色不够突出。

4. 海洋产业链条偏短，层次不高。

围绕龙头企业、高端产品，上下游产业耦合不够紧密，本土化配套体系还不够完善，在海洋装备制造业中表现尤为突出。海洋装备制造业核心技术和关键设备主要依赖进口，本土配套率不足10%。青岛研发优势明显，海工装备产业实力较强，但在本地甚至半岛配套率也只有30%～40%，相关产业大多处于产业链中低端，缺乏核心竞争力。桩腿是自升式钻井平台的重要部件之一，技术含量及附加值高，但国内钢铁制品大都达不到客户设计要求，只能从日本等国进口。此外，精深加工比例偏低，初级产品较多，高附加值产品较少。例如，海洋渔业仍以水产品初级加工为主，海洋药物等高附加值产品少；海洋功能食品、保健品以贴牌居多，自主品牌的产品较少。

5. 自主创新能力不强。

大多数企业研发投入不足，缺乏核心技术和自主知识产权，重要科技成果转化率不高，以企业为主体、产学研用相结合的科技创新体系还不完善。区域内研发能力较强的青岛市，新认定高新技术企业总数也远低于深圳、杭州、西安、宁波等同类城市。

（二）体制机制不够活

创新体制机制是推进"两区"建设的重要保障。《规划》实施以来，各地区、各部门强化国家战略政策优势，突出抓好重大政策事项落实，加速释放区域战略红利。但对重点领域和关键环节改革还存在认识不统一、顶层设计不够、配套改革未能很好协同推进等问题，特别是把国务院批复精神和《规划》要求与本地实际紧密结合起来，创造性地开展工作、用足用活政策方面做得还不够，先行先试的意识不够强，管理体制、发展机制还不够活，激励机制还没有完全建立起来。推进《规划》实施的调节机制相对单一，更多地倚重政府主导作用，充分发挥市场机制，综合运用经济、行政、法律手段的办法不够多，市场主体活力还未充分释放。《规划》确定的行政管理体制、财税体制、金融管理体制、土地管理体制等改革方面的任务还没有得到完全落实。

（三）海洋科技支撑能力还不够高

科技创新是推进蓝色经济区建设的核心战略，也是蓝色经济区发展的持久动力，但目前，蓝色经济区的科技支撑能力还不够高，科技引领作用还不够强。主要表现在：

1. 涉海创新资源缺乏。

除青岛外，大部分地区没有涉海高校院所，或涉海高校院所知名度不高、创新力不强，重点实验室、企业技术中心等平台建设水平低、发展滞后，科研机构数量和整体水平都与海洋产业发展需求不匹配、不协调，尤其缺少在行业内具有话语权的创新平台或机构。

2. 科技人才缺乏。

蓝色经济区科技型创业人才、产业领军人才、高级技术人才不足，制约了海洋产业自主创新能力的提升。从人才培育方面看，海洋人才培育方向仍以海洋生物、物理海洋、海洋化学及海洋地质等基础性海洋科学为主，应用技术开发人才以及复合型管理人才匮乏。从人才引进方面看，由于区域内基础研发条件还不完善，缺乏比较优势，竞争力不强，市场化的激励机制也不够完善，难以吸引到高层次海洋人才引进的高层次人才，且引进来的人才 70% 以上进入了高校、科研院所等事业单位，进入企业的明显偏少。

3. 科研成果转化能力不强。

海洋科技创新服务体系尚未形成，产学研合作以及科技成果转化需要进一步加强。海洋科研还存在"花多果少"等突出问题，成果转化率相对较低。科研能力相对较强的青岛市，科研成果本地甚至半岛区域转化率也较低，尚不足 20%。

4. 有利于创新的体制机制有待进一步完善。

科技创新资源仍处在多部门、分散化的行业管理状态，海洋科技力量缺少合作与统筹协调的有效机制和平台。科研成果评价激励体系有待改革，充分体现人才价值的相关制度不完善；自上而下的指令式科技创新安排和一切唯上的科技创新管理评价机制在很大程度上削弱了科技人员的自主科技创新动力。

（四）政策落实力度有待进一步加强

落实好各项支持政策，对于加快推进"两区"建设至关重要。关于支持政策，既有争取和落实好国家政策问题，又有及时出台省、市相关配套政策问题。目前，蓝区各市普遍存在对政策研究挖掘深度不够，政策之间配套性、协调性不强，政策优势效应还没有充分体现，以及有的地方存在配套扶持资金落实不到位等问题。各地市还没有彻底摆脱以 GDP 论英雄的传统思维定式和传统路径依赖，更加注重国家战略"金字招牌"带来的政策、资金效益，而对于结合本地区实际，找准发展定位，选择发展路径，优化发展格局，视野不够开阔，办法不够多，在工作指导上尚未实现真正转变。特别是《规划》确定的一些约束性、控制性指标任务，还没有得到很好地落实，不利于形成区域发展长久持续的政策导向。与《规划》批复实施初期相比，推进区域战略实施的精神劲头有所松懈，主动进取的意识有所淡化，特别是在经济转型升级、重大政策事项落实等方面，攻坚克难的冲劲不够足，在一定程度上存在"前热后冷、前紧后松"的情况。

（五）综合交通运输体系亟须完善

基础设施建设是加快蓝区建设的重要支撑和保障。近年来，蓝区加快推进基础设施建设，《环渤海地区山东省城际轨道交通网规划》获国家批复，一批铁路、公路、港口、机场等重大交通基础设施项目开工建设、投产运营，交通运输能力得到了长足提高。但总体来看，蓝区基础设施建设仍然相对滞后，存在标准不够高、通过能力不够强、衔接不够顺畅以及资金筹措难度大、工程进展不快等问题，城际铁路、高速公路、疏港路网不够完善，港口、机场等规划建设亟待整合，功能定位和业务运营存在交叉或重复。这与蓝区发展潜力和空间相比，与扩大对外交流合作的要求相比，还有较大的差距，交通网络没有完全实现互连互通，制约了区域一体化进程，各地对加快建设高速铁路、高速公路、港口、机场等现代立体交通体系的要求仍然比较急迫。

（六）区域融合发展比较滞后

受行政区划和区域发展不平衡的影响，区域内劳动力、原材料、资金、土地等生产要素突破行政区界限的流通不够顺畅、整合还不够，统一开放、竞争有序的现代市场体系尚未真正形成。区域内党政联席会议制度初步建立，各城市间有效的、经常性的、制度化的协商对接机制有待完善，政策壁垒尚未打破，分工协作不密切，缺乏有效协调和统筹规划，各谋其政、各自为政的问题依然比较突出，区域内重大产业项目引进竞争较为激烈，在一定程度上影响了区域战略整体优势的发挥。核心城市龙头作用发挥不明显，立足半岛、服务山东、面向国际的科技、人才、金融、信息等要素平台还不完善，对内陆腹地辐射带动效应有待加强。

第二节　发展展望

2015 年是落实山东省"十二五"规划的收官之年，也是深入贯彻落实蓝色经济区规划的第五年。当前，经济新常态和复杂多变的国际经济形势为蓝色经济区海洋经济转型发展带来倒逼压力，"一路一带"建设以及国家同意支持中日韩地方经济合作示范区建设等利好为蓝区建设带来新的重大机遇，周边区域板块的加快发展为蓝区建设带来新的挑战。在新的形势下，按照《规划》要求，认真贯彻落实省委、省政府的决策部署，积极适应新常态、落实新思维、激发新活力，抓重点、破难点、出亮点，保证《规划》任务的顺利完成。

一、发展思路

2015 年加快推进蓝区建设的总体思路是：按照山东省委、省政府关于"面上推开、点上突破、融合互动"的工作思路，在全省"两区一圈一带"区域协调发展新格局中，进一步审视谋划蓝区发展的定位、方向和路径，认清新常态下经济发展形势，抢抓"一路一带"战略机遇，牢牢把握新一轮转型发展要求，加快工作指导转变，以提高质量和效益为中心，以改革创新为动力，着力培育壮大优势产业集群，加快园区提质增效，深化重点领域和关键环节改革，完善综合交通运输体系，推动区域融合、一体化发展，强化生态文明建设，充分发挥蓝区在全省区域经济发展中的示范引领作用，高质量完成好《规划》目标，努力推动蓝区建设在新起点上取得新成效、实现新跨越。

二、发展重点

（一）抢抓"一路一带"战略机遇，加速拓展蓝区发展新空间

山东省被确定为国家"一带一路"规划海上战略支点和新亚欧大陆桥经济走廊沿线重点地区。根据国家即将出台的"一路一带"规划，参与研究制订山东省实施方案，指导各市制定具体措施，不断开拓蓝区发展新空间，打造对外开放的桥头堡群。指导各市深化与"海上丝绸之路"经济带沿线国家加强交流和合作，积极搭建海洋领域、贸易合作、金融合作、能源合作、人文合作五大领域的平台。协调推进东亚海洋合作平台、潍坊"东亚畜禽交易所"、渤海海峡跨海通道、海外远洋渔业基地等重点项目建设，搭建对外交流合作新载体。

（二）加快园区提质增效，推动海洋产业集聚健康发展

认真落实省委省政府《关于支持青岛西海岸新区加快发展的若干意见》，建设海洋特色鲜明的国家级海洋经济新区。充分发挥青西新区引领示范作用，开展体制机制创新，支持烟台东部、潍坊滨海、威海南海等海洋经济新区积极创建国家级新区。加快推动青岛中德生态园、日照国际海洋城、潍坊滨海产业园建设，探索海洋经济中外合作新模式。组织评审认定 20 个省级海洋特色产业园，加大支持力度，提升承载能力，引导

项目集聚，形成若干产业配套完备、布局合理有序、综合竞争力强的产业集聚区。

（三）引领产业转型升级，推进海洋经济结构优化创新

引导海洋产业联盟快速规范发展。充分发挥联盟在政府与企业间、企业与企业间的桥梁纽带作用，支持联盟开展联合研发，共同研究本行业面临的共性问题，优化产业链、提升价值链，促进涉海企业抱团发展。大力发展高端高质高效海洋产业。推动"海上粮仓"建设，保障粮食安全。加快创新驱动步伐。扎实推进青岛、烟台、威海国家海洋高技术产业基地，青岛、烟台国家创新型试点城市，青岛、烟台、潍坊国家电子商务示范城市和青岛、潍坊、威海国家信息惠民试点城市的建设。实施"科技创新平台升级工程"，组建运行好青岛海洋科学与技术国家实验室。继续实施"千人计划"、泰山学者蓝色产业领军人才团队支撑计划。

（四）强化海陆统筹，加快实现综合交通互联互通

1. 港口方面。

加大青岛董家口港区、日照港岚山港区、烟台港西岗区等新港区开发力度，加强航道防波堤等公用设施建设，计划新增吞吐能力4 000万吨，总吞吐能力达到6.7亿吨。

2. 铁路方面。

加快推进济青高铁建设，确保济青高铁、红岛至胶南、青岛至海阳城际铁路等项目2015年全面开工建设。加快德大铁路、青荣城铁引入青岛枢纽相关工程、龙烟铁路、青连铁路、黄大铁路等在建工程建设。加快建设董家口港、东营港、威海南海港等疏港铁路，争取各沿海港口全部实现铁路集疏运。

3. 公路方面。

重点扩容济青高速济南至潍坊段，建设济南至东营、高青至广饶、潍坊至日照、荣成至文登、董家口疏港高速等重点工程。

4. 机场方面。

建成烟台蓬莱机场，迁建青岛、潍坊机场，新建日照、滨州机场，改扩建威海、东营机场。

5. 综合枢纽方面。

积极支持开展渤海海峡跨海通道前期工作，争取早日启动中韩铁路轮渡工程和鲁辽陆海货滚甩挂运输大通道建设。

（五）强化生态文明，树立"美丽山东"建设新典范

扎实做好《山东省海岸线保护规划》修编工作，加快《规划》推进实施，指导各市做好海岸线修复工作。完善对主要入海河流的"治用保"体系，力争2015年消除主要入海河流劣V类水质断面。严格落实全省大气污染防治规划，重点加强工业污染源治理、机动车排气控制、城市环境综合整治等。

第三节 对策建议

一、坚持目标不动摇，确保规划任务顺利完成

蓝区建设是一项事关全省发展大局的战略任务。应准确把握面临的新形势和新要求，坚持行之有效的政策措施和工作导向，做到热情不减、工作不松、力度不降，确保《规划》确定的任务目标如期完成。

（一）加强对《规划》实施情况的跟踪分析

可参照"十二五"规划执行的办法，根据省委、省政府《实施意见》确定的任务分工及时限要求，对各地、各部门执行《规划》情况进行跟踪评价与督促检查，建立工作台账，实行销号管理，动态监测分析政策落实和项目进展情况，注意研究新情况、解决新问题、总结新经验，重大问题及时向省委、省政府报告。

（二）强化考核导向作用

加强蓝区《规划》实施情况的考核，对于形成激励约束机制、加快推进各项工作具有重要作用。认真总结 2013 年绩效评价考核和 2014 年检查推进工作的经验，研究制定完善考核办法，科学设置考核指标，改进考核方式，强化考核结果运用，更好地激发各级领导干部干事创业的积极性。考虑将区域发展战略实施情况纳入全省科学发展综合考核，抓紧健全完善符合蓝区建设需要的统计指标体系。

（三）在用足用活政策方面下更大功夫

国务院批复的蓝区《规划》赋予了山东省一系列扶持政策和事项，导向明确、含金量高。应对蓝区 66 项重大政策事项进行全面梳理，对已经落实的政策事项，评估实施效果，适时向全省推开；对尚未落实的，研究制定配套政策和实施细则，积极向国家有关部委汇报争取，最大限度地发挥各类政策的集成放大效应，真正把政策优势转化为发展优势，变成现实生产力。

二、敢涉深水区，深化重点领域和关键环节改革

深化改革既是蓝区建设的重要任务，也是动力所在。应把推进蓝区建设与贯彻落实党的十八届三中、四中全会精神紧密结合起来，更加注重改革的顶层设计和总体规划，围绕消除制约科学发展的体制机制障碍，继续推进各类综合配套改革试点，总结推广经

验，完善配套措施，加快构建充满活力、富有效率、更加开放、有利于科学发展的体制机制。

（一）是深化行政管理体制改革

以行政审批制度改革为重点，加快推进政府职能转变、简政放权，研究建立权力清单制度，减少政府对资源的直接配置和对微观经济活动的直接干预，加强事中、事后监管，强化社会管理和公共服务职能，努力营造国内领先的营商环境。合理调整青岛、烟台、潍坊、威海等重点城市行政区划，创新区域经济管理模式，推进统一高效开发。扩大县（市）、经济强镇经济管理权限，进一步激活县域经济发展活力。加强市、县蓝区机构建设，理顺工作推进机制。创新经济新区、临港产业区、开发区、保税港区等各类园区的管理体制。

（二）加快完善现代市场体系

注重发挥市场配置资源的决定性作用，清理制约市场化进程的区域性规章制度，加快构建统一的商品市场、服务市场和要素市场，实现生产要素的自由流动和合理配置。建立公平开放透明的市场规则，实行负面清单制度，消除各种隐形壁垒，打破垄断格局、降低行业门槛、放宽市场准入，支持非公有制经济健康发展。推进工商注册制度和贸易流通制度改革，促进投资贸易便利化。健全社会征信系统，实行统一的市场监管。

（三）深化财税体制改革

实施全面规范、公开透明的预算制度，推进预算绩效管理，加快形成"花钱必问效、无效必问责"机制。在省区域战略推进专项资金的使用上，建议根据各区域项目数量、工作实际推进情况，实行分类管理，分别切块，不搞平均。提高专项资金使用的灵活性，在继续增加专项资金投入的基础上，加大对海洋生物等高端产业、海洋特色园区、重点基础设施、公共服务平台等重点领域的支持力度。在扶持教育培训、节能减排特别是公共服务平台项目时，综合采用补助、奖励、贷款贴息等多种方式给予扶持。扩大"营改增"试点范围，推进消费税、资源税改革，加快环境保护税等立法进程，继续降低小微企业税费。完善省财政直管县体制，规范财政转移支付制度，建立健全事权和支出责任相适应的财政体制。

（四）深化金融体制改革

坚持政府引导、市场运作、企业为主的原则，依靠市场筹措建设资金，大力吸引多元投资主体参与蓝区建设。运营好蓝区产业投资基金，撬动社会资本，着力发挥投融资平台作用。加大吸引金融机构落户蓝区的力度，鼓励银行、证券、期货、保险、信托等全国性金融机构到区内新设、增设分支机构和区域总部或功能总部。支持青岛争取国家出台财富管理金融综合改革试验区的具体政策措施，在金融机构引入和金融资源配置上予以倾斜，支持青岛打造面向全球的新兴财富管理中心城市。加快推进齐鲁银行、恒丰银行等省属金融机构网点建设，探索组建服务蓝区发展的大型金融集团。深化农村信用社改革，积极发展村镇银行、小额贷款公司等新型金融组织。鼓励区内具备条件的企业发行短期融资债券、企业债，扩大直接融资规模。运用好国际金融合作平台，扩大与日韩的金融合作，争取世界银行、亚洲开发银行等国际金融组织和外国政府的优惠贷款，侧重投向基础设施、特色产业和生态环保等领域。

（五）深化土地管理体制改革

建立和规范省级建设用地指标交易平台，改革新增建设用地指标分配制度，逐步建立市级土地指标统筹使用和跨市域土地指标统筹使用制度。严格执行国家城乡建设用地增减挂钩政策，通过农村建设用地整治安排区内建设项目用地。实行海洋功能区划定期评估制度，加强对重要岸线的监管和保护。积极推动填海海域使用权证与土地使用权证的换发试点工作。争取国家适当放宽海域使用审批权限。

三、坚持质量效益导向，加快经济转型升级

蓝区产业基础雄厚，在山东省新一轮转型发展上应当好"先行军"、"排头兵"，发挥好引领示范作用。

（一）优化产业布局

提升胶东半岛高端产业聚集区核心地位，加强系统推进产业转型发展的顶层设计，以提高质量和效益为中心，统筹规划与合理调整产业布局。以青岛、烟台、潍坊为中心整合周边城市资源，打造新亚欧大陆桥桥头堡城市群，争取成为国家"一带一路"战略的重要支点，形成区域间产业合理分布和上下游联动机制，切实发挥龙头带动作用。青岛、烟台、潍坊、威海等市应充分发挥产业基础好、科研力量强、经济外向度高的优势，加快发展海洋生物医药、海洋高端装备制造、海洋新能源等战略性新兴产业，推动海洋渔业及水产品精深加工、海洋运输物流及文化旅游等传统优势产业升级发展；日照市应依托日照港，充分发挥腹地广阔优势，积极推进日照钢铁精品基地建设，集中培育海洋先进装备制造、汽车及零部件、油气储运加工等临港工业，加快发展现代港口物流业；东营、滨州等市应充分发挥滩涂和油气矿产资源丰富的优势，加快发展石油装备制造、现代化工、轻工纺织、节能环保产业，大力发展临港物流业、滨海生态旅游业等现代服务业。

（二）加快集聚发展

继续重点培育十大优势特色产业集群，利用产业链配套、兼并重组等方式实现优势资源的整合和集约发展，深入研究产业发展趋势、细分产业发展领域，扶持一批具有较

强竞争力的领军企业和知名品牌，吸引和带动税源型、科技型配套企业膨胀壮大，形成以大企业为龙头、产业产品为链条、中小企业紧密配套、大中小企业合作共赢的现代产业组织体系。充分发挥经济（技术）开发区、高新技术产业开发区、海关特殊监管区域的载体作用，提升园区功能，拓展发展空间，支持有条件的园区上升为国家级和省级园区。推行"园中园"和"一区多园"模式，重视重点园区定位、论证和指导，继续培育一批海洋经济特色产业园，提高产业承载和集聚能力。深入推进蓝区"四区三园"建设，打造发展新亮点。加大对国家海洋高技术产业基地试点工作的支持，发挥好试点基地的作用，带动山东海洋高技术产业突破发展。

（三）进一步健全海洋经济管理体制

加快建立山东省统一的海洋经济指标核算体系和考核评价体系，规范市（地）一级的海洋生产总值核算方法，全面反映蓝区海洋经济发展水平。进一步强化机制创新，建立符合国家产业政策和技术改造方向的重大项目库，争取国家在安排项目和资金方面给予蓝区支持。加强对区域内重大项目建设的调度和协调力度，推进重大事项落实，争取项目早投产、早见效。

四、大力实施创新驱动发展战略，提升核心竞争力

（一）大力推动创新发展

围绕蓝区发展的重点领域和优势产业，加强关键核心技术攻关，重点突破一批制约产业发展的技术瓶颈。强化科技创新资源整合，着力完善以企业为主体的产学研协同创新机制，构建区域性的科技资源共享平台、公共技术开发平台和科技成果交流平台，打造科技创新战略联盟，完善科技信息、技术转让等服务网络，逐步形成研发互动、成果共享、转化有序的格局。加强区域创新合作机制建设，促进科技资源开放共享，推进科技资质互认、科技中介资源跨区域共享，健全以需求为导向的成果转化机制，推动成果跨区域流动和交易。支持青岛深入开展国家创新型城市试点，开展海洋科研力量整合、海洋科技成果转化以及科技体制与机制配套改革，以青岛为核心建设辐射半岛、面向全省的重大科技创新平台、技术交易市场、人才集散中心以及跨区域的产业技术联盟。支持蓝色硅谷创建国家海洋科技自主创新示范区。

（二）统筹推进人才培养引进

发挥好"中国蓝色经济引智试验区"等平台作用，继续实施好"千人计划"、泰山学者蓝色产业领军人才团队支撑计划。大力发展职业教育，培养一批产业发展急需的高技能人才。依托中国海洋人才市场（山东），探索建立区域统一的人力资源市场，完善人才评价体系和人力资源开发配置机制，打造高端涉海人才引进培养服务平

台；鼓励新建或扩展新的海洋应用技术类大学、院系或学科，建立企业人才委托培养制度，加大对应用技术人才的培养力度。利用好潍坊滨海科教创新区这一平台，鼓励省属高校、职业院校、科研院所到该园区设立分支机构，协调推动潍坊国家级海洋经济技师学院建设。

五、坚持陆海统筹，打造现代综合交通运输网络

围绕区域一体化，加快交通一体化建设。统筹规划区内港口、铁路、公路、航空等交通基础设施建设，充分发挥各种运输方式的优势，扩大规模，完善网络，整合资源，优化结构，加快构建功能明确、分工合理、衔接顺畅、服务高效的综合交通运输体系。

（一）港口建设方面

应高度重视港口资源整合，形成以青岛港为核心，烟台港、日照港为骨干，威海港、潍坊港、东营港、滨州港、莱州港为支撑的东北亚国际航运综合枢纽。加强深水泊位、航道、防波堤等公用基础设施及大型化、专业化码头建设，完善港口服务功能，提高吞吐能力，加快培植具有国际竞争力的大型港口集团。加强港口与铁路、公路的连接，构建港口快速集疏运体系，推进与周边港口的合作对接，拓展内陆腹地。

（二）铁路建设方面

依托山东省铁路主骨架，扩大路网规模，完善路网结构，提高路网质量，加快建设济青高铁、山西中南部铁路通道山东段、德龙烟、黄大、青荣城际、青日连等重点铁路工程，配套建设相关支线和疏港铁路，打通环海、省际铁路大通道，提高蓝区对外通达能力。

（三）公路建设方面

围绕实现北与京津冀、天津滨海新区，南与江苏沿海地区、长三角，西与省会城市群经济圈及西部隆起带等的互联互通，加快高速公路建设和普通路网升级改造，推进滨海高等级公路、东营—滨州—济南高速公路、青岛—济南高速扩容以及青岛港董家口港区、日照港岚山港区、东营港广利港区疏港公路等工程，建设青岛、烟台、潍坊、东营等公路运输枢纽，形成干支相连、快速便捷的公路网络。

（四）机场建设方面

合理规划机场布局及规模，加快胶东国际机场、烟台潮水机场、日照机场建设，做好潍坊机场迁建前期工作，积极增加航线航班，形成以青岛新国际机场为中心，以烟台、威海、潍坊、东营、日照等机场为支线的空港格局。

（五）综合枢纽建设方面

整合现有交通资源，强化各种运输方式的无缝对接、配套和功能分工，发挥组合效应和整体优势，建设青岛国家级交通运输枢纽，烟台、日照、潍坊、东营4个省级交通运输枢纽，威海、滨州2个地区级交通运输枢纽，实现区域和城乡客运一体化、货运物流化。积极开展渤海海峡跨海通道研究论证工作。

（六）信息建设方面

重点支持服务区域发展的信息化专项工程，扶持重点区域建设综合信息服务平台，打造青岛千万平方米软件园等产业载体，探索建设软件和信息服务交易中心，启动"工业云"创新行动，推进先进信息技术向装备制造业的渗透融合。

六、坚持一体化方向，推动区域融合发展

立足蓝区的发展基础和比较优势，按照统筹规划、分步实施的原则，明确区域融合发展的重点和突破点，逐步冲破单一的行政区管理体制，实现由行政区管理过渡为经济区管理，促进区域间协同共进和共建共享。

（一）做大做强青岛，增强核心城市辐射带动作用

把加快青岛发展、增强青岛龙头带动作用摆上更加重要的位置，充分整合胶州湾西岸资源，加快推进国家创新型城市和青岛西海岸新区建设，促进青岛由半岛型城市向环湾型大城市发展，切实提升青岛市的首位城市功能。以青岛西海岸新区上升为国家级新区为契机，抓紧出台《青岛西海岸新区发展规划》，积极推进金融、土地管理、用海模式、军民融合、新型城镇化等重点任务，推动青岛建设成为区域性经济中心和国际化大城市。

（二）健全完善机制，推动区域内融合

借鉴长三角、珠三角地区融合发展的经验，充分发挥蓝区党政联席会议制度作用，协调解决跨区域联合协作和共同发展的重大问题。以规划衔接对接为先导，促进青岛—潍坊—日照、烟台—威海、东营—滨州三个城镇组团协同发展；以基础设施共建共享、互通互联为抓手，着力搭建区域融合发展的基础框架；以生产要素自由流动、合理配置为纽带，着力推动区域资源整合和统一市场建设；以充分发挥区域比较优势为基础，着力形成定位准确、分工明晰的区域产业体系；以体制机制改革创新为突破，着力营造促进区域融合发展的良好环境，加快构筑空间紧密联合、资源高效整合、功能全面融合的区域发展新格局。

（三）扩大对外开放，加强国内区域合作

积极融入国家"一路一带"发展战略，继续深化与周边国家在陆海联运、产业园区建设等方面的合作，加快推进东亚海洋合作平台和中日韩地方经济合作示范区建设。主动承接京津冀优质资源转移，在环渤海地区发展中发挥更大作用。推动东部保税港区、综合保税区等到中西部地区建立"无水港"、配套功能区，促进产业资源、创新资源的优化配置，实现园区功能延伸。加快完善区域承接产业转移的基础和环境，引导蓝区部分产业向中西部地区有序转移，实现"凤凰涅槃、腾笼换鸟"。

第四节　亮点荟萃

一、产业发展篇

（一）发挥优势，突出特色，全力构建蓝色高端新兴现代海洋产业体系（青岛市）

山东半岛蓝色经济区上升为国家战略三年来，青岛市紧紧围绕"优化发展一产、突破发展二产、提升发展三产"的总体思路，以培育"蓝色、高端、新兴"产业为重点，加快构建现代海洋产业体系，海洋工程装备制造、海洋交通运输、滨海旅游三大主导产业进一步发展壮大，海洋生物、海洋新材料、现代海洋化工三大新兴产业取得突破性发展，海洋产业发展呈现规模和质量双提高的新局面。三年来，全市海洋生产总值从2010 年的 780 亿元，提高到 2013 年的 1 317 亿元，增长 68.8%，年均增长超过 20%；海洋生产总值占 GDP 比重从 13.8% 提高到 16.5%，年均提高近 1 个百分点；海洋经济对 GDP 贡献率从 15.7% 提高到 29%，已成为青岛市新的经济增长极，对全市经济转型升级起到了重要支撑作用。

1. 重视发挥规划和政策的引领作用。

为加快构建现代海洋产业体系，青岛市先后发布实施了《青岛市海洋生物医药发展规划》、《关于加快推进青岛市装备制造业发展的实施意见》、《青岛市鼓励海洋产业发展指导目录（试行）》，组织编制了《青岛市十大新兴产业发展规划》、《青岛市海洋新能源产业发展规划》、《青岛市海洋仪器仪表产业发展规划》等十余项专项规划，提出了对海洋产业发展的目标任务、重点领域、重点项目和政策措施。

2. 重视发挥重大项目和重点企业的带动作用。

一是建立蓝色经济重点项目库。2012 年以来，每年滚动推进 140 个重点蓝色项目，总投资近 3 000 亿元，建立项目建设季报制度，及时掌握项目进展情况，开工率达 90%。

二是实施重点企业快增计划。2013 年以来，每年组织各区市、部门提报重点企业，

确定重点培育的100家科技型、成长型海洋产业企业名单。2013年，百家企业发展态势良好，全年百家海洋企业主营业务收入增速达20%，超过全市海洋经济增速3个百分点以上。

3. 重视发挥省市两级专项资金的引导作用。

一是积极争取省"两区"建设专项资金。加强与省区域办沟通协调，建立申报项目贮备库，提高项目申报质量，做好资金争取工作。自2011年以来，共争取省"两区"建设专项资金近5.2亿元，共有87个项目获得扶持。

二是安排使用好市级专项资金。2013年，共安排资金2.341亿元。

4. 重视培育壮大园区发展载体。

一是着力打造"一谷两区"和中德生态园。以"一谷两区"，即蓝色硅谷、西海岸新区和红岛经济区为载体，加快推进"全域统筹、三城联动、轴带展开、生态间隔、组团发展"的城市发展战略实施。西海岸新区已获批国家级新区；国家明确支持创建蓝色硅谷海洋科技自主创新示范区；红岛经济区依托青岛国家级高新区，加快建设科技、人文、生态新城。中德生态园是中德两国政府重点合作项目，全力打造具有转型示范意义的国际合作园区。

二是加快建设海洋特色园区。认定了8个市级海洋特色产业园，2013年主导产业海洋业务收入总额700亿元，增长速度高于全市海洋生产总值3个百分点，产业集聚度进一步提高。5个园区纳入省级海洋特色产业园区，囊括了全部2个海洋战略性新兴产业园区，海工装备、物流、海洋文化旅游园区规模均居全省同类园区首位。

5. 注重提升支撑保障能力。

一是科技创新能力不断增强。创新平台建设大力推进，青岛海洋科学与技术国家实验室一期、二期竣工，三期开工建设，国家深海基地开始基础设施建设，大科学工程岸基试验平台规划建设全面铺开。产学研合作进一步加强，新建海洋化工研究院海洋涂料及功能材料和中科院海洋所海洋生态养殖技术两家国家地方联合创新平台，海大微藻产业技术创新联盟成为省产业技术创新战略示范联盟。

二是人才引进培育取得新突破。经国家人社部批准，中国海洋人才市场（山东）在青岛市揭牌，目前已启动海洋人才云中心建设，2013年达成人才引进和使用协议1 300多项。组织完成首批泰山学者蓝色产业领军人才团队项目申报，纳入省《引才目录》创新类、创业类企业分别占全省总数的25%和60%，7个项目占全省36.8%，争取资金1.69亿元。

三是协调调度能力进一步增强。建立海洋重点产业监测体系和运行报告制度，编制《青岛蓝色经济运行手册》，实现按季度动态运行分析。

（二）潍坊市现代服务业发展情况

潍坊市高度重视服务业，特别是现代服务业的发展，把加快现代服务业发展作为"转调创"的主要措施来抓，全市现代服务业总体呈现出增速加快、占比提高、结构优化、提质增效等特点，已成为推动全市转方式、调结构、拉动经济增长的重要力量。潍坊市连续多年被省政府表彰为服务业工作先进市，全市重点推进的企业主辅业分离、新兴业态培育和现代服务业集聚发展等工作创新经验得到省政府主要领导的肯定，先后被列为国家社会资本办医联系点城市、国家电子商务示范城市、国家现代农业综合配套改革试点城市。

1. 抓规划引领。

在落实《潍坊市服务业发展规划（2008～2020）》和《潍坊市服务业发展"十二五"规划》的基础上，结合现代服务业发展特点，制定了《潍坊市服务业发展提速计划（2012～2014）》，提出了"两个高于、两个点"的发展目标，即：每年服务业占GDP比重提高 2 个百分点，服务业增加值增速高于 GDP 增速，服务业投资增速高于全市固定资产投资增速。重点发展现代物流、金融保险、文化创意、商务服务和旅游业十大现代服务业，并分别编制了专项发展规划。通过实施重点园区提升、重大项目建设、新兴业态拓展、市场主体培育、先进典型推广等措施，形成了一批现代服务业龙头企业和发展亮点，推动服务业总量稳步增长，拉动经济作用越来越明显。

2. 抓结构优化。

突出抓好新兴服务业态的培育，增加现代服务业比重，优化服务业产业结构。在工作推进上重点促进业态融合发展，创造出一批"设计＋创意"、"金融＋制造"、"信息＋物流"、"养老＋医疗"、"信息＋服务"、"文化＋融资"、"农业合作＋服务"等业态叠加融合模式，催生创意设计、软件信息、服务外包、工业设计、冷链物流、融资租赁、艺术品交易等多种类服务业新兴业态，形成了农村金融、企业外包、农民合作、家政网络、集团化运营教育、医养结合健康养老等多个新兴服务业发展模式。

3. 抓支柱产业。

培育新兴服务业态的同时，突出抓好金融服务、现代物流、健康养老、信息服务、文化创意和旅游业五大现代服务业支柱产业。

金融服务业。出台了《关于进一步加快全市金融创新发展的若干意见》，在金融市场投融资功能、地方金融机构组织体系、金融业态和金融要素市场、对重点领域和产业金融服务能力、改善金融环境等方面取得较大进展；在全省率先整合财政专项资金设立金融控股集团，将财政资金变无偿划拨为市场运作。

现代物流业。高水平编制现代物流基地发展规划，确定了"五极驱动、两带联动、多点互动"的发展战略，建设山东半岛区域物流枢纽、全国特色产业物流基地和东北亚国际物流节点城市。

文化创意和旅游产业。编制完成《潍坊文化创意旅游基地总体规划》，建成国家级文化产业园区（基地）达 4 家，省级文化产业园区（基地）达 16 家；全市画廊经营单位达 2 000 多家。沂山、蒙山组团成功创建为国家 5A 级旅游景区，青州云门山、滨海欢乐海、诸城恐龙文化等 6 家单位获批省级旅游度假区。

健康养老产业。编制了《潍坊市健康产业发展规划（2013～2020）》；大力发展医养结合的医疗健康产业，初步建立起以居家为基础、社区为依托、机构为支撑的适度普惠型养老服务体系；着力打造具备国际最高水平的集医疗、养老、健康管理为一体的总部基地。

信息服务业。信息服务业发展强劲，正成为潍坊市发展最快、创新最活跃、增值效益最大的优势产业。2013 年，全市实现软件业务收入 23 亿元，同比增长 27%；电信业务总量达 61.5 亿元，同比增长 10.9%，全市 163 个软件获软件著作权登记，新增软件产品登记 22 个；新增"双软认定"企业 8 家。

4. 抓主体培育。

按照"挖掘存量、拓展增量、培育新兴"的原则，加大扶持、优化环境、降低门槛，现代服务业市场主体规模膨胀，龙头企业带动作用进一步增强。创立"6 步工作法"，即：分离、培育企业主体—登记注册—办理机构代码—税务登记—建立健全全年财务账目—纳入统计的六步业务流程，企业主辅业分离取得明显成效。工业实行"产剥销"，重点将制造业企业中的贸易营销、科技研发、交通运输、信息服务、餐饮及专业配套服务等分离出来，培育专业化、社会化、信息化的服务业市场主体。农业实行"农转企"，整合农业合作社、农民专业合作社、农业技术服务、农产品经纪人等注册为法人企业，工商业户方面着重实行"个转法"，转型升级为规模以上服务业法人企业。规模以下企业实行"下转上"，即限额以下企业转为限额以上企业。

5. 抓资源争取。

山东省 200 个现代服务业重点载体项目，潍坊市列入 21 个，数量居全省第一（比位居第二的济南、烟台多 4 个）、年度投资规模全省第一、投资进度全省第三。全年争取省级以上服务业引导资金项目 8 个、争取资金 1 610 万元，居全省第一位，其中，争取国家服务业引导资金扶持项目，连续四年居全省一。连续六年被省政府表彰为服务业发展先进市，服务业"四大载体"考核稳居全省前列。

6. 抓科学投入。

投资结构进一步优化，2013 年，生产性服务业投资比重达 22.3%，同比提高 3 个百分点，现代服务业投资比重达 43.6%，同比提高 4.2 个百分点。其中，现代物流、商务服务、科技服务等现代服务业投资增速分别达到 59.7%、31.1% 和 69.2%。

7. 抓业态集聚。

按照"突出中心城区、突出产业特色、突出基础优势、突出集约发展、突出发展潜力"的原则，确定了文化创意、金融保险、现代物流、科技服务、信息服务、农业服务等 10 个现代服务业集聚区，基本形成了布局合理、运行规范、竞争有序、协同发展、资源配置高效、载体作用明显的现代服务业集聚发展态势。

8. 抓机制创新。

以落实山东省《关于进一步促进服务业发展的若干意见》为总抓手，与监察部门成立督查组，对近年来出台的一系列支持服务业发展的优惠政策逐一检查，确保落实到位。

（三）寿光市现代农业发展情况

寿光市是中国蔬菜之乡、中国海盐之都。近年来，紧紧围绕农业转型发展，大力实施农业高端化战略，加快推进农业规模化、标准化、品牌化和社会服务化体系建设，实现了现代农业发展的新突破。先后被评为第一批"国家现代农业示范区"、"全国农业标准化生产示范县"、"全国农技推广体系建设示范县"和"山东省出口农产品质量安全示范区"。

1. 强化规划引导作用，搭建现代农业发展平台。

一是建设现代农业园区。完善现代农业功能区规划，着力打造"三条现代农业生态走廊"。立足镇域比较优势，大力推进特色园区建设，构建起了南部蔬菜园区、北部畜牧和渔业园区协调发展的良好格局。目前，全市高端蔬菜园区发展到 146 处、标准化畜牧园区 503 个、工厂化水产养殖园区 9 处。

二是搭建两个载体。中荷共建蔬菜示范园。国家农业部与荷兰农业、经济及创新部在寿光共同建设中荷蔬菜示范园。目前，已规划建设了 1 万平方米的荷兰模式智能试验温室；收购了荷兰亚细亚种业集团所属育种研究所 60% 的股权和贝尔亨现代农场，引入荷兰 1 500 份育种材料，实现了国外先进种子研发技术、管理理念、经营模式与寿光市种子产业优势的有机结合。国家现代蔬菜种业创新创业基地。按照打造"中国蔬菜种业硅谷"的设想，2014 年 4 月，国家农业部和省政府签署了共建国家现代蔬菜种业创新创业基地备忘录。到 2020 年，力争研发具备自主知识产权的蔬菜新品种 120 个以上，入驻科研机构、种子企业 20 家以上，初步建成全国规模最大、具有国际先进水平的蔬菜种业创新创业平台和展示服务中心。

三是组建蔬菜种业集团。依托蔬菜产业控股集团注册 1.5 亿元，组建山东寿光蔬菜种业集团有限公司，建立中国（寿光）蔬菜种业科技创新孵化器，建设了 2 000 亩育种实验基地。同时，将中国农业大学寿光蔬菜研究院、山东省蔬菜工程技术研究中心、国家蔬菜工程技术研究中心试验站、国家大宗蔬菜产业体系寿光试验站、蔬菜院士工作站等资源资产和技术力量划归种业集团，全力打造蔬菜种业航母企业。

2. 培育新型经营主体，提升农业产业化经营水平。

一是培育专业大户和家庭农场。出台了《关于培育家庭农场发展的实施意见》，引导农村土地流转，扩大生产规模，培育种养专业大户和家庭农场，促进农业规模经营。

二是培育农民专业合作组织。出台了《关于推进农民专业合作社示范社建设的实施意见》，鼓励农民兴办专业合作、股份合作等多元化、多类型合作社。目前，全市农村专业合作经济组织发展到 1 022 个。

三是培育农业龙头企业。研究制定农业龙头企业扶持措施，引导龙头企业扩张规模，增强市场竞争力。同时，鼓励龙头企业与农户，通过订单生产、利润返还等方式建立紧密型利益联结机制，实现共赢发展。目前，全市农业龙头企业发展到 410 家，其中，省级以上重点农业龙头企业 17 家，辐射带动 80% 的农户进入产业化经营体系。

3. 推行标准化生产，保障农产品质量安全。

一是明确建设标准。制定了《现代农业园区考核办法》，合理确定园区建设"十有"标准（有龙头企业或合作社带动、有标志牌、有管理办公室、有技术指导队伍、有产品质量检测室、有农业投入品仓库、有加工包装车间、有集约化育苗设施、有品牌、有制度），每个园区达到 100 亩以上，实行集约化生产和封闭式管理，构建起了集"生产管理、农资配送、技术指导、品牌创建、市场营销"于一体的标准园区产业体系。

二是推广先进技术。大力实施生物菌肥培肥地力、秸秆综合利用、水肥一体化等生态农业工程，推广生物防治、物理防治新技术。

三是加强园区管理。健全了生产记录、种植户信息、质量检测、产品销售和农业投入品使用 5 项管理档案；完善了园区管理、农业投入品使用、产品检测和质量追溯 4 项管理制度，确保各个环节严格按标准化进行操作。

4. 创新发展机制，筑牢现代农业发展基础。

一是建立稳定的农业投入机制。在农业园区设施配套、种业研发、品牌创建、沃土工程、质量检测等方面给予财政支持。对通过省级以上审定的新品种和具有重大突破的新品种，分别给予 20 万元、100 万元资金奖励；对认定为潍坊市级以上标准化种业生产基地、育繁推种子龙头企业和省级、国家级科研中心的，给予企业 20 万～100 万元的资金奖励。

二是建立高端人才支撑机制。出台了《关于实施高层次创新创业人才"双百计划"的实施意见》和《加快蔬菜种业发展的意见》，设立专门岗位引进博士以上学位的育种专家和人才，引进人员的档案、工资等级、职称晋升等按事业单位政策执行，对创新创业的育种专家，给予 50 万～300 万元资金扶持。优先保障解决种业发展用地，对研发企业在基地建设、设施配套、地面附着物拆迁等方面给予补贴。

三是建立农村金融创新机制。协调金融机构每年安排 2 亿元支持种子种苗企业发展，对种子种苗订单质押贷款，按年新增额的 1.5% 给予风险补偿。引导寿光农村商业银行在省内率先完成改制，成功推出蔬菜大棚产权、农村住房产权、土地使用收益权、林权、海域使用权、盐田和农产品订单质押等新型贷款模式。同时，积极将优势企业推向资本市场募集发展资金，初步形成了企业上市梯队。

二、园区建设篇

（一）海洋特色园区成为承载青岛蓝色经济发展的重要载体

2011 年以来，青岛市深入贯彻落实《山东半岛蓝色经济区发展规划》，高度重视海洋特色园区的规划和建设，着力打造"一谷两区"三大经济功能区、中德生态园和八个海洋特色园区，加大园区基础设施项目扶持力度，不断提升园区承载力，海洋特色产业园发展呈现一批重点项目建设加快推进、园区载体作用更加突出、产业集聚度进一步提高的特点，对拉动全市海洋经济发展和产业升级发挥了重要作用。

1. 坚持规划引导。为推进海洋特色园区建设，启动了西海岸新区、蓝色硅谷、中德生态园、红岛经济区三大区域的规划，西海岸新区编制了《青岛西海岸经济新区发展规划》、《青岛西海岸经济新区产业发展规划》，蓝色硅谷核心区编制实施了《青岛蓝色硅谷发展规划》、《青岛蓝色硅谷核心区产业发展规划》，中德生态园编制了概念性规划、控制性详细规划、产业规划和生态指标体系，红岛经济区编制了《红岛经济区及周边区域总体规划》、《青岛软件科技城产业发展规划》。

2. 积极争取国家、省支持。西海岸新区获国家批复。蓝色硅谷建设海洋自主创新示范区已纳入《全国海洋经济发展规划（2011～2015 年)》，《青岛蓝色硅谷发展规划》上报省区域办，争取省里支持报国家发改委批复。中德生态园正在争创国家级重点园区。加快培育海西湾船舶与海洋工程产业基地、崂山区海洋生物特色产业园、开发区前湾国际物流园、胶南经济开发区海洋生物产业园、滨海文化旅游特色产业园、保税港区蓝色国际物流产业园、胶州海洋运输装备产业园、胶北现代海洋装备制造产业园等 8 个市级海洋特色产业园，认真准备申报材料，积极协调沟通，争取省"两区"办批复 5 个市级园区上升为省级园区，园区数量居全省蓝色经济区首位。建立定期协调推进制度，按季度调度园区建设情况，及时发现解决问题，推进园区快速发展。

3. 创新园区发展的体制机制。设立园区管委，2012 年设立了西海岸新区、蓝色硅谷核心区、中德生态园、红岛经济区工委、管委，2013 年，西海岸新区管理体制进一步理顺，成立了新一届黄岛区政府（西海岸新区管委)，负责园区的开发和建设。不断创新开发机制，中德生态园实行市场化开发，与德方企业合作，共同对园区进行规划、建设、管理和运营。目前，中德生态园建设全面启动，将建成世界高端、生态、宜居的示范园区。建立定期协调推进制度，按季度调度园区建设情况，及时发现解决问题，推进园区快速发展。青岛经济开发成为全国首个国家级开发区体制机制创新试点。在金融方面，青岛成为蓝色经济板块"区域集优"债务融资模式试点城市，海域使用权抵押贷款试点顺利，帮助企业办理贷款 118 亿元。成立了 100 亿元的西海岸发展基金，发行企业债券 52 亿元，实现创业融资 7.5 亿元。

4. 加大资金扶持力度。出台了《青岛市海洋特色产业园区认定条件》，在海洋生物、海工装备、滨海旅游、海洋运输物流等重点领域开展海洋特色园区认定工作。对海洋特色园区基础设施建设加大资金扶持力度，争取省"两区"建设专项 2 亿元切块资金重点向西海岸新区、蓝色硅谷、中德生态园、5 个省级海洋特色产业园基础设施建设项目倾斜，加大对园区产业项目支持力度。2011 年以来，省市两级专项资金支持的项目 80% 以上落户于特色园区。

（二）加快蓝黄战略实施突破滨海情况（潍坊市）

为加快潍坊滨海经济技术开发区开发建设，更大力度推进国家蓝黄战略实施，打造现代制造业基地，引导和促进全市经济转型升级、科学发展，潍坊市委、市政府研究确定了举全市之力突破滨海的思路举措，作出了《关于突破滨海加快蓝黄战略实施推动全市科学发展的决定》，市人大常委会作出《关于鼓励各县市区市属开发区在滨海经济技术开发区建设产业园区有关问题的决议》，依法保障《决定》贯彻落实，依法维护投资者合法权益。主要措施：

1. 明确目标。

滨海区发展的目标定位是：打造成全市经济转型升级的增长极，成为引领持续发展的"火车头"，新型工业化的示范区，体制机制改革创新的实验区，全面建成小康社会的先行区。围绕实现总体目标，集中在以下八个方面寻求突破。

一是在拓宽发展空间上突破。发挥滨海区陆域、岸线和海域资源丰富的独特优势，实行"飞地经济"政策，充分利用蓝黄战略和国家一类口岸、综合保税区政策，统筹利用陆海资源、国际国内两个市场两种资源，构筑全市走向海洋、融入世界的更大平台和便捷通道，形成潍坊未来更高层次的发展空间新优势。

二是在深化体制改革上突破。把深化改革作为突破滨海的最大动力，实行"项目备案制、专管员联评制、限时办结制"，"零首付注册、零收费管理、零距离服务"，系统推进体制机制改革，全面创新政府管理服务，通过变事前审批为过程监管，建立起与国际接轨的现代政府管理模式，让市场主体依法享有充分的自主权，形成与市场经济相适应的体制机制新优势。

三是在产业集群布局上突破。围绕建设现代制造业基地，以蓝色经济、高端产业为目标，集约发展汽车制造、动力机械、工程机械、海洋化工、临港物流、滨海旅游等优势产业，通过做强龙头企业、拉长产业链条、提高产业配套能力，打造具有国际竞争力的产业集群，形成产业集约发展新优势。

四是在转变生产方式上突破。适应现代经济发展特点，突破"小而全"、"大而全"的传统生产方式，按照社会化大生产要求，加快构建供应链服务体系，配套完善专业化、信息化、社会化、市场化服务，让企业专注主业发展，提高资源配置效率和经济运行效益，形成社会化服务新优势。

五是在产城一体发展上突破。着眼解决滨海开发没有城镇依托这一突出问题，既坚持产业立区，又实行产城结合，率先实现全域城镇化，以此把滨海建设成为工业主导、城镇支撑、滨海特色、现代水准的宜业宜居宜游新城区，形成产城融合发展新优势。

六是在科技教育支撑上突破。把科教创新作为经济转型升级的战略支撑，大力实施创新驱动发展战略，推动信息化和工业化深度融合，建立完善的技术创新服务体系和现代职业教育体系，形成依靠科技进步和劳动者素质提高的转型升级新优势。

七是在生态文明建设上突破。坚持生态优先，把生态文明建设融入滨海开发各方面和全过程，大力推进绿色、循环、低碳发展，着力改善水、绿化、大气等环境质量，打造水清地绿天蓝的生态环境，形成支撑永续发展的生态文明新优势。

八是在金融投资服务上突破。改造规范滨海投资公司，依法建立企业化管理运营机制。同时设立滨海开发基金，引进战略投资，打造新型金融服务体系，形成现代金融服务新优势。

2. 提升标准。

坚持高标准开发建设滨海，按照当代一流标准进行规划建设，以彰显特色、发挥优势。一是提升规划编制标准。坚持规划编制一步到位，做到产业布局科学合理，城镇设计格调统一，以高水平的规划体系引领和指导滨海科学开发。二是提升生态质量标准。围绕建设支撑永续发展的生态系统，以水、绿化、大气、防灾为重点，整体进行设计，强化具体措施，力求把滨海区打造成为生态环境最好的地区。三是提升基础设施支撑标准。坚持基础设施先行，按照滨海区功能定位，强化多元化投入、市场化运营和现代化管理，确保供水保障充足高效、交通网络便捷畅通、能源保障安全清洁、信息网络方便快捷。四是提升专业服务标准。大力培育新型服务业态，加快各类服务平台建设，分行业制定服务标准，大力推进企业服务外包化、专业服务社会化，确保生产服务高效、生活服务便利、公共服务完善。五是提升产业标准。围绕优势主导产业发展，密切跟踪新技术革命和产业转型升级的趋势，在项目选择和产业发展上主动对准国际标准，努力做到产品技术含量高、节能环保水平高、项目投资强度高、产业集聚度高。六是提升城镇建设标准。按照产城融合的要求，优化空间布局，完善功能配套，并采用节能环保新材料、新工艺，提高建设质量标准和物业管理水平，建设高品位、现代化的新型城镇体系。

3. 加大力度。

按照突破滨海的目标、标准和要求，精心组织，强化责任，加大工作推进力度。一是加大组织领导和督查力度。二是加大政策扶持力度。市里除实行"飞地经济"政策外，从 2014 年起至 2020 年每年从市本级可用财力中拿出 5% 作为引导资金，与金融信托机构合作建立滨海开发基金，扶持滨海区产业链关键技术研发、重点产业项目融资、服务体系建设和高层次人才培养引进。三是加大"三招三引"力度。围绕重点产业发展，加大招商引资、招院引所、招才引智力度，在滨海区搭建专业招商服务平台，建立央企和世界 500 强信息资源库、高端人才信息资源库、科技信息资源库，落实对接联系机制，着力提升招商层次。四是加大协同推进力度。坚持协同推进、统筹发展，做到开发建设到哪里，相关基础设施就先行配套到哪里，专业服务、后续管理和长效机制就跟进到哪里。

三、科技创新篇

（一）崂山生物产业园，全国唯一的国家级海洋特色生物产业基地（青岛市）

崂山区海洋生物特色产业园包括崂山生物产业园和海洋药物聚集区两部分，总面积约 4.8 平方公里，2007 年被国家发展改革委认定为国家级生物产业基地核心区，成为全国唯一的国家级海洋特色生物产业基地；2013年，被认定为山东省和青岛市海洋特色产业园。2013年，园区总产值达到107亿元，累计投资40亿元。

1. 突出医药特色，着力打造国家级海洋生物产业集聚区。

崂山区海洋生物特色产业园以海洋生物医药为主导产业，聚集了华仁药业、黄海制药、蔚蓝生物等一批研发生产一体化企业，形成了海洋活性物质提取、生物制药、基因工程等重点领域企业集群。其中，核心产业园区已有16个项目入驻，13个项目已经封顶或正在主体施工，包括获得国家科学技术发明一等奖的管华诗院士的"海洋寡糖研发制备项目"、获得"世界首创技术"的中皓生物组织工程眼角膜项目、有近200个科研人员的蔚蓝生物公司、拥有3个国药准字号药物的正大海尔药业等企业，崂山区海洋生物特色产业园已发展成为山东半岛乃至全国海洋药物产业集聚度最高的区域之一，2013年，园区海洋生物制药产业产值达到16.36亿元，增长19.5%。成为带动青岛市海洋生物产业发展的重要力量。

2. 突出培育优势企业，着力提升核心竞争力。

加大对优势高端企业的引进培育力度，在土地、资金、人才引进、税收等方面给予优惠和支持，推动企业创新发展，进一步提升园区企业的核心竞争力。园区内青岛黄海制药有限责任公司尼福达采用海洋药物辅料海藻酸钠为缓释材料，国内市场占有率为同类产品第一；青岛正大海尔制药有限公司有我国唯一的国家级海洋药物中试基地；青岛博智汇力生物科技有限公司正在建设以国家科技发明一等奖"海洋寡糖研发制备项目"为核心专利技术的世界首个产学研用一体化海洋特征寡糖生产基地；青岛中皓生物公司自主研发的组织工程全层眼角膜属世界首创技术，具有独立知识产权，将海洋生物材料在国际尖端科技领域进行了成功应用，目前实施了首例人体正式临床试验；青岛蔚蓝生物集团有限公司是国内最大的酶制剂生产厂家之一。

3. 突出提高公共服务能力，着力推进科技型中小企业快速发展。

园区建立了生物公共实验平台、GMP中试平台、开放实验室等10余个生产服务平台，已有30余个海洋企业通过平台项目开展实验、中试生产和产学研联合，建成了青岛生物科技孵化器、国家生物产业基地医药中试生产中心，在孵化培育中小生物科技企业方面发挥着重要作用，有力促进了科研成果加快向现实生产力转化。为入园企业提供良好服务，协助中科院生物能源与过程研究所、青岛银色世纪等10家企业申请了国家、省、市级工程研究中心（工程实验室），各类服务平台的搭建为科技型中小企业发展提供了良好的支持服务。

4. 突出创新体制机制，着力营造良好发展环境。

对入园项目开辟行政审批绿色通道，提高项目洽谈跟踪、管理、服务水平。出台扶持政策，对落户园区的项目在区级资金扶持方面重点向其倾斜。引进蓝海股权交易中心、青岛市市级创业投资引导基金管理中心，搭建蓝色产业发展融资平台。加大路、水、电、气等投入，完善产区园区功能。设立人才专项经费，鼓励引进高层次人才入园创新创业发展，利用"崂山智库"平台系统，完善海外高层次人才信息库建设，为园区发展提供人才支持。

（二）加强海洋科技创新（烟台市）

近年来，烟台市以国家级创新型城市建设为引领，整合各类创新要素，全面提升自主创新能力，加快完善以企业为主体、以创新平台和人才建设为支撑、产学研紧密结合的科技创新体系。"十二五"规划以来，全市组织实施市级以上海洋领域科技计划项目60 项，其中，国家项目 6 项，省项目 27 项。全市目前拥有国家级工程技术研究中心 5个，国家级企业技术中心 18 个，国家地方联合工程实验室 4 个，数量均居地级市前列；省级工程技术研究中心 76 个，比 2010 年增加 30 个；省级企业技术中心 75 个，比 2010年增加 28 个。

1. 海洋科技创新体系日趋完备。

全市拥有涉海高等院校 3 所，科研机构（地市以上）3 家，其中，中科院烟台海岸带研究所拥有中组部千人计划人才 2 人，中科院百人计划人才 11 人，山东省泰山学者 2人。全市海洋领域建有国家工程技术研究中心 1 家，山东省工程技术研究中心 9 家，山东省院士工作站 6 家，产业技术创新战略联盟 6 家，涉及现代海水养殖、海洋生物制品、海洋食品和海洋工程等多个领域。全市 150 多家涉海重点企业与 70 多家高等院校和科研院所建立了长期而稳固的合作关系，成功转化各类科技成果 300 多项。源头创新作用的高校院所、承载重大创新活动的科技创新平台、具有强烈创新意识的企业群体，构成了以企业为主体、以市场为导向、产学研紧密结合的较为完备的海洋科技创新体系，成为全市海洋科技创新能力不断增强的基础。

2. 海洋科技人才支撑不断强化。

一方面，加大科研院所引进力度。近年来，烟台市把科研院所引进作为重点强力推进，成功引进了中科院海岸带研究所、中科院计算技术研究所烟台分所、中科院上海药物研究所烟台分所、中集海洋工程研究院、现代汽车研发中心等一批具备国际水准的研发机构，强化了科技创新的承载力。其中，中集海洋工程研究院已集聚海工专业研发人才 700 多人，挪威船级社、美国船级社等 20 余家单位入驻。另一方面，全面实施了高端人才招引。从 2010 年开始实施"双百计划"，将用 5 年时间，引进 100 名高端创新人才、100 名高端创业人才，其中海外优秀人才 30 名以上。从生活补贴、研究经费、安家补助、安置家属等 9 个方面提供优惠待遇。同时，突出校企合作、高端项目"捆绑"、以才引才和团队引才四种模式，不拘一格引进人才。近 3 年来全市共引进各类人才 9.4万人，其中入选国家"千人计划"13 人，入选省泰山学者 9 人。

3. 海洋科技创新领域不断拓展。

近年来，烟台市海洋科技创新活动，除了在传统的海水养殖加工领域进一步发展和提升外，不断向海洋工程装备制造以及海洋生物医药、海洋新能源、海洋环境监测等新兴产业领域延伸拓展。其中，中柏京鲁船业"新型远洋渔船船型开发及建造关键技术研究"和"30 万吨船坞'3 + 3'串并联造船工艺研究及应用"分别达到国际先进和国内领先水平；巨涛海洋重工"低温环境海洋工程大厚钢板药芯焊丝气体保护焊返修工艺研究"、"大型法兰平面度检测工艺"达到国内领先水平；安源水产"刺参大规格苗种规模化冬季培育技术"和"1000M3级微藻光反应器系统运行优化关键技术研究与应用"达到国际领先水平。

4. 科技创新政策环境不断优化。

市委、市政府先后出台了一系列鼓励政策，不断优化科技创新环境。对获得国家技术发明和科技进步一、二等奖且产业化潜力巨大的项目，及全市科技进步最高奖和科学技术创新奖，均予以重奖扶持。市财政每年拿出2 000万元，专门用于科技自主创新和"六个十"工程（重点培育十大科技龙头企业、十个成长性创新企业、十个重点科技创新项目、十大科技园区、十大科技应用技术（成果转化）和十名科技领军人才）实施，对列入烟台市科技自主创新"六个十"工程的项目，给予一次性资金支持。

四、金融支撑篇

（一）多层次资本市场助推青岛蓝色产业实现新跨越

近年来，青岛市多措并举，积极打造多层次资本市场，取得了显著成效。海丰国际于2010年10月6日在香港联交所挂牌上市，融资额31.07亿港币，目前已成为营运亚洲区内贸易市场的第四大集装箱航运公司，在中国集装箱航运公司中整体排名第三，并在国内非国有集装箱航运公司中排名第一。继海丰国际之后，青岛港国际股份有限公司于同年的6月6日在香港联合交易所举行首发挂牌仪式，此次青岛港共计发行7.76亿股H股，融资总额29.19亿港元。

为加快发展多层次资本市场，青岛市抓住财富管理金融综合改革试验区建设的机遇，按照"政府监管、券商主导、市场化运作"的原则，紧紧围绕中小微企业创新发展需要，积极推进青岛蓝海股权交易中心建设，打造以资本要素为纽带、以综合服务为特色的中小微企业金融综合服务平台。2014年2月，青岛市政府批准设立青岛蓝海股权交易中心，注册资本5 000万元，分别由中信证券公司、国信证券公司、中信万通证券公司、青岛担保中心和青岛全球财富开发建设公司5家专业机构出资设立。同年4月18日，中心正式开业，首批挂牌展示企业超过100家，1家企业私募债挂牌交易，13只券商理财产品挂牌展示，企业当期融资4 600万元，实现中心开门红。截至目前，共有两批19家企业挂牌交易，展示企业118家，其中3家企业实现融资近亿元。在同年6月6日第二批挂牌的6家企业当中，有3家海洋经济企业。蓝海股权交易中心将有效发挥券商控股综合优势，利用它们强大的网络，将挂牌企业信息和金融产品信息及时推送到全国各地，企业融资和产品销售成功率将大幅提升。同时利用券商在企业融资产品设计方面的优势和研究力量，为企业实现股权、债权融资提供更有针对性的融投资服务以及提供行业发展动态。遵循为企业和机构提供全方位的资本中介服务的宗旨，蓝海股权交易中心实行"一市三板"的业务板块，进一步降低企业进入门槛。结合企业、机构的实际需求和区域性股权交易市场的功能定位，交易中心全力打造股权、债权登记、托管、交易、分红派息平台，中小企业融资平台，金融产品销售交易平台，综合服务平台等四大业务平台，为挂牌企业提供综合性服务。随着青岛财富管理金融综合改革试验区的批复，各类财富管理机构入驻青岛，为企业融资提供大量的资金支持打下了基础。青岛市正努力将蓝海股权交易中心打造成青岛财富管理金融综合改革的探索平台和重要要素的集聚平台。

（二）威海市试点科技支行，助力中小企业做大做强

近年来，威海市针对科技型中小企业普遍存在"有技术、难融资"的困境，2010年9月出台了《关于开展科技支行试点的意见》，通过创新融资机制，进一步优化科技型中小企业融资环境，助推科技型中小企业做大做强，推进自主创新战略加快实施。本着"先行试点、逐步推开"的原则，首批试点地区确定在市级辖区，试点银行为威海市商业银行，首批试点企业筛选条件为"经省科技厅认定的高新技术企业、市科技局认定且近年拟上市的科技型中小企业中择优筛选所需银行贷款不超过 5 000 万元的中小企业"，目前共 57 家。试点工作启动以来，各项工作稳步推进，当年即为 7 家科技型中小企业发放贷款近 8 000 万元。2011 年 11 月，威海市高新支行获批开业，单列信贷计划，专配人员财务，单独会计核算，是专门服务于科技型中小企业的特色化银行机构。

1. 科技支行试点工作取得的成效。

一是优化了信贷服务流程。威海市商业银行为科技支行试点企业设立了信贷"绿色通道"，对其信贷申请随时审查、随时上会（贷审会），并在审核通过后优先保证信贷规模。对科技支行扩大授权额度，试点企业 200 万元以下的信贷需求，材料齐备后不用通过总行贷审会，经科技支行行长签字即可发放。对试点企业的保证贷款，5 个工作日内可发放到位，抵押贷款 7 个工作日内可发放到位，信贷审批时间大幅压缩。

二是推进了信贷产品与服务创新。科技支行不断拓宽抵质押物范围，因企制宜研发信贷融资新产品，开展了包括知识产权质押、股权质押、信用贷款、保证贷款、大额承兑汇票拆分等在内的信贷业务。2013 年年末发放贷款余额 4.7 亿元。推进科技和金融相结合，设立了 3 000 万元的市级创业投资引导基金，助推种子期、初创期科技型企业发展。

三是培育了上市企业后备资源。科技支行建立了与市创业投资引导基金和创业投资、风险投资机构的"联动机制"，通过"投贷通"等方式优先加大对试点企业中上市意向强烈、发展前景好的企业的信贷支持，加速了上市资源培育。华鹏玻璃、三角轮胎 2 家企业进入 IPO 审核，5 家企业在山东证监局辅导备案，2011 年以来 5 家上市公司再融资 44.37 亿元。建立了拟上市后备资源库并实现动态更新，目前 50 多家企业纳入市级上市后备资源库，8 家企业被列入 2014 年度省级重点上市后备资源名单，对拟上市拟挂牌企业开展各种形式的培训，三年来累计培训企业 1 500 多家（次）。

2. 科技支行的主要创新点。

一是创新抵质押方式。针对科技型中小企业轻资产结构、抵质押物普遍不足的特点，重点开展知识产权、股权质押、动产抵押试点，一般对科技型中小企业至少给予20%的知识产权和股权抵押贷款额度，并根据企业发展情况可以逐步放大到100%。同时，积极探索无抵质押、无担保的信用贷款。

二是扩大贷款审批授权，缩短贷款审批时限。科技支行把提高贷款审批效率作为重要着力点，总行将其贷款审批额度权限提高到200万元，贷款审批时间缩短到7个工作日；当贷款规模紧张时，优先保证科技支行贷款规模占用，从而实现了信贷投放的"短、平、快"。

三是降低企业融资费率。为节约企业财务费用，对贷款额低于1 000万元的，贷款利率不高于当期基准利率上浮30%后的利率；贷款在1 000万～5 000万元的，贷款利率不高于当期基准利率上浮10%后的利率。且均不再对试点企业收取任何形式和金额的财务管理费或业务咨询费。

四是创新融资担保方式，降低担保保证金比例。选择3家具有实力的担保公司，对科技型中小企业贷款风险敞口部分进行"联合担保"，将贷款担保所需保证金比例从通常的10%～15%降低到5%，担保费由担保贷款额的2%～5%降低为1%。

五是提供财政支持。财政部门对获得贷款的试点企业进行贷款贴息，贴息上限不超过新增贷款余额的1%。对融资性担保公司进行风险补贴，由市、区财政各承担50%。

六是综合政策扶持。将试点企业纳入"续贷过桥"资金扶持范围，优先予以扶持。威海市大有正颐创业投资公司对获得科技支行贷款的试点企业，优先给予创业投资资金支持。科技等有关部门成立专家组，必要时对科技支行授信的科技型中小企业的知识产权和股权评估提出专业意见。工商等部门对试点企业动产抵押和股权质押等业务及时进行指导登记服务。

五、人才建设篇

（一）潍坊国家职业教育创新发展实验区建设情况

潍坊市职业教育基础雄厚，全市现有各类中等职业学校43所，在校生16.2万人，总量居全省第二位；驻潍高职院校12所，在校生10.2万人。2012年3月，省政府与教育部联合签署《关于支持黄河三角洲高效生态经济区和山东半岛蓝色经济区发展战略共建潍坊国家职业教育创新发展试验区的协议》（以下简称《协议》），确定共同建设潍坊国家职业教育创新发展试验区。近年来，潍坊市紧抓建设潍坊国家职业教育创新发展试验区机遇，将职业教育改革创新贯穿于蓝区建设各个环节。

1. 加大对发展海洋职业教育的支持力度。

一是支持海洋类专业建设和人才培养。潍坊市现有3所本科院校、4所高职院校、

2 所中职学校开展了海洋方面专业教育，海洋职业教育人才培养层次较全面。山东海事职业学院的航海技术、山东交通职业学院的轮机工程技术成为 2013 年度潍坊职业院校特色品牌专业。

二是加强海洋类职业技术院校基础能力建设。资源优化配置，支持 3 所海运学校合并，升格为"山东海事职业学院"，开展专科层次高等教育，在滨海开发区建设占地 822 亩的新校区，有力改善了海洋职业教育办学条件，成为山东半岛蓝色经济区上升为国家战略后获批的第一个与海洋、临海、涉海产业密切相关的高校。2012 年，学院通过交通部海事局审核，获得船员教育和培训资质、海船船员过渡期适任培训资质，成为省内获得这一培训资质的少数几所院校之一。

三是发挥高校资源优势，积极引进海洋人才。驻潍高校发挥学校办学科研合作平台优势，积极引进高层次海洋科技人才。近几年，共引进海洋科技类博士研究生 10 人，海洋科技类学科带头人 7 人。

2. 加快推进潍坊国家职教创新发展试验区建设。

一是落实中高职教育经费保障制度。2013 年 10 月，省下发了《关于中等职业学校生均公用经费基本拨款标准有关问题的通知》，试验区中职学校生均公用经费拨款按规定全面落实。

二是加强职业院校基础设施建设。试验区内国家示范中职校数量达到 6 所，有 3 所中职学校进入首批省级规范化中等职业教育学校建设行列，试验区提前实现"每县和中心城区分别建成一所达到省级规范化以上标准的中等职业学校"的目标。试验区内其他 23 所公办中职学校也已全部达到省定标准化学校建设要求。

三是探索职业教育招生考试制度改革取得重要突破。根据《协议》要求，试验区积极探索"构建适应需求、有机衔接、多元立交的现代职业教育体系，促进中、高等职业教育和应用型本科教育的衔接和协调发展"，不断深化等级制改革，并在职业教育与普通教育统一的高中阶段招生平台运作，实现一次报名、分类选择、多元录取，共分"3＋4"、普通高中、五年制高职、三年制中职四个批次进行报名和录取。

四是探索建立普通教育与职业教育融合衔接、互相贯通、多元立交的培养机制。积极推进学分互认、学籍互转试点工作。2013 年 11 月，出台《潍坊市普通高中教育与中等职业教育融合贯通实施方案》，确定 9 所普通高中及全部中职学校开展首批普通高中和中职学校学生互转互通试点。要求普通初、高中学校开设人生规划与职业指导课程，每学年分别不少于 36 课时和 18 课时，职业院校资源面向初、高中学生免费开放。

五是加强职业教育课程体系和专业建设。在鲁台经贸洽谈会期间举办鲁台（台鲁）职业院校长研讨会，已先后在潍坊及台湾举办过五届，该项目是国台办固定支持的重点对台交流项目，也是山东省优秀对台交流项目。借助这一平台，积极开展对台教育交流合作，利用台湾专家资源，开展中、高职与应用型本科衔接课程体系研究探索。投入一千余万元，引进台湾职教先进经验，用于全面移植台湾课程教材和基于"3＋2"、"3＋4"的中、高职与本科衔接课程体系开发。从 2010 年开始实施特色品牌专业建设工程。

经过教育、财政、人社等部门的共同支持，目前已投入 1.5 亿元，在职业院校建成了 40 个教学、科研水平进入全省全国先进行列的市级特色品牌专业及实训基地；2013 年年底，由市政府牵头，职能部门、行业、企业、学校参与，依托省市级职教集团、市级特色品牌专业，分行业、分专业组建了首批 10 个专业建设指导委员会；2014 年，山东省开始实施中等职业学校品牌专业建设计划，试验区有 3 个专业进入首批 10 个省级品牌专业建设行列。

六是强化师资队伍建设。职业教育优秀领军人物不断涌现，潍坊市有 6 人、17 人分别入选第一批"齐鲁名校长"和"齐鲁名师"（中职类），分别占全省总数的 1/5 和 1/4。潍坊市职业院校学生获国赛金牌的数量每年都占全省总数的 60% 以上。近三年来，全市先后有 467 名职业院校长和教师赴德国、英国、澳大利亚等国家学习培训，有 234 名国外职业院校或培训机构的教师来潍坊授课。非营利性民办职业院校教师待遇进一步改善，2013 年 6 月 19 日市政府印发《关于进一步加强发展民办教育的意见》，明确非营利性民办学校教师在资格认定、职称评审、评先选优等方面与公办学校教师享受同等待遇，在户籍迁移、住房、子女就学等方面享受与当地同级同类公办学校教师同等的人才引进政策。

七是探索产教融合新模式，校企合作向一体化发展。试验区校企合作已经形成了建立校外实训基地、院校参股企业、订单培养、集团化发展、工段承包、教产一体、技术服务合作攻关、把课堂搬到企业车间里、职场体验等 9 种方式，组建与主导产业密切相关的省级职教集团 3 个和市级职教集团 8 个，产生了一批具有典型意义的校企合作案例。如宝马公司在山东交通职业学院投资建立了中国宝马售后英才培训基地；美国卡特彼勒公司与潍坊工程职业学院共建山工培训中心；2012 年在诸城市举办的全省职业院校技能大赛中职组模具制造技术比赛中，成功地将比赛场地搬到了企业车间中，诸城冠泓数控装备有限公司的设备进入比赛指定设备行列，实现校企双赢；山东科技职业学院大力推进学生创新思维和创业能力教育，五年来，资助学生开展 147 项科研项目，以学生为主申请专利 956 件，居全省第一位；山东省潍坊商业学校依托骨干专业成立了 12 个股份制实体公司，实行股份制运营和谁投资，谁管理，谁受益的机制；2013 年 8 月，山东省教育厅与联想集团签订全方位战略合作协议，寿光职教中心成为首批试点学校，与联想集团建立了长期的创新型校企战略合作关系，共同探索和推进校企 IT 人才标准、共同开发计算机应用专业课程、建设校企一体化实训中心，实现教学过程与生产过程对接、学历证书与职业资格证书对接，推动教育与产业深入融合。探索开展了课程开在生产线上的"职场体验"课程试验，把 21 个企业确定为试验基地，两年来有 1.2 万名师生参与试验。

八是大力发展社区职业教育发展。按照建设学习型社会和职业教育面向人人、面向社会的要求，坚持以人为本，积极开展全民职业教育，努力为人的终身发展服务。多方筹措农民培训资金 4 000 多万元，动员全市 1 745 家各级各类职业学校和培训机构搭建培训网络，累计培训农民 725 万人次。各县市通过举办培训班、下乡指导、赶科技大集等方式，进行了农产品质量安全、农业技术等培训，提升了青壮年农民综合素质。诸城成为"全国社区教育示范区"、寿光成为"全国社区教育试验区"，4 个县市区成为"全省社区教育示范区"，6 个乡镇成为"全省社区教育示范镇"。2014 年度全国新型职业农民培育交流推进会在寿光市召开。

九是开展"双证互通"试点工作。开展了首批 6 所中职学校和 8 所技工学校双证互通试点工作，试点专业是国家已颁布职业标准并已实行职业资格证书制度的专业，试点学校均享受教育、人社部门相应的政策待遇，试点中职学校可向人社部门申请设立职业技能鉴定机构，试点技工学校的学生学业考试合格，可颁发中等职业教育学历证书。

（二）创新机制，优化环境，威海市依靠人才引领产业转型升级

威海市深入推进人才强市、产业强市战略，着眼于威海蓝色经济区建设和蓝色产业发展需要，从创新人才政策，优化人才环境入手，大力引进高层次人才及人才团队来威创新创业，用人才工作的转型发展来引领和带动整体经济转型升级。2013 年以来，全市共引进国家"千人计划"专家 4 名，泰山学者蓝色产业领军人才团队 2 个，泰山学者海外特聘专家 2 名，威海市"人才项目产业工程特聘专家"14 名。

1. 出台蓝色产业支撑计划，推动海洋经济重点跨越。

威海市在全省率先出台了《威海市蓝色产业领军人才团队支撑计划实施办法（试行）》，按照"领军人才 + 团队 + 项目"的模式，用 3 年时间面向国内外集中引进一批涉海人才团队，给予每个团队 100 万 ~ 150 万元的支持资金，依靠高层次人才提升涉海涉蓝产业科技含量，做大做长海洋经济产业链条，促进蓝色产业优质高效发展。为确保最大限度地发挥政策的示范引导作用，在全市范围内组织召开了蓝色产业领军人才团队支撑计划推进暨培训会议，组织全市 30 多家涉蓝涉海的重点企业参加会议，特邀省发改委区域办规划政策处相关负责人对与会人员进行了政策辅导，帮助企业领会和掌握好相关政策文件精神，帮助企业全面认识蓝色产业计划的各项要求，引导企业广揽四海贤才，提升自主创新能力和新产品研发水平。同时，建立健全领军人才计划推进机制，组织、发改部门组成专项服务团队，集中利用 1 个月的时间，采取现场访谈、实地查看等形式，对 24 家重点培育的涉海企业进行逐一走访，本着"缺什么补什么"、"用什么帮什么"的原则，一对一进行辅导，制订个性化的辅导方案，切实将服务企业、辅导项目的过程变成宣传人才政策、提升人才工作水平、促进企业转型升级的过程。

2. 实施人才项目产业工程，引领蓝色经济区建设转型升级。

突出人才工作服务产业发展导向，从 2013 年开始全面实施"人才项目产业工程"，设立了 3 000 万元的人才工作专项资金，按照"人才引领、项目带动、企业主体、政府扶持"的原则，围绕全市产业发展需要，遴选一批带动作用强、科技水平高、市场前景好的高层次创新创业人才给予重点扶持，最高可给予 300 万元的创业资金和 100 万元的安家补贴。认真组织开展"人才项目产业工程特聘专家"评选工作，经过企业申报、资格审查、现场答辩和评委认定共评选出首批威海市"人才项目产业工程特聘专家"

14 人。评选出的特聘专家普遍具有博士以上学位，具有海外留学经历的占 50% 以上，每人获得 50 万元的扶持资金，有效激发了广大企业招才引智的积极性。为满足高层次人才的住房需求，采取政府统一规划、市场化运作的方式，在威海西海岸规划了高层次人才公寓项目，按照"拎包入住"的要求，高标准建设高层次人才公寓，规定"两院"院士、国家"千人计划"专家、"万人计划"专家、"泰山学者"和博士等高端人才可以自主选择租赁或购买的入住方式。与此同时，在威海广播电视台黄金时间开辟了"创业英才筑梦威海"栏目，广泛宣传高层次人才在威海创业发展的事迹，在全市上下营造了尊重知识、尊重人才、支持创业、支持创新的社会环境。"人才项目产业工程"的实施，深化了社会各界对高层次人才的认识，有效地提升了威海对高层次人才的吸引力，"招才引智重于招商引资"、"引进一个人才、带来一个项目、带动一个产业"等先进理念已成为全市上下的共识。威海高科技区引进的国家"千人计划"专家史伟博士，创办了国内首家自主生产光纤激光器的企业，在各部门的协同支持下，获得了各级近3 000 万元的资金扶持，已组建一支 16 人的科研团队，建设 4 条生产线、4 个产业化研发中心，成为具有世界先进水平的光纤激光器玻璃光纤制备平台，预计 3 年内即可实现年产值 3 亿元，并且具备膨胀发展的广阔前景。

3. 搭建优质长效引才平台，打造蓝色经济人才高地。

针对威海市地处陆路交通末梢，人才交流相对不便的实际，采取请进来与走出去相结合方式，不断拓宽招才引才渠道，构建直通国际人才市场的交流平台。一方面，定期举办"海外高层次人才威海行"活动。选取在海外华人中有着广泛影响的北美中国学人交流中心、美国创业投资家协会等知名机构作为合作伙伴，依托他们不断收集海外人才的各类创新、创业项目。同时，组织发改、科技等职能部门对其进行筛选，选择符合市产业发展需要的人才和项目，并通过网络渠道组织企业进行前期沟通，寻找合作对象。在此基础上，集中邀请与市内产业契合度高、合作意愿强烈的海外高层次人才组成考察团带技术、带项目来威海实地考察，现场推介项目，面对面与合作企业洽谈。活动开展两年来，有来自 10 多个国家的 140 多名海外博士和专家现场与威海近百家重点企事业单位进行了交流与对接，累计签订人才技术合作协议 26 个，引进高层次人才 30 多人，有 13 个项目正式落地，项目投资额近 6 亿元。三角集团成功引进胡永康博士，从事高端轮胎新产品仿真模拟设计，对于化解轮胎行业过剩产能、提高我国轮胎行业技术水平具有重要的引领作用，2014 年胡永康博士入选国家"千人计划"海外特聘专家。另一方面，建立海外引才工作站。近期又出台了《威海市海外引才工作站建设实施办法》，通过政府购买服务的方式，先期与北美洲中国学人国际交流中心、英国英创基金等 3 个海外社团组织合作，分别建立海外引才工作站，签订合作协议，明确工作站主要职责。为确保引才工作站的有效运行，每年给予每个工作站 10 万元的日常运行经费，并根据实际引才业绩评估结果给予奖励，所引进人才成功入选国家"千人计划"、省"泰山学者"的给予工作站 20 万元的资金奖励，所引进人才在企业生产经营中发挥重要作用取得显著经济效益的，每认定 1 名给予工作站 1 万元奖励，推动海外人才引进工作常态化、制度化，切实帮助企业不出国门就能找到一流的国际人才。

（三）莒县实施四步工作法搭建蓝区人才引进新平台

人才资源是富民强县最有潜力的战略资源。近年来，莒县立足自身优势，主打服务牌，大力实施"直通需求、集中会诊、全程跟进、典型带动"四步工作法，努力在蓝色人才载体、科技平台上取得新突破。目前，县内共有各类研发机构 40 余家，其中，院士工作站、博士后工作站各 1 处，省级企业技术中心 7 家，市级以上工程技术研究中心 23 家，产业技术创新战略联盟 2 家；金港活塞高效低耗船舶发动机活塞研发项目成功申报为全省第一批泰山学者蓝色产业领军人才团队项目。

1. 直通需求。为破解部分企业掌握政策不清不透问题，采取三项对接"直通"服务，实现信息有效整合、传递，与企业需求进行"零距离"对接。一是联络对接上"直通"。出台了《关于建立莒县企业人才联络员制度》，在全县 164 家规模以上工业企业和 60 家成长型企业设立固定的人才联络员，直接负责上下沟通联络，并配套建立移动电话、电子邮箱等联系群，发放一个企业联络通讯录，确保联络范围、联络通道无空白、全覆盖。二是宣传对接上"直通"。将 5 月份确定为"人才政策宣传服务月"，针对县内企业行业分布，采用重点宣传和广泛宣传相结合的办法，组织开展大范围的集中宣传活动，将人才理念、政策、服务直接送上门，传递给企业，宣讲到企业主要负责人。同时，定期组织召开人才政策通报会，聘请专家解读分析国家、省、市人才政策。三是交流对接上"直通"。围绕县内重点企业、关键行业的人才需求，每季度开展一次人才工作调研，深入企业现场，面对面了解企业负责人在人才、项目上的想法思路，制定县域重点产业、行业人才需求目录，并积极向省市报送相关需求，上下联动一起帮助企业引进紧缺人才。

2. 集中会诊。在前期宣传调研、摸清企业现状的基础上，对全县重点产业人才项目进行了集中分析、——诊断，对其可行性与操作性进行讨论。结合项目实施难易程度，规划人才项目落实时限，按长期、中期、短期形式立项。重点立项。重点人才工作经初步确定后，由企业提交项目可行性研究分析报告，明确项目名称、立项理由、预期目标、时间步骤、组织措施等，列为全县重点人才工作项目。细化分解。为形成全县抓重点人才项目的合力，将 20 项人才项目按类别进行分解划块，形成平台建设、项目申报、政策制定和人才引进四大块，结合县直部门职能分工分别交办给发改、经信、科技、人社、民营等部门，并将划块内容纳入对县直单位重点工作目标考核。

3. 全程跟进。为发挥重点人才项目集聚作用，成立了发改、人社、经信、科技等多部门参与的人才重点项目服务小组，抓好"三个全程跟进"。项目申报"全程跟进"。结合政策要求，及时召集部门单位部署申报事项、明确申报要求、提出申报建议，鼓励各单位积极申报，并召开项目评审会议，从全县立项重点人才项目中进一步筛选适合项目，择优上报。项目建设"全程跟进"。项目上报审批中，由分工单位及时反馈项目进展动态，并就下一步项目答辩、论证、现场复评等进行提前沟通对接，指导筹备相关方案材料；获批立项后，及时与负责单位沟通，指导其完善项目实施方案，规范财务核算、项目研发生产现场。人才团队"全程跟进"。为确保人才队伍各成员能够定期定时项目研发与创造，组建了"1+1+5"的团队服务小组，即每名项目高层次人才都要跟进1名县直部门人员、1名企业中层干部、5名企业研发技术人员，全方位地为人才团队成员提供生活、学习、科研等方便，让其安心进行企业技术研究创造。

4.典型带动。莒县企业发展处于转型升级的关键时期，受人才引进成本增加、项目运行风险等因素的影响，大多数企业对人才引进持"坐等靠、观望"状态。为打消他们的顾虑，让其真正意识到抓人才工作的重要性与迫切性，先后组织了多次人才招引活动，并注重通过培育典型发挥以点带面的效应，在全县面上形成氛围。一是"亲情"招引。主动为企业引才，在结合县内产业需求的基础上，于2013年10月举办了以"乡谊·汇智·发展"为主题的"百名博士故乡行"活动，吸引101名莒县籍在外博士国庆期间回家乡、看变化、议合作，达成合作意向41个。二是"典型"招才。让企业主动引才，为塑造县内重视人才的氛围，专门开设了"今日莒州·人才强县"宣传专栏，在对全县行业领域涌现出的先进典型、经验做法等发现挖掘宣传的基础上，集中对省市县各级人才政策和典型企业引才经验进行宣传；开辟了短信平台、"才智莒州"官方微博等多种渠道，定时将县内重点人才项目进展情况以及取得成效传递给企业主要负责人，增强其人才强企意识，投入到主动引才的行动中来。

六、生态文明篇

（一）构建循环经济发展模式（烟台市）

近年来，烟台市委、市政府把节能降耗作为加快转调、优化结构、保护生态的重要举措，围绕进一步完善节能减排和循环经济工作长效机制，以县市区、产业和企业为重点，坚持点线面结合促进资源循环利用，强化资源能源节约和治污减排，循环经济发展取得显著成效。2013年，全市完成万元GDP能耗同比下降3.7%，规模以上工业万元增加值能耗同比下降4.7%。全市化学需氧量排放量下降3.5%、氨氮下降3.8%、二氧化硫下降1%，市区空气质量优良率保持在90%以上。主要做法有：

1.以重点区域为突破点，着力构建"面"上大循环。

出台了《关于打造中国节能环保产业城的指导意见》，加速推进一批循环经济示范园区和节能环保产业发展。精心培育的烟台资源再生加工示范区是全国首家进口废物"圈区管理"园区和省政府重点培育的循环经济型园区，目前入园企业60多家，从业人数近万人，2013年回收加工各类再生资源50万吨，占全市的35.4%，可节约自然资源206万吨，节约能源70万吨标准煤。莱州银海工业区作为"黄区"规划确定的16个循环经济示范园区之一，已形成盐及盐化工、医药化工、黄金尾矿综合循环利用、绿色风能资源综合利用四大产业链，2013年入园企业48家，实现规模工业总产值68.2亿元。

2. 以重点产业为突破点，建立"线"上中循环。

重点培育黄金开采、汽车生产、海产品加工等 10 个循环经济产业链条，在产业发展过程中形成上游产业废料成为下游产业原料的资源再生综合利用模式，废物在区域内就地消化循环，实现重复利用。招远市黄金产业形成了"采矿—金精矿—冶炼—提金尾渣—制造硫酸及余热发电—尾渣制砖"的循环利用模式，实现了资源节约、生态环保和可持续发展。

3. 以重点企业为突破点，建立"点"上的小循环。

在企业内部建立"资源—产品—再生资源"循环经济模式，实现废物最小化。莱州市鼓励和引导企业开展工业"三废"的综合利用，提高粉煤灰、煤矸石、冶炼废渣和废气、矿山尾矿和废石及苦卤等废弃物的利用率，主要工业固体废弃物综合利用率达到 75%。深入实施"蓝天白云行动"，实施 73 个大气污染减排工程，有 12 家电力企业31 台发电机组实施了脱硫脱硝提标改造和脱硫旁路拆除工程。

（二）威海市成功创建国家级海洋生态文明示范区（威海市）

近几年，威海市在大力推进海洋经济发展的同时，强化海洋综合管理，保护海洋生态环境。全市自然岸线保有率为 65.13%，远高于全国 40% 的平均水平，近海海域水质达标率 100%，清洁和较清洁海域面积达到 100%，是全国海水水质最好的区域之一。2013 年，威海市被国家海洋局授予首批国家级海洋生态文明建设示范区。

1. 坚持最科学的区划规划。

按照陆海统筹、人海和谐、开发利用与管理保护并重的思路，科学制定各类海洋规划和涉海规划，为海洋生态文明建设打下坚实的基础。一是制定科学的海洋功能区划和海域使用规划。根据资源禀赋和经济社会发展要求，组织编制《海洋功能区划》、《海域使用规划》、《海岛保护利用规划》、《海洋环境保护规划》，其中《海洋环境保护规划》等在全国地级市中率先发布，形成了系统、完整、科学的海洋区划规划体系，为海洋开发与管理提供了依据。二是制定科学的海岸带管制规划。会同规划部门，在全国率先编制了《威海市海岸带分区管制规划》，将全市 1 046 平方公里的岸线资源全部纳入规划范围，划分为城乡协调发展区、预留储备地区、风景旅游地区、生态自然保护区、湿地保护区等 12 大类，根据不同区域发展保护要求，确定不同的用地管制规划和政策，形成了由政策管制、分岸段管制、用地管制和重点管制区强制性管制的管制体系，保证了海岸资源保护开发与全市发展战略、产业布局的一致性。三是制定科学的海洋产业规划。依据海洋功能区划、海域使用规划和海岸带分区管理规划，会同有关部门分别制定了《渔业振兴规划》、《海洋游钓基地布局规划》、《海洋生物产业发展规划》、《游艇产业发展规划》等专项规划，形成了科学的海洋产业发展规划体系。

2. 坚持最高效的开发利用。

本着在开发利用中保护、在保护中开发利用的原则，集中、集约、高效地使用海洋资源，以期通过最小的海洋资源占用获取最大的经济效益和最佳的生态效益。一是实施海洋产业园区化布局。发挥海洋功能区划和海域使用规划等的作用，引导海洋产业项目向园区和基地集聚，实现园区化布局、集群化发展。海洋渔业，重点打造以海洋三品为重点的海产品生产加工基地，成为全国最大的渔业生产基地；海洋装备制造业，重点打造以船舶修造业为重点的现代制造业基地，成为国家船舶出口基地；港口物流业，重点打造以东北亚地区为主要目的地的港口物流基地；海洋旅游业，重点打造以千公里幸福海岸为载体的滨海旅游休闲度假基地；新能源产业，重点打造以核能、风能为主的新能源产业基地。二是推行海域资源市场化配置。在全省率先制定了《招标拍卖挂牌出让海域使用权办法》、《海域使用权转让出租管理办法》等规范性文件，改变传统单一的审批用海模式，大力推行海域使用招标、拍卖、挂牌，通过市场化配置，提高海域资源使用效益。近年来累计拍卖海域 3 万多亩，拍卖金额 2 000 多万元，海域使用权增值300％以上。同时，通过海域使用权转让出租，促进海水养殖等海洋产业适度规模经营。出台了《海域使用权抵押授信管理规定》，大力推行海域使用权抵押贷款业务，累计办理海域使用权抵押 400 多宗，支持贷款近 60 亿元，发挥了海域的物权属性，拓宽了涉海企业融资渠道。

3. 坚持最严格的保护管理。

实施最严格的海洋保护管理制度，宁可少开发、不开发，宁可慢发展、缓增长，也不能破坏海洋资源、损害海洋生态环境。一是项目限批。严把海岸带项目审批关。严守"产业红线"，对涉海项目实行更加严格的环评审批和节能评估审查制度，坚决遏制高耗能、高排放和破坏海洋生态环境的新上项目。先后拒绝了总投资 280 多亿元的此类项目，否决了鲁东造船、中石化成品油储运基地、威海湾海军码头扩建等海岸带建设项目，腾出优质海岸资源，发展临港物流、滨海旅游等现代服务业，提高了海岸带资源的综合利用效益。二是污染限排。严格执行环境影响评价和环保设施与主体工程同时设计、同时施工、同时投产使用的"三同时"制度，对没有按照环评批复要求落实污染防治措施的项目坚决不予验收；对环保设施不合格的，禁止建设项目投入使用。同时，在项目建设期间实施跟踪监测，在项目完工后实施后评价，确保建设单位根据批准的方案施工，确保及时发现污染风险，采取治理措施。近几年全市海岸、海洋工程建设项目环境影响评价和"三同时"执行率均达到100％。三是海域限填。严格控制滩涂围垦和围填海，对围填海项目用海进行严格审查，最大限度地保护自然岸线。优化围填海工程平面设计，坚持保护自然岸线、控制人工岸线、限制顺岸平推式填海，鼓励建设离岸人工岛群，保证水循环。凡不符合设计要求或造成岸线和海域资源浪费的平面设计方案，海域使用申请单位要重新设计。

4. 坚持最积极的涵养修复。

始终坚持保护优先、适度开发原则，对海岸带资源实行全区域、全方位、全过程保护、修复和提高，增强海岸带区域的生态承载能力。一是"拆一块"。对与规划不相符的近海养殖、低端制造、违法建设项目等，逐步予以搬迁、拆除。累计清理近海养殖筏架 10 多万亩，拆除网箱、看护房、生产平台 1.6 万个，拆除违法建设项目 10 万多平方米。二是"修一块"。通过实施海域海岛海岸带整治修复项目，修复遭到破坏的岸线资源。累计修复海岸带40余公里，整治沙滩1 000多亩。通过"废池还湿、退池还滩"，不断加大滩涂资源修复力度，先后修复桑沟湾、乳山河口、黄垒河口等近岸湿地1万多亩，有效增强了海岸带生态承载能力。三是"保一块"。对生态脆弱区、禁止利用区实行最严格保护措施。建立塔岛湾、海西头等7处海洋特别保护区和海洋公园；建立30多处渔业种质资源保护区和原良种场，各类保护区总面积达到4万多公顷。在以上区域内，除必要的保护和附属设施外，禁止其他任何生产建设活动，禁止毁林开荒和毁林采石、采砂、采土以及其他破坏行为。四是"增一块"。通过工程、生物等技术手段，增加海洋生物资源量。累计建设人工鱼礁3万多亩，放流渔业苗种65亿单位，建设海底牧场30万亩，有效保护和遏制了近海资源退化的趋势。

5. 坚持最有效的组织协调。

一是完善海洋综合管理制度体系。率先在全国出台了《沙滩保护管理办法》、《海域使用权转让出租管理办法》、《海岸带执法巡查办法》、《关于规范市区近岸海域养殖管理，保障市民及游客正常亲海活动的通告》等管理制度，形成了系统完整、实用高效、创新领先的海洋综合管理制度体系。二是完善海洋综合管理机制。在全国率先建立了海岸带综合管理协调机制，完善了联席会议、首接负责、联合执法等日常工作制度，成立了海岸带协调管理委员会，构建了威海市海岸带综合协调管理框架。在此基础上，加强沙滩保护管理，落实专职管护队伍，实施规范化、常态化、精细化管理。开展水产育苗场、养殖场、渔港码头环境卫生清理整治，全面改善海岸带生态环境。三是维护市民、游客亲海权益。根据海域功能和使用现状，对滨海旅游休闲活动实行分类管理，将市区全部海域划定为禁止开放区域、限制开放区域和完全开放区域，对不同的区域设定了不同的亲海标准。同时，正确处理用海业主看海和市民游客亲海之间的关系，要求养殖业主依法用海、文明看海，市民及游客依法亲海、文明休闲。设立了举报电话，及时现场处理亲海矛盾和纠纷，从而维持了和谐的亲海秩序，保障了市民及游客正常的亲海休闲权益。

七、改革创新篇

（一）综合配套改革情况（潍坊市）

潍坊市以开展经济体制综合配套改革试点为契机，坚持问题导向，坚持顶层设计，推进改革创新，全力突破影响蓝色经济区施的体制机制障碍，为蓝区规划的顺利推进提供保障。

1. 全面推进改革创新，为蓝区规划实施提供体制机制支撑。

（1）科学确定年度改革项目，奠定项目化管理基础。确定了围绕建立有利于转变经济发展方式的体制机制"一条主线"，着力创新统筹蓝黄"两区"发展、产业转型升级、保障改善民生和政府管理服务"四大体制"的改革思路。

（2）全面分解落实责任，将改革项目落实到位。对牵扯面广、涉及利益调整、实施难度大的重点改革项目，实行市级分管领导包靠责任制，落实到有关市委常委和所有副市长头上。重点项目全部建立了一个市级责任领导、一个牵头部门、一个工作班子的推进机制。对于其他改革项目，也落实到了有关责任单位。

（3）建立改革项目台账，强化协调调度和督促落实。对所有的改革试点项目，逐项建立了改革项目台账，实行月调度、季通报、半年总结、年终考核。对完成的予以销号，进展较慢的及时进行协调调度，督促尽快落实。定期与市委督查室、市政府督查室联合组成督查组对改革试点项目推进情况进行全面督查，确保年度改革任务按期完成。

（4）实施年度考核，建立改革试点激励机制。科学合理地制定考核办法，增加赋分权重，重点考核改革项目的完成情况，并将考核结果纳入县市区科学发展综合考核和市直部门年度绩效考核。

（5）推动厅市合作，争取改革试点的上级支持。协调市直部门积极与省直部门对接，对拟签署的厅市合作协议内容进行了审核把关，确保协议充分体现改革主题，最大限度地争取省直部门对潍坊改革试点的支持。已与省编办、教育厅、人社厅、民政厅、卫生厅、农业厅、工商局等多个省直部门签订了厅市合作协议，为潍坊市争取省直部门政策、资源起到了强有力的促进作用。

2. 多措并举，确保各改革试点项目落到实处。

以结构调整为主线，以发展蓝色经济和高端产业为重点，以建立现代企业制度、提高自主创新能力为核心，促进企业搞活做强，提升区域发展竞争力。

（1）创新企业发展机制，提升蓝区发展活力。一是创新融资服务机制。筹集13.5亿元资金，成立了潍坊高端产业投资公司、潍坊海洋产业投资公司、潍坊蓝海创业投资公司、潍坊蓝新担保公司4家投融资平台，通过提供直接融资、保证金贷款、融资租赁、贷款贴息和搭桥贷款等形式，带动投资70多亿元。发行了全国规模最大的中小企业集合票据，规模达7.4亿元。得利斯、希努尔等5家企业首发上市，在境内外发行上市股票30只，累计募集资金380.08亿元。二是完善自主创新机制。推动开发区转型升级，全市16家省级以上经济开发区全部建成了综合性或专业性科技孵化器。开发建设科技公共服务平台，建立了研发设备资源共享机制，全市上网大型科学仪器设备达到108台套。加快建立以企业为主体、市场为导向、产学研相结合的技术创新体系，成立了蔬菜产业技术创新战略联盟等8家产业技术战略联盟，建成潍柴动力、福田雷沃、沃华医药、诸城外贸4家省级重点实验室。三是健全企业运营机制。推进企业股份制改造，全市每年新增、改造股份制企业100家以上。注册成立了潍坊市国有资产经营管理中心，对企业闲置资产、破产企业资产、困难企业资产进行收购托管和运营。出台了《潍坊市职业经理人培训认证管理意见》并在上市公司推行，探索建立职业经理人制度。四是建立市场化节能减排机制。开展排污权有偿使用和交易试点，山东海龙与潍坊裕亿化工签订了《排污权交易合同》，交易二氧化硫排放指标128吨，中信银行潍坊分行给予山东海龙贷款授信 8 000 万元，是全省第二笔排污权交易。探索建立生态补偿机制，确定在弥河流域上下游区际之间的临朐、青州和寿光 3 县市开展生态补偿试点，目前正在制定具体补偿标准和监测考核办法。

（2）深化要素市场改革，健全现代市场体系。一是农村金融制度改革向纵深推进。市、县两级农村合作金融机构全部改制成农村商业银行，全市村镇银行、小额贷款公司、融资性担保公司分别增至 7 家、50 家和 57 家，农村商业银行、村镇银行、小额贷款公司数量均居全省第一。不断拓展农村有效抵押物范围，在全国率先探索开展了蔬菜订单融资贷款试点，融资 11.6 亿元。齐鲁农村产权交易中心已获批组建。二是投融资体制不断完善。将现有 15 家政府投融资和建设开发类公司整合归并至 8 家公司，分别承担投融资、城建、交通、水利、新能源、文化旅游等建设开发和促进产业转型升级职能，搭建起功能定位清晰的市场化运作投融资主体。市投资控股集团与国内大型投资集团合作组建了滨海发展基金，为滨海区建设发展提供强力支撑。三是开发区管理体制和发展机制创新扎实推进。全市 14 家省级以上开发区全部建立了独立的开发区管理体制。在滨海、寒亭、昌乐、高密、寿光 5 个开发区开展试点，探索园区市场化运作模式。滨海区取消了 45 项行政事业收费，全面推行服务零距离、管理零收费、注册零首付等"三零"服务。

（3）深化社会领域改革，完善公共服务体系。一是教育体制改革全面突破。率先建立了校长后备人才遴选、选聘、职级管理等八项制度，在全市初步形成了专家办学局面。出台了《潍坊国家职业教育创新发展试验区建设实施方案》，职业教育改革全面启动，开展了高职院校和与普通本科"3＋2"、中职学校与普通本科"3＋4"分段培养职业教育招生试点。二是公立医院改革成效显著。在市、县两级公立医院全面推进综合改革试点，加快建立现代医院法人治理结构，探索形成了"一三三三"的基本改革模式。由大医院牵头，推动各级医疗机构纵向联合，全市共组建 27 个多种形式的医疗联合体。三是社会组织管理发展机制加快完善。成立了市级社会组织孵化中心。改革社会组织登记管理体制，对行业协会商会类、科技类、公益慈善类、城乡社区服务类社会组织实施了直接登记。开展异地商会、非公募基金会注册登记，行业协会一业多会等多项社会组织登记和管理创新。

（4）深化行政管理体制改革，加快构建服务型政府。一是行政审批制度改革深入推进。完成了对市级行政审批事项的第五轮清理规范，市级审批事项从 353 项压减到 193 项，其中 67 项市级行政审批事项被取消，下放县市区管理审批事项 93 项。二是公共资源市场化配置改革取得突破。市级公共资源交易平台建成并投入运行，政府投资建设工程、政府采购、国有土地使用权转让、矿业权出让等已进驻平台交易。三是市级国有资产监督管理体制逐步理顺。出台了《关于理顺市级国有资产监督管理体制的意见》，明确了市管企业名单及划转移交事项，目前已完成了市投资公司、亚星集团等 8 家企业的划转移交。

（5）深化城市发展体制改革，建立新型城镇化发展新机制。一是调整市区财政体制。对除滨海区以外的其他各区（开发区），实行按10%比例递增上解政策，进一步调动城区发展积极性。二是下放管理权限。按照管理重心下移的思路，调整中心城区户外广告设置、城市规划行政处罚权；将行政事业性收费管理、重要商品和服务价格管理、价格监督检查、价格认证、物业管理和物业企业初审权全部下放到区。三是深化户籍制度改革。建立以公民经常居住地登记常住户口为基本形式，以合法稳定住所、合法稳定职业为户口迁移基本条件的户籍管理制度，促进了外来人口和进城务工农民加快融入城市。

（6）深化农村体制改革，建立统筹城乡发展新机制。一是农村产权制度改革全面突破。全部完成了农村集体土地所有权、宅基地使用权、集体建设用地使用权确权登记颁证，全市52%的村已完成土地承包经营权确权登记颁证工作，集体林权证到户率达到95%以上，2 138个村完成了农村集体资产产权制度改革任务。二是农业经营制度持续创新。全市在工商部门登记注册的农民合作社10 937家，实际入社农户占全市纯农业户的39%，农民专业合作社注册资金100多亿元。三是农村社区建设水平进一步提升。在全市全面推广"四务公开、五制管理"的农村社区治理模式。全市共建成农村社区服务中心965个，建立起了市、县、镇街、社区四级信息网络系统，农村社区信息化覆盖率已达97%。

（二）采取有力举措助推注册资本等级制度改革取得实效（威海市）

注册资本登记制度是政府转变职能总体部署和改革方案的一项重要举措，目的是为了进一步简政放权，构建公平竞争的市场环境，进一步调动社会资本力量，激发市场活力，促进小微企业特别是创新型企业成长，带动就业，推动新兴生产力发展。威海市工商部门主动放权，扩充基层登记权限，方便市场主体就近登记；大力简化登记审核程序，提升行政审批效率，着力放大商事改革放权、宽进效应，全力激发市场活力。

主要做法：一是下放了冠"威海"名称核准权。加大放权力度，主动方便企业和群众，将冠"威海"企业名称核准权授予各区市局，便利企业就近选择市局或各区市局办理名称核准登记。截至4月底，共办理名称预先核准登记5 906件，同比增长了25.13%，其中，企业名称预先核准登记3 433件，同比增长了77.32%。二是下放了注册资本500万元以上公司登记权限。本着方便企业就近登记的原则，将注册资本500万元以上的公司登记权授予各区市局，公司可以就近选择市局或各区市登记机关办理登记。权限下放后，注册资金500万元以上公司新增241家，其中，153家企业自主选择在各区市工商局登记，占63.49%。三是最大限度简化了登记审核程序。针对改革后业务量骤增的新形势，一步到位改革登记审核程序，将"一审一核"改为"一审核准制"，即窗口工作人员直接受理、审核、发证。只要业户手续齐全，一般开业登记基本做到立等可取。该制度推行以来，窗口工作日均办理量为255.2件，是2013年日均登记业务量的两倍多，在如此大工作量情况下，全市工商窗口90%以上的登记业务实现了当场办结，如无特殊原因，登记业务实现了当日办结，当日办结率提升了26个百分点。四是试行了跨区域名称核准登记。在文登区试行了名称核准登记"跨辖区"办理制度，即改变过去按经营场所限定到辖区工商所办理名称预先核准登记的做法，允许跨镇办辖区，在任一工商所或企业注册局办理名称预先核准登记。

（三）集中集约用海（烟台市）

烟台市的聚集区用海在全省数量最多、面积最大，开展集中集约用海试点工作，是贯彻山东半岛蓝色经济区规划的重要内容，也是服务烟台蓝色经济区建设的重要工作抓手。全市"三大五小"集中集约用海聚集区全部纳入《山东半岛蓝色经济区集中集约用海规划纲要》，占全省 9 个大集中用海的 1/3，10 个小集中用海的 1/2。"三大五小"聚集区规划用海总面积 309.54 平方公里，全部建成后，将提供建设用地 157.39 平方公里，增加人工岸线 278.16 公里，退塘还海扩大海域面积 45.1 平方公里，将为烟台市国民经济又好又快发展奠定坚实基础。

烟台市重点强化四方面措施：一是进行海洋工程全过程监管。树立海洋环保优先的理念，科学推进集中集约用海。重点保护好自然岸线、沿岸景观、保护区等资源，加强湿地保护，倡导科学用海、科学管海，提出综合管理措施，进行全过程的海洋环境监测和海域动态监管。二是开展海域使用创新示范活动。开展围填海项目动态监视监测、优化平面设计提升景观效果、海域抵押贷款价值评估、围填海界址点"放红线"管理、海域证直接进入规划建设程序等创新示范活动。制定《海域使用权抵押登记管理办法》、《海域使用权出让招标拍卖办法》。三是开展集中集约用海政策研究。①对聚集区范围内的重大产业项目，优先列入重点项目"盘子"，积极争取围填海计划指标。②对聚集区实行各项政策叠加联动，使其在结构调整、产业升级、体制机制创新等方面提供示范。③简化项目审批及相关手续办理程序，海域使用金、海洋生态损失补偿费优先用于聚集区基础设施建设和加强海洋综合管理。④进一步提升海域使用权的物权地位，完善价值评估机制，出台海域使用权抵押贷款管理办法，最大限度地发挥海域使用证在融资过程中的作用。目前已累计办理海域使用权抵押贷款业务 156 笔，累计海域抵押面积达到 10 202 公顷。四是开展海域使用权证"直通车"创新试点。先后在招远和海阳两市开展海域使用权证"直通车"创新试点，探索路子、总结经验。2013 年 10 月，制定出台了《关于实施海域使用权直通车制度的意见》，在全市范围内开展凭海域使用权证进入规划、建设程序管理。

八、对外开放篇

（一）开放型经济发展情况（潍坊市）

2013 年，潍坊市完成进出口总额 161.6 亿美元，其中出口 116 亿美元，进口 45.6 亿美元，三项指标分别比 2010 年增长 37.4%、33.3%、49.5%；完成合同利用外资

17.3亿美元，实际到账外资8.1亿美元，分别比2010年增长63.2%、12.5%。主要做法有以下三方面。

1. 加快外贸转型发展，积极推进出口基地建设。

大力实施科技兴贸、以质取胜、市场多元化"三个战略"，推动对外贸易由偏重规模扩张向规模与效益并重、由偏重传统市场向传统市场与新兴市场并重、由偏重货物贸易向货物贸易与服务贸易并重"三个并重"，加快调整出口市场结构和产品结构。自2011年开始，启动了全市外贸出口基地培育和建设工作，近几年已创建了39个市级外贸转型升级示范基地，争创了21个国家级和省级科技兴贸基地、外贸出口基地，重点扶持建设检验检测、质量可追溯、研发设计等公共服务平台，增强了对同行业企业的辐射带动能力。自2009年开始，在安丘市开展了出口农产品质量安全示范区建设试点，经过近些年的持续推动，安丘、诸城、寿光、高密、青州5市已创建为全国出口农产品质量安全示范区，昌邑、昌乐、临朐创建为全省出口农产品质量安全示范区，8个县市已实现全覆盖，潍坊市于2013年4月被省政府授予"山东省出口农产品质量安全示范市"。目前，全市已经形成了国家、省、市三级外贸基地梯队发展的格局，推动了出口产品结构持续优化和产业结构的不断调整，基地出口额占全市出口总额的50%以上，已经成为全市对外贸易发展的中坚力量和新的增长极。2013年6月26日，商务部在诸城举办全国外贸转型升级示范基地建设现场会议，总结推广潍坊市经验做法。

2. 突出抓好开发区发展，打造蓝区建设的新高地。

2013年，全市14个省级以上经济开发区完成固定资产投资2 905亿元，居全省第一位，增长29.6%；完成规模以上工业增加值2 126亿元，居全省第三位，增长20.2%，开发区已经成为全市经济社会发展的龙头、引擎和重要增长极。潍坊市12个省级经济开发区整体位次进一步提升，寿光、诸城、高密、经济、青州、昌乐6个经济开发区进入全省前30强，其中寿光经济开发区跃居第三位，诸城经济开发区升至第十位。

一是开发区市场化建设运营工作取得突破。按照"政府主导、企业化运营、市场化运作"思路，先期在滨海、寒亭、昌乐、高密、寿光等开发区进行市场化运作试点并取得成功的基础上，在全市开发区进行推广。目前，全市开发区共建立开发运营公司36个，成功运作了50多个园区、片区和大项目，有效解决了开发资金投入不足的难题，大大增强了开发区发展活力。

二是特色园区建设稳步推进。共建成国家级特色园区3个，省级特色园区17个，市级特色园区17个。青州海洋装备制造产业园、昌邑海洋精细化工产业园、诸城海洋食品产业园获批省级海洋特色产业园；寿光现代农业产业园、滨海动力机械装备制造产业园获批省级高效生态特色产业园。滨海、寒亭开发区积极鼓励发展"飞地经济"，促进列入蓝色产业向重点园区聚集，形成了生态海洋化工园、绿色能源产业园和海港物流等特色海洋产业园。

三是创新能力不断增强。全市各开发区共建成科技企业孵化器、重点实验室、工程中心、技术中心、院士工作站、博士工作站等科技创新载体 248 个，培育和引进高端人才 150 人。

3. 打造对外开放新平台，全面扩大对外交流合作。

一是国际市场开拓平台。通过组展服务、摊位费补助、入网费用支持等手段，每年组织 500 家左右企业参加 50 个重点境内外展会，支持 100 家中小微外贸企业加入国际电子商务网，帮助外贸企业开辟结交客户拿订单的渠道。每年组织两次"银企保"对接活动，搭建银行、企业、中信保三方合作共赢的促进平台，着力破解外贸企业有订单缺资金和银行有资金不敢贷的难题。与中国出口信用保险公司达成战略合作，通过信保公司降一块、财政资金补一块、外贸企业拿一块"三家抬"的方式，扩大保险覆盖面，降低外贸企业市场风险。整合电子商务、金融保险、国际物流、劳务合作、财务会计、信息服务等领域 10 多家机构和企业的涉企服务资源，组建了潍坊市外贸进出口企业综合服务平台，为全市外贸企业提供一条龙一站式服务。

二是招商引资促进平台。每年在境外重点国家和地区、国内重点城市开展经贸招商活动，面向跨国公司和行业领军企业，加快资金、技术、人才等要素资源的引进步伐。2013 年，按照全市招商与转调创工作部署，突出招大商、大招商，开展境内 5 次、境外 5 次的"5+5"招商活动，达成了一大批合作成果，奠定了全力利用外资的基础。2014 年，谋划了开展 10 次招商活动、重点推介 100 个项目、走访服务 1 000 家外资企业等"十百千"利用外资计划，加快构建政府主导型转向资本运作型、政策优惠型转向环境优化型"两个转型"，外资并购、境外上市、绿地投资、增资扩股"四位一体"的利用外资新格局。

三是区域交流合作平台。按照省政府关于在蓝色经济区建设中日韩地方经济合作示范区的战略部署，自 2012 年开始，面向日本、韩国加大了交流合作力度。重点推动了与韩国的合作，与牙山市建立了地方经济合作伙伴关系，与大田贸易协会等机构达成战略合作，韩国食药局来访并支持高密、安丘建设"中韩共建国际食品农产品质量安全示范区"，教育、美容、农业等领域团组多次互访。成功承办了中韩自贸区第七轮谈判，期间举办了自贸区官产学座谈会等系列活动，中韩两国政府代表团顺利达成"潍坊共识"。

四是海外工业园区平台。以 3 个海外工业园区建设为主抓手，推动企业加快"走出去"发展步伐，柬埔寨（山东）工业园一期工程于 2013 年上半年启用，8 家国内及日本企业已经落户，工业园被柬埔寨政府批准为山东桑莎（柴桢）经济特区，成为全市在海外的第一个经济特区。非洲（乌干达）山东工业园已完成厂房建设，潍坊市及深圳、沈阳、临沂等地 5 家企业签署了入驻协议。俄罗斯工业园稳步推进。原木采伐和加工、棉花种植、钾盐矿开采、金矿合作开发等一批境外资源开发项目进展顺利。

五是海关特殊监管区建设。已有潍坊综合保税区、滨海物流园海关监管区、青岛保税港区诸城功能区 3 个获批，潍坊综合保税区北区和诸城保税物流中心已启动审批程序。

（二）坚持改革创新，服务发展大局，全力推进口岸"大通关"建设（威海市）

近年来，威海市口岸进出口 4 小时内通关率始终保持 100%，进口平均通关时间 1.1 小时，出口平均通关时间 0.1 小时，口岸通关速度连续多年位居全省领先。口岸各单位按照市委、市政府全面深化改革工作的总体部署，主动自我加压，积极先行先试，按照"流程再简化、时限再压缩、服务再提升"的原则，创新通关服务举措，深化通关业务改革，推动口岸大通关建设，助力全市开放型经济发展。

主要做法：一是创新通关服务举措。积极破除口岸发展的制约瓶颈和解决企业反映的突出问题，市口岸办组织全市海关、检验检疫等 8 家查验单位共同出台《威海市口岸关于推进"大通关"建设促进外经贸发展的实施意见》，内容涵盖推动关检合作、深化区域通关改革、加快口岸建设和开放步伐、加强威韩口岸互通互联等 14 项有创新突破的措施，包括了国家部委最新减免费政策和市联检部门自身的减免费举措，主要涉及减免报关单打印费、出境检验检疫费、工本费、海事查验收费等项目，预计 2014 年可为全市外经贸企业节约成本约 1 亿元。

二是加快口岸开放步伐。推进威海港三、四期工程及客滚码头的查验配套设施建设和开放工作；石岛港口岸扩大开放至好当家港区和俚岛港区获国务院批准，此次扩大开放范围包括 7 个港口的 42 个泊位（船坞、船台），扩大开放的岸线达 18.5 千米，一次性开放如此多的港口、泊位，在威海市口岸发展史上尚属首次。目前口岸各部门正在抓紧推进口岸查验设施建设，争取尽快通过国家级验收对外启用。

三是全面深化区域通关改革。威海市口岸 B 类生产型出口企业全面推行"属地申报、口岸验放"通关模式；A 类及以上企业推行"属地申报、属地放行"通关模式，威海本地的 AA 类、A 类进出口企业，可以"足不出市"办理报关和放行手续，大幅降低企业通关时间和成本。

四是完善关检合作机制。在全省率先推行区域关检合作"一次申报、一次查验、一次放行"的"三个一"通关模式试点，争取于 2014 年 11 月前，形成关检合作具体运作方案。通过推进关检信息互换、监管互认、执法互助，降低通关成本，实现口岸查验单位一个平台查验、放行模式，将使威海市口岸货物运转效率提高 40% 以上。

五是加快电子口岸建设。做好电子口岸基础性工作，协调海关、公安外管与边检查验等部门在威海港口岸加快智能通关、自助通关、"云服务"通关改革，支持边检窗口推行"一卡通"自助通关改革，探索建立口岸通关微信平台，促进威东公司和胶东海运"微信售票"、"微信定箱"、"微信报关报检"的平台建设和运作推广。积极推进跨境电子商务，支持进出口电子商务平台建设。威海机场入境快件已经实现当天申报、当天放行，威海检验检疫局邮政办事处于近期获批。

六是简化通关查验手续。取消海关、检验检疫 6 项审批事项，实施"通关单联网核查、纸面通关单不流转"的通关模式，全面应用集中审单和进出口电子监管系统，全天候受理企业报检。对进出口企业进行分类管理，对部分诚信度高、产品风险低的企业实行全过程无纸化管理，实施较低比例的随机抽查；对免于办理强制性产品认证的申请审批，1 个工作日内完成；对进出海关特殊监管区域的货物，由区内机构监管查验，口岸快速放行。进一步提高无纸化通关比例，推进内部作业电子化流转，实现进出口企业足不出户 24 小时"自由"报关，威海市已有 98% 的报关企业开展此项业务，平均通关时间缩短 3.5 小时。

七是优化查验监管模式。全面推行分类查验和查验分流作业模式，对符合要求的高资信企业，实施较低比例的随机抽查；对进出海关特殊监管区域的货物，由区内机构监管查验，口岸快速放行；优化深加工结转、外发加工等管理模式，鼓励深加工、精加工，引导产业链向高端延伸；推进加工贸易内销便利化，实行"先行内销、集中缴税"的简易模式，支持企业用好国际国内两个市场。

八是推行超前查验服务。将口岸查验服务从通关现场拓展到农作物基地、物流、园区、外贸企业；对出口大姜、花生及苹果等农作物的查验服务延伸到从生长和收获的各个时期，减少农产品检验检测时间及费用，保证产品在收获期能及时保质出口。对信誉较高的客货班轮实施口岸查验业务作业时间与口岸班轮进出节点同步运转的"随船式"监管服务、"预约加值班"工作模式。深化船舶在港"零待时"品牌建设，进出口岸申请可直接在网上办理，提高港航物流整体运作效率。

九是持续开展便民利企活动。实行办证窗口前移、手续办理前移、卡口管理前移的新型边检勤务模式；建立"弹性执勤"、"警情布警"执勤模式，实现了口岸服务管控工作的互补提高；增设旅客高峰期分流通道设施，推广应用"卡口智能管控"、"临时入境许可到期提示"等通关系统，辅助出入境人员快速通关。

十是开展优质服务竞赛。以"服务促发展，满意在口岸"为主题，在全市口岸广泛开展"文明示范窗口"、"口岸服务标兵"、"优秀服务品牌"3 项优质服务竞赛，接受社会监督，提升服务水平，努力建设文明高效安全畅通的和谐口岸。

第六章 高效生态经济区发展现状与2015年展望

　　黄河三角洲（以下简称"黄三角"）位于渤海南部的黄河入海口沿岸地区，包括山东省的东营市、滨州市，潍坊市的寒亭区、寿光市、昌邑市，德州市的乐陵市、庆云县，淄博市的高青县和烟台市、莱州市，共19个县（市、区），陆地面积2.65万平方公里。是我国东部沿海土地后备资源最为丰富的地区，地理区位条件优越、自然资源较为丰富、生态系统独具特色、产业发展基础较好，在环渤海地区发展中具有重要的战略地位，是我国最具有开发潜力的大河三角洲之一，在环渤海地区发展中具有重要的战略地位，具有显著独特的发展优势。

　　国家高度重视黄三角可持续发展，"十五"、"十一五"规划均明确要求该地区大力发展高效生态经济。2009年11月23日，国务院正式批复《黄河三角洲高效生态经济区发展规划》（国函〔2009〕138号），这是全国第一个以"高效生态"为主题的区域发展战略，黄三角开发建设正式上升为国家战略，迎来千载难逢的历史发展机遇。省委、省政府抢抓战略机遇，切实加强组织领导，创新体制机制，完善政策措施，稳步先行先试，形成了一整套运转顺畅、行之有效的工作推进和保障机制，开展了一系列卓有成效的工作。

　　2013年，黄三角经济区在全国率先完成区域规划中期评估试点，其经验做法得到习近平总书记、李克强总理等中央领导同志的充分肯定，被中组部、国家发改委确定为全国区域经济科学发展典型范例并在全国推广。可以说，经过发展，成就显著，令人瞩目，在全国区域经济科学发展上走到了前列，为实施国家重大区域发展战略进行了有益探索，起到了重要的示范引领作用，形成众多可推广可复制的好做法好经验，实现了山东几代人的"世纪之梦"。目前，已经进入深入推进、显现成果、发挥效益、形成示范的阶段，展望未来发展前景广阔辉煌、令人期待（见图6-1、表6-1）。

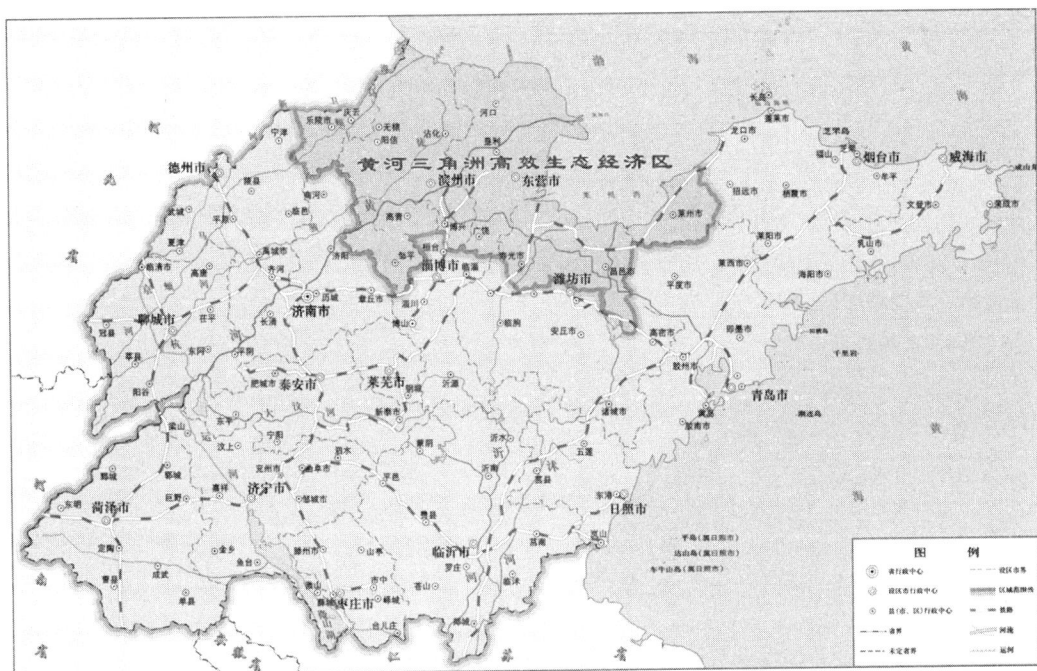

图6-1 黄三角高效生态经济区规划范围示意

表6-1	黄三角建设工作推进机制及配套政策
工作推进机制	
建立健全领导体系	成立了黄三角高效生态经济区建设工作领导小组，省委、省政府主要负责同志分别担任组长和副组长，省直有关部门和9市政府主要负责人为成员 领导小组先后召开了全省动员大会、领导小组会、督促检查会等一系列重要会议
健全完善规划体系	编制完成了30个专项规划，涵盖生态建设与环境保护、高效生态农业、环境友好型工业、现代服务业、基础设施建设、社会事业发展与人才保障等方面，各市县也编制了一批区域发展规划，初步形成了以国家规划为纲领、专项规划为支撑、市县规划为基础的规划体系
建立健全政策体系	研究出台了《关于贯彻落实〈规划〉的实施意见》等多个政策性文件 设立黄三角产业投资基金和黄三角可持续发展试验区等 与国家开发银行等18家金融机构签订了战略合作协议，组建了黄河三角洲产权交易中心，积极引导信贷倾斜和金融支持 加强与国家部委的工作衔接，先后与国土资源部、交通部等18个部委签订了战略合作协议。各市县也结合实际出台了一批含金量高的支持政策
建立健全推进体系	建立了区域建设重点工作协调推进制度，设立了现代农业、现代制造业、土地开发利用等多个由省领导任组长的重点工作协调推进组。设立了高规格的省"两区"建设办公室。各级也建立健全了工作机构
建立考核评价体系	建立了体现本区特色、与科学发展评价考核相衔接的经济社会和生态建设统计指标体系。出台了《"两区"建设年度绩效评价及考核暂行办法》，采取定量考核、定性考核和群众满意度评价三种考核方式

续表

配套政策措施

名　　称	时　　间	出　　处
《黄河三角洲高效生态经济区发展规划》	2009 年 11 月 23 日	
《关于贯彻落实〈黄河三角洲高效生态经济区发展规划〉的实施意见》	2010 年 5 月 23 日	鲁发〔2010〕9 号
《黄河三角洲高效生态经济区经济社会发展年度综合评价及考核办法》		
《十大农产品振兴规划》		
《十大产业基地振兴规划》		
《重大高效生态典型示范培植工程》		
《山东省黄河三角洲高效生态经济区发展促进条例》		
《高效生态农业产业链科技示范工程推进方案》		
《山东省人民政府关于金融支持黄河三角洲高效生态经济区发展的意见》		鲁政发〔2010〕51 号
《支持黄河三角洲高效生态经济区发展战略合作协议》	与 18 家金融机构签订	
《"两区"经济社会和生态建设统计指标体系》		
《"两区"建设年度绩效评价及考核暂行办法》		
《山东省对银行支持"两区"建设奖励资金管理办法》	全面落实与国家开发银行等 8 家中央金融机构签订的战略合作协议	
《"两区"建设专项资金管理暂行办法》		
《关于创新国土资源管理体制机制，共同推进黄河三角洲高效生态经济区发展及地质找矿合作协议》	2011 年 2 月	
《关于黄河三角洲高效生态经济区未利用地开发利用的意见》	2012 年	
《未利用地开发项目管理暂行办法》		
印发实施了黄三角《土地利用总体规划》		
《未利用地开发利用规划》		
编制了《2012～2013 年未利用地开发实施方案》		
《黄河三角洲高效生态经济区条例》		
《"两区"特色产业园建设管理办法》		
《为重点区域带动战略提供人才支撑的意见》		
《关于未利用地开发利用的意见》		
《金融支持"两区"发展的意见》		

第一节　发展现状

多年的开发、保护与发展，特别是国家战略的纵深推进，五大体系建设（领导体系、规划体系、政策体系、推进体系和考核体系）不断完善，全区抓住资源高效利用和生态环境改善主线，紧扣全国重要的高效生态经济示范区、特色产业基地、后备土地资源开发区和环渤海地区重要的增长区域功能定位，充分发挥科技创新的支撑和引领作用，加强环境保护和生态文明建设，加快调整优化产业结构，提高资源利用效率，着力创新体制机制，区域潜力不断释放，区域优势加速提升，积极探索建立了经济、社会、生态协调发展的高效生态经济发展模式。

2014 年，全区实现地区生产总值 8 512.0 亿元，增长 9.3%，高出全省 0.6 个百分点；公共财政预算收入 614.6 亿元，增长 11.6%，高出全省 1.4 个百分点；全社会固定资产投资 6 030.3 亿元，增长 15.6%；进出口总额 290.9 亿美元，增长 2.9%；农民人均纯收入 13 912 元，增长 11.6%。呈现出战略效应集中释放、综合实力快速增强、发展格局明显优化、发展后劲显著增强的良好态势，成为推动全省转方式调结构的重要抓手、实现科学发展的强大引擎，并为全国高效生态经济发展发挥了重要的示范引领作用。

表 6－2　　　　　　　　　　近年黄三角地区主要经济指标　　　　单位：亿元、元、%

指标名称	2010 年	增速	2011 年	增速	2012 年	增速	2013 年	增速	2014 年	增速
地区生产总值	5 678.5	13.6	6 522.7	12.3	7 274.0	11.8	7 985.2	10.9	8 512.0	9.3
第一产业	448.9	4.5	502.4	4.4	533.5	5.2	596.3	3.8	628.6	4.1
第二产业	3 576.3	13.3	4 051.8	13.1	4 457.0	12.6	4 779.2	12.0	5 002.7	10.3
第三产业	1 653.4	17.1	1 968.5	12.7	2 283.5	11.7	2 609.7	10.3	2 880.7	8.4
人均地区生产总值（元）					71 596	11.4				
规模以上工业增加值		15.1		14.7		13.1		12.5		10.2
规模以上工业主营业务收入	14 742.7	34.9	18 199.7	35.9	21 897.0	21.1	25 361.7	14.6	27 721.9	8.7
规模以上工业利税总额	1 949.0	49.6	2 481.6	37.0	2 828.2	15.3	2 990.6	5.5	3 025.6	1.6
规模以上工业利润总额	1 253.2	49.0	1 551.0	34.3	1 779.4	17.0	1 918.5	7.4	1 923.0	1.3
固定资产投资	3 177.3	24.9	3 910.0	26.2	4 650.4	23.3	5 167.9	20.6	6 030.3	15.6

续表

指标名称	2010 年	增速	2011 年	增速	2012 年	增速	2013 年	增速	2014 年	增速
社会消费品零售额	1 364.1	18.8		17.4		15.1		13.8		12.6
进出口总额（亿美元）	189.5	67.3	233.2	21.8	251.9	10.7	288.4	15.3	290.9	2.9
出口总额（亿美元）	98.2	45.3	119.3	20.7	124.4	9.1	145.3	15.7	155.8	6.6
公共财政预算收入	308.1	29.3	390.7	27.0	463.0	18.1	550.9	10.2	614.6	11.6
公共财政预算支出			549.6	26.1	644.0	15.9	728.9	13.2	771.5	5.8
农民人均纯收入（元）	8 078	14.8	9 637	19.3	11 030	14.5	12 448	12.9	13 912	11.6

资料来源：《山东统计年鉴》。

一、发展成就

多年来，特别是规划实施 4 年来，全区着眼高端提升、集约发展，高效生态经济得到长足发展，科技引领作用明显增强，基础设施支撑能力不断提高，生态文明建设成效显著，区域建设取得了重要阶段性成果。

（一）高效生态产业体系基本形成

突出打造高效生态经济发展新模式，设立黄三角产业投资基金，加大高效生态产业培育力度，产业规模迅速壮大、效益不断提升、体系日趋完善。坚持培育战略性新兴产业和改造提升传统产业相结合，努力创建以现代农业、石油装备制造、交通装备制造、轻工纺织、现代物流和生态旅游业为主体的高效生态产业体系，形成了主营业务收入30 亿元以上的大型骨干企业 47 家，其中过 100 亿元的 14 家。

1. 高效生态农业方面。

积极发展绿色种植业、生态畜牧业和现代渔业，现代农业规模化、产业化、品牌化水平加快提升，拥有省级以上农业产业化龙头企业 130 家。加大对良种繁育研发平台、标准化基地建设的支持力度，建成了全国重要的优质粮棉、特色果蔬生产加工出口基地；培育形成了登海种业、寿光蔬菜、沾化冬枣、山东黑牛、黄河口大闸蟹等一大批知名品牌。寿光市设立了"中国寿光蔬菜价格指数"，年均销售蔬菜达 600 万吨，全国蔬菜集散中心、价格形成中心和信息交流中心的地位得到进一步加强；东营市被整建制列为国家现代农业示范区，渔业增养殖面积达到 190 万亩，成为全国重要的海参、大闸蟹生态养殖基地；滨州市"渤海粮仓"工程盐碱荒地、中低产田改造工程实现突破，在中轻度盐碱地上种植 1 万亩小麦获得成功，平均亩产达到 300 公斤以上，完成 7 万亩小麦示范区建设，国家农作物种质资源基地建成投用；庆云中澳集团肉鸭综合生产能力位居全球同行业前列，首创的"公司＋标准化农场＋农户"的订单式发展经验入选为联合国扶贫开发案例。

2. 环境友好型工业方面。

以石油钻采装备和石油工程技术服务为重点，大力扶持汽车零部件生产，积极推进船舶、纺织设备等重点领域发展。

石油装备制造业迅速发展。东营市石油装备制造业从弱到强，快速膨胀壮大，形成了集研发、制造、服务、内外贸于一体的较为完整的产业体系，成为全国规模最大、产业集中度最高、科研能力最强的石油装备制造产业基地，产值占到全国的 1/3。依托胜利油田高原石油装备有限公司设立国家级采油装备工程技术研发中心，科瑞集团超深井钻机等高端技术处于世界领先水平，山东科瑞、胜利高原等 38 家规模以上企业石油装备产值占全国 45% 以上。

交通装备制造业加快发展。全区拥有规模以上汽车及零部件企业 200 家以上，油田专用车、汽车刹车片、刹车盘在全国同行业居领先地位，乐陵金麒麟集团已形成年产 2 000 万套汽车刹车片的能力，国内市场占有率超过 30%，并出口 70 多个国家和地区，在规模、品种、研发能力等方面居全国同行业前列；东营市橡胶子午胎产能达到 1.7 亿条，占全国的 25%，东营合力车轮有限公司是目前中国唯一涉足辗钢车轮制造的民营企业，30 万件高速动车组火车轮及 5 万套高速动车组轮对项目将填补我国高速动车组车轮生产领域的空白。潍坊潍柴重机成为国内最大、产品系列最全、功率覆盖面最宽的船舶动力生产企业，拥有国内领先的 MAN 大机生产基地。滨州滨澳飞机制造有限公司填补了国内通用航空 2～4 座固定翼全复合材料机体航空器制造空白，DA40 系列飞机年生产能力发展到 108 架。

轻工纺织业提质增效。培育纺织产业自主品牌，规模以上纺织家纺企业达 400 家，形成了纺织、染整与家纺服装加工配套的较为完整的产业链条，行业规模和核心竞争力不断提升。寿光晨鸣集团跻身世界纸业 10 强，广饶华泰集团成为世界最大的新闻纸生产基地；邹平魏桥创业集团进入世界 500 强，纺织产品生产规模和经济效益位居全国同行业首位。

3. 现代服务业方面。

重点发展现代物流和生态旅游。着力打造多层次、开放式、社会化的区域性物流中心，引导区域内制造企业剥离物流业务，实施主辅分离，大力推动发展第三方物流和物流专业园区，提高区域物流企业信息化和标准化水平，培育了乐陵（义乌）国际商贸物流园、博兴京博物流等现代化物流基地。实施了黄三角冷链物流示范工程，建设了物联网管理平台，建立了农产品产销对接系统和质量安全监控追溯系统，重点推进了畜牧、粮油、蔬菜等绿色无公害农产品生产和流通体系建设，建成了畜产品活体储备基地和环渤海地区重要的水产品物流贸易中心，促进了三次产业融合高效发展。推动物流业和县域经济联动发展，鼓励县域范围内试点公路、铁路、民航、水路的联合运输，开展多式联运工作，以现代物流业推动县域特色产业发展。黄三角经济区基本形成了面向京津冀、环渤海地区和东北亚的多层次、开放式、社会化的区域性物流中心。加强旅游基础设施建设和资源整合，建成国家 A 级旅游景区 210 处，生态农业游、文化休闲游和黄河口生态游成为区域性旅游热点。2013 年，黄三角地区旅游业总产值达 329 亿元，比 2010 年增长 81%。

（二）园区承载集聚能力明显增强

围绕重点产业，依托现有省级以上经济开发区、高新区、出口加工区等各类园区，选择产业相对集中、有一定规模优势的区中园、园中园，加大扶持力度，培育壮大一批特色园区。研究制定了高效生态特色示范园区建设标准和管理办法，对园区实行分类指导、集中培育、挂牌奖励、动态管理，重点园区载体功能显著提升，特色产业集群化发展步伐加快。重点建设了东营、滨州、潍坊北部、莱州等 4 大临港产业区和寿光蔬菜产业园等数十个特色园区。目前，已培育形成主营收入过 50 亿元的高效生态特色产业园区 19 家，进驻企业 3 500 多家。

1. 四大临港产业区建设取得阶段性成效。

依托港口和交通干线，大力发展临港物流和现代加工制造业。截至目前，东营、滨州、潍坊北部、莱州四大临港产业区已进驻中海油等企业 1 300 多家，总产值达到 3 000 亿元，产业集聚度不断提高。

东营临港产业区。投产和在建化工项目已达 80 多个，总投资突破 1 000 亿元，生产总值比 2009 年翻了四番，财政收入增长了 10 倍。项目全部达产后将形成国内一流的碳二、碳三、碳四烯烃产业链和芳烃产业链企业集群，并将形成 3 000 亿元的工业增加值和 50 亿元的地方财政收入。

滨州临港产业区。集中规划建设了新材料、新型建材、绿色化工、临港物流、粮油加工等五大特色产业园区。建成了"九横十八纵"总长 182 公里的主干路网框架，总投资 26 亿元的 50 平方公里起步区基础设施工程基本完成，区内海水"一水多用"和海洋化工产业初具规模，区内建设的国内第一条海底软管生产线投入生产。

潍坊临港产业区。创新"飞地经济"政策，鼓励各县市区到滨海开发区建设专属产业园区，15 个县市区、开发区都在滨海开发区建设了特色产业园，规划总面积 5 万亩，一期配套全部完成，总投资 450 亿元。

莱州临港产业区。以重点板块开发、重点项目建设、特色园区培育为抓手，全面推进莱州临港产业区发展，上半年开工过亿元项目 124 个，上半年完成投资 80 亿元。

2. 高效生态特色产业园初具规模。

着力围绕高效生态方向，突出区域特色，加大特色园区培育支持力度，提高产业集聚度。省里认定的 8 家高效生态特色产业园建设加快推进。东营胜利工业园已建设成为全国产业集中度最高、行业科技水平领先的石油装备制造产业基地。高青山东黑牛特色产业园，建立了从标准化粮食种植到健康养殖再到绿色种植的"回型产业链"，黑牛存栏量达5.5万头，高青县被誉为"中国黑牛城"。惠民绳网产业园生产销售的建筑网、铁路运输网、休闲防护网、体育绳网等各类产品占到国内市场的八成以上；韩店现代生物工程科技园区成为全国最大的玉米油生产和出口基地；板材厨具产业园区厨具行业销售额占全国同行业近1/3，板材行业各类板材占到全国市场总额的1/4。

（三）探索拓展发展空间步伐加快

未利用地开发是黄三角的一项重要工作，积极推进土地高效利用，探索集约节约和持续利用的有效途径、经营模式，制定未利用地开发项目化管理、建立土地交易市场、开展未利用地开发管理改革试点等政策措施，未利用地开发取得突破性进展。认真落实省政府《关于未利用地开发利用的意见》，编制了未利用地开发利用规划和未利用地开发利用试验区方案，推进实施了28个开发项目，其中耕地项目17个，建设用地项目10个，其他农用地项目1个，总开发面积86.3万亩，总投资137.25亿元。截至目前，已开工20个项目，竣工9个，完成开发面积42.2万亩，新增耕地面积9.3万亩。其中东营市共安排16个项目，已开工12个，开发面积42.72万亩，总投资71.17亿元；滨州市共安排9个，已开工5个，开发面积22.55万亩，总投资17.27亿元；潍坊市共安排3个，均已开工，开发面积5.54万亩，总投资15.05亿元。已竣工9个项目，完成开发面积42.2万亩。从东营市调剂4.89万亩耕地异地占补平衡指标支持青岛和西部经济隆起带有关市发展。同时，积极探索产业开发和土地利用相结合的开发模式，通过土地流转，先后引进了正大集团、正邦集团、河南天瑞等实力雄厚、管理先进的农业龙头企业进驻，建设高标准生态农业示范园，实施土地规模化、集约化和产业化经营；通过"飞地经济"，庆云县与天津红桥区合作共建红云高新技术产业开发区，着力打造新能源、新材料等产业集群，中国航天碳材料、齐耀生物质能源循环综合利用等一批高端高质、循环经济产业项目落地建设，已成为黄三角对接京津冀的重要平台。

（四）基础设施共建共享成效显著

按照统筹规划、适度超前的原则，加大交通、水利、能源、信息等重大基础设施建设力度，经济社会发展的支撑保障能力不断增强。

1. 交通设施方面。

公路。滨州至德州高速公路竣工通车；济南至乐陵高速公路累计完成投资53.8亿元，占概算投资的71.4%；济南至东营高速公路累计完成投资20.7亿元，占概算投资的20.2%；潍坊至日照公路滨海连接线累计完成投资5.5亿元，占潍坊至日照公路概算投资的4%。长深高速高青至广饶段项目工可报告完成行业审查，沿海公路（莱州至无棣段）潍坊、莱州段工可报告编制完成。

港口。潍坊港中港区3.5万吨级进港航道已开工建设，预计2015年通航；滨州港海港港区防波堤建设推进顺利，预计2015年年底建成，进港航道正在做开工准备，计划与防波堤同步建成；东营港东营港区北防波堤工程已开工，在建的14个泊位预计

2015 年年底前后可陆续投入运行。潍坊港中港区 2 个液体化工品泊位获得核准，滨州港海港港区生产性泊位等项目前期工作进展顺利。

铁路机场。德龙烟铁路进展顺利，黄大铁路获得国家核准，滨港铁路二期工程开工建设；东营机场 4D 级改造全面完成，已开通八条航线，潍坊机场迁建前期工作稳步推进。

2. 信息网络一体化方面。

加快推动黄三角经济区信息网络基础设施建设，推动 4G 移动通信网、下一代互联网、物联网、云计算等在区域内应用示范，全面推进信息基础设施升级换代。加快推进东营软件园发展，培育壮大寿光软件园，初步形成了软件产业新的聚集区。

3. 水利设施方面。

南水北调山东段干线工程正式通水运行，胶东调水工程试通水成功，辐射全省的"T"型现代水网骨干框架初步形成。开工建设了潍坊双王城水库、东营陈北水库等一批平原水库。加大农田水利资金投入力度，持续开展小型农田水利设施建设，农业灌溉水有效利用系数达到 0.6216。滨州市按 50 年一遇防潮标准新建防潮堤 32.4 公里，改造加固防潮堤 43.6 公里；东营市总投资 10 亿元的防潮堤工程计划 2015 年年底建成，并使得 36 平方公里的土地得以使用；潍坊羊口防潮堤完成主体工程建设，建成防潮堤 7 公里，实施了弥河西海堤工程 1.9 公里。

4. 能源设施方面。

华电国际莱州电厂 2×100 万千瓦发电机组建成投运；大唐东营火电项目 2×100 万千瓦超临界发电项目已取得国家能源局批复并顺利完成公司注册；胜利电厂 2×600MW 热电三期工程已完成可行性研究报告等报告 13 个，支持性文件 44 个，完成前期工程投资 7.78 亿元。黄岛至潍坊、莱州至昌邑液体化工输送管道工程基本建成。

（五）科技创新引领作用不断提高

高度重视科技引领支撑作用，加快科技平台建设，推进产学研紧密结合，促进科技成果转化，加强人才培养与引进，不断增强科技对区域建设的支撑作用，区域核心竞争力显著提高。

1. 重大科技创新平台建设进展顺利。

东营中国石油大学国家大学科技园及生态谷，建成面积 26 万平方米，入园机构已达 210 家，在孵企业 156 家。黄三角可持续发展研究院基础设施加快建设，已拥有高新技术企业 178 家，国家级产业基地 5 家。黄三角国家农业科技园区成为全国三个国家级现代农业示范区之一，东营、滨州两市全区域获批纳入。潍坊滨海科教创新园成为全国第一个在地级市开展的"国家职业教育创新发展试验区"，已有 28 所院校入驻，其中 16 所开工建设。国家石油装备工程技术研发中心基础设施建设进展顺利。

2. 科技成果转化步伐加快。

黄三角 6 市 19 县联合成立了可持续发展产业技术创新战略联盟。目前，黄三角共建立各类科技创新平台 292 个，其中国家级 32 个、省级 260 个，初步形成了以市场为导向，以企业为主体，以高等院校和科研院所为依托，产学研相结合的科技创新体系，良种繁育、纺织、石油装备制造等方面处于国内外领先水平。

3. 人才引进培养成效显著。

举办"两区"人才发展论坛，制定《为重点区域带动战略提供人才支撑的意见》，创新人才引进、培养、使用、评价、激励机制，充分激发各类人才的创新创造能力。以两院院士、泰山学者和山东省有突出贡献的中青年专家为重点，加强创新型科技领军人才队伍建设。依托国家重大科研项目、重大工程、重点科研基地和国家学术合作交流项目，积极实施国家"千人计划"、省"万人计划"，加强高端、稀缺人才的引进和培养。2013 年，全区引进高层次海外专家 200 多人次，其中"国家千人计划"、"泰山学者海外特聘专家"等 15 名。

（六）生态环保建设质量明显提升

全区牢固树立生态文明、绿色发展理念，统筹推进经济社会发展和生态保护，生态环境全面改善，可持续发展能力不断提高。

1. 生态建设持续加强。

加快实施了生态修复与治理，在全国率先开展了生态损害补偿试点，在重点流域建立了重点生态功能区补偿机制。加快林网、水网、路网"三网"绿化工程和黄河大堤百里绿色长廊建设，新增绿化面积 87 万亩；实施了百万亩湿地修复工程，完成湿地修复 35 万亩；黄三角生态调水工程建成运营，断流 34 年的刁口河流路重新恢复过流。加大自然保护区建设力度，黄三角国家级自然保护区列入国际重要湿地名录。

2. 节能减排强力推进。

重点推进土地资源、矿产资源和水资源高效利用，资源集约节约利用成效明显，培育形成了鲁北化工生态工业园、铁雄能源工业园等一批循环经济示范园区、再生资源利用园、生态畜牧养殖园，资源集约节约利用成效明显。风能、太阳能等新能源加快发展，新能源比重大幅提高，龙源滨州套儿河风电场、潍坊华能沿海风电场等项目已并网发电。大力推动节能减排，淘汰落后产能，区内燃煤电厂全部完成脱硫设施改造，取缔、关停、停产治理高污染企业 300 多家，新建、改建、扩建污水处理厂 35 座，流域综合治理取得明显成效。潍坊、淄博两市建立了市级排污权交易市场。

3. 环境质量明显改善。

开展了主要环境质量、重点污染源监测以及生态、农村等专项监测工作，监测领域和范围不断扩大。编制实施大气污染防治规划和一期行动计划，积极构建大气污染联防联控机制。环境空气质量优良率保持在 85% 以上，城市垃圾无害化处理率、污水集中处理率分别高出全省平均水平 4.33 个和 3.36 个百分点。国家将黄三角作为农村环境连片整治示范区域，积极开展城乡垃圾"户集、村收、镇运、县市处理"治理模式，村居覆盖率达到 50%。

东营市大力实施"三网"绿化、生态林场建设工程，新增林地面积70万亩，沿海防护林工程完成人工营造乔木林26.25万亩，基干林带1.2万亩，总投资3.57亿元；实施百万亩湿地修复工程和黄河刁口河流路生态调水工程，修复湿地35万亩，建立了5处国家级海洋特别保护区。

滨州市按照"四环五海、生态滨州"规划，以"大空间、大水面、大绿地"为中心城市建设特色，生态园林型宜居城市初具规模；实施海洋生态系统修复工程，规划实施17个海域海岛海岸带整治修复与保护项目，总投资26亿元，扎实开展了潮间带高地湿地涵养与恢复、贝壳堤岛与湿地生态整治修复等工程。

潍坊市实施了滨海地区"两廊、八河、十路、十二生态片区"生态组团绿化工程，基干防护林带达到360多公里，一般防护林带800多公里，全市生态环境明显好转。

（七）改革创新迈出新的实质步伐

强化顶层设计，推进改革创新，加速释放区域发展战略红利和改革红利。总规模200亿元的黄三角产业投资基金投入运营。山东黄三角产权交易中心（东营）组建运作，实施了多项林权、股权交易及实物资产转让项目。齐鲁农村产权交易中心（潍坊）获批组建，积极开展涉农抵质押贷款试点。东营、潍坊被列入首批"区域集优"债务融资模式试点的三个城市之中。东营市邦迪化学等三家企业成功发行全省首单中小企业集合私募债。潍坊市积极推进职业教育改革创新，成为全国第一个国家级职教创新发展试验区的地级市，在全省率先开展了"3+2"高职本科衔接培养、"3+4"中职本科衔接培养、学分互认学籍互转等试点，7所高职院校实施单独自主招生。

二、主要问题

可以看出，黄三角建设取得了令人鼓舞的发展业绩，但必须清醒地认识到，与习近平总书记对山东新要求相比，与省委、省政府大力推进区域协调发展战略要求相比，与周边区域咄咄逼人的竞争态势相比，推进黄三角地区建设的压力和挑战依然很大，建设中存在一些问题和不足，需要引起高度重视。

（一）产业发展质量效益有待提高

近年来，在国家战略的引导和推动下，高效生态产业实现了快速发展，产业规模不断扩大。但是，传统产业比重过大，高效生态产业总体实力和示范带动作用不强的问题还较为突出，妨碍产业高端高质发展；地区间产业相对分散、同构现象突出，产业布局、园区建设、招商引资等方面存在同质竞争、重复建设现象，区域内部的竞争不断加剧，导致产能过剩，制约了资源空间配置效率的提高；产业链条偏短，产业聚集度、关联度低，特别是黄三角地区大企业嵌入式分布的特征依然比较明显，精深加工比例偏低，初级产品较多，高附加值产品较少，导致产业竞争力不强。

（二）自主科技创新能力有待提升

大多数企业研发投入不足，缺乏核心技术和自主知识产权，以企业为主体、产学研用相结合的科技创新体系还不完善，重要科技成果转化率不高，以海洋装备制造业为例，其核心技术和关键设备主要依赖进口，本土配套率不足 10%。行业领军人才和创新团队比较缺乏，科技研发力量相对薄弱，科技成果转化对产业发展的拉动作用不够明显。

（三）综合交通运输体系亟须完善

近年来，黄三角地区加快推进基础设施建设，《环渤海地区山东省城际轨道交通网规划》（以下简称《规划》）获国家批复，一批铁路、公路、港口、机场等重大交通基础设施项目开工建设、投产运营，交通运输能力得到了长足提高。但基础设施支撑能力仍然不足，存在标准不够高、通过能力不够强、衔接不够顺畅的问题，与黄区发展的潜力和空间相比，与扩大对外交流合作的要求相比，还有较大的差距，加快建设高速铁路、高速公路、港口、机场等现代立体交通体系的要求仍然比较急迫。

（四）区域之间协调发展比较滞后

各自为战的问题依然比较突出，在一定程度上影响了区域战略整体优势的发挥。全区虽已初步建立党政联席会议制度，但政策壁垒尚未打破，各地区间尚未形成有效的、经常性的、制度化的协商对接机制，各谋其政，分工协作不密切，缺乏有效协调和统筹规划。区域内统一开放、竞争有序的现代市场体系尚未真正形成，劳动力、原材料、资金、土地等生产要素突破行政区界限整合还不够、流通不够顺畅。

（五）规划落实仍然还是不够到位

《规划》实施以来，各地区、各部门强化国家战略政策优势，突出抓好重大政策事项落实，加速释放区域战略红利。但对重点领域和关键环节改革还存在认识不统一、顶层设计不够、配套改革未能很好协同推进的问题，特别是把国务院批复精神和《规划》要求与本地实际紧密结合起来，创造性地开展工作、用足用活政策方面做得还不够。推进《规划》实施的调节机制相对单一，更多地倚重政府主导作用，充分发挥市场机制，综合运用经济、行政、法律手段的办法不够多，市场主体活力还未充分释放。政策的协调性和整体效应还有待于进一步加强。

同时，更加注重国家战略"金字招牌"带来的政策、资金效益，而对于如何在《规划》的指导下，按照《规划》确定的目标任务要求，结合本地区实际，找准发展定位，选择发展路径，优化发展格局，视野不够开阔，办法不够多，在工作指导上尚未实现真正转变。特别是《规划》确定的一些约束性、控制性指标任务，还没有得到很好地落实，影响了《规划》的权威性和严肃性，不利于形成区域发展长久持续的政策导向。

第二节　发展展望

2015 年是全面深化改革的关键之年，是全面推进依法治国的开局之年，也是全面完成"十二五"规划的收官之年，更是《黄河三角洲高效生态经济区发展规划》实施中期目标节点之年。黄三角建设已经展现效益、形成示范，未来将进入攻坚克难、爬坡提升的新阶段，展望全年，新常态、新形势、新格局、新任务，机遇挑战并存，全区发展定位和发展思路将更加明确，重点工作将实现新的更大突破。

一、面临的机遇和挑战

当前，黄三角区域的发展，既面临难得的重大机遇，也面对诸多严峻的风险挑战，机遇大于挑战，总体处于重要战略机遇期。

（一）从国际看

合作、发展是当今世界发展主题，经济全球化和区域经济一体化深入发展，科技、产业革命加速推进，国际间区域合作不断加强，产业转移步伐加快，有利于更高层次地充分利用两个市场两种资源，承接产业转移，参与国际竞争与合作。同时，世界经济仍处在国际金融危机后的深度调整期，经济复苏是一个复杂和曲折的过程，围绕市场、资源、人才、技术、标准等的竞争更加激烈，各种形式的保护主义加剧，影响发展的不稳定、不确定因素依然很多。

（二）从国内看

我国经济发展已经进入新常态，改革创新、结构调整、转型升级步伐加快，多年的东、中、西、东北区域战略的深入推进，协调发展优势明显。新一轮中央经济工作会议，将促进区域协调发展列为六大任务之一，提出"继续深入实施区域发展的总体战略，完善并创新区域政策"；"一带一路"、京津冀协同发展、长江经济带等重大国家战略的实施等，将助推国内合作交流、产业转移步伐加快，为黄三角壮大特色优势产业、提升发展水平提供了有利条件。同时，区域经济竞争发展的核心内容和制高点正在发生重大改变，黄三角作为我国沿海三大三角洲，较长江三角洲、珠江三角洲开发较晚、发展落后，特别是《环渤海地区合作发展纲要》的推出，环渤海地区日益融合，天津滨海新区、苏北沿海等区域加速崛起，周边地区产业结构趋同，产业竞争异常激烈，对黄三角形成倒逼压力。

（三）从省内看

山东省委、省政府大力实施重点区域带动战略，形成了"两区一圈一带"的总体发展布局。习近平总书记视察山东时又提出"各区域既要充分发挥优势和特色，又要做好功能互补、相互促进、协调发展的文章"。这对于黄三角发挥政策叠加效应，释放区域发展战略红利，形成区域联动升级协同效应，构建区域协同发展新优势形成巨大推力。同时，山东省正处于发展动力转换的关键时期，新旧增长动力"青黄不接"，产能过剩与有效不足，资源环境约束加剧等结构性矛盾，直接影响黄三角的发展质量。

（四）从自身看

优越的区位、资源优势，拥有承接大规模产业转移的优势；作为"蓝黄"两大国家战略叠加区，拥有获得政策支持的明显优势，发展空间进一步拓宽；经过多年发展，拥有日益雄厚基础、跨越发展的经验。同时，仍然存在制约发展的经济发展结构性矛盾和深层次问题，产业结构层次偏低、链条短，传统农业比重大，服务业发展滞后，大企业嵌入式特征明显，开放型经济发展滞后；重大交通基础设施相对滞后，港口建设规模较小、功能较弱、配套能力不强，内联外接的立体交通网络尚未形成；成陆时间较短，生态环境比较脆弱，淡水资源相对贫乏，保护与开发利用的矛盾较为突出。

二、2015年发展总体思路及目标任务

2014年6月开展了《规划》实施情况专项检查推进工作，实现了"大展示、大破解、大推动"，总结了成绩、展示了亮点、找准了问题，进一步明确了努力方向，深化了黄三角当前和今后一个时期应遵循的发展思路和目标任务。

（一）发展思路

贯彻落实科学发展观，按照省委、省政府关于"面上推开、点上突破、融合互动"的工作思路，立足全省区域发展新格局，面向国际国内区域发展新趋势，定位黄三角发展方向和路径。

1. 在发展方向上。

加快工作指导转变，牢牢把握新一轮转型发展要求，深化重点领域和关键环节改革，全面实施创新发展战略，突出高效生态，以重点项目为依托，着眼于三产融合、产学研结合，打造具有典型生态系统特征的节约集约经济发展模式，形成由清洁生产企业组成的循环经济产业体系，培育壮大优势产业集群，努力推动黄三角地区建设在新起点上取得新成效、实现新跨越。

2. 在实现路径上。

更加注重规划和政策引导，以重大项目为抓手，重大基础设施建设为引领，协调推

进环渤海高等级公路、四大港口和临港产业区、特色产业园区建设，扩大与"一路一带"国家的对外经贸往来，进一步促进与长三角经济带生产要素的流动，着力推进京津冀产业承接、科技成果转化、优质农产品供应、劳动力输送等基地建设，打造京津冀南部生态屏障。

3. 在工作方法上。

运用好黄三角党政联席会议机制，协调解决跨区域联合协作和共同发展的重大问题，在更高层次上推进各区域联动发展、错位发展。

（二）目标任务

结合黄三角发展实际，注重与《黄河三角洲高效生态经济区发展规划》的有效衔接，2015 年黄三角将实现以下目标。

1. 综合经济实力明显提升。

基本形成经济社会发展与资源环境承载能力相适应的高效生态经济发展新模式。地区生产总值达到 9 300 亿元左右，人均地区生产总值超过 90 000 元，力争比 2008 年翻一番，财政收入达到 450 亿元。

2. 环境保护和生态建设得到加强。

生态环境不断改善，节能减排成效显著。自然保护区、草地保护区、水源地保护区和海岸线自然保护带等各类生态功能区得到严格保护，核心保护区面积达到 550 万亩，主要污染物排放量削减达到 20%，城市污水集中处理率达到 80%，草地覆盖率达到 85% 以上，林木覆盖率达到 25%，水土流失治理率达到 80%。

3. 经济结构明显优化。

产业结构进一步优化，循环经济体系基本形成。以生态农业为基础、现代先进制造业为主体、现代服务业为支撑的产业协调发展新格局基本形成，三次产业比重调整为 10：50：40，高技术和战略性新兴产业占工业比重达到 35% 以上。

4. 基础设施建设初步完善。

基础设施趋于完善，水资源保障能力和利用效率明显提高。港口综合服务功能明显提升，货物吞吐能力达到 8 000 万吨以上；铁路新增里程 457 公里，营业里程达到 1 271 公里；高速公路通车里程达到 730 公里以上。初步构建起高标准的防洪减灾体系，新建防潮 400 公里，改造加固防潮堤 400 公里；治理各类河道 76 条；新建平原水库 21 座，加固、改造平原水库 48 座，区域平原水库总库容达 17.8 亿立方米；完成南水北调和胶东调水续建配套工程建设；新增供水能力 10 亿立方米以上，总供能力达到 40 亿立方米。电力装机容量达到 2 000 万千瓦。

5. 资源开发和利用取得重大突破。

未利用地开发新机制基本形成，治理荒碱涝洼地 100 万亩，改造中低产田 300 万亩，以灌区续建配套与节水改造为重点，发展节水灌溉面积 250 万亩，拓展建设用地新空间 100 万亩左右。资源综合利用水平显著提升，单位地区生产总值能耗下降 22%，万元工业增加值用水量降低 20%，工业固体废弃物综合利用率达到 95%，农业灌溉水有效利用系数达到 0.57，工业用水重复利用率达到 90%，再生水回用率达到 80%。

6. 自主创新能力显著提高。

有效整合区域科技资源，凝聚创新要素，集中突破一批重大共性关键技术，开发一批具有自主知识产权的技术和产品。自主研发经费占 GDP 比重达到 2% 以上，科技进步对经济增长贡献率达到 50% 以上。

7. 城乡统筹发展水平全面提升。

人民生活质量大幅提升，城乡居民收入增长与经济增长基本保持同步，城镇居民人均可支配收入达到 30 000 元，农民人均纯收入达到 12 500 元，达到上中等国家收入水平。东营、滨州城市规模进一步扩大，2015 年两市城市人口分别达到 80 万人和 65 万人左右。城镇建设和社会主义新农村建设步伐不断加快，城镇化率提高到 54% 以上。

三、2015 年开展的重点工作

具体工作中，将紧紧围绕"两区"《规划》确定的目标任务，立足"两区"产业发展现状、成长空间及科技支撑能力，坚持"优化布局、提升层次，集中突破"的原则，突出重点，抓好"五个重点"，实现"五个加快"，更加凸显示范引领带动作用。

（一）培植农业龙头为重点，加快发展高效生态农业

坚持创建全国重要的高效生态农业示范区目标，按照规模化、标准化、生态化、产业化、品牌化的要求，继续建设绿色生态种植业基地和健康养殖业基地，重点培育种植、畜牧、水产三大龙头产业集群。力争 2015 年，粮食总产量达到 800 万吨、畜产品250 万吨、水产品 200 万吨、蔬菜 1 000 万吨，销售收入过亿元的龙头企业达到 300 家。

（二）以提升科技创新能力为重点，加快工业转型升级

以促进创新要素集聚、加快科技成果转化为目标，进一步加大科技创新投入，完善科技创新体系，强化企业技术创新能力，不断加快黄三角传统产业的改造升级步伐，增强发展战略性新兴产业的创新驱动能力。在石油装备制造、汽车零部件制造、轻工纺织、盐化工等主要传统产业中，再选择 60～70 家重点企业进行培育，加大自主创新能力，实现工艺和产品的优化升级，提升发展层次；在新能源、现代装备制造、生物育种等新兴产业中，突破核心关键技术，集中力量培育壮大，使其尽早成为先导产业和支柱产业。力争 2015 年，产值过 10 亿元的企业接近 300 家，主营业务收入过 100 亿元的企业达到 20 家，其中能有 2～3 家产业集中度达到 65% 以上。特别是，黄三角石油装备制造业实现产值 1 500 亿元，工业增加值 400 亿元，利税 160 亿元，出口额达到 50 亿美元以上，努力打造全国最大、世界知名的石油装备制造产业基地；支持中海油海化集团石化盐化一体化等大型项目，建设中国北方最具规模的石化盐化一体化生产基地。

（三）以生态旅游业开发为重点，加快发展现代服务业

突出"神奇黄河口、生态大湿地"等主题，以市场需求为导向，以产品开发为中心，实施精品带动战略，着力打造黄河口、历史文化与生态农业、民俗文化与滨海度假等重点旅游区，建设沿海生态休闲度假、沿黄生态观光等多条旅游带。将黄三角发展成休闲旅游设施完善、生态环境优美、旅游产品丰富的生态旅游目的地。2015 年，年游客接待量突破 60 万人次，旅游收入达到 5 400 万元。

（四）以未利用地开发为重点，加快特色园区建设

进一步加大黄三角未利用地开发力度，力争新增开发面积 20 万亩；继续推进东营、滨州未利用地开发综合管理改革试点，切实运营好省级土地指标交易市场和土地抵押融资债券市场，开展好耕地异地占补平衡指标公开、竞价交易；研究制定"飞地经济"工作指导意见，开展滨州北海新区发展"飞地经济"。继续加快四大临港产业区建设；选择一批产业集聚度高、带动能力强、综合治理效益好的特色示范园区，在基础设施、产业政策和资金安排上给予优惠和倾斜，促进园区转型升级，引导优势产业和新建项目向特色园区集聚发展。2015 年，争取黄三角四大临港产业区新增进驻企业 300 多家，总数达到 1 600 多家，新增产值 400 亿元，实现产值 3 400 亿元；再集中培育各类特色园区 100 多个，包括 30 多个高效生态农业示范园、60 多个特色工业园、10 多个现代服务业园区。

（五）以融合互动为重点，加快区域一体化进程

按照习近平总书记视察山东时提出的"各区域既要充分发挥优势和特色，又要做好功能互补、相互促进、协调发展的文章"要求，围绕省委、省政府"面上推开、点上突破、融合互动"的工作思路，加强省内四大板块之间的联动，形成区域联动升级协同效应，在经济发展空间格局优化中培育现实的新增长点。以基础设施共建共享、互通互联为抓手，着力搭建区域融合发展的基础框架；充分发挥市场在资源配置中的决定性作用，打破行政区划条块分割和地区封锁，以生产要素自由流动、合理配置为纽带，着力推动区域资源整合和统一开放、竞争有序的区域共同市场建设；以充分发挥区域比较优势为基础，着力形成定位准确、分工明晰的区域产业体系；以体制机制改革创新为突破，着力营造促进区域融合发展的良好环境，加快构筑空间紧密联合、资源高效整合、功能全面融合的区域发展新格局。主动对接国家"一带一路"建设、京津冀协同发展、长江经济带建设三大战略，积极融入环渤海发展规划，加强与长三角、珠三角等融合互动，主动争取首都功能调整中的资源转移和机构搬迁。实行更加积极的区域开发开放战略，在更高层次上推进内外区域联动发展、错位发展，努力塑造开放型经济发展的新优势。

同时要以自然生态保护、生态建设、环境保护、资源集约节约利用为重点，加强生

态建设和环境保护；以港口、铁路、公路、机场、水利设施、能源设施为重点，加快重大基础设施建设；以努力培育壮大特色支柱产业、推动以城带乡以工促农为重点，加快县域经济发展；以推动区域一体化发展、加强对接融合、提高对外开放水平为重点，深化对内对外开放合作与融合；以加快构建现代城镇体系、推进社会主义新农村建设、完善民生保障体系为重点，统筹城乡发展新格局。

第三节　对策建议

深入推进黄三角建设工作，必须主动适应国内外发展环境深刻变化，科学认识、准确把握经济发展新常态，更高视野、更宽领域重新审视谋划黄三角战略定位、发展方向和实现路径，紧紧围绕新一轮转型发展要求，始终坚持改革创新，主动谋划新思路，积极开展新工作，不断突破制约发展的瓶颈，继续以推进国家战略规划为重点，以研究制定发展政策为抓手，打造区域发展新亮点，发挥好黄三角在山东省区域经济发展中的示范引领作用，促进全省区域战略实施取得更大的成效。

一、持续放大引领效应，确保规划任务顺利完成

黄三角规划是山东省两大国家区域战略规划之一，其顺利实施是一项事关大局的战略任务。适应新形势、新要求，加大政策措施力度，确保如期完成《规划》确定的任务目标。

（一）继续做好政策事项的落实工作

针对《规划》赋予的一系列扶持政策和重大事项，按照山东省委、省政府《实施意见》确定的任务分工及时限要求，建立工作台账，实行销号管理，动态监测分析政策落实和项目进展情况。已经落实的，评估实施效果，适时向全省推开；尚未落实的，研究制定配套政策和实施细则，积极向国家有关部委汇报争取，最大限度地发挥各类政策的集成放大效应，真正把政策优势转化为发展优势。在落实好现有规划的同时，抢抓《环渤海地区合作发展纲要》即将发布实施机遇，超前谋划，提前与国家主管部门沟通对接，做到重大政策一经出台马上跟进。

（二）重视强化工作考核监督

加强《规划》实施情况的考核工作，认真总结各年度绩效评价考核和检查推进工作经验，在修改完善已有绩效评价及考核暂行办法的基础上，研究制定全省区域考核办法，科学设置考核指标，强化考核结果运用，形成激励约束机制。同时，强化跟踪评价与督促检查，创新方式方法，把平时督查和年终考核、面上调度和重点检查等结合起

来，建立定期通报制度，将日常工作和督促检查情况纳入年度考核范围，形成明确的发展导向。建议将区域发展战略实施情况纳入全省科学发展综合考核，抓紧健全完善符合区域建设需要的统计指标体系。

（三）做好规划实施评估准备工作

2015 年是黄三角《规划》实施五年中期目标节点之年，也是开展《规划》评估工作之年。要按照国家要求，提前筹备谋划，积极做好前期准备工作，有针对性地开展相关工作，对照梳理《规划》提出的任务目标、重大项目及重大事项，检查完成情况，进行政策汇编，总结典型经验，为规划评估工作的顺利开展奠定基础。

二、强化改革动力作用，消除制约发展体制障碍

改革创新是推动区域建设不断实现新跨越的根本动力。紧紧围绕加快转型升级，按照党的十八届三中全会精神、习近平总书记对山东发展的新要求，因地制宜，坚持顶层设计和基层首创相结合，继续推进各类综合配套改革试点，完善配套措施，使改革新红利转化为发展新动力。

（一）加快完善现代市场体系

推进政府职能转变，发挥市场配置资源的决定性作用。积极推进政府权力清单制度，加快建立行政审批事项目录清单、权力清单、责任清单、市场准入负面清单及政府服务平台的，"四张清单、一个平台"权力运行体系，加快构建统一的商品市场、服务市场和要素市场，实现生产要素的自由流动和合理配置。建立公平开放透明的市场规则，推进工商注册制度和贸易流通制度改革，消除各种隐形壁垒，打破垄断格局、降低行业门槛、放宽市场准入。继续取消下放行政审批事项，最大限度缩小投资项目审批、核准权限，简化审批环节和程序，提高行政效率，同时加强事中、事后监管，努力营造国内领先的营商环境。扩大县（市）、经济强镇经济管理权限，进一步激活县域经济发展活力；创新各类园区的管理体制，进一步增强载体支撑能力。健全社会征信系统，实行统一的市场监管。

（二）深化财税体制改革

贯彻落实《国务院关于深化预算管理制度改革的决定》（国发〔2014〕45 号），实施全面规范、公开透明的预算制度，推进预算绩效管理，加快形成"花钱必问效、无效必问责"机制。扩大"营改增"试点范围，推进消费税、资源税改革，加快环境保护税等立法进程，继续降低小微企业税费。完善省财政直管县体制，规范财政转移支付制度，建立健全事权和支出责任相适应的财政体制。

（三）深化金融体制改革

坚持政府引导、市场运作、企业为主的原则，运营好黄三角产业投资基金，探索政府资金与社会资本的合作模式，鼓励推广 PPP 等新型融资方式，依靠市场筹措建设资金，大力吸引多元投资主体参与建设。加大吸引金融机构落户力度，鼓励银行、证券、期货、保险、信托等全国性金融机构到区内新设、增设分支机构和区域总部或功能总部。加快推进齐鲁银行、恒丰银行等省属金融机构网点建设，探索组建服务黄三角发展的大型金融集团。深化农村信用社改革，积极发展村镇银行、小额贷款公司等新型金融组织。加快推进融资产品与服务方式创新，充分发挥金融市场、金融工具的融资功能，扩大直接融资规模，促进短融、中票、融资租赁、企业债券等对黄三角经济的支持作用。运用好国际金融合作平台，争取世界银行、亚洲开发银行等国际金融组织和外国政府的优惠贷款，侧重投向基础设施、特色产业和生态环保等领域。

三、把握高效生态主线，持续推动转型升级步伐

新常态下，区域核心竞争力提升的关键是转型发展，提质增效。依托黄三角地区现有优势，强化示范引领作用，继续实施重点突破，集群发展，抓好重点区域、重点产业、重点项目，进一步完善产业布局，优化产业结构，推进产业转型升级，着力提高产业的核心竞争力，推动实现高端高质高效发展。

（一）继续提升优化产业结构

找准突破口和着力点，按照品牌化做优第一产业，高端化推进第二产业，规模化拓展第三产业的原则，持续打造具有典型生态系统特征的节约集约经济发展模式，统筹规划与合理调整产业结构，夯实以高效生态农业为基础、环境友好型工业为重点、现代服务业为支撑的较高水平、较强竞争力的高效生态产业体系。

农业。坚持高效、生态、创新的原则，以建设全国重要的高效生态现代农业示范区为目标，依托现代农业高科技，发展精致农业，推动现代农业集约化、规模化、标准化发展。打造从种养、加工到销售的完整产业链，促进农工贸一体化、产供销"一条龙"发展，推动循环种养、生态养殖和绿色能源建设有机结合。支持壮大农业龙头企业，带动形成畜牧、水产、蔬菜、林果和粮棉加工等企业集群，拉长农业产业链条，提高农产品附加值。

工业。传统产业，推进信息化与工业化融合发展，实现工业和产品优化升级，依托油盐化工、纺织服装、造纸等传统优势产业，建成全国重要的产业基地；战略性新兴产业，紧跟世界前沿技术，立足发展基础，选择新能源、现代装备制造、生物育种、新材料、新信息和生物医药等领域为突破口，集中力量培育壮大，尽早成为先导产业和支柱产业。

服务业。以建成全省服务业发展的重要增长极为目标，拓宽服务领域、打造服务品牌，加快培育服务业发展载体，大力发展物流、旅游、金融保险、商务服务及文化产业。

（二）抓好重点项目建设

围绕重点产业，每年选择一些高效生态产业项目，纳入年度重点项目名录。加大项目储备力度，按照"开工建设一批、筛选储备一批"的原则，筛选一批投资规模大、产业层次高、市场前景好的重大项目，调整充实重大项目储备库，为区域持续快速发展提供有力支撑，努力形成以项目促产业、以产业聚项目的良好局面。抓好重点企业集团培育，在资金、用地等方面加大对骨干企业的扶持力度，推动大企业集团通过联合并购等方式做大做强，形成抓大、培小、扶中的企业培育格局。

（三）推动产业集聚发展

高标准规划建设。借鉴中新苏州工业园区、上海青浦工业园区建设经验，创新园区建设管理体制，推进土地集约、企业集中、产业集群。突出产业特色，明确发展定位，强化规划和政策引导，推动重大产业项目向园区集中建设，重点企业向园区集中布局，各类要素向园区集中配置，在打造特色中树立品牌、彰显优势。突出抓好项目集聚，围绕园区主导产业，培育一批能够支撑产业发展的骨干项目，发挥龙头带动作用；围绕增强协作配套能力，建设一批与主导产业关联性大的项目；围绕拉长产业链条，引进一批向上下游产品延伸的产业项目。突出抓好园区基础设施的配套完善，加快推进园区水电、交通、环保等基础设施建设，健全文化教育、信息、仓储物流等公共服务设施，以良好的软硬件环境吸引项目落地。突出抓好园区科技支撑能力建设，加快公共科技创新平台和企业工程技术研究中心建设。优化创业创新环境，吸引高科技人才向园区集聚，增强产业集聚发展的竞争力。

按照规划确定的四大临港产业区发展定位，结合最新发展趋势，不断挖掘潜力，深入推进建设，打造发展新亮点。推行"园中园"和"一区多园"模式，继续培育一批高效生态特色产业园，以培育优势特色产业集群为目标，打破行政区划界限，引导县域工业和招商引资项目分门别类向开发区集中，壮大产业规模，完善产业链条，形成特色突出、优势明显、相互关联、配套发展的产业链条或产业集群。

四、创新土地管理体制机制，科学有序高效推进未利用地开发

用好国家赋予黄三角地区的土地倾斜政策，依照依法、科学、有序的原则，大胆探索、改革创新、先行先试，创新土地管理和开发利用方式，积极探索未利用地开发管理新模式，推进土地集约节约利用。

（一）探索建立城乡统一的土地交易市场

组建土地指标交易管理机构，设立土地指标交易有形市场，提供交易场所、发布交易信息、代理交易行为。跨县（市、区）易地补充耕地指标和调剂建设用地指标，必须通过省土地指标交易市场进行公开竞价交易。改革新增建设用地指标分配制度，逐步建立市级土地指标统筹使用和跨市域土地指标统筹使用制度。建立土地抵押融资市场，以开发形成的农用地和建设用地使用权作为抵押，公开发行债券，筹集建设资金。

（二）设立未利用地开发管理改革实验区

在实验区内划定建设占用未利用地备用区，进一步简化未利用地转为建设用地的审批手续，在省政府下达的计划指标内利用未利用地进行建设的，实行"先行使用，年底核销"。鼓励工业用地紧张的地区到备用区投资建设，发展"飞地经济"。对使用备用区内未利用地进行投资建设的市、县（市、区）或具备条件的大企业，鼓励进行成片开发。

（三）集约高效开发未利用地资源

完善耕地异地占补平衡制度，推进未利用地、滩涂集中连片开发力度。实行土地利用计划差别化管理，对重大建设项目特别是使用未利用地的建设项目，在安排用地计划时给予倾斜。严格执行国家城乡建设用地增减挂钩政策，通过农村建设用地整治安排区内建设项目用地，推进集体建设用地使用权流转试点。积极推动填海海域使用权证与土地使用权证的换发试点工作。

五、加强自主创新体系建设，增强科技创新能力

科技引领，创新集聚，是发展区域经济的不竭动力。把握国内外最新科技发展趋势，以产业发展为导向，大力实施创新驱动发展战略，强化科技创新资源整合，着力完善以企业为主体的产学研协同创新机制，构建区域性的科技资源共享平台、公共技术开发平台和科技成果交流平台，打造科技创新战略联盟，逐步形成研发互动、成果共享、转化有序的格局。

（一）健全科技服务体系

做大做强一批创新龙头企业，建立"企业出题、先行投入、协同攻关、市场验收、政府补助"的科研项目形成和支持机制，支持骨干企业建立高水平研发机构，鼓励企业加大先进技术收购引进、消化吸收和再创新。大力支持民营企业和中小企业的创新活动，推动各类技术创新机构和科研机构向企业开放，为中小企业新产品研发、提供技术支持。健全基层农技推广服务体系，提升农技人员的服务能力和水平，大力实施新型职

业农民培育工程，打造一支有文化、懂技术、会经营的新型职业农民队伍。

（二）加快科技成果转化

以重点行业关键技术、核心技术、共性技术和重大创新产品为突破口，整合高校、企业、科研机构的研发资源，建立健全产学研合作机制，引导科研院所和高等院校以委托开发、联合研发等形式进入企业，参与企业的技术改造和科技研发。鼓励建立以企业为主体的产学研联盟，加强行业重大技术和关键共性技术联合攻关，增强原始创新、集成创新和引进消化吸收再创新能力。支持企业建设省级以上工程（技术）研究中心和重点实验室，提高自主创新和科技成果转化能力。围绕新信息、新医药、新材料、新能源等领域，实施高技术产业化重大专项，集中组织实施一批高技术重大科技成果产业化示范项目建设。

（三）加强人才队伍建设

统筹推进人才培养工程，继续实施好"千人计划"、泰山学者领军人才团队支撑计划，同时推出新的人才工程。大力发展职业教育，着力培养造就大批优秀高技能人才，重点围绕主导产业和特色产业，大力培养急需的高技能人才，为区域发展提供人才支撑。大力发展职业教育，着力培养造就大批优秀高技能人才，重点围绕主导产业和特色产业，大力培养急需的高技能人才，为区域发展提供人才支撑。

六、打造现代综合交通运输网络，推动区域融合互动发展

积极对接山东省新近出台的首部综合交通网中长期规划《山东省综合交通网中长期发展规划》，着眼融入全省，乃至全国区域发展大格局，推动以综合交通为重点的重大基础设施互联互通，促进要素资源在更大范围内合理流动、高效配置。应围绕区域一体化，统筹规划区内港口、铁路、公路、航空等交通基础设施建设，充分发挥各种运输方式的优势，扩大规模，完善网络，整合资源，优化结构，加快构建功能明确、分工合理、衔接顺畅、服务高效的综合交通运输体系。

（一）港口建设方面

应高度重视港口资源整合，将黄三角地区港口群与蓝色经济区港口发展一并考虑，形成以青岛港为核心，烟台港、日照港为骨干，威海港、潍坊港、东营港、滨州港、莱州港为支撑的东北亚国际航运综合枢纽。加强深水泊位、航道、防波堤等公用基础设施及大型化、专业化码头建设，完善港口服务功能，提高吞吐能力，加快培植具有国际竞争力的大型港口集团。加强港口与铁路、公路的连接，构建港口快速集疏运体系，推进与周边港口的合作对接，拓展内陆腹地。

（二）铁路建设方面

依托山东省铁路主骨架，扩大路网规模，完善路网结构，提高路网质量，加快建设山西中南部铁路通道山东段、德龙烟、黄大等重点铁路工程，配套建设相关支线和疏港铁路，打通环海、省际铁路大通道，提高对外通达能力。加快现有铁路扩能改造，推进铁路站点和货场的建设升级，提高技术等级和装备水平。

（三）公路建设方面

围绕实现北与京津冀、天津滨海新区，南与江苏沿海地区、长三角，西与省会城市群经济圈及西部隆起带等的互联互通，加快高速公路建设和普通路网升级改造，推进滨海高等级公路、东营—滨州—济南高速公路、东营港广利港区疏港公路等工程，建设潍坊、东营等公路运输枢纽，形成干支相连、快速便捷的公路网络。

（四）综合枢纽建设方面

整合现有交通资源，强化各种运输方式的无缝对接、配套和功能分工，发挥组合效应和整体优势，建设潍坊、东营等省级交通运输枢纽，滨州地区级交通运输枢纽，实现区域和城乡客运一体化、货运物流化。积极开展渤海海峡跨海通道研究论证工作。

七、大力推进生态环保建设，打造生态文明示范区域

生态文明、绿色发展，是区域经济科学发展的长远之计。自觉树立尊重自然、顺应自然、保护自然的生态文明理念，把生态文明建设放在区域发展的突出地位，融入区域经济发展各方面和全过程。

（一）加强生态建设

大力实施生态修复与治理工程，扎实推进区域性生态补偿试点，着力推进绿色发展、循环发展、低碳发展。实施防护林和生态林建设工程，搞好农田林网、陆域林网、水系林网建设，突出抓好沿海、沿河、沿湖、沿路生态防护林和村镇绿化，构建生态廊道网络，形成城乡一体的绿化体系。加强对河流源头、沿岸水源涵养区、水库库区以及黄河、小清河等重要河流水源地保护区的强制性保护，加快实施流域综合治理，严禁发展有污染的企业。

（二）强化环境保护

严格执行环境保护标准和污染物排放控制制度，严格控制污染项目引进和"两高一低"行业扩张。落实海河流域、小清河流域和半岛流域水污染物综合排放标准，组织开展沿途企业治理，确保工业污染源达标排放。实施水污染治理、海咸水入侵治理、大气

治理三大工程，搞好黄河、南水北调东线工程和小清河流域水污染治理。深入开展农村环境综合整治，加大集中式水源地保护力度，提高农村饮用水质量和自来水普及率，确保饮水安全。加快农村生活污染治理，有条件的小城镇和规模较大村庄应建设污水处理设施。积极防治农业面源污染，广泛使用高效、低毒、低残留农药和生物农药。突出抓好秸秆收集储运体系和秸秆肥料化、饲料化、能源化、原料化利用，使秸秆综合利用率达到90%以上。

（三）加强资源集约节约利用

推广节地、节水、节能，加强资源综合利用，全面推行节约型发展方式，大幅提高资源利用效率。严格保护耕地，重点开发荒滩盐碱地，有效保护湿地，推动集约化利用、规模化经营；大力推进节水型社会建设，城市强制推行节水设备和器具，高耗水企业强制实施节水技术改造并严禁新上高耗水项目，农村大力发展节水农业，建设节水灌溉示范区和引黄灌区。加强对矿产资源勘查、开发的监督管理，提高矿业权准入门槛，合理开发石油、天然气、黄金、地下水、卤水、铜矿和岩盐等矿产资源，提高矿产开发集约化规模化水平；实施热电联产和热电冷联产工程，电力、交通运输等节油工程，燃料乙醇等石油接续替代品生产，石化企业系统能量优化，节能建筑材料、高效节能照明及节水系统推广等重点节能工程。大力发展循环经济，抓好东营、滨州、潍坊和莱州建设国家级循环经济试点城市工作。

八、顺应一体发展大势，推进区域对内融合对外开放合作

融合发展、一体化是区域经济发展的大势所趋。顺应区域发展的客观规律，用全球视野，战略眼光，在全面准确把握全区发展基础和比较优势的基础上，立足全省，面向全国，放眼全球，推动实现更大范围、更宽领域的融合发展。

（一）统筹全省区域协调发展

加强本区域各地区的合作，重点加强在基础设施、环境保护、资源开发利用、人才使用等领域的合作交流，推进一体化发展。山东省四大板块各具特色，在产业结构上差异互补性较强，融合互动发展既有良好的基础，又孕育着巨大潜力。借鉴长三角、珠三角区域融合发展经验，着眼统筹全省区域协调发展，加强与省内其他区域板块的对接，围绕形成优势互补、错位竞争、联动发展、融合发展、一体化发展，探索建立融合发展体制机制、法制保障，推动生产要素合理流动和优化配置，统筹培育优势产业，建立富有本地特色的产业体系，形成区域联动升级协同效应和整体合力。发挥好区域党政联席会议作用，建立市场主导的发展联盟，以利益共享为目标，以产业链为纽带，以园区为载体，"腾笼换鸟"与"筑巢引凤"并举，促进各大板块县域经济、镇域经济、民营经济等全方位对接合作，推动区域产业融合纵深化发展，在区域良性互动、协同发展中实现更好发展。

（二）加强国内区域合作

促进区域合作与交流，研究建立与外省市的联动发展机制，加强与周边地区和内陆腹地之间的联系，学习借鉴兄弟省市的成功经验，积极推进外向联动发展。主动对接环渤海发展规划，重点加强与京津冀、长三角、珠三角、江苏沿海地区等的联系与交流，找准自身定位，开拓发展空间。加强区域间发展规划、产业结构、基础设施、科技人才、生态建设和环境保护以及优惠政策等的合作交流。鼓励省外发达地区、大型企业集团到黄三角地区投资建设、共建开发园区。促进区域合作组织成员间高层互访，深化与港澳台地区的经贸合作，采取多种形式，为企业寻求合作搭建平台。

（三）加快对外开放步伐

实行"引进来"、"走出去"并举的开放战略，努力塑造开放型经济发展新优势。抓住国际产业和资本加快转移的有利时机，充分发挥土地资源丰富、区位条件优越、产业基础良好等优势，发挥临港产业区、经济开发区、高新技术开发区的载体作用，创新利用外资方式，扩大利用外资规模，重点引进一批产业龙头项目。加快推进外贸发展方式转变，优化外贸结构，培育一批优势出口产业集群。大力实施走出去战略，主动对接国家"一带一路"战略，鼓励和引导优势企业跨国经营和海外并购，建立境外生产基地、研发中心、贸易园区和营销网络；扶持有实力的大企业到境外开发战略资源；支持企业开展国际工程承包；优化外派劳务人员结构。

第四节　亮点荟萃

黄三角发展战略的推进实施，恰逢山东经济社会发展转型之时，是山东乃至全国统筹区域协调发展的重要探索和实践，也是区域科学发展理念的创新和升华。黄三角各市、县（市、区）紧扣科学发展时代主题，抓住国家层面《黄河三角洲高效生态经济区发展规划》实施机遇，把握山东省大力实施重点区域带动战略契机，充分释放区域政策叠加红利，结合实际，突出特色，科学规划合理布局，找准突破口，真抓实干，探索形成了许多好的经验、优的模式，各领域亮点频现，值得学习，应该推广。

一、产业发展转型升级——构筑黄三角跨越发展新优势

（一）工业方面

1. 东营市科技创新助推国内一流石油装备产业基地建设。

东营市是全国最大的石油装备制造业基地，被授予"中国石油装备城市"称号。

坚持"高端化、集群化、创新型"的发展方向，积极推进石油装备产业壮大规模、提档升级，努力向建设全国乃至全球重要高端石油装备产业核心区目标迈进。

一是快速膨胀产业规模。每年滚动实施高端石油装备产业大项目好项目，项目兼顾从油气勘探开发到集输处理、从陆地装备到海洋装备的完整石油装备产业链，同时集中优势资源推动项目建设，有效带动了石油装备产业快速发展。目前东营市拥有石油装备制造企业1 200多家，规模以上企业110多家，主营业务收入占全国的1/3，产品已发展到37个系列1 500多个品种，崛起成为石油装备制造的聚集区。先后被国家、山东省授予中国石油装备制造业基地、国家"火炬计划"石油装备特色产业基地、山东省油田钻采技术及装备特色产业基地、山东省高端装备制造页岩气装备产业基地等称号。

二是提升集聚发展水平。合理布局，链条发展，构建形成两大产业板块、四个产业集聚区。以东营经济技术开发区为主的东部板块，加强技术研发，打造国际化高端石油装备产业集聚区。以胜利经济开发区为主的西部板块，突出石油装备交易、技术信息等服务功能，建设石油装备产业核心功能区。同时，以垦利经济开发区、河口经济开发区为依托，发展石油机械配套产业，主导产品主要部件本地配套率在50%以上。目前，60%以上的规模以上石油装备企业集中在四个园区，完成产值占全市总量的94.8%。东营开发区、胜利开发区和垦利开发区已被认定为省级高端装备制造石油装备产业示范园区；胜利开发区还被认定为国家新型工业化石油装备产业示范基地。

三是加快培育骨干企业。推进企业改革步伐，鼓励企业强强联合，企业规模不断壮大，竞争力快速提升。2013年，主营业务收入过亿元的石油装备企业75户，产值占到全部规模以上石油装备企业的98%。胜利高原是国内单体规模最大的石油装备制造企业，拥有世界上第二条连续抽油杆生产线；科瑞集团9 000米超深钻机、天然气压缩机、水下生产系统填补了国内空白；孚瑞特拥有国内首条国际一流水平的N80钢级套管生产线，是国际石油巨头壳牌公司的物资装备供应商，是中国石化集团石油装备和油田特种车辆改装基地。

四是创新能力不断增强。出台鼓励支持政策，奖励认定各级各类研发机构，引导企业加大投入，加快技术创新体系建设。已建成各级各类工程技术研究中心、企业技术中心、院士博士后科研工作站等50余家。"十一五"规划以来，累计实施市级以上科技创新项目180多项，取得科技成果、专利870项。20余种产品和技术达到国际领先水平，21个产品被认定为省重点领域首台（套）技术装备产品。胜利高原建有全国唯一的采油装备工程技术研究中心，共获得国家专利163件，主持参与制修订国家/行业标准15项，皮带抽油机、大型压裂机组等产品打破了国外企业垄断。科瑞集团在美国、加拿大、新加坡等国家成立了11个技术研发中心，与全球40多个国家石油部、220多家国际石油公司建立了合作关系。

五是实施外向发展战略。调整产业发展格局，由发展单一石油装备制造产业，向装备制造、技术服务和工程总承包三大产业协调发展转变，增强"引进来"、"走出去"竞争新优势。与休斯敦签署了能源双边合作协议，建立能源产业高层企业家联盟，哈里伯顿、日本丸红、美国BJ等十余家世界知名企业到东营市开展投资和技术、贸易合作。科瑞集团、高原公司等重点企业在包括美国、加拿大、俄罗斯、印度尼西亚等在内的几十个国家和地区开设分公司，建立研发中心、生产基地，相对完善的全球化营销和服务网络基本形成。目前，东营市石油装备企业已在海外注册分、子公司57家，业务范围覆盖110多个国家和地区；出口国家和地区达到124个。

2. 东营市广饶县加快产业集群化发展打造县域经济新高地。

广饶县重点培育形成了橡胶轮胎、汽车配件及机电、造纸、纺织等5大主导产业集群，产业产值占工业总产值达91.5%，打造了两大千亿产业集群。先后创建了全球最大新闻纸生产基地，全国重要橡胶子午胎生产基地、国家级出口轮胎质量安全示范区、全国最大的摩擦材料研发制造基地、国家汽车零部件出口基地，中国棉纺织名城。

一是坚持打造链条，产业规模不断扩大。坚持以项目促调整、以增量促优化，支持企业围绕行业前沿、尖端技术逐年论证、储备、实施一批重点产业项目，重点扶持具有先进技术、有利于产业集群发展的大项目、好项目，引导企业促进上下游分工协作，拉长变粗产业链条，培育壮大产业集群。围绕五大主导产业，近4年多来，共确定实施了黄蓝重点推进项目279个，总投资1 975亿元，其中投资过百亿元的5个、过10亿元的82个，累计完成投资897亿元。

二是坚持优势培育，产业核心竞争力不断增强。积极实施大企业发展战略，每年动态评定"30强"企业，分产业筛选一批销售收入过百亿元、几百亿元的企业，实行"一企一策"重点扶持，支持企业做大做强，培育形成规模大、带动能力强的龙头企业。全县规模以上企业达到267家，其中，销售收入过百亿元企业10家，中国企业500强企业5家，中国制造业500强企业9家，全球轮胎75强企业4家，中国棉纺织百强企业2家，中国纺织服装企业竞争力500强企业3家。

三是坚持优化布局，产业集群效应日益明显。整合提升现有开发区及滨海新区，培育建立特色产业园区，目前各类园区进驻企业1 225家，集群效应明显增强。园区内，汽车配件及机电产业占全县主营业务收入的85.3%，形成了"橡胶轮胎—汽车配件—工程车、特种车组装"的产业体系；橡胶轮胎产业产能占山东省的40%，约占全国的25%，先后被认定为国家"火炬计划"特色产业基地、全省首批中小企业产业集群；纺织业重点企业占整个纺织行业的比重为76%，创建为全国纺织产业集群试点地区；生态造纸业形成了既有原料基地、能源供应，又有终端产品输出的完整链条，新闻纸200万吨，占全国的1/3。

3. 德州市庆云县全面对接央企名企推动产业优化升级。

近年来，庆云县以"对接央企名企"为抓手，大力实施"突破工业"战略，按照"四种模式"，拓宽对接领域、扩大对接规模、提升对接层次，推动工业发展实现新突破。截至目前，已成功引进中国航天科技集团、中国船舶重工集团、北车集团等央企4家，SMC（中国）有限公司等国内外名企10家，在谈央企2家。庆云已成为德州市央企名企投资最为密集，与央企名企合作最为密切的县市之一。

一是以"平台吸引"模式引进央企名企，打好重点带动攻坚战。以我国江北首个"飞地经济"开发区——红云高新区，为构建现代产业体系的突破口，利用平台优势，积极承接京津冀产业转移，主动接受黄三角产业辐射，加快新材料、新能源、生物技术等产业的培植，全力建设"10亿元企业、100亿元产业、1000亿元园区"。目前，成功吸引齐耀新能源生物质综合利用、航天碳材料生产基地等一批过10亿元、50亿元的好项目落户。

二是以"集中推介"模式对接央企名企，打好项目引进攻坚战。（1）主办活动集中推介。通过举办重点项目投资合作推介会、合作交流促进会、投资合作恳谈会等大型招商活动，对一批科技含量高、经济效益优的项目进行集中推介，成功引进总投资60亿元的CIGS（铜铟镓硒）薄膜太阳能电池、总投资10.6亿元的辰睿重工等一批好项目。（2）参与活动专题推介。通过组织有关部门及重点企业参加经贸洽谈会等专项招商活动，印刷招商推介手册，对重点项目进行专题推介，加深了与客商的交流对接，促进了项目签约。（3）突出重点主动推介。将"世界500强"、"中国500强"和行业领军企业建档立册，按月筛选重点关注企业，以动态信息形式提供决策层，领导根据信息及时组织招商人员重点跟踪，认真开展上门招商、主动推介，坚定了一些央企名企来庆云投资的决心。

三是以"优势带动"模式嫁接央企名企，打好产业配套攻坚战。借助肉鸭特色优势产业资源优势，主动对接中国船舶重工集团上海711研究所，利用中澳集团养鸭尾物作为发电原料，投资建设了25亿元的齐耀新能源生物质利用循环经济示范园项目，该项目是目前国内唯一一个综合利用鸭尾物的项目，目前，已完成2兆瓦的发电装机。借助传茂热能科技有限公司国际领先的超导传热技术优势，积极引入北车集团，将传茂热能的高新技术与北车集团的资金、市场、管理、品牌等优势相对接，在LED灯系列产品、太阳能热利用、机车散热、模组、微热管、轨道交通等多个领域达成产业化合作，目前新型锅炉生产线正在建设，2015年将形成销售收入过百亿元的新材料装备制造产业园。借助地处环渤海，与京津地区历史渊源较深的人脉丰厚优势，先后聘请韩国DNS电子株式会社会长朴问钦先生为荣誉市民和政府招商顾问、聘请北京大学政府管理学院教授齐伍军先生为荣誉市民和政府经济顾问，进而吸引和带动了一大批战略投资者、科技创业实体入驻，成功引进投资12.6亿元的韩资万恒电子通信设备项目。借助全省最适宜建设光伏发电站的气候优势，与中广核集团、国电集团等达成发电新项目。

四是以"存量带增量"模式联手央企、名企，打好产业升级攻坚战。（1）鼎力集团与中国航天集团联合在庆云投资50亿元建设航天碳材料生产基地，前期合作良好，随后该集团决定投资100亿元合作建设中国航天新材料产业园，建成后，将成为亚洲一流的航天新材料产业化示范基地和终端产品研发中心。（2）已住庆云的英国嘉祥国际·传茂热能科技公司，与香港安信创新科技公司联合投资28亿元，建设以传热新材料技术为核心的传热新材料工业园，打造完整的传热技术应用产业链，成为庆云最有竞争力的战略性新兴产业。（3）庆云华泰橡胶有限公司，是中国轮胎翻新与循环利用协会常务理事单位，也是中国轮胎资源循环利用示范基地，利用技术引领优势，成功引进了的天津天宇轮胎再生胶项目。

4. 德州市、乐陵市狠抓产业集聚，夯实发展基础。

乐陵市立足产业特色化、集群化、高效化发展导向，围绕四大主导产业、三大先导产业，推动七大现代产业集群发展。目前，七大产业工业利税、利润贡献率达到90%以上。乐陵市先后被认定为全国第六家、全省第一家"国家级体育产业基地"，德州市首个"国家农业产业化示范基地"以及"中国建筑五金产业基地"；拥有省级高端装备制造业产业园区、省级新型工业化产业示范基地各两家；体育产业成为省级产业集群，五金机械装备制造、农副产品（食品）深加工产业成为德州市级产业集群。

一是加大工作推进力度。每个产业都有专门的产业发展小组，并构建了由分管市级领导、产业办公室主任、6个部门及企业、银行、科研机构组成的"8 + N"产业推进机制，每个产业都设立了1 000万元以上的产业发展基金。

二是全力提升四大主导产业。五金机械装备制造产业。依托金麒、国强等骨干企业，扩大规模、改造升级、引进大项目，加快园区建设，形成了汽车刹车片、汽车五金、汽车轮胎以及新能源汽车专用电机四大生产基地格局，纵向延伸了整个汽车装备制造业的链条。农副产品（食品）深加工产业。突出高效生态农业示范区建设，通过合作引进等方式，围绕金丝小枣、调味品、脱毒马铃薯、畜牧业等优势品质农业，建设了一批标准化示范区、高效生态品质农业基地。依托基地，与国内外大型企业合作开发加工项目，同时将普通食品加工向生物育种、生物提取等高端生物产业延伸，形成了循环农业链。体育产业。以做大做强泰山集团为切入点，以建设泰山高科技体育产业园为载体，加快体育新材料研发。目前，泰山集团成为全国行业内唯一拥有国家体育用品工程技术研究中心、国家认定企业技术中心"双中心"和国家级博士后科研工作站的企业。文化旅游商贸物流产业。通过引进与规划新建等方式，加快物流产业发展步伐。立足旅游资源，加大投资力度，规划启动大型文化旅游项目，建成了全国最大的金丝小枣博物馆，修建了10公里的"枣林生态观光路"，启动了枣乡红韵旅游区建设。目前，千年枣林被评为"4A"级旅游景区。

三是大力发展三大先导产业。绿色（循环）化工产业。规划了47平方公里的循环经济示范园，着重完善循环经济产业链条，同时为今后增链补链预留土地空间，目前，绿色循环化工产业拥有宇世巨、力拓、创源炭素等重点企业30多家，主要产品涉及能源化工、精细化工、生物化工等领域。节能环保产业，规划了以塑料、金属、电子器材等废旧物资回收无害化处理为主的再生资源综合利用产业园，引进了中国再生资源公司投资2亿元的鲁北再生资源综合利用工业园，新上温板、节能门窗及建筑一体化项目打造建筑材料工业园。科技金融产业，依托德州市金融超市永久性地址和区域金融服务区的设立，制定了打造区域金融服务中心的规划，设立了2个政府引导基金、1家过亿元的担保公司，2家民间资本管理公司和1个现金调剂中心揭牌运营，民生银行来乐陵设立服务部。五洲国际在香港间接上市，金麒麟、星光、希森、华乐、飞达、泰山等6家企业启动上市程序。银鹤、金釜、马克力德、双陵春等 6 家企业在股权交易所挂牌交易。

（二）农业

1. 高青县循环经济理念发展高效生态农业。

近年来，淄博市高青县以山东黑牛产业为龙头，依托"两园五基地"，在全县 70 多万亩耕地上，建立了标准化"粮食种植—健康养殖—绿色种植"的农业种养殖循环系统；推动了以山东黑牛为链接的三次产业融合发展。构建了生活、生产、生态有机循环回型产业链，走出了资源综合利用最大化、废弃物生物处理资源化新途径，形成了高青特色高效生态循环农业发展新模式。

一是利用生物技术推动种养殖业循环发展。（1）综合转化利用农作物秸秆。秸秆青贮可以直接为黑牛养殖提供优质粗饲料；玉米秸秆、玉米芯等可以作为种植杏鲍菇的原料，反过来杏鲍菇菌渣又是黑牛的优质蛋白饲料，两次转化实现粮食生产与畜牧健康养殖的有效链接与平衡发展。（2）转化利用牲畜粪便。黑牛等牲畜粪便可以养殖蚯蚓，提取的蚯蚓蚓激酶和优质蛋白质，可以生产医药和保健品，还可以作为牛的优质蛋白饲料；同时，蚯蚓、牲畜等粪便又可以通过微生物发酵，制成优质颗粒有机肥，大力发展各类绿色种植，实现了畜牧健康养殖到绿色种植的有效链接与平衡发展。目前，全县 80% 的瓜菜和 60% 以上的粮食达到标准化绿色种植，农产品的品质和安全大幅提升，成为山东省出口农产品安全示范区。

二是拉伸黑牛产业链条推动三次产业融合发展。在鼓励扶持黑牛养殖的同时，注重产业拓展，拉长黑牛产业链条。（1）注重精深加工。引进国内外先进技术设备，做大做强黑牛产品深加工，挖掘增值潜力。先后建成了 2 个年屠宰 6 万头规模的精细分割生产线及熟食品加工车间，提高了产品附加值，拓宽了产业发展渠道。（2）发展高档餐饮。依托黑牛品牌优势，在北京、济南等大都市设立了多家高档牛肉餐饮店，进一步提高山东黑牛品牌知名度的同时，也带动了冷链物流产业发展。（3）发展黑牛特色文化。深入挖掘黑牛特色文化，结合高青丰富自然生态资源、独特文化旅游资源，推动旅游产业发展。成功举办了中国（高青）黑牛节、中国黑牛产业发展高峰论坛、五彩农业博览会、田横食品厨艺大赛等大型系列活动。策划推出"风情周末"休闲旅游活动，"品国井、吃黑牛、泡温泉、亲吻黄河风情"成为高青旅游新亮点。全县建成休闲农业与乡村旅游点 10 余处、都市农业示范园 78 处。国井扳倒井文化旅游生态园荣获"淄博市十大美景"称号，高青县被评为"中国健康养生休闲旅游名县"。

三是聚集多方资源加快发展山东黑牛产业。为推进山东黑牛现代循环产业发展，建立了组织、政策、金融、监管、科技五大支持保障体系，成立了山东黑牛现代循环农业建设指挥部和山东黑牛现代循环农业示范园办公室，专门负责山东黑牛现代循环农业发展推进工作。把 10 万头山东黑牛产业化工程列入全县重大专项工作，每年用于扶持山东黑牛循环农业的资金达到 3 000 万元。依托山东黑牛繁育工程技术研究中心，建立高档肉牛产学研平台，举办省级以上山东黑牛发展高峰论坛或专题技术研讨会，建立健全了县、镇、村三级技术推广网络，全面加强对农民的技术培训和技术指导。引导辖内农业银行、农商行积极探索"活牛抵押贷款"模式，有力支持了黑牛产业化发展。截至目前，已累计发放活牛抵押贷款 7 220 万元，惠及农牧企业 2 家，养殖户 5 户。

2. 庆云县拉长产业链条走农业产业化之路。

青云县的农业产业化经营，拉长了产业链，推动了三次产业融合发展，一村一乡的特色经营，完善了农业布局，调整了农业结构。

一是坚持产业化经营。以肉鸭、小枣、蔬菜等特色产业为依托，以龙头带基地、基地连农户为途径，推动农业产业化。全县规模以上农业产业化龙头企业达到 41 家，其中农业产业化国家级重点龙头企业 2 家、省级 2 家、市级 8 家，标准化养殖小区达到 396 处，规模化、标准化养殖比重分别达到 79% 和 62%。中澳集团是我国仅有的两家熟制鸭肉制品出口欧盟的企业之一，形成了种鸭繁育、雏鸭孵化、肉鸭养殖、宰杀加工、熟食出口、羽绒制品、鸭粪发电的完整肉鸭产业链条，在国内首创的以"1235"为核心的"公司＋标准化农场＋农户"的订单养殖模式，被联合国评为扶贫开发案例。鼎力集团拥有山东省唯一的红枣工程研究中心，枣产品形成了从传统的枣制品到保健食品、再到化妆品的全国最长产业链条。鲁丰科技与香港李锦记集团成功合作，建成出口备案基地 4 200 亩，无公害果蔬生产基地 1.3 万亩。大力发展专业大户、家庭农场、合作经营，引导社会力量多渠道开发农业资源，全县完成土地流转 8.2 万亩，发展家庭农场 34 家，农民专业合作社 596 家，其中市级以上 26 家。

二是突出特色发展。按照"一乡一业、一村一品"的要求，不断调整农业产业结构，规划建设了万亩蔬菜片区、万亩花卉片区、万亩苗木片区和万亩水产畜牧片区，已初步形成优势突出、功能完善、布局合理的现代农业产业示范片区，张培元村被认定为全国一村一品示范村镇。

3. 滨州沿黄生态高效现代农业示范区迈出建设新步伐。

滨州市委、市政府多年来高度重视高效生态现代农业发展，以黄三角规划实施为契机，列入政府工作报告，出台系列文件，促进全市高效生态现代农业发展。截至目前，沿黄各县区共建成各类农产品生产基地 115 个、高效生态农业示范园区 30 个，认证农产品"三品一标"53 个，认定面积 48 万亩，高产创建示范面积达到 16 万亩，设施农业面积 9.8 万亩，良种覆盖率 100%，机械总动力达到 92.58 万千瓦。2013 年年底滨州沿黄生态高效现代农业示范区被省政府认定为省级现代农业示范区。

一是努力提高示范区现代农业整体水平。高标准编制《沿黄生态高效现代农业示范区建设总体规划》，大力发展优质绿色安全农产品种植业、高效循环设施农业、生态畜牧养殖业、休闲观光旅游农业和现代农业服务业，将示范区建设成以高效生态农业园区为支撑，以标准化生产基地为基础开放合作高效生态农业示范带。整合科研资源，加大农业科技创新投入，实施"农科对接"，加快科技成果转化和推广，示范区内先进种植技术，农产品质量安全物联网追溯系统等科技手段应用广泛，催生了一批科技含量较高的绿色生态种养殖基地。鼓励和支持基地、园区创建品牌、注册证明商标，积极认证绿色食品和有机农产品，力争在2015年前实现黄河沿岸的优势农产品全部按绿色食品或有机农产品标准进行生产，并通过质量认证，沿黄的15个乡镇（办）整建制建设成为绿色或有机农产品示范乡镇。

二是逐步完善示范区流通体系。多方式、多途径广开流通渠道，依托农民专业合作社、农业协会等，积极推行"农超对接"、"农校对接"、"农社对接"；支持合作社在公益性农贸市场和社区菜市场开设直销店；引导、扶持基地和园区与全国各地大型连锁商业企业、农产品批发市场、超市、专卖店实地对接；创建长期的让消费者安全信赖的高效生态优质农产品"直采"基地；建立健全黄河沿岸优质农产品从产地到销售终端的"全封闭式"流通体系和"冷链"系统等。目前，示范区内大河之洲公司等企业成功地在北京等大城市站稳脚跟，首农集团与滨州市农业局签订了农超对接框架合作协议，树立了农超对接的典范。

三是探索创新农业体制机制。按照"政府引导，完善机构，试点先行，市场运作"原则，积极探索、稳步推进全市农村金融服务新路子。（1）以创建沿黄高效国家现代农业示范区为契机，尝试建立农村金融服务体系和农村信用体系、农村保险体系相融合的农村金融体制，试点推行以农村资产，特别是土地经营权为抵押物的金融产品。（2）尽快完善农村土地确权、农村资产抵押登记、农村资产产权交易等公益性机构，与人民银行等联合出台有关资产抵押、质押、担保办法并制定相应政策。（3）拟成立政府注资，大型龙头企业参股的农村金融服务平台，做好金融服务流程服务，对不能直接在银行抵押的资产进行抵押转换，将资产抵押在平台，由平台向银行担保客户贷款，拓宽贷款行领域。（4）监管客户信用，负责运行农村金融服务信用体系。目前，示范区建设各项工作有序开展，向国家级现代农业示范区的目标稳步推进。

4. 莱州市强化科技引领打造"种业硅谷"。

生物育种是莱州的特色产业，种业资源享誉全国，玉米、小麦、大白菜、苹果苗木、鲆鲽鱼、石斑鱼等品种繁育在全国占有重要位置，被誉为"中国玉米良种之乡"、"中国月季之乡"和"中国海湾扇贝之乡"。莱州市瞄准国际育种技术前沿，抢抓"蓝黄"叠加和国家级现代农业示范区建设机遇，坚定不移地走自主研发与引进吸收国外先进技术相结合的路子，增创生物育种新优势，聚力打造"中国种业硅谷"。

一是强化自主创新能力建设。加快各级工程技术研究中心、企业研发中心等创新平台建设，依托中国科学院、中国农业大学等科研机构高等院校，建立院士、博士后工作站，建设生物育种技术孵化中心。加快种业科技园区建设，以登海、金海等骨干种业企业为依托，建设现代生物技术育种试验室，打造农作物育种示范园区。开展种业新品种展示园建设，展示国内外农作物育种新品种、新技术。

二是推动生物育种品牌提升和产业链延伸。坚持品牌化发展，区域品牌与特色品牌并重发展，重视品牌保护、宣传及营销，以龙头企业为带动，进一步提升玉米品牌，积极推动小麦、水产品、花卉、畜禽产品品牌创建，扩大影响力，增强竞争力。同时，围绕生物育种产业发展各个环节，延伸产业链，积极发展生产资料供应、农机服务、包装技术研发和产品制造、仓储物流、商贸服务等产业；大力发展粮食、蔬菜和水产品、畜禽产品深加工，积极发展农业生态观光旅游等产业，提高产业的综合效益。

三是加强国际技术交流合作。拓宽国际合作领域，加大政府间农业合作。加强农业良种交流与合作，打造新品种创新与研究示范园，建立良种繁育合作基地，引进种质资源，实施引进高新技术成果再创新，同时引进国外先进的加工机械设备，加快育种速度，提高机械加工能力，促进种谷与国际接轨。积极争取承办APEC国际种苗展览会等国内外有较高影响力的专业展会，构建种苗国际交流的重要窗口。

四是推进公共服务平台建设。建设生物育种技术产权交易中心、育种产业孵化中心，推动生物育种产业科技成果产业化、市场化。建设现代农业良种物流管理体系，全国粮食生产主产区现代物流平台，玉米种谷新品种新技术集散地，形成"买全国，卖全国"的大格局。建立省级以上生物育种和农产品质量检测中心，提供专业测试和行业检测服务。建立投融资服务体系，吸引国内外创业资本，支撑生物育种产业持续快速发展。

5. 寿光市实现现代农业发展新突破。

寿光市是中国蔬菜之乡。近年来，紧紧围绕农业转型发展，大力实施农业高端化战略，加快推进农业规模化、标准化、品牌化和社会服务化体系建设，实现了现代农业发展的新突破。先后被评为第一批"国家现代农业示范区"、"全国农业标准化生产示范县"、"全国农技推广体系建设示范县"和"山东省出口农产品质量安全示范区"。

一是强化规划引导作用，搭建现代农业发展平台。依托"三条现代农业生态走廊"，形成了3.5万亩的集种子研发、种苗繁育、循环高效农业项目为一体的高端生态现代农产业园；镇域大力推进特色园区建设，构建起了南部蔬菜园区、北部畜牧和渔业园区的协调发展格局。通过搭建国家现代蔬菜种业创新创业基地，建成全国规模最大、具有国际先进水平的蔬菜种业创新创业平台和展示服务中心，打造"中国蔬菜种业硅谷"；通过共建中荷蔬菜示范园，实现国外先进种子研发技术、管理理念、经营模式与寿光市种子产业优势的有机结合。通过组建蔬菜种业集团，全力打造蔬菜种业航母企业。

二是培育新型经营主体，提升农业产业化经营水平。通过培育专业大户和家庭农场、农民专业合作组织以及农业龙头企业等，促进农业规模经营，增强市场竞争力。目前，累计流转土地25万亩，注册家庭农场近500家，农村专业合作经济组织发展到1 022个，农业龙头企业发展到410家，其中，省级以上重点农业龙头企业17家，辐射带动80%的农户进入产业化经营体系。

三是推行标准化生产，保障农产品质量安全。加强园区管理，明确建设标准，构建起了集"生产管理、农资配送、技术指导、品牌创建、市场营销"于一体的标准园区产业体系；健全了生产记录、种植户信息、质量检测、产品销售和农业投入品使用5项管理档案；完善了园区管理、农业投入品使用、产品检测和质量追溯4项管理制度。推广先进技术，大力实施生物菌肥培肥地力、秸秆综合利用、水肥一体化等生态农业工程，推广生物防治、物理防治新技术。目前，拥有"三品"农产品552个、国家地理标志产品17个，创成了"乐义"、"七彩庄园"2个中国驰名商标。

四是创新发展机制，筑牢现代农业发展基础。建立稳定的农业投入机制，在农业园区设施配套、种业研发、品牌创建、沃土工程、质量检测等方面给予财政支持。出台政策建立高端人才支撑机制，设立专门岗位引进博士以上学位的育种专家和人才，对创新创业的育种专家给予资金扶持。建立农村金融创新机制，成功推出蔬菜大棚产权、农村住房产权等订单质押新型贷款模式，同时，积极将优势企业推向资本市场募集发展资金。

（三）服务业方面

以庆云县为例，多年来，庆云县重视发展商贸旅游业，找准突破口，创新发展模式，激发了县域经济新活力。

一是找准商贸业突破口。发展商贸业，以市场建设为突破口，走出了一条"市场带动、商贸兴城、经济腾飞"的发展之路，市场已成为庆云最靓的特色和名片。目前，已建成专业批发市场24处，营业面积达到200万平方米，经营业户过万家。国际物流园成为德州市第一家县级国家4A级综合服务型物流企业，物流线路3 600多条，交易范围辐射全国25个省市自治区。小商品现代批发市场被国家工商总局评为全国诚信示范市场，庆云县被命名为"中国商贸名城"、被评为全国省级重点示范市场商圈。

特别是2013年以来，坚持极化特色、放大优势，全面实施市场二次创业，与香港龙和集团合作，启动建设了占地2.63平方公里的"庆云中国城"项目，确立了"一城五中心"的总体格局，规划建设68万平方米的现代化商城，3年内可建成鲁冀周边理念最新、体量最大、功能最全的商贸引领区、市场核心区和物流集散区。

二是创新旅游业发展模式。运用政府推动、企业主导、文化引领的发展模式，按照创建全国旅游强县目标，围绕打造"北方旅游胜地"的发展定位，突出"规划策划、景区建设、品牌塑造"三项重点，超前论证，全力推进。全县已建成国家AAAA级旅游景区1处、AA级景区4处、省级旅游示范点9处，年接待游客突破300万人次，成为首批山东旅游强县。目前，庆云宫、鼎力红枣生态园等黄三角特色景区即将建成，海岛金山寺扩建工程、祥云欢乐世界等景区建设也在加快推进。

二、园区建设——搭建黄三角跨越发展新载体

（一）东营市充分发挥整建制优势全力推进国家现代农业示范区建设

东营市被农业部、省政府整建制列为国家、省级现代农业示范区，以"全面推进现

代农业示范区建设，打造全国知名、特色鲜明的北方鱼米之乡"为目标，发展现代高效生态农业。截至目前，全市各类农业园区发展到 200 多个，计划总投资 400 多亿元，规划面积 200 多万亩。

1. 科学规划定位，突出园区优势产业建设。

以现代农业园区建设为载体和抓手，与国内外大型农牧业集团战略合作，实施高端项目，带动提升优势农业产业化水平，实现国家现代农业示范区建设目标。大力发展畜牧业、海洋渔业、食用菌业、林业、种植业等，按照高效、生态、智能、精准的标准和要求，建成了一批示范带动作用大的高标准园区。是全国万头规模牧场总数最多的地市；全市渔业园区达到 48 处，其中省级现代渔业园区 9 处；成为全国最大的工厂化食用菌生产基地，被中国菌物学会命名为"中国食用菌工厂化生产之乡"；种植业建成一批以设施农业为主的高标准园区。

2. 创新投融资机制，助推现代农业园区项目建设。

成功探索出了金融支持现代农业发展及吸引外资、工商资本、民间资本向农业领域转移的路子。加大资金扶持筹集整合，建立了市县两级财政支农稳定增长机制；创新信贷支农产品和服务，推出农业产业链农户贷款、近海滩涂抵押贷款等金融支持现代农业加快发展创新产品和服务 33 种；制定实施金融信贷、用地、用电、用水、税收等优惠政策，吸引工商资本、民间资本投资园区建设；探索现代农业投融资新模式，鼓励农业园区成立经济发展投资公司等。

3. 加大新型经营主体培育，提高农业产业化水平。

加大新型经营主体培育，重点扶持一批辐射带动能力强的农业龙头企业，目前，全市农业产业化龙头企业发展到 598 家。组织开展合作社规范化建设和示范社创建，2013 年年底全市合作社发展到 1 339 家，引导家庭农场规范有序健康发展，2013 年年底全市注册登记家庭农场 112 家。以主体培育、品牌创建、质量认证等为重点，加快特优农产品品牌培育，目前山东著名商标 18 个、中国驰名商标 2 个，中国、山东名牌农产品 23 个，地理标志认证产品达到 6 个。

（二）东营市聚集高端要素打造新兴产业，全力创建国家农业高新技术开发区

东营农业高新技术产业开发区，是 2010 年在六十多年发展史的国营广北农场基础上建立的，几年来，抢抓黄蓝两大国家战略实施历史机遇，以打造我国现代农业的旗舰为目标，超常规发展，谱写了现代农业发展新的辉煌。

1. 强化顶层设计，探索现代农业发展新模式。

依据作为国家"一城两区百园"战略布局核心区的优势，高水平编制发展规划，按照"高新技术支撑、现代服务业引领、第一、第二、第三产业融合、四化同步发展"的发展思路，制定了"三步走"目标。其中创建省级农业高新技术产业示范区、国家农业科技园区的目标已经实现，目前，国家农业高新技术开发区的申请文件已上报国务院，正式进入审批程序，"三步走"发展目标稳步推进。

2. 聚集高端要素，打造"四化同步"发展的"服务中心"。

搭建科技创新、电子商务、投融资、创业实训、会展交流等高端要素平台，聚集高端服务支撑，以现代服务业引领现代农业发展。以产学研结合的模式，打造集战略决策咨询、政策研究、技术研发、企业孵化于一体的农业研发总部基地；构建覆盖全国的优质农产品电子商务营销网络，打造全国性优质农产品营销中心；探索资源、农业、科技、金融有机结合的发展模式，打造成区域农业金融服务中心；建立高效的软硬件结合教学培训机制，打造大学生暨职业农民培训基地；开展人才、技术、经济合作交流与成果展示，打造国际农业科技成果合作交流平台。

3. 突出科技支撑，构建产业互动融合发展的新型格局。

坚持依靠科技进步转变农业生产方式，改造提升传统农业，大力发展新兴产业，构建多业循环共生、第一、第二、第三产业融合的产业体系。以高新技术推动农业高新化，构建形态高端、链条完善、循环高效的农林牧渔业共生循环产业体系。以涉农生物技术推动农业工业化，构建以农产品为原料的产业链，培育农业新兴产业集群，加速工农业融合发展。加快信息技术应用，以物联网和感知、传输技术为依托，多网融合为基础，打造全国首家智慧园区，推动科技信息、文化品牌支撑下的第一、第二、第三产业融合发展。

（三）滨州市依托临港产业优势加快北部沿海崛起

北海新区是对接天津滨海新区的桥头堡、黄河南北区域协调发展的战略着眼点。2013年9月，滨州市人民政府印发了《滨州市北部沿海产业发展规划》，多措并举，努力打造全国一流的临港产业区，成为全市新的经济增长点。

1. 突出抓好基础设施配套提升。

围绕大项目的引进建设，加快基础设施配套完善。建设滨港铁路公路、污水垃圾处理场以及水、电、路、教育、医疗等公共基础设施。

2. 突出北部沿海产业集聚。

以园区发展为载体，优先发展临港产业、涉海产业，大力发展特色产业，实现产业集约组团式发展。采取提升改造现有产业、引进升级版传统产业、积极培育新兴产业等多种方式，打造新材料产业、冶金建材产业、油盐化工、临港物流、粮油加工产业集群。探索建设"飞地经济示范区"，与国内知名院校、国家级高新技术产业区合作发展高新技术产业。

3. 突出高效农渔业培育。

突出高效生态农业和健康养殖渔业两大板块，打造高效生态农业发展"北海模式"。综合开发盐碱地，推广盐碱地"棉改稻"种植、稻田鱼虾蟹立体循环生态养殖模式；建设万亩"耐盐碱林木育苗种植基地"。综合利用滩涂，突出龙头带动，深化科研合作，实施"科技兴渔"，延伸产业链条，打造科技化、绿色化健康渔业养殖和水产品精深加工基地，实现由单一的育苗养殖向精深加工多元化方向转变。

（四）德州市庆云县飞地经济搭建县域经济跨越发展新载体

德州市庆云县，充分挖掘黄三角开发政策资源，积极探索发展"飞地经济"，建成了山东对接天津滨海新区的首个异地共建开发区——红云高新技术产业开发区。其招大引强、放大特色优势的平台效应，推动了县域经济跨越发展，成为黄三角高效生态经济区对接京津冀的成功范例。

1. 超前谋划，抢得政策先机。

红云高新区是经国务院批准，庆云县与天津市红桥区联合建立的我国江北首个"飞地经济"开发区，是市委、市政府南融北接战略的重大成果，是庆云县全面融入黄三角高效生态经济区建设的重要平台。2009 年 4 月，在中国天津投资贸易洽谈会上，德州市和天津红桥区政府签署联合建设红云高新技术产业开发区合作协议。2009 年 11 月，列入黄三角规划，成为我国北方首个异地共建开发区、飞地经济试验区。2010 年 3 月，天津红桥区、德州市及庆云县三方政府签订了合作框架协议；4 月，德州市政府与天津红桥区政府联合成立了红云高新技术产业开发区领导小组，红云高新技术产业开发区建设全面启动。

2. 科学规划，放大区位优势。

按照"科技生态城"的总体定位，坚持"推进大创新、引进大项目、狠抓大投入、培育大企业、构筑大产业、实现大跨越"的总体工作思路，重点培植新能源、新材料、电子信息、高端装备制造等主导产业，打造产业特色突出、要素资源集聚的千亿级经济园区。目前，区内入驻企业达到 32 家，初步形成了以中国航天新材料产业基地、传热新材料产业园为代表的新材料产业；以齐耀新能源、中广核风力发电为代表的新能源产业；以万恒电子、庆元电子为代表的电子信息产业；以辰睿重工、鑫瑜特钢为代表的高端装备制造产业，"飞地经济示范区"初见雏形。

3. 用心策划，完善配套服务。

学习借鉴苏州、镇江等地园区共建成功模式，建立互惠互利、公平开放、利益共享机制，共同开展招商引资，形成了招大引强的强大合力。同时，采取"政区合一"管理体制，设立政务服务中心，实行"一站式"审批、"保姆式"服务，及时解决园区建设和项目落地中的困难与问题。目前，三纵三横主干道路竣工通车，220 千伏变电站投入运行，4 200 米亮化工程、13.5 万平方米绿化工程建设完成，集行政、科技、金融、信息服务于一体的红云创业服务中心即将启用，环区生态水系正加快建设。

三、科技创新——构筑黄三角跨越发展新支撑

（一）东营市构建区域创新体系，增强自主创新能力，加快推进国家战略深入实施

东营市加大资源整合力度，加快建设以企业为主体、市场为导向、产学研结合的技

术创新体系，科技创新对加快经济转型升级、黄蓝两区建设发挥了重要的支撑和引领作用。

1. 科技创新平台建设日益完善。

通过政府引导、企业主体、市场运作、统筹规划等多种形式，加快提升科技平台创新服务能力。设立黄三角可持续发展研究院等事业单位，提供政策保障和资金支持，建设政府主导的公共科研平台；鼓励支持优势企业根据市场需求，自主运营，自负盈亏，与高校院所联合构建企业主导的科研平台；围绕石油化工、橡胶轮胎、石油装备、有色金属等优势产业，加快建设工程技术研究中心和产业技术研究院，统筹优化构建产业研发平台；市场导向建设各级技术转化平台、技术转移示范机构。

2. 科技园区建设成效显著。

发挥科技园区集聚创新要素、培育新兴产业的重要作用，依托中国石油大学建设国家大学科技园，成为电子信息、新能源、生物医药等新兴产业培育的重要聚集区；抓住科技部与省政府共建黄三角国家现代农业科技示范区的机遇，推进国家农业科技园区建设；大力培育创新型园区，加快培育新兴产业，辐射带动各开发区向高端高质高效转型发展；加快建设孵化园区，鼓励引导民营孵化器、加速器等创新创业园区建设。

3. 不断提升产业创新能力。

以重大科技专项实施为抓手，推进创新资源向企业聚集，带动产业整体创新实力上水平。围绕新能源、新材料、新医药、新信息和海洋开发及高端装备制造等战略性新兴产业，通过重大关键技术突破，培育经济新的增长点。围绕石油装备、有色金属、橡胶轮胎、石油化工等主导产业，组建了产业技术创新战略联盟、产业技术研究院，实施协同创新。围绕现代农业产业链，构建农业创新体系，推进现代农业发展。

（二）庆云县出台政策措施不断提升科技创新实力

庆云县大力实施科技创新驱动战略，制定出台了《关于进一步加强培植大企业工作的意见》、《关于鼓励企业引进人才的意见》等政策措施，积极推进对接合作，不断提升科技创新实力。

1. 努力打造创新平台。

与山东大学、中国农科院等28家国内高等院校、科研院所开展了实质性合作，打造了高水平创新平台。自黄三角开发建设以来，全县新增省级以上科技创新平台5家、市级22家，省级高新技术企业3家，授权专利226件。南开大学滨海开发研究院在庆云设立了分院；海川机械与山东大学联合建立了自动化机械手研发中心；天庆科技与山东轻工业学院联合建立了水性树脂重点实验室；环渤海昊天焊材与山东大学联合开展了焊丝设计生产与性能试验等。同时，科技研发取得了丰硕成果，庆元电子通过了"双软"认定，天庆科技等企业被评为中国专利山东明星企业，华泰橡胶轮胎再制造与循环利用示范项目被科技部列入"国家火炬计划"，鼎力集团等企业被列入省知识产权优势企业培植计划。

2. 共建共创产学研基地。

天津工业大学投资 18 亿元的山东同创科技产业园,依托天津工业大学科研成果,打造集研发、孵化、产业化于一体的高新技术产业园区。长信化学与复旦大学合作的年产 3 万吨碳纳米管及 1.8 亿立方米高性能锂电池隔膜项目建成后,将成为全国最大、亚洲第二的碳纳米管、锂电池隔离膜生产基地。鼎力集团与山东省食品发酵工业研究院联合开发的金丝小枣多糖和环磷酸腺苷提取技术,形成了从传统枣制品到保健食品再到化妆品的全国最长产业链条。

四、人才建设——增添黄三角跨越发展新动力

(一)东营市创新模式,加大力度,构建人才引进、培养和使用新格局

东营的科技人才培训工作具有全方位、系统性的特点,走在全省前列。针对就业环境变化,积极打造就业服务、就业创业培训、就业信息共享、培训与就业联动"四个平台",保持了农民工就业形势的基本稳定。重点实施了"百名博士进东营"和"名校英才进东营"两项人才引进计划,进一步加大高学历层次人才引进力度。出台了全省首个对事业单位高级专业技术人员进行考核管理的文件,切实加强对高级专业技术人员的考核评价与管理。在全省率先深入开展企业高技能人才评价试点工作。

1. 开展新型农民学校培训工作。

全面开展城市务工人员培训工作,根据不同的就业群体特点,坚持分类制定政策,按需定向培训,确保培训效果;基本形成了纵向到底、横向到边、信息共享的培训服务网络,打造了市、区、镇(街道办)、社区(村居)四级培训就业服务平台;积极与用人单位对接,做好培训与就业结合文章。

2. 加大紧缺特殊高层次人才引进力度。

对高层次人才和紧缺、特殊专业人才,通过考核聘用和专项引进相结合的方式,简化招聘程序,积极引进招聘。"百名博士进东营"活动 2011 年启动,计划利用 3~5 年时间,公开选聘 100 名国内外高校博士研究生,充实市直事业单位,至今共选聘博士研究生 49 名。"名校英才进东营"活动 2012 年启动,引进清华大学、北京大学、中国人民大学、浙江大学、同济大学、复旦大学、上海交通大学等 7 所著名高校的本科生、硕士研究生和博士研究生,至今共引进名校毕业生 28 名。

3. 开展高级专业技术人员考核工作。

出台了《东营市事业单位高级专业技术人员考核管理办法》,从 2014 年起,对全市事业单位在聘高级专业技术人员进行年度考核和聘期考核。根据专业技术人才的不同特点,建立了科学的量化考核指标体系,将考核结果与奖惩、晋升、聘任、待遇相挂钩,进一步加强了对高级专业技术人才的培养和管理,有利于更好地发挥人才优势,逐步形成优胜劣汰、能上能下、动态管理的用人机制和考核机制。

4. 开展企业技能人才评价试点工作。

积极探索建立以提升职业能力为导向，以考核工作业绩为重点，注重职业道德和职业知识水平的技能人才评价体系，初步建立以职业能力为导向、以工作业绩为重点、兼顾职业道德和职业理论的企业技能人才评价体系。

（二）滨州市科学谋划，强化措施，全力做好高层次人才引进工作

近年来，滨州市大力实施"人才滨州"战略，制定优惠引才政策，并借助黄三角高效生态经济区建设机遇，努力转变思路、超前谋划、搭建平台，营造浓厚引才、惜才、用才氛围，大力吸引海内外高端人才来滨创业发展，为优化产业结构和实现经济跨越发展注入了强大动力。目前，全市共引进千人计划人选 1 名、泰山学者 5 名。2011 年以来，引进各类海外人才 375 名，柔性引进高层次人才 82 人，其中国工程院院士 14 人，享受国务院特殊津贴专家 1 人，千人计划人选 2 人，国家长江学者 3 人，泰山学者海外特聘专家 4 人，其他各类兼职合作高层次人才 58 人。

1. 人才规划与政策体系相结合，着力健全高层次人才工作引领机制。

市委市政府始终把人才工作当做"一把手"工程来抓。完善政策体系，近年来，先后出台了 20 多个综合性文件及配套政策，建立了服务于国内外各种层次、各种类型人才的一整套政策体系。注重发挥政策体系的引领作用，设立人才开发资金，建立人才补助金制度和人才引进奖，彰显了市委市政府惜才用才的决心和毅力，为多措并举开展高层次人才引进工作提供引领。

2. 载体培育和平台建设相结合，全面提升高层次人才吸纳能力。

围绕强化人才载体对经济发展的支撑作用，2011 年制定下发了《滨州市支持人才载体建设暂行办法》（滨办字〔2011〕50 号），在全市范围内确定 13 类载体，通过统筹各类资源，市县联动，提供资金扶持、政策引导和各类服务，重点支持企业加强人才载体建设，使其快速成长为支持人才创新创业的重要平台。目前，全市共建成省级以上人才平台载体 221 个，其中国家级 16 个、省级 205 个。

3. 高端引领与盘活现有人才相结合，努力提高高层次人才使用效率。

近年来，全市转变思路，大胆创新，积极探索高层次人才智力使用新模式。坚持高端引领，鼓励多措并举引才揽才。大力支持产学研合作，积极帮助企业等用人单位以技术合作、技术入股、岗位聘用等形式引才引智，共同把产业发展引向高端。以深入实施"526"引才工程为契机，注重调动各单位的积极性，积极打造以柔性引进为重点，融合项目引才、以才引才、岗位引才等多种方式，积极引进各类高层次人才。抢抓全省泰山学者领军人才团队支撑计划机遇，积极引进领军人才团队。截至目前，滨州市成功自主申报"千人计划" 1 人，"泰山学者海外特聘"专家 5 人、"泰山学者蓝色产业计划专家" 2 人，实现了滨州市高端人才引进的新突破。注重人才培养，盘活现有人才，始终坚持以用为本，进一步解放思想，在选、育、用、管等方面，深化改革创新，着力培育提升本土人才，稳定用好现有人才，切实留住关键人才。

4. 广开渠道和宣传推介相结合，不断创新高层次人才智力引进模式。

为进一步提升影响力，近年来，连续成功举办了一系列大型高层次引才推介活动，有来自 17 个国家的 93 位海内外博士与滨州市签订 156 项合作协议。围绕纺织、化工、生物、基础设施等经济社会发展重点领域，分期编制《滨州市人才智力需求目录》，定期向社会公布，提高了招才引智的针对性，畅通了企业与人才交流合作的渠道。建立海外引才联络站，在美国、日本、法国、加拿大及中国港澳台等地区设立 10 个引才联络站，发挥海外华人组织的作用。

5. 指标考核与优化服务相结合，全力完善高层次人才引进保障机制。

设置了共性指标、个性指标、创新指标和满意度指标四类人才考核指标，强化督导，为更好地推进工作提供有力保证。优化服务、留住人才，建立"滨州人才服务卡"制度，将科技申报、知识产权、人才交流、居留教育、法律援助、体检休假等 19 项内容纳入服务领域，为高层次专家提供工作和生活上的便利。同时，积极为人才发展牵线搭桥，创造平台，解决问题，切实当好人才"伯乐"与为人才服务的"后勤部长"。

五、金融支撑——筑牢黄三角跨越发展新保障

（一）东营市完善金融服务体系支持实体经济发展

东营市以打造区域性金融中心为目标，抓好金融市场建设、地方金融体系建设、金融服务能力建设、金融生态环境建设"四个建设"，金融组织体系进一步完善。全市金融机构达到 270 家，其中银行 23 家，证券营业部 12 家，期货营业部 4 家，保险公司 36 家，小额贷款公司 30 家，融资性担保公司 25 家，民间资本管理公司 22 家，民间借贷服务中心 6 家，资金互助专业合作社 10 家，投资（咨询）类公司 63 家，融资租赁公司 9 家，典当行 22 家，创业投资企业 7 家，产权交易中心 1 家，建成了与黄蓝战略相适应的区域金融组织体系。

1. 加快金融改革创新，提升金融服务能力。

引导鼓励银行机构针对重点产业关键领域，扩大信贷增量，盘活信贷存量，大力发展委托贷款、承兑汇票、信用证、保函等表外融资业务，实体经济发展需求得到有效满足。多形式拓宽企业融资渠道，通过企业上市、银行间市场债务融资、场外股权市场、产权交易中心、套期保值、期货市场等多层次资本市场，提高利用资本市场融资的能力。大力推动保险担保业改革创新和规范发展，推动农业政策性保险实现了县区全覆盖，规范发展融资性担保公司，在全省率先完成担保公司股权改造。积极开展抵押品贷款创新，引导有关金融机构在全省率先开展了海域使用权、林权、流转土地使用权"三权"抵押融资试点工作。

2. 规范发展民间融资，试点工作取得阶段性成果。

2012 年，东营市确定为山东省民间融资规范引导试点市，制定相关政策文件，把

握"规范、疏导、监管、利用"原则，创设了民间借贷服务中心、民间资本管理公司、资金互助专业合作社等新型组织，开展了投资（咨询）类公司规范整顿，完善了风险管控措施，非法集资势头得到遏制，民间借贷秩序得到优化，目前，试点工作经验已在全省推广。

3. 防范化解金融风险，金融环境进一步优化。

以打造良好金融生态环境为目的，成立了地方金融监管局，建立了全市金融稳定工作联席会议协调机制，设立了打击和处置非法集资工作组织体系，全面加强了金融风险防范预警和化解处置工作。

（二）滨州市资本市场发力，助推黄三角区域大开发

黄三角地区开发建设的深入推进，金融政策、金融资源加速倾斜、聚集，资本市场"滨州板块"强势崛起。截至目前，滨州市已拥有境内外上市公司15家，从证券市场直接募集资金326亿元，上市公司数量和融资额分别列山东省第七位和第六位。其中境外上市融资226.9亿元，列全省第一位，成为全市引进外资的主要途径；邹平县以9家上市公司、256.6亿元的融资额列全省县域首位，被山东省列为金融创新发展试点县，为全省资本市场的创新发展先行先试积累了经验。

1. 宣传发动，积极营造企业上市的浓厚氛围。

市政府每年定期召开企业上市推进会，分析境内外资本市场形势；邀请上级主管部门、证券专家指导、培训，提高企业资本市场运作能力；组织县区和重点后备企业领导到先进地区考察学习，对企业上市工作进行再动员、再部署。

2. 政策推动，加快企业上市步伐。

先后制定出台了《关于加快推进企业上市融资工作的意见》等一系列扶持和奖励政策。拟上市公司投资新建符合国家产业政策的项目，在立项、土地、资金等方面给予优先；对企业上市根据上市情况实行分阶段扶持，主要用于上市后备企业的培育、企业上市中介费用的补贴；对成功上市融资的企业给予表彰奖励。

3. 服务带动，创造企业上市的宽松环境。

根据资本市场发展和企业需要，业务主管部门组织力量进行现场指导。特别是对魏桥纺织、滨化集团、亚光毛巾等重点拟上市企业，领导带队派出专人进驻企业，全程进行指导和服务。

4. 内外联动，不断拓展企业上市渠道。

紧紧抓住中小企业板扩容、创业板即将推出的良好时机，选择一批成长性好、发展前景好、科技含量高的中小企业，实施点对点指导，争取有更多的企业在国内A股实现上市融资。充分利用国际资本市场，筛选出一批效益稳定、运作规范的中小企业到中国香港地区、新加坡等境外市场上市，直接从国际资本市场进行融资。鼓励有条件的企业走收购、兼并、买"壳"上市的路子，支持本地企业"借壳"上市，做大做强，借助资本市场实现企业的快速发展。

六、改革开放——激发黄三角跨越发展新活力

（一）东营市立足资源优势做好未利用地高效利用文章

为充分发挥未利用地资源优势，东营市积极推进未利用地开发利用和政策争取工作，努力探索未利用地高效生态利用的新模式、新机制，在保障经济社会发展的同时，有力地保护了耕地。

1. 主动作为，积极争取未利用地开发利用政策资金支持。

东营市自 2007 年以来积极探索未利用地高效生态利用新模式和新机制，2012 年经国家批准成为全省低丘缓坡荒滩等未利用地开发利用首批 4 个试点市之一，2013 年顺利通过国土资源部中期检查评估，检查评估组充分肯定了工作取得的显著成效和积极的试点作用。努力争取未利用地开发利用专项资金，《黄河三角洲高效生态经济区发展规划》批复后，东营市在全省率先启动未利用地开发项目建设，经积极争取，省财政厅先后拨入共计 9 亿元资金专项用于未利用地开发，此外，东营市依托开发项目争取黄蓝专项资金 2 000 万元，为第一批开发项目有序推进提供资金保障。截至目前，第一批未利用地开发项目获得耕地占补平衡指标交易资金 4.56 亿元，滚动用于下一批未利用地开发。

2. 积极探索，建立未利用地开发利用制度保障。

建立未利用地开发利用推进机制，率先开展了未利用地适宜性评价；编制专项规划及实施方案；建立协调推进机制；搭建开发平台。建立土地节约集约利用审查制度，对拟入驻项目产业政策、投资强度、建筑容积率等进行严格审查，提高项目用地准入门槛。建立未利用地开发利用项目监管制度，积极做好未利用地开发利用试点项目区用地报批在线备案，建立项目实施情况定期上报制度，对项目区内实际用地情况及项目建设情况进行现场核查，确保项目区用地符合集约节约用地标准。

3. 稳步推进，发挥未利用地开发利用资源优势。

在未利用地开发为建设用地工作中，对试点项目区开展了环境质量影响评价、地质灾害危险性评估和压覆重要矿产资源调查评估等工作。在未利用地开发为农用地工作中，通过采用暗管排碱等先进技术，不断加大对宜农未利用地的开发利用；以未利用地开发项目为载体，先后引进了正大集团、正邦集团、河南天瑞生态投资有限公司等大型涉农企业，实施土地规模化、集约化和产业化经营；大力实施土地整治工程，目前农用地整治部分已完成。同时，东营市还实施了基本农田整理、撂荒地复垦和盐碱涝洼地综合治理等一系列项目，推进了全市高标准农田建设，改善了农业生产条件，保障了粮食安全。

（二）完善功能，强力突破，加快建成区域中心港

东营港是国家一类开放口岸，是山东省地区性重要港口，是《黄河三角洲高效生态

经济区发展规划》确定的黄三角区域中心港，是黄三角对外开放的桥头堡。近年来，开发区抢抓黄蓝规划实施的机遇，以建设现代化的国际物流港为目标，解放思想，攻坚克难，强力推进港口建设。四年来，东营港累计完成投资约80亿元，是建市以来港口建设投资总量的6倍。

1. 科学确定功能定位，创新实施港口规划。

按照省政府批复的《东营港总体规划》要求，东营港采用"引桥延伸、双堤环抱、突堤相间"的建设模式，通过不断完善港口基础设施、提高综合服务水平，逐步发展成以油品、液体化工品、散杂货运输为主，兼顾发展集装箱运输的综合性港口。

2. 立足特色强力突破，推动港口规模迅速提升。

按照早日进入国家级开发区行列的总体要求，坚持错位发展，集中突破液体化工码头。立足东营海陆石油资源丰富、化工产业集聚、市场需求旺盛的特点，明确提出东营港建设方向以液体化工品为主，与周边港口实行错位发展；大胆引进民间资本，突破建设资金瓶颈；整合挖掘港口资源，全面提升港口形象。截至目前，东营港营运泊位总数已达39个，通过能力达到3 000万吨，成为环渤海地区最大的油品和液体化工品特色港口。

3. 强力突破新上项目，再掀港口建设新高潮。

按照"完善提升港口功能，充分发挥港口的龙头带动作用，成为带动引领全市新一轮发展的桥头堡"的要求，围绕"到2015年吞吐能力过5 000万吨，到2020年建成亿吨大港，努力建成国际物流港和区域性物流中心"的目标，东营港经济开发区计划2014年重点实施总投资123亿元的北防波堤工程、万通集团—突堤系列工程、北防波堤沿线码头项目等六大港口建设项目。

4. 做大做强腹地经济，发挥港口辐射带动作用。

随着黄三角高效生态经济区和山东半岛蓝色经济区两大国家战略的推进实施，区域物流需求越来越大，港口的辐射带动作用也得到进一步发挥。东营及周边地市经济飞速发展为提升港口层次奠定了坚实基础；外向型经济发展为港口辐射作用发挥提供了有力支撑；东营港经济开发区作为东营港的建设管理部门，将不断整合资源推动港口功能全面提升。作为东营市加快地区经济发展的重要依托，也是黄三角区域开发战略布局的核心所在。该区域将逐步建成石油化工基地、电力能源基地、加工制造业和现代物流基地。东营港加快建设，做大做强，为区域产业发展提供坚实的航运支撑。

七、生态文明——拓展黄三角跨越发展新环境

（一）加强生态建设，全面建设生态文明典范城市

东营从黄河口生态环境实际出发，把生态建设摆上首要位置，大力实施生态绿化工程、湿地生态修复工程、海洋生态保护工程，加快构筑独具特色的生态系统，充分展示

东营的自然之美、绿色之美；把生态化作为城市发展的方向，以创建国家生态园林城市为总抓手，把生态建设贯穿于城市规划建设管理各个环节，着力构筑循环水系，抓好城市绿化，完善城市功能，全力打造秀美宜居、富有魅力的生态城市。

可以说，2009～2013 年这五年，是东营市生态建设实现新突破的五年，是东营市林业、海洋、湿地、保护区、城市园林绿化等各方面硕果累累的五年。东营，黄河三角洲上的明珠，正向着率先全面建成小康社会、率先建成生态文明典范城市的目标迈进。

1. 实施生态绿化工程，全面提升黄三角造林绿化水平。

东营市实施的"三网"绿化工程和生态林场建设工程，可以作为黄三角生态林业建设的典范载入史册。"三网"绿化工程依托东营市特殊的土壤条件，集治水、改土、造林于一体，以水网为根本基础，路网为重要条件，绿化为最终目标，对全市路、林、水三大网络进行系统规划、综合治理，做到有路必有林、有林必有水、有水必畅通，实现"三网"合一、全面绿化。生态林场建设工程，是继续扩大"三网"绿化成果，营造规模化片林，增加森林资源，切实改善生态环境，提升城市形象和竞争力的工程。

2. 实施湿地生态修复工程，全力打造独具特色的黄三角湿地生态系统。

2010 年以来，东营市在全省率先出台《东营市湿地保护管理办法》，先后制定了一系列政策措施，把湿地保护和恢复纳入经济社会发展计划，纳入党委、政府的重要议事日程，依法保护管理湿地。为切实做好湿地保护工作，东营先后实施了"自然保护区河口湿地恢复工程"、"黄河河口湿地保护淡水补给工程"和"自然保护区湿地补水及景观提升工程"等多个湿地恢复和生态补水工程建设项目。为提升湿地保护的水平，东营与各大院所和科研机构建立了稳固的技术合作关系，中国林科院在黄河入海口建立了"黄河三角洲综合试验站"，国家林业局批准省林科院在东营市建立"黄河三角洲生态定位研究站"等。

3. 实施海洋生态保护工程，全面构筑海上生态屏障。

东营市海岸线长 350 公里，占全省的 11%，–10 米等深线内浅海面积 4 800 平方公里，是全省最大的近海渔场，共有滩涂 180 多万亩，占全省的 36%。为保护好海洋，东营做了大量卓有成效的工作。截至目前，东营市共设立了东营河口浅海贝类、东营黄河口、东营利津底栖鱼类、东营莱州湾蛏类和东营广饶沙蚕类共 5 处国家级海洋特别保护区，涵盖了全市近海重点渔业海域，设立了黄河口半滑舌鳎国家级水产种质资源保护区、东营黄河口文蛤国家级水产种质资源保护区和广利河口贝类国家级种质资源保护区 3 处水产种质资源保护区。2010～2013 年，累计投入资金 6 000 余万元，组织实施了海洋渔业资源修复工程，放流中国对虾、毛蚶、海蜇、三疣梭子蟹、中华绒螯蟹、梭鱼、半滑舌鳎等品种，年均实现渔业产值 2 亿～4 亿元，有效恢复了近海渔业资源。

4. 实施城市园林绿化工程，全面建设宜居生态城市。

在绿色实践上，东营市逐步探索出滨海盐碱地城市绿化的新路子，城市建设、园林绿化、生态水系建设进入一个前所未有的高速发展时期。2010 年以来，东营市先后实施了国家园林城市创建活动、城市公园建设、生态水系建设和绿化提升项目，打造高效生态城市品牌。以道路、河渠绿化为框架，公共绿化为重点，庭院绿化为基础，把绿地扩展到城市的每一个区域和每一个角落，形成了点线面结合的"大绿地、大空间、大水面"的城市风貌特色。

（二）滨州市循环经济发展特色鲜明、潜力巨大

近几年来，滨州市牢固树立和落实科学发展观，紧紧围绕建设资源节约型、环境友好型、生态园林型现代滨州的奋斗目标，坚持把发展循环经济作为走新型工业化道路、转变经济发展方式的战略举措，加强组织领导，明确责任目标，突出示范带动，狠抓措施落实，循环经济工作取得明显成效。初步形成了以西王集团、香驰集团、滨化集团为代表的玉米、大豆及盐化等 15 条各具特色的循环经济产业链条，并涌现出一批具有鲜明特点的循环经济示范企业。

1. 建立循环经济发展的体制机制。

为强化对发展循环经济工作的指导，2006 年成立了市政府节约能源办公室，具体负责发展循环经济工作的组织协调和指导推动，2009 年开始实行了"双目标"责任考核，将 2009 年循环经济任务目标和节能降耗层层分解落实到 11 个市直部门，并严格责任考核。市政府先后出台了《滨州市人民政府关于做好建设节约型社会重点工作的实施意见》（滨政发〔2005〕89 号）、《滨州市人民政府关于印发滨州市节能减排综合性工作实施方案的通知》（滨政字〔2007〕56 号）等十多个系列政策文件，创造循环经济发展的良好政策环境。

2. 搭建循环经济发展的培育载体。

将抓好清洁生产、资源综合利用和再生资源回收利用工作作为发展循环经济的重要载体。鼓励、引导企业不断拉长链条，实施循环经济工程项目，已形成了以鲁北企业集团、滨化集团、西王集团、埕口盐化、龙福环能、丰华橡胶为代表的油盐化工、玉米深加工、海水"一水多用"、聚酯资源利用、废旧轮胎处理等循环经济产业链条；积极推行清洁生产，按照"典型示范、注重实效、重点突破、整体推进"的原则，选择魏桥纺织股份有限公司等开展清洁生产的企业进行重点培育，总结推广其先进经验，取得了一定成效；大力开展资源综合利用，近年来，全市资源综合利用的广度和深度不断延伸，资源综合利用的资源种类和产品品种不断增加，资源综合利用产业得到了快速发展，成为全市工业经济新的增长点；大力开展资源再生利用。一批具有鲜明特色的循环经济模式不断发展壮大，形成具有滨州特色的循环经济产业形式。

3. 推进循环经济发展的能源开发。

东营市风能、生物质能、太阳能、地热能、海洋能分布广泛、种类繁多、资源丰富、开发潜力巨大，具有发展新能源的独特优势。经过近几年的发展，新能源实现了较快发展。2013 年完成太阳能光热建筑一体化项目 42 个，建筑面积 129.6 万平方米，完成省定任务量的 162%。

第七章 省会城市群经济圈发展现状与 2015 年展望

山东省会城市群经济圈，包括济南及周边的泰安、淄博、莱芜、德州、聊城、滨州，共涉及 7 市、52 个县市区，人口和面积分别占全省的 34.8% 和 33.2%，该处会区域南接长三角、北临京津冀，东西分别与山东半岛城市群和中原经济区相连，区位优势明显；区域内面积、人口、生产总值、社会消费品零售总额、服务业增加值都占全省 1/3 左右，城乡居民收入高于全省平均水平，是山东省最具活力和潜力的区域之一，是全国交通、信息大通道的重要枢纽，具有良好的经济基础和广阔的发展空间。

建设省会城市群经济圈，是省委、省政府从全省科学发展大局出发作出的重大战略决策。这一重大区域发展战略始于 2004 年山东省提出的"中部突破济南"战略，明确提出要"努力构筑以济南为中心的济南城市群，逐步形成优势互补的济南经济圈"；2007 年 6 月召开的山东省第九次党代会明确提出：促进济南省会城市群经济圈加快发展，增强辐射带动作用，推进中西部崛起；2007 年 12 月 27 日，山东省正式发布《济南城市群规划》，济南、淄博、泰安、莱芜、德州、聊城、滨州等 7 个城市形成了"1 + 6"携手发展的格局，其目标为立足环渤海经济圈南翼、联结长三角、面向中原腹地的枢纽型城市群；2012 年 2 月，省人代会《政府工作报告》明确指出：加快省会城市群经济圈发展，对区内聊城、德州等市予以重点支持，启动以济南为中心的城际铁路规划建设。2012 年 5 月召开的山东省第十次党代会也再次提出建设"省会城市群经济圈"和"济南城市群"。随着 2013 年 8 月 28 日《省会城市群经济圈发展规划》的颁布，标志着省会城市群经济圈建设的全面启动（见图 7 - 1）。

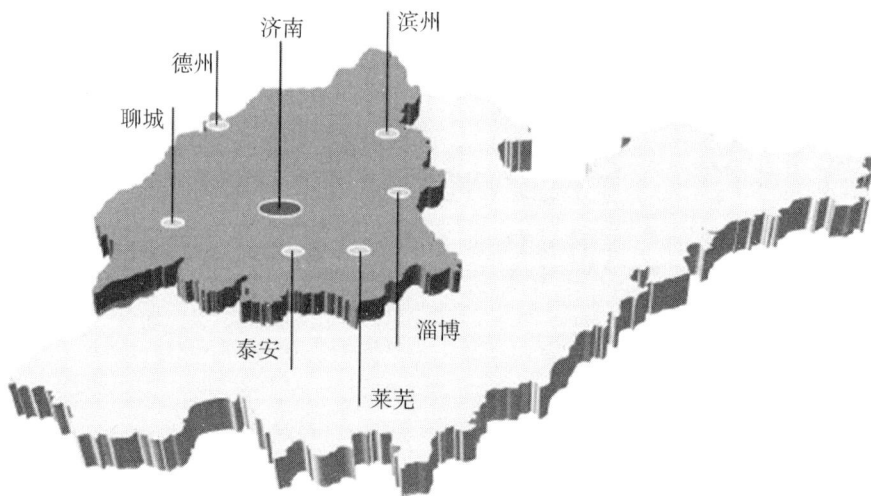

图 7 - 1　省会城市群经济圈

第 一 节　发 展 现 状

一、发展基础

（一）区位优势明显

省会城市群经济圈地处山东腹地，位于黄河下游，东临渤海，与韩国、日本隔海相望，南接长三角，北邻京津冀，与半岛城市群、中原城市群相连，是山东半岛与华东、华北和中西部地区联结的重要门户，是全国交通、信息大通道的重要枢纽，生态环境良好，自然资源丰富，在承接产业转移、配置生产要素、拓展经济腹地、提高综合实力等方面享有得天独厚的优势和条件。

（二）引领作用突出

济南作为山东省的政治中心、金融中心、科教文化中心，综合服务能力不断提高，各中心城市集聚辐射作用不断增强。区域内集中了一大批国家和省部级科研机构、大型企业集团总部和企业技术开发中心，研发实力雄厚、创新能力较强；拥有各类高校数量占全省50%以上，其中济南拥有区内高校85%左右，为科学发展、转型升级提供了坚实的科技和人才支撑。

（三）产业基础良好

区域内农业发达，工业门类齐全，服务业优势明显，目前已形成冶金（济南、莱芜、聊城）、新材料（淄博、泰安、莱芜、德州）、石油化工（济南、淄博、德州）、交通运输装备（济南、聊城、滨州）、新能源和生物技术（济南、德州）、旅游（济南、泰安、聊城）、商贸金融（济南）等一批具有较大规模和较强竞争力的优势产业核心区，为进一步延伸产业链、壮大产业集群、形成特色产业带奠定了坚实的基础。

（四）文化积淀深厚

该区域是齐鲁文化重要发祥地，泰山文化、黄河文化、运河文化、泉城文化、海洋文化相互影响、融合发展，历史名人辈出，拥有大量珍贵历史文化遗产和丰富人文自然资源，在文化底蕴上有着突出的竞争优势，便于进一步整合文化资源，打响文化品牌，建设文化强圈。

（五）融合氛围浓厚

周边各市距离核心城市济南均在150公里以内，地理位置相接，人脉文化相通，经济联系密切，构成典型的环状城市群经济圈。各市都把融入区域一体化发展作为在新起点上实现新跨越的重要机遇，主动融入，借力提高，共赢发展。城市、企业、社会民间各层面的合作机制不断完善，产业协作、要素流动、经济文化交流等持续扩大，消费、旅游、运输等统一市场建设加快，区域一体化的广度和深度日益拓展。

二、2014 年建设成就

2014 年，在山东省委、省政府的正确领导下，省会城市群经济圈各市和省直有关部门认真落实《省会城市群经济圈发展规划》和第一次党政联席会议确定的目标任务，突出发展重点，强力推进各项工作，省会城市群经济圈建设成效显著。省会城市群经济圈主要经济指标见表 7－1。

表 7－1　　　　　　　　　省会城市群经济圈主要经济指标

指标名称	2012 年	2013 年	增速（％）	2014 年	增速（％）
地区生产总值（亿元）	17 690.7	19 459.8	10.0	20 879.4	8.6
第一产业（亿元）	1 450	1 503.7	3.7	1 588.7	4.1
第二产业（亿元）	8 670.7	9 624.5	11.0	10 068.9	9.4
第三产业（亿元）	7 587.9	8 331.6	9.8	9 221.8	8.3
规模以上工业主营业务收入（亿元）	42 958.7	48 371.5	12.6	52 063.8	8.4

续表

指标名称	2012 年	2013 年	增速（%）	2014 年	增速（%）
规模以上工业利税总额（亿元）	4 458.9	4 944.9	10.9	5 082.2	4.0
规模以上工业利润总额（亿元）	2 594.6	2 908.6	12.1	2 953.4	2.8
固定资产投资（亿元）	9 913.3	11 886.1	19.9	13 855.8	15.8
社会消费品零售额（亿元）			13.4		12.6
进出口总额（亿美元）	375.6	415.8	10.7	410.9	−1.3
出口总额（亿美元）	195.4	204.2	4.5	227.1	11.2
公共财政预算收入（亿元）	1 295.5	1 426.4	10.1	1 587.3	11.3
公共财政预算支出（亿元）	1 751.8	1 958.5	11.8	2 111.3	7.9
农民人均纯收入（元）	10 302	11 641	13.0	12 975	11.5

（一）突出制度建设，推进规划实施的机制逐步完善

山东省委、省政府健全了区域建设工作领导体制，印发了省会城市群经济圈《规划重点任务及重大政策分工落实方案》，将任务分解落实到各市、省直各部门，加强了定期调度和检查督导。建立省会城市群经济圈联席会议制度，召开了第一次党政联席会议和市长磋商会议，研究确定近期重点工作，组建成立交通运输专业委员会。山东省发改委与各市签订了《战略合作框架协议》。组织编制了 14 个专项规划，修订完善了 5 个中长期规划，形成了比较完备的规划体系。加强工作机构建设，省市分别成立了专门机构，省直有关部门明确了责任处室和工作人员。省区域办建立了联络员制度，加强了与省有关部门、市县两级之间的沟通协调，形成了上下畅通、协调推进的工作机制。

（二）突出重点项目建设，基础设施支撑作用显著加强

按照适度超前的原则，打破区域限制，加快交通、能源、水利等重大项目建设，着力推动区域一体化发展。铁路方面，全省快速铁路网规划、城际轨道交通网规划获国家批复，"济南—泰安、济南—莱芜、济南—聊城"等城际铁路项目列入规划，济青高铁项目获批建设。瓦日、德大、邯济铁路扩能改造建成通车，石济客专加快建设，累计完成投资 71.1 亿元，占概算投资的 32.6%。公路方面，全省综合交通网中长期发展规划、高速公路规划编制完成；济南至乐陵高速公路建成通车；济南至东营高速公路累计完成投资 32.8 亿元，占概算投资的 31.5%，预计 2016 年年底建成通车；德上高速德州至夏津段、夏津至聊城段、聊城至范县段，分别完成投资 12.3 亿元、17.5 亿元和 22.4 亿元，占概算投资的 35.1%、51.8% 和 59.9%。能源方面，"外电入鲁"取得实质性进展。锡盟至济南 1 000 千伏特高压交流输变电工程开工建设。国电泰安 2×35 万千瓦热电项目进展顺利；济南、泰安等市 59 万千瓦风电项目纳入国家风电项目核准计划，泰

安高新区、淄博高新区国家首批分布式光伏发电示范区项目建设全面启动。水利方面，南水北调山东段干线工程正式通水运行。济南市南水北调续建配套卧虎山水库供水线路改造工程（五库连通）建设进展顺利。

（三）突出转型升级，产业竞争力进一步提升

各市、各部门围绕落实规划确定的产业发展重点，强化政策引导，加快改造传统产业，积极培育新兴产业，提高产业综合实力。

1. 大力发展现代农业。

在省会城市群经济圈实施小麦高产创建 163 万亩，占全省的 40%；建设 42 万亩高标准农田，投入资金 6.3 亿元，占全省的 44%。积极发展休闲农业，安排国家级休闲农业与乡村旅游示范县 3 个、示范点 7 个，认定省级示范点 14 个。淄博市加快推进农产品标准化生产，高青山东黑牛现代循环农业示范园和绿色农业科技示范园建设取得新成效。聊城市以创建"绿色农产品之都"为抓手，挖掘"中国蔬菜第一市"称号，打造全国最大的绿色安全蔬菜生产基地。全年蔬菜播种面积达到 370 万亩，总产 1 600 万吨以上。

2. 着力提升先进制造业竞争。

省会城市群经济圈认定省级技术创新项目 879 项，实施产业化项目 23 个，研发总投入 60 亿元，分别占全省的 45% 和 47%。加快实施物联网产业百强企业培育计划，省会城市群经济圈内 32 家列为重点企业。实施重大科技专项布局，积极培育济南信息通讯、淄博新材料等特色产业集群，加快科技园区发展。莱芜市扎实推进东部先进制造业协作区建设，强化与济南在汽车及零部件、钢铁精深加工、粉末冶金等领域合作，积极组建汽车零部件产业联盟。德州市重点规划实施了生态科技城、黄河国际生态城、红云高新技术产业开发区等六大产业平台，总规划面积 363 平方公里，积极承接京津、环渤海、省会城市群经济圈产业转移。滨州市大力发展高端高质高效产业，努力建设全国重要的纺织家纺、油盐化工、装备制造基地。

3. 加快发展现代服务业。

组织成立了山东省会城市群旅游联盟，重点打造"平安泰山"、"天下名泉"、"齐国故都"等文化旅游目的地品牌，加快建设国际旅游名城。济南市认真做好国家级服务业综合改革试点工作，顺利完成国家级试点中期评估工作。

（四）突出要素支撑，政策支持力度持续加大

加强统筹协调，在资金、土地等方面加大对省会城市群经济圈的扶持力度。在区域战略推进专项资金安排上，2014 年向省会城市群经济圈七市下达专项资金 14.34 亿元，重点扶持重大基础设施、乡村旅游、人才引进、职业教育、生态环保等 293 个项目，有力地支持了省会城市群经济圈建设发展。在土地供应上，在新增建设用地指标分配中，安排省会城市群经济圈发展用地近 6 万亩，占全省（除青岛外）的 47%。在国外优惠

贷款上，争取济南利用法国开发署贷款 2 500 万欧元建设污水源热泵供热制冷能源示范项目、莱芜市利用美国进出口银行贷款 1 000 万美元购置医疗设备等外资项目。在金融支撑上，加大小额担保贷款力度，强化创业补贴，省里每年安排不少于 10 亿元，作为省级创业带动就业扶持资金。加快推进济南区域金融中心建设，齐鲁股权交易中心已建成股权托管、挂牌交易等六大功能平台。济南市深化科技金融改革，设立了全市首家科技银行及规模达 2.5 亿元的科技投资基金，发放创新型城市建设奖励资金 5 000 万元。

（五）突出改革创新，发展活力不断增强

各市和省直有关部门在推进规划落实中，围绕重点领域，创新体制机制，服务保障能力进一步提升。土地方面，积极稳妥推进农村土地承包经营权有序流转，完善了预支计划指标制度，预支使用计划指标 3 135 亩，确保了重点项目建设用地。环保方面，在莱芜试点实施了二氧化碳和化学需氧量排污交易办法，初步建立了排污权交易市场。在价格方面，对可再生能源发电企业进行节能环保改造后给予适当临时电价补贴，开展电力用户和发电企业直接交易的试点工作，减轻了企业电费负担。行政区划方面，济南市积极推进增加市辖区、扩大城市发展空间的行政区划调整工作，章丘市、济阳县撤市（县）设区方案已上报国务院。人才交流方面，从省直单位、中央驻鲁单位和有关县（市、区）选派 52 名干部双向交流挂职，为省会城市群经济圈建设提供干部人才支撑。

（六）突出示范效应，济莱协作区同城化建设取得突破性进展

济莱协作区是推进区域一体化发展的亮点和示范。济南、莱芜两市联合成立了济莱协作区建设领导小组，组建了办公室，加强与省有关部门的沟通协调，同城化建设取得重要突破。交通同城化方面，自 2014 年 7 月 1 日起，济青高速南线莱芜段限速提高 10 公里/小时。开通了济莱城际快客，增加车次和站点，实行公交化运营。加快物流通道、旅游通道、高速通道等路网体系建设。通信同城化方面，自 2014 年 8 月 1 日起，两市间固定电话、移动电话用户通话按市话收费，取消了长途费和漫游费。济莱两地广播电视频道实现节目混合覆盖、交叉落地。户籍管理同城化方面，2014 年 5 月在山东省率先实现了两市居民异地换领、补领身份证。积极完善省级人口信息数据库，实现了两市户口网上迁移。放宽莱芜落户济南标准，莱芜居民申请在济南中心城区落户，与济南市所辖"三县一市"居民享受同等待遇。公共服务同城化方面，济南、莱芜两市 110 家中小学成立了教育发展联盟，加强学生游学、教师互派、师资培训等交流与合作。推动两市医保、社保异地联网结算，目前莱芜新农合可在济南 7 家医院使用，济南的可在莱芜 2 家医院定点；莱芜城镇医疗保险已与济南 24 家医院联网，实现即时结报。两市签署人力资源服务合作协议，在就业创业、社会保障、人才交流合作等方面开展全面合作。资源配置同城化方面，稳步推进济莱协作区电子同城清算系统建设，交通银行、齐鲁证券已在莱芜设立分支机构。两市加强旅游合作，可分别在对方城市设立旅行社分社

及服务网点；开通了济南雪野旅游专线，推出莱芜雪野生态游、健康休闲游等系列活动。

三、存在问题

虽然省会城市群经济圈经过几年的发展取得了明显的成效，但距离规划发展的目标还有较大的差距和不足。

（一）市场配置资源的决定性作用没有形成，生产要素流动具有明显的行政导向性

省会城市群经济圈包含 1 个副省级城市和 6 个地级市，随着省会城市群的形成和发展，行政区域分割的矛盾越来越凸显出来。由于缺少区域整体发展的相关制度和机制、思路和政策，受行政区划和地方利益的驱动，群内各城市的发展过分强调本地利益，缺乏长期战略眼光。省会城市群经济圈市际间的政府合作已经迈出了探索的步伐，但由于体制、机制和制度未理顺，城市间的合作往往只是临时性的、局部性和非制度化的，实质意义上的合作尚未全方位开展，尤其区域资源的开发利用、经济结构的战略性调整、市场开拓、重大基础设施的建设和生态环境治理等诸多方面，仍缺乏统一的整体规划和开发政策，导致省会城市群经济圈整体效应不强。行政性关系常常削弱甚至替代市场关系，难以做到区域资源的整体优化配置，阻碍了经济要素的自由流动和跨地区的经济合作。市际资本、技术、人才、信息等要素流动渠道不畅，市场体系被行政区划所割裂，影响了生产要素的优化组合，干扰和制约了企业之间的市场运作，造成区域资源的浪费，增加了工业化、城市化成本。

（二）区域发展不平衡，核心城市济南的辐射带动能力不强

区内各市在经济总量、外向型经济、地方财政收入以及城乡居民收入和消费水平等方面，存在较大差距。同时，济南作为省会城市群经济圈的核心城市，在现代化功能的发挥方面与长江三角洲城市群的核心城市上海、成渝经济区的核心城市成都、重庆等经济中心城市相比还存在较大差距。由于第三产业比重的不足与落后，使济南缺乏必要的金融、信息和投资手段对经济群施加足够的影响。尤其在融资、对外贸易领域，济南与一般大城市地位相似，国家级或跨区域的大银行、大集团数量较少。城市内部信息交流体系尚不发达。

（三）城市产业结构趋同严重，群内各城市间分工不明确

为了发展地方经济、增加地方收入，各地在发展经济时，往往把注意力集中在少数几个税大利高的产业上，再加上省会城市群经济圈内部自然禀赋比较相似，因而群内各城市的产业结构趋同问题十分严重。产业结构趋同使得各地区不能发挥自己的比较优势；同时也使得投资和生产分散，不能发挥规模经济效应，降低了省会城市群经济圈的

整体经济效益；更为严重的是会形成大量的重复建设，导致生产能力闲置和资源的浪费。有关研究表明，济南与群内其他六市的产业结构相似系数在 0.7～0.95，同业竞争较为明显，影响差异互补功能的发挥。

（四）重大基础设施建设缺乏统一规划与协调，支撑保障能力需进一步加强

工业化进程的滞后和城乡二元结构的长期存在，使省会城市群经济圈内各城市之间、大城市与中等城市之间、城市与乡村之间在基础设施包括交通、能源、通信等建设不平衡，造成各城市之间的交流和联系不畅，不利于省会城市群经济圈内力的发挥和扩展。目前省会城市群经济圈内区域基础设施地方化特点强烈，互联互通程度较低。由于行政区划的分割，各市交通布局、走向、建设时序的各自为政，造成区域交通体系不协调，基础设施建设的运营成本和收益问题难以解决，交通、通信等公共基础设施共建共享难以实现，整体效益不甚理想。

第二节　发展展望

建设省会城市群经济圈，是省委、省政府从全省科学发展大局出发作出的重大战略决策，经过省和相关市的共同努力，已经制定了科学规划、建立了联动机制，实现全面启动，目前各项工作正在积极对接中。2015 年将是省会城市群经济圈建设的关键一年，贯彻落实《规划》目标任务，明确发展思路，确定重点工作，已经成为深入推进省会城市群经济圈建设工作的重中之重。

一、2015 年发展总体思路及目标任务

（一）发展思路

省会城市群经济圈是加快聚集产业和人口、推进工业化城市化进程的重要地带，是促进山东省中西部崛起的重要平台。要牢牢把握主题主线，按照"五位一体"的总布局，发挥圈内各市特色优势，以做大做强省会城市为龙头，以一体化发展为方向，以体制机制创新为动力，以提高发展质量效益为中心，增强城市辐射带动，推进资源要素整合，壮大优势产业集群，提高区域综合实力和科技创新、可持续发展水平，加快建设南承沪宁、北联京津、东接半岛、西启黄河中上游的枢纽型城市群，争取建成发展活力充足、创新能力较强、产业素质较高、服务功能强大、生态环境优美、社会文明和谐的经济圈，在带动中西部崛起、促进区域协调发展、建设经济文化强省中发挥重要作用。

（二）目标任务

结合省会城市群经济圈发展实际，注重与《山东省会城市群经济圈发展规划》的

有效衔接，2015 年省会城市群经济圈将实现以下目标。

1. 发展水平不断提高。

区域经济一体化框架初步形成；主要经济指标增幅与山东省保持同步，欠发达地区发展步伐加快。2015 年地区生产总值达到 2.3 万亿元左右，人均地区生产总值达到 6.8 万元左右；公共财政收入占生产总值的比重逐步提高；对外开放水平显著增强。

2. 经济结构优化升级。

加快经济结构战略性调整，培育一批竞争力强的骨干优势企业和产业集群，建设以高新技术产业为先导、先进制造业为支柱、现代服务业为支撑的区域现代产业体系。2015 年，三次产业结构调整为 6.5：51：44.5。

3. 城市功能明显强化。

山东省会城市的整体经济实力、集聚辐射能力和综合服务功能显著提高。便捷高效的交通运输体系和安全畅通的信息网络体系建设加速推进，区域"一小时生活圈"更趋完善。各中心城市带动区域发展能力进一步增强，形成布局合理、功能分明、集约发展、运转高效的城镇体系。2015 年，城镇化率达到 60% 左右，城镇化质量明显提高。

4. 生态环境不断改善。

大力推进生态文明建设，加快建设资源节约型、环境友好型社会；低投入、低消耗、低排放和高效率的节约型增长方式初步形成，单位 GDP 能耗和污染排放低于全省平均水平，2015 年林木绿化率提高到 24%；循环经济发展水平达到全省领先、全国先进。

5. 人民生活殷实富裕。

教育、文化、医疗水平进一步提高，就业岗位持续增加，社会保障体系健全，居民生活水平和质量普遍提高。城乡居民收入增长与经济发展保持同步，基本公共服务明显改善，人民幸福指数进一步提高。

二、2015 年重点工作

2015 年是全面完成"十二五"规划的收官之年，是全面深化改革的关键一年，也是在经济新常态下，推动省会城市群经济圈向纵深发展的重要一年。要认真贯彻落实山东省委、省政府的工作部署，按照"面上推开、点上突破、融合互动"的工作思路，加大工作力度，强化《规划》落实，推动省会城市群经济圈建设取得更大成效。

（一）着力推进重大基础设施互联互通

重大基础设施建设对于省会城市群经济圈发展具有重要的保障和支撑作用，是实现圈内各市一体化发展的基石。要加快推进石济客专建设，积极推进张东铁路、德龙烟、黄大、寿邹铁路和滨港铁路二期工程建设。争取济青高铁、邯济胶济联络线全面开工，推动城际铁路项目加快实施。加快建设济南至东营、东阿至聊城等高速公路和济齐黄河大桥等重点项目。积极有序地推进聊城军民合用机场、淄博民航机场建设前期的工作。进一步加快推进滨州港建设，争取早日实现规模运营。加快推进国电泰安 2×35 万千瓦等热电风电项目建设。继续实施好南水北调配套工程管网等重点水利工程。

（二）着力推进产业升级

坚持改造提升传统产业与培育发展新兴产业相结合，以新能源、新信息、交通装备、机械装备、现代物流、文化旅游六大产业为重点，着力培育重点产业集群。发挥龙头企业的带动作用和产业园区的集聚效应，加快济南药谷产业园、东岳氟硅材料产业园、泰安高新区、德州生态科技城、聊城有色金属生产及深加工基地等重点园区建设。强化各市交流合作，共同研究建立"飞地招商"成本共担、收益共享机制和产业转移利益调节机制，加强产业融合对接，推动经济圈内产业有序发展、互利共赢。做好"一圈一带"产业投资基金的组建工作，强化投资基金的引导作用。

（三）着力推进公共服务共享

推动科技教育资源融合共享，充分发挥济南国家创新型城市试点带动作用，研究组建省会城市群经济圈技术创新联盟。进一步强化教育交流合作，引导圈内高校联合共建、协作交流。建设统一开放、高效共享的人才资源市场，推动实现人才信息联网，构筑信息资源共享平台。推动社保关系和医疗、养老关系互联互认，实现正常转移接续。积极推进建立同城结算机制，尽快实现各市之间异地就医联网结算。

（四）着力推进区域环境同治

结合区域产业结构调整和能源结构调整，重点推进大气污染防控工作，按照相关会议讨论通过的《省会城市群经济圈大气污染防控工作重点》和《关于省会城市群经济圈大气污染防控战略合作框架协议》，加强区内大气污染联防联控，推动省会城市群经济圈大气污染防治工作取得突破性进展。建立信息交流通报制度，强化跨界流域和危险废物污染协作防治。完善环境应急联动机制，定期组织联合执法，联合查处违法行为。

（五）着力推进济莱协作区建设

按照打造山东区域一体化建设先行示范区的要求，推进济莱协作区先行先试。组织编制协作区总体规划及产业、交通、旅游、环保等专项规划，为两市融合发展提供规划引领。做好城际铁路建设相关工作，加快市内快速路、省道建设。依托人民银行济莱同城资金清算系统建设项目，积极推进金融收费业务同城化。做好汇报争取工作，积极推进区号统一。加快山财大莱芜校区建设，力争 2015 年实现秋季招生。认真总结济莱同城化建设经验，适时在省会济南周边选择部分基础条件好、积极性高的县（市、区），推广济莱协作区的成功经验，放大同城化建设示范效应。

第三节 对策建议

一、注重顶层设计，把省会城市群经济圈上升为国家战略

省会城市群经济圈南接长三角、北邻京津冀，东西分别与山东半岛城市群和中原经济区相连，区位优势明显，是山东省最具活力和潜力的区域之一，是全国交通、信息大通道的重要枢纽，具有良好的经济基础和广阔的发展空间。目前，省会城市群经济圈，只是山东省的发展蓝图，要想积极推进省会城市群经济圈建设，使圈内的资源优势和潜在能量得到进一步整合和释放，推动山东的发展水平有更大的提升，就要注重顶层设计，争取将省会城市群经济圈上升为国家战略。山东出台的山东半岛蓝色经济区、黄三角高效生态区以及长株潭城市群等上升为国家战略后，都得到一些先行先试的优惠政策，增加了区域发展的吸引力，得到了快速发展。要站在国家战略的高度，积极争取国家支持，把省会城市群经济圈做大做强，形成核心带动、圈层推进、效应扩散的发展格局，在山东省参与国内外竞争中发挥骨干作用，成为连接沿海与广大中原地区发展的战略高地。

二、坚持规划引领，加强政府对省会城市群经济圈的协调与引导

一是建立区域性协调机构。政府层面的协调机制，主要研究政策、市场规则、重大基础设施项目决策等的一致性。在政府层面下，各对口专业部门进一步探索建立起有组织、可操作的专项议事制度，确立重点专题，深化合作内容。成立一体化的协调领导机构。建立省会城市群经济圈常设协调机构，常设成员由各成员省、市、政府部门机构组成，也可吸纳非政府机构、私营部门、公众组成。协调机构全面负责区域一体化建设的领导、组织和协调工作，研究制定产业布局、重大项目、基础设施、市场体系、生态保护和资源开发等战略规划，统筹经济区的重大建设问题。二是建立严格的规划落实机制。在已发布的《山东省会城市群经济圈发展规划》的指导下，从区域统筹的角度，统一编制城市群发展的各专项规划和建设规划，制定详细的发展政策，指导重大项目建设与重大任务推进。加强各规划间的衔接，建立严格的规划落实机制，充分发挥规划的引导和协调作用，优化配置各种资源，合理布局重大基础设施项目，实现城市群的协调发展。同时，对规划中的任务进行详细分解，建立严格的规划落实机制。三是处理好省会城市群经济圈内各城市之间的关系。坚持优势互补，对省会城市群经济圈内的资源有效整合，实现要素互补，合理配置资源，搞好产业配套，形成集群效应；坚持资源共享，要实现资源跨地区、跨部门、跨行业优化配置，就应对土地、原材料、能源等资

源，通过开放市场、调整价格及降低消耗等途径，实现最大限度的共享；坚持互利互惠，充分兼顾经济体内部城市利益，通过分工协作，产生集聚和累积效应，实现双赢和多赢的效果；坚持整体运作，在产业整合、市场布局、资源共享、基础设施建设、政策制定等方面，各地要顾全大局，统筹兼顾，充分体现规划的整体性和运作的一致性。

三、深化改革，突破构筑省会城市群经济圈的行政体制障碍

转变政府职能，充分发挥市场决定性作用。完善法规体系，为企业发挥主导作用提供保障。尽快清理并废除各种不利于市场主体发挥主导作用的各种规章制度，以地方法规的形式，明确企业经营行为自主性、商品和要素流动自由性不受侵犯的原则，明令禁止各级政府和各类机构对市场主体自主行为的干预。积极发展行业协会等中介组织，提高企业的组织水平。引导和支持各行业以优势企业为龙头，自主、自发地组建圈域性的行业协会（商会），充分发挥行业协会组织能力，引导和推进企业跨区域的合作和流动，为广大企业实行跨区域的优化配置、一体化经营服务。同时，大力转变政府职能，为市场主体营造良好环境。建立利益协调机制。政府必须对此进行积极的引导和支持，特别建立利益协调机制，为企业的自主行为创造最优条件。为此，必须明确两项原则：一是任何人、任何机构都不得以任何名义对企业自主流动和重组行为进行阻挠；二是对这种跨行政区域的流动重组带来的地方利益关系的调整，必须本着利益共享的原则，由各利益主体协商利益分享的办法和途径。突破行业分割局面。加强跨行业、跨部门的综合管理，实现区域资源的整合。加快推进垄断行业的改革。各地政府要依据国家出台的一系列政策措施，加大自然垄断行业的改革力度，进一步扩大向非国家资本的开放，大力引入市场竞争机制。

四、创新体制机制，激发内生动力

要实现一体化发展，必须创新体制机制，特别是要建立实现资源共享、产业互补、合作共赢有利于一体化发展的体制机制。要加强省会城市群经济圈内各市间的双向互动，着力推进发展规划一体化，要加强济南、泰安、莱芜、淄博、聊城等城市的对接，对涉及的基础设施建设、重点产业布局、资源开发、市场开拓、环境治理、公共服务设施建设等问题，共谋划、共建设、共分享、共繁荣。加快完善区域一体化信息网络，推进农业、旅游、物流、人才、劳务、房地产等重点领域信息网的联网工作。着力推进要素市场一体化，依托济南区域性金融中心，深入推进金融保险业的同城化步伐。按照互利互惠、方便快捷的原则，推进市场监管体系对接融合，建设统一的物流市场、金融市场、旅游市场和文化交流市场等。着力推进公共服务一体化，加快建立经济圈内其他六市与济南科教合作、技术创新平台，逐步形成政策协调、制度衔接、市场一体、服务贯通、资源共享、利益一致的人才开发新机制。加强济南及周边城市的对接，推进社会管

理信息资源共享和社会治安配套联动。着力推进优势产业一体化，主动与周边市大企业、大集团对接，推进先进制造业融合发展。

五、打造相互促进的产业带，培育一体化市场

（一）逐步形成相互依赖的产业链

在七个城市一体的情况下，要按照培育产业集群、完善产业链条、壮大核心企业、突出重大项目的思路，紧紧围绕建设新兴产业示范基地的战略目标，在实施项目牵动战略的过程中，注重从离散式抓项目向系统化抓产业链转变，着力构筑产业带，完善产业链，培育产业群，提升产业质量，形成完善的"产业生态"。为此，省会城市群经济圈发展的视角需要实现以下转变：从单个产业的发展转到跨部门或产业内的价值链分工活动的发展；从政府的立场转到企业的立场；从国家和区域内部的视角转到地方和全球相互作用的视角；从游离的企业个体转向企业集群；从片面强调培育大集团转向促进大中小企业形成生命共同体；从片面强调硬环境转向发展软环境。加强省会城市群经济圈各城市产业规划的协调与衔接，确定区域产业总体发展战略，促进产业关联发展，以企业协作促进产业融合发展。通过各种生产要素的整合，在省会城市群经济圈内部形成以济南为龙头，协调有序、分工合理的产业体系和产业集群，减少产业雷同，避免盲目竞争和资源浪费。济南市要充分发挥省会综合优势，加快打造区域产业高地和研发基地，鼓励如济钢集团、山水集团等重点企业跨地区延伸产业链，提高区域配套能力，形成布局合理、错位发展、密切协作的区域产业体系。完善七个城市一体的产业链，培育产业集群、完善产业链条、壮大核心企业、突出重大项目，形成相辅相成、互相依赖的产业带。

（二）逐步建立一体化市场

要运用现代信息技术推动各种要素市场的联网，形成各类市场的联合体，进而在促进各地市场充分发育的基础上，推动经济圈统一市场的形成。发挥济南消费市场大、商业化比较发达的优势，以济南的商贸企业为龙头，联合区域内各城市的商贸企业，推进商贸流通的一体化；济南的金融机构多，融资能力强，应培育一批面向区域内所有城市的投资公司、控股公司，扩大跨地区的直接融资业务，形成区域性的、多层次的资本市场；推动科研单位、高等院校科研的市场化、产业化，以济南市为核心，建立科研与技术开发的协作网络以及技术信息和交易网络；要逐步实现都市圈各城市间劳动力市场的相互开放，减少地方保护色彩，逐步形成区域统一的劳动力和人才市场；在市场规则方面，尽快建立能够与国际接轨的市场运行规则，消除各种阻碍其要素合理流动的非市场干预，打破地区封锁和部门垄断，为经济的合理运行奠定基础。

（三）建立省会城市群经济圈生态环境合作机制，实现可持续发展

加强生态环境保护、合理利用资源，对于保证省会城市群经济圈可持续发展尤为紧迫。一是统一规划区域生态环境保护，强化区域生态环境的统一管理，建立和完善重大环境质量预警、监测和信息反馈系统，加大环保执法力度，在管理体制上保障区域环境的共同维护、联合治理，形成整体效应。二是建立统一的标准及监测网络。以国家生态环境指标体系为指导，建立统一的废水、废气、固体废弃物等的排放标准，并制定相应超标排放的管控措施。三是联合对区域性环境污染进行综合治理。加强小清河、徒骇河等跨界河流水污染联合防治，加强自然保护区、重要水源涵养区、湿地生态功能区等重要区域和生态敏感区的生态建设与保护，提高区域生态安全保障能力。四是大力发展循环经济，发展新型工业，实现由重加工高耗能工业向以知识经济为特征、高新技术为主导的轻型经济的转变，由城市群制造向城市群创造的转变。同时，要探索环境保护和区域补偿制度，建立和完善省会城市群经济圈环境保护工作交流和情况通报制度，定期通报和交流各市环境保护工作情况，建立环境信息共享机制。

第四节　亮点荟萃

2014年，省会城市群经济圈迈出实质性步伐。从济南与莱芜取消长途通话费，到省会经济圈旅游联合推介，到区域合作框架协议达成，各种推进省会圈一体化发展的举措不断推进，抽象的政策正在逐步转化为具体的行动，省会城市群经济圈建设亮点纷呈。

一、同城一体化发展方面

（一）省会圈七市同城化发展扎实推进

2014年，省会城市群经济圈召开党政联席会议，共同推进经济圈内7个地市融合发展，在规划区域内资源开发、产业融合、市场开拓、环境治理、交通布局等重大事项，实现规划一体化。一是推动圈内7个城市实现居民日常生活"一卡通"，确定2015年上半年实现济南莱芜之间按市话收费，取消长途费、漫游费；确定济聊城际铁路与轨道交通R1线共线运营方案，研究"飞地招商"机制，规划"大济南都市区"；制定出交通体系、产业协作、旅游融合、生态保护等八项基础设施重点建设项目的推动时间表。二是推动产业协作配套。建立产业协作机制。强化七市合作交流，共同研究建立"飞地招商"成本共担、收益共享机制和产业转移利益调节机制。打造区域产业链，根据各市资源禀赋、基础条件和产业发展优势，以交通装备、机械装备、输变电设备、新

能源、新材料、电子信息、食品医药、精细化工、纺织服装等产业为重点，以企业协作配套、延伸产业链、打造产业集群为核心，大力推进产业协作融合和战略转移，增强经济群产业整体竞争力。充分发挥省会经济、人才、教育、科技资源优势，在济南规划建设经济圈总部经济聚集区，建立健全合作机制，引导经济圈内总部企业集聚发展，推动不符合省会发展定位的企业向更符合产业发展要求的圈内其他城市转移。三是推动旅游业融合发展。七市按照"资源共享、品牌共树、市场共推、营销互动"理念，对省会圈旅游资源整合发展进行研究，发挥省会城市群旅游联盟平台作用，淡化行政边界，强化协作配合，打造整体旅游品牌。成立省会城市群旅游联盟，共同签署了城市群经济圈旅游合作的《济南宣言》。将联合推进圈内七市旅游"一卡通"，推行区域各市市民旅游同等待遇。以济南为区域旅游中心，整合泰山景区、天下第一泉景区，以及聊城江北水城景区、淄博历史文化旅游新城、莱芜房干生态旅游区等旅游资源，打包推出一系列精品化旅游线路，积极打造经济圈旅游整体形象。四是组建产业联盟，推动物流业一体化发展。尽快组建经济圈物流业发展联盟，实现经济圈内七市物流业市场、资源、资本、标准对接，优化企业间资源配置，壮大产业整体实力，提升市场竞争力。建立经济圈物流业发展协调工作机制，打破地区、部门和行业局限，大力推动物流业深度融合发展。充分发挥省会交通、信息、航空、综合保税区以及特色物流优势，做大做强物流基础设施、物流装备制造、社会化第三方物流，特别是物流公共服务平台、数据交换平台等信息平台体系，实现圈内各地市物流软硬件系统的互联互通。五是推动区域环境同治。建立信息交流通报制度，全面对接各方跨界流域污染管理制度、措施，建立环境空气污染防治联合机制和跨界各断面水质自动监测信息共享机制，及时通报空气质量和异常水质监测情况，实行统一的预警机制。建立环境应急信息共享制度，实现跨界重点环境风险单位信息共享和资源共享，设立环境应急联络员，实现环境应急监测、应急专家库、应急物资库、应急处置措施和信息的共享。

（二）济莱协作"五个同城化"打造区域一体化范本

莱芜与济南空间相接、产业关联，建设济莱协作区既可以拓展济南发展空间，又能够促进两市资源、产业整合。要加大工作力度，在交通、通信、户籍管理、公共服务、资源配置等方面加快同城化步伐，使之成为山东省区域一体化发展的先行示范区。按照省委省政府的统一部署，济莱两市联合成立了济莱协作区建设领导小组。2014年，济莱协作区建设围绕交通、通信、户籍管理、公共服务、资源配置"五个同城化"开展工作，多措并举多头挺进，"同城化"效果初步显现，"一体化"趋势不可阻挡，得到了济莱两地人民的一致认可和称赞。

2014年年初，济莱城际快客开通，实行公交化运营，票价从38元降为20元，成为济莱两地人民往来的首选。2014年7月，济莱高速限速全线提高10公里/小时，济莱两地交通开始"提速"。此外，省道242线、济莱快速连接线等济莱间的公路工程也在有序推进。

2014 年 5 月，《济莱协作区物流一体化框架协议》签订。它的签订积极推动了济南与莱芜间的零担货物和专线运输做到同城同价、同城同质、同城同速、同城同标准的配送业务，改变恶意竞争、相互压价的现象，使空载率由 40% 降低到 10% 以下。

自 2014 年 8 月 1 日起，济莱两地通信取消长途费、漫游费，两地间通信按照市话收取费用，两地间的通信成本大大下降，为两地间最终实现区号统一目标迈开重要的第一步。

自 2014 年 5 月 13 日起，在济南的莱芜籍群众，可就近换领、补领身份证，成为省内首个实现户籍管理"全省通办"的地区。5 月 28 日开始，济南市民也可在莱芜办理同样业务。在此基础上，山东省将逐步推开省内各市跨区域协作办理身份证。

济莱两市医保、社保异地联网结算取得重要突破。目前，莱芜可在济南市儿童医院、中心医院等 6 家定点，莱芜市人民医院、莱钢医院列为济南市新农合定点医院，莱芜市城镇医疗保险已与济南市 24 家医院联网，实现即时结报。

农超对接成为济莱农业交流的一大亮点。9 家莱芜优质农产品专营店成功在济南落地，济南人在家门口，就能方便地买到莱芜"三黑一白"等特色农产品。

金融、教育及其他方面的协作也在有序推进。山东财经大学莱芜办学已日渐明朗化。人民银行济南分行和莱芜市政府联合召开金融支持"济莱协作区"建设暨重点项目银企合作推进会，济莱两地金融资源将在更广的范围内交流和共享。

二、产业转型发展方面

（一）东平县着力打造发展新优势

东平县抢抓纳入"一圈一带"的机遇期，立足东平发展实际，深入挖掘自身发展优势，认真研究各项优惠政策，找准结合点，积极对上争取，着力打造东平发展新优势。

1. 着力打造优质高效农业基地。

充分利用政策红利，积极争取农业补贴的倾斜力度，中央预算内投资对粮食主产区基础设施和民生工程建设的支持，重点实施了新增千亿斤粮食生产、万亩基本农田示范区、高效节水灌溉试点县、坡耕地改造、农村饮水安全等工程项目，农业生产条件不断改善。加大对农业龙头企业的扶持力度，打造一批农业龙头企业。

2. 着力打造特色工业集群高地。

按照"以产兴城、以城促产、产城一体、融合发展"的工作思路，规划了"滨河新区"，依托公铁水联运交通区位优势，以矿产业、化工业为基础，以集群化、规模化、新型化为方向，加大骨干龙头企业培植力度，培育壮大矿产业循环园区、瑞星集团等企业，构建新的煤化工、矿产资源、现代工具、农副产品加工生产基地，建成特色鲜明、技术先进、规模壮大、支撑有力的产业集群，成为县域经济发展的重要增长区。

3. 着力打造国内外知名旅游目的地。

集中打造了水浒义城、白佛山景区、戴村坝景区、东平湖大溶洞等一批新的旅游景区、景点。大力发展以稻蒲荷香农庄、塘坊村、南堂子村等"十朵金花"为代表的乡村旅游，乡村旅游正逐步成为东平县旅游转型时期的又一替代型产品。加强与周边县市区的联系，整合梁山、郓城、东平、阳谷等地相关资源，重点推进东平湖国家级休闲旅游区、水浒文化产业园项目建设，打造水浒文化旅游精品路线。

4. 着力打造水陆交汇的重要物流节点。

抢抓济广高速、济徐高速的开通，晋鲁铁路建设并在东平设立客货车站，京杭大运河东平段复航并在东平设船闸和航运码头等机遇，超前谋划，规划建设了总投资 200 亿元的现代国际物流商贸基地，全部建成运营后，年可实现总交易量 10 亿吨，交易额 460 亿元，成为区域性的物流集散中心、内陆物资南下北上和水陆交汇的重要物流节点。

（二）莱芜雪野旅游区："三驾马车"拉动服务业发展

1. 积极探索发展新型服务业。

积极引导第三产业与第一、第二产业共生互动、融合发展。雪野镇新建的电子营销平台——"雪野农家特产网"，覆盖全区 50 个村，已发布 5 000 余条土特产信息，达成 2 000 多项交易，交易额 2 亿元。成立了西抬头三辣种植合作社、房干旅游合作社、安子湾民益果蔬合作社等 68 家农业专业合作社，共有 1 400 多农户、5 000 余人参加，成为农民致富的主渠道。规划建设了雪野生态农业项目、房干生态农业项目等生态农业项目，把生态观光和现代农业有机结合，引导农民由第一产业向第三产业转移。对旅游商品加工园统一规划，打造"前店后厂"的经营模式，把工业和服务业融合。

2. 突出发展高端服务产业。

以打造高端服务业基地为目标，规划建设了通用航空产业园、生态软件园、金融创投园等特色服务业园区，逐步培植了通用航空、总部经济、金融创投、人才培训等特色高端服务产业。通用航空产业，依托航空产业园，重点围绕航空培训、航空旅游、航空俱乐部、维修服务、展览交易等板块，加大招商引资力度，着力将其打造成中国最具竞争力和特色的通用航空产业园区之一。航空产业园 2014 年取得民航华东地区管理局颁发的莱芜雪野通用机场使用许可证，列入了山东省民航业中长期发展规划（2014~2030年）。已引进天翼动力三角翼、中德轻型飞机培训、齐翔航空俱乐部等 9 家企业入驻。金融创投方面，引进齐鲁证券等金融创投企业 16 家。同时，与农行、建行、商行进行洽谈，正规划建设金融小镇。健康养生方面，雪野具有发展健康养生产业得天独厚的优势。目前正在与学院式养老基地项目进行洽谈，引进高端疗养护理企业和健康管理公司，与省立医院积极洽谈，邀请知名医疗服务机构设立分院或开展医疗合作，探索建立全新的健康管理模式。

3. 改造提升传统服务业。

在突出发展高端服务业和现代服务业的同时，不断改造提升文化旅游、酒店餐饮等传统服务业，在特色化培育上下工夫，持续提升服务水平和质量。文化旅游产业，依托雪野旅游区独特的山水资源优势，合理引荐旅游项目，逐步构建起"水陆空"三位一体的旅游发展格局，开辟了"乡村旅游"特色旅游形式。酒店餐饮方面，坚持抓管理促服务、以服务促管理，深入开展饭店餐馆创星、景区创A、农家乐创优的"三创"活动。同时，大力发展品牌餐饮、特色餐饮、"老字号"餐饮业，提升发展层次。"邢府公牌雪野鱼头汤"和"莱雪牌王家鱼头汤"被认定为"山东老字号"。

三、园区建设方面

（一）历下区打造江北最大电商产业园

济南市历下区是省会城市群经济圈中信息产业和电子商务最发达的地区。2014年上半年，历下区电子商务交易额达128亿元，其中网络零售交易额约为32.4亿元，占全区GDP的比重达23.4%。在未来3~5年时间，历下区将力争把山大路电商产业园打造成为山东乃至江北地区业务量最大的大型综合电子商务产业园，山大路电子商务产业园2013年年底挂牌成立，是一个政府主导，以3C数码产品销售为核心，汇聚多种业态电子商务企业及上下游服务企业的开放性园区。园区以山大路为中轴线，南起经十路，北至花园路，南北长约3.7公里；东起二环东路，西至历山路，东西长约2.5公里，规划总面积约为9.25平方公里。拥有5000平方米以上的商业商务楼宇38座，建筑面积246余万平方米。园区内有华强、赛博、科技市场、数码港等多家3C数码产品销售商城，聚集了近万家销售企业，是江北地区最大的3C数码产品集散地，年交易额超过300亿元，产业基础稳固。

（二）泰安加快推进泰山云谷互联网产业园建设

泰安市将高技术信息服务业作为创新新型业态、引领行业发展的重要举措，积极引进总投资30亿元的泰山云谷互联网产业园项目，着力打造依托泰安、辐射周边区域的全省IT互联网产业集群和信息化产业典范。

泰山云谷互联网产业园规划建设泰山云谷华东互联网数据中心、实训基地、孵化基地、产业基地。该项目是依托云计算中心，集互联网数据备份、高科技产业研发、产品孵化、人才培养为一体的互联网产业基地，项目建成后主要为奇虎360、搜狐、新浪、凤凰网、百度、网易、优酷等著名互联网企业提供数据存储和备份服务，还可为其他运营商、大型企业、金融证券、政府、能源、电力、交通、教育、制造业、网站和电子商务公司提供数据业务，并通过数据中心这一载体，实现为著名互联网企业提供产品研发、产品实验、人才培养、产品测试、技术演练基地。该项目于2013年11月8日开工，分两期建设，由山东泰山云谷信息产业有限公司投资，一期总投资30亿元，建筑面积27万平方米，主要建设华东互联网数据中心和实训基地，建成后将成为全国最大的数据备份基地和人才培养中心。其中，华东互联网数据中心，是华东地区规模最大的数据存储和容灾备份中心，可容纳服务器 10 万台，是按照国际 T3、T4 标准打造的绿色五星级数据中心。网络技术实训基地，主要开展互联网人才培训和产品测试，重点培养、储备高素质的管理型和技术型互联网人才，并形成优秀的互联网人才梯队。

目前，泰山云谷互联网产业园项目建设进展顺利，2014 年计划投资 10 亿元，目前已完成投资 4.5 亿元，互联网数据中心 A 区三层正在进行钢筋绑扎和模板支护，B 区、C 区四层正在进行钢筋绑扎和模板支护，百度、阿里巴巴、新浪、搜狐、乐视、央视网、即刻搜索、金山云、慧聪网、盛大游戏、优刻得、和讯网、赶集网、蓝讯、爱学教育集团、全球互联网技术大会等知名品牌已签约入驻。预计一期投入运营后，年可实现销售收入 10 亿元、利税 2.5 亿元，安置就业 3 000 余人。

四、科技创新方面

（一）七城市科协成立省会城市群经济圈科技创新联盟

2014 年 6 月 6 日，在省会城市群经济圈科学发展研讨会上，七城市科协领导签订了《省会城市群经济圈科技创新联盟框架协议》，为凝聚人才智力服务省会城市群经济圈发展搭建了平台。

1. 构建区域科技人才网络。

通过成立省会城市群经济圈科技创新联盟，将充分发挥科协组织人才荟萃、智力密集、联系广泛等特点，本着优势互补、资源共享、合作共赢、促进发展的原则，积极探索建立城市间优势互补和互惠互利的协作机制，广泛组织科技工作者为城市群经济圈发展献计出力。围绕城市群经济圈发展中的热点问题，着力搭建学术交流、决策咨询互动平台。通过举办学术年会，组织科技工作者开展研讨交流。推进科协组织科技思想库建设，发挥高校、科研院所专家资源，成立科技创新联盟专家服务团，围绕七城市党委、政府关注的本地区科技、经济、产业发展问题，组织开展决策咨询和研讨论证，为党委、政府科学决策服务。

2. 搭建企业技术创新服务平台。

组织七城市企业科协加强联合协作；组织企业科技工作者围绕企业"急、难、新、特、尖"技术难题开展技术攻关；围绕企业生产中的关键性课题、重大科技难关和科研项目开展科技攻关；围绕工艺技术进步组织推广新技术、新工艺、新材料、新成果工作；推动产学研结合、科技成果转化和产业化；针对企业发展目标和重大技术问题和重要工程项目，组织广大科技工作者开展研讨论证，提出具有预见性、创新性、实效性的技术建议；围绕提高产品质量、节能减排、降低成本、安全生产提出合理化建议。以企业需求为导向、项目为纽带、院士专家为依托，在企业建设"院士专家工作站"，为提升企业技术创新能力服务。组织开展"百名专家进百企活动"，组织专家为企业举办科技讲座，技术会诊、咨询等服务活动。

3. 搭建科普资源共建共享平台。

联盟将积极搭建科普资源共建共享和人才培养平台，助推公众科学素质的提高。实施五大人群科学素质行动，联合开展科技周、科普日、科技夏令营、民生科普等系列科普宣传活动。组织七城市社区科普大学之间的交流学习，共同提高办学质量和水平。共享"心理健康进社区"专家团资源，组织成立七城市心理卫生协作组，开展七城市心理咨询服务。联合举办青少年科技创新大赛、青少年机器人大赛、青少年科技节等青少年科技竞赛活动。共建共享城市科技馆、社区科普馆、科普示范社区、科普示范基地、数字科技馆等科普场馆和科普示范基地资源。

（二）山东省重大科技专项推动省会城市群经济圈重点产业持续发展壮大

自山东省重大科技专项实施以来，紧密围绕山东省委省政府区域发展战略，在各区域部署实施了一系列重点科技项目。尤其是 2012 年省自主创新专项设立以来，立足省会城市群经济圈功能定位、区域特点和产业优势，突出支持了高端电子信息、先进装备制造等高新技术产业中技术创新水平高、发展势头强劲、对产业结构调整推动作用大的重点项目。与此同时，强化支持新萌发的成长性好、符合国家和省战略性新兴产业发展要求的项目，大力培育战略性新兴产业。围绕省会城市群经济圈的功能定位和发展情况，重大科技专项重点支持了浪潮集团有限公司、齐鲁制药有限公司、泰山玻璃纤维有限公司等一批骨干企业，引导企业投入更多要素进行科研创新，形成了天梭 30 000 高效能服务器、XHV25 系列五轴联动高速龙门镗铣床、单唾液酸四己糖神经节苷脂等一批重要产品和重大装备，实现了海量信息存储系统关键技术、基于超高速串行接口的大容量存储控制 SiC 芯片前端设计等关键技术的研发突破，推进了该区域高端电子信息、先进装备制造、生物医药等产业的持续发展，提升了相关产业的集群化发展水平，提高了省会城市群经济圈参与环渤海产业竞争合作的能力和对外辐射能力。

五、金融支撑方面

（一）七市加大金融支持省会城市群经济圈建设力度

济南市完善多层次资本市场体系，建立山东省金融资产交易中心、全省企业上市路演中心和全省金融数据中心，积极申请济南高新区列入全国代办股份转让系统试点范围。

莱芜市推进济南、莱芜两地建立统一的支付清算体系和征信体系，争取对非跨行个人存取款、转账取款、银行卡取款等业务按同城业务处理。实行信贷投放倾斜政策促进圈内产业转移，用 3 ~ 5 年时间重点扶持 1 000 家成长型中小企业。

泰安市综合运用信托等金融产品，优先保证市重点融资项目建设，力争 2015 年银企合作签约额不低于 220 亿元。推进泰安高新区金融创新示范区建设，规划建设泰安市金融中心。

淄博市进一步加大对齐鲁股权交易中心的政策扶持力度，力争到 2020 年成为全国有重要影响的区域性金融综合交易平台。抓好市金融创新综合服务平台建设，为圈内企业及金融机构提供各类综合金融创新服务。

德州市扩大跨地区直接融资业务，力争 2014 年实现直接融资 253 亿元。设立投融资集团，放大政府扶持资金效应，实现过桥基金、创投基金、创业基金和政策性担保公司县域全覆盖。

聊城市规划建设省会城市群经济圈法人金融机构金融后台产业基地，全方位打造区域性金融次中心。建设金融大厦、商务中心大厦、大型购物商场及高档公寓，打造金融机构集中、总部办公密集、现代服务业繁荣的金融商务集聚区。

滨州市积极对接圈内地区金融机构，吸引金融机构参股该市农村信用社以及在该市设立分支机构和网点，力争 2014 年引进辖区外股份制银行 10 家以上。

（二）济莱金融协作成效显著

1. 构建区域金融合作框架。

莱芜市与济南等 6 个城市签署金融合作框架协议，搭建了以济南为中心、周边资金共享共用的区域金融合作平台。齐鲁证券、交通银行、齐鲁银行先后与莱芜市政府签订战略合作协议；省投资担保公司正在莱芜市开展农业集合信贷担保业务和农村土地经营权抵押融资业务；泰山保险正在筹备设立分公司，与省再担保集团、山东金融超市达成设立分公司的初步意向，与齐鲁证券达成建设财富中心和金融小镇等项目意向，与山东金融资产交易中心、山东九信资产管理公司达成化解不良资产初步意向。

2. 搭建济莱银企合作平台。

2014 年 4 月，组织召开了金融支持济莱协作区建设暨重点项目银企合作推进会。莱芜市内外 21 家金融机构与莱芜市 160 个（次）企业签约金额 202.4 亿元。截至 8 月末，莱芜市内外各金融机构到位资金 127.73 亿元，资金到位率 63.1%，其中，驻济金融机构到位资金 63 亿元，资金到位率 85.7%。

3. 推动济莱金融同城。

就"建立统一的支付清算系统、减免银行卡区域内收费、引进股份制银行"等问题，积极向山东省发改委、省金融办、人行济南分行、省银监局等单位汇报，争取多方支持，人行济南分行就济莱结算同城工作开展投资论证，省发改委初步同意对济莱同城系统升级项目进行扶持，省银监局积极协调股份制银行到莱芜设立分支机构。

六、改革开放方面

（一）省会经济圈贸促协作机制形成

为促进省会城市群经济圈开放型经济发展，济南市贸促会发起成立省会城市群经济圈贸促系统联席会议，并设置常设机构。2014 年 2 月 27 日，联席会议首次会议在济南召开，共同签署《省会城市群经济圈贸促系统合作与发展济南宣言》，标志着省会经济圈贸促协作机制形成。

联席会议设轮值主席、秘书长及秘书处，每年在各市轮流召开一次会议，就共同关心的问题进行研讨、交流，对省会城市群经济圈贸促系统合作与发展的原则问题做出决定，策划、组织、实施实质性的合作活动。遇有具体事项，将组织召开临时专项会议进行商讨。"圈内七市都有各自优势，例如在国际交流合作方面，济南主抓中南美洲市场，而滨州主打东盟市场，淄博与缅甸、非洲市场联络紧密。市贸促会副会长王钟告诉记者，建立联席会议机制，整合贸促资源和渠道，实现区域优势共享，这就为七市互相"借船出海"提供了方便。

（二）山东省地方税务局推出服务省会城市群经济圈建设的十条措施

1. 建立税收协作机制。

由省局牵头协调经济圈内的七市地税局，建立联席会议制度，加强涉税事务办理协作。定期召开经济圈内七市地税部门联席会议，维护税收管理的统一性、规范性、公平性，协调处理在税收管辖、税收核定、税款征收、外出经营税收管理等方面产生的矛盾和争议，统一税收政策执行尺度，理顺规范税收秩序，促进各类经济主体公平竞争，助推生产要素自由流动。

2. 加强经济税收分析。

密切关注国家特别是经济圈建设相关的宏观经济动态，发挥数据集中优势，建立经济圈涉税信息共享机制，及时对收入结构、税源变化、税收负担、经济税收数据比对、重点税源企业监控、税收增减因素等情况进行横向、纵向的调研分析，为党委、政府掌握经济运行情况提供翔实可用、及时有效的信息数据。

3. 开展产业和企业调研分析活动。

省局组织各市局开展领导带队走访企业活动，围绕加快发展金融、信息、商贸物流、文化旅游、商务会展五大区域性服务业中心和大力培育汽车、信息、机械装备、新能源及节能环保、石化及新材料、食品医药、轨道交通装备七大千亿级产业集群，重点了解企业发展中遇到的税收问题，帮助企业用足用活用好税收政策，扶持企业健康发展。

4. 建立集团企业和重点项目集中管理服务机制。

从税收职能的不同方面，积极探索圈内集团企业的税收管理服务模式，引导企业集团加强税收内控机制建设，研究提出涉税风险管理建议，建立健全针对性强的税收管理服务机制，营造圈内集团企业经营、竞争、发展、创新的良好税收环境，充分发挥圈内集团核心企业的领导、带动和辐射作用。对跨区域重点工程项目严格实行政策、征收、协调、清算"四统一"管理，加强与国税部门的协调配合，避免多头征管、重复检查，确保重点基础设施建设的顺利推进。对经济圈内重大建设项目，实行团队管理、专人服务，对重点项目、重点工程提供全程纳税服务。

5. 深化涉税审批制度改革。

认真开展行政审批事项清理活动，依法减少行政审批事项和办税审批环节；发挥信息化优势，优化办税流程，简化办税手续，尽量下放审批权限，尽量向前台转移审批关口，将涉及的税收审批事项纳入"绿色服务"通道，限时办结，提高涉税事项管理、审核、审批效率。

6. 强化税收优惠政策落实。

建立税收优惠政策落实考核机制，引导各级按照"积极主动、不折不扣"的原则，全面落实好国家出台的各项税收优惠政策。完善政策跟踪问效和执行反馈机制，加强税收政策效应分析，按照常规政策、潜力政策、可争取政策进行分类，编制单项政策及行业的税收收入贡献指数，组织专题政策分析会，分析政策落实瓶颈和提升空间，随时掌握税收政策执行过程中出现的新情况、新矛盾、新问题，有针对性地提出解决方案和措施，增强政策惠及企业发展的深度和广度。

7. 积极引导企业大力发展第三产业。

充分研究利用好"营改增"税制改革及国家扶持服务业发展的税收政策，积极引导企业发展餐饮、劳务等生活服务业分离，鼓励企业深化分离领域，探索将金融、信息、物流、研发、设计、营销、商务等内部服务环节从主业剥离出来，成立单独的服务企业，从而使企业结构从"橄榄形"转变为"哑铃形"，产业层次从低端走向高端，在降低税负的同时，实现主业更聚焦、辅业更专业。落实好分离企业税收优惠政策，与招商引资和大项目建设紧密结合，在项目论证或筹建期间落实产业分离，确保分离后不增加企业税收负担，培植壮大地方收入，提高省会城市群经济圈第三产业比重。

8. 理顺税收收入分配关系。

在处理经济圈内税收利益分配方面，建立统筹协调机制，在不违反国家财税政策前提下，坚持税收属地管理的基本原则，严格贯彻国家、省财政分配体制，理顺税收利益分配关系，避免此消彼长的税收分配格局，防止争抢税源、恶性竞争，实现税收管理属地化与财政分配一体化的有机结合，稳定各地既得利益，助推化解一体化发展的阻力和障碍。

9. 积极推进办税公开。

健全税收政策法规的发布和同步解读机制，强化咨询辅导，为纳税人提供规范、权威的问题解答。切实提升办税服务场所综合管理服务能力，大力强化自助办税功能，为纳税人提供更加便捷、有效的服务。推进"网上纳税人税法培训中心"建设，加大税法培训力度，维护纳税人知情权。强化税企沟通交流，定期向企业通报地税情况，自觉接受纳税人和社会各界监督，营造征纳和谐的良好氛围。

10. 充分发挥税收调控职能作用。

充分发挥税收政策导向和杠杆调节作用，以闲置土地、投资强度低、建设进度慢、无效益无实力无潜力、不符合产业政策等项目为重点，加大对各类闲置土地的税收清理，促进土地的集约利用和升值利用。适应经济发展要求，适时合理调整城镇土地使用税、耕地占用税税额标准，通过税收手段加大土地调控政策力度。

第八章　西部经济隆起带发展现状与 2015 年展望

　　2013 年，山东省委、省政府审时度势启动了西部经济隆起带和省会城市群经济圈规划建设，并于 8 月 30 日召开了全省"一圈一带"建设动员大会，至此全省形成了蓝黄"两区"和"一圈一带"区域发展战略大格局。加快建设西部经济隆起带，是山东省委、省政府新形势下增创山东经济新优势、打造山东经济升级版的重大战略决策。省委、省政府主要领导同志高度重视，在规划编制上投入了大量心血，亲自带队调研，亲自带头反复修改规划文稿，整个过程历时半年多时间，在"两区一圈一带"中，《西部经济隆起带发展规划》是政策支持力度最大，措施最明确具体，具有很强的操作性、指导性的一个区域发展规划。

　　西部经济隆起带，主要包括鲁西南、鲁西北的枣庄、济宁、临沂、德州、聊城、菏泽六市和泰安市的宁阳、东平两县，共 60 个县（市、区），面积 67 179 平方公里，人口 4 481 万，分别占全省的 42.8% 和 46.5%。该区域共性特点鲜明：一是地理位置重要。该地区位于山东腹地，同苏豫皖冀四省十一市接壤，是山东省与华北、华东和中西部联结的重要门户，面向辽阔的中原地区、华北平原和江淮地区，具有广阔的发展空间。二是资源比较富集。煤炭地质储量占全省 80% 以上，是全国 13 个大型亿吨煤炭能源基地之一，油气、铁矿、盐矿等资源储量较大；粮食产量占全省 57.3%，其他主要农产品均占较大比重；水资源占全省 47.9%，劳动力资源充裕。三是交通发达。京沪高铁、京九铁路以及多条国道、省道贯穿其中，京杭运河枣庄、济宁段保持通航，是全国交通、通信大通道的重要枢纽，基本形成铁路、公路、航空、内河航运相衔接的综合交通运输网络，在配置生产要素、拓展市场方面具有得天独厚优势。四是文化影响力强。作为中华文明的重要发祥地之一和儒家文化的发源地，西部拥有远近闻名的孔孟文化、运河文化、水浒文化、红色文化等。这些文化影响深远，与周边地区形成广泛的文化认同。五是发展基础和态势良好。西部地区与山东省东部相比，目前虽处于欠发达状态，但与周边地区相比，在经济规模、发展速度和质量、产业竞争力等很多方面具有一定优势，工业体系相对完备，中心城市、县城和重点镇错落分布，具有较强的影响力和辐射力。

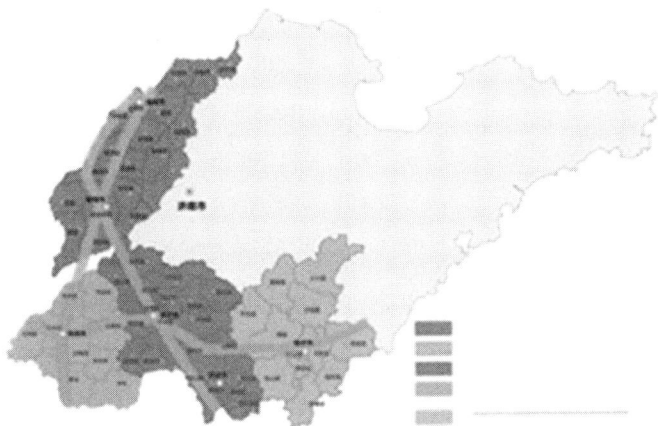

注：
规划范围：
枣庄、济宁、临沂、德州、聊城、
菏泽六市和泰安市的宁阳、东平两县。

图 8 - 1 西部经济隆起带示意

第一节 发展现状

一、2014 年建设成就

2014 年，山东省各级有关部门以习近平总书记系列重要讲话、视察山东重要讲话和对山东工作重要批示精神为指引，深入贯彻落实省委、省政府的部署和西部经济隆起带第一次党政联席会议确定的重点任务，进一步理清思路，完善政策措施，强力推进各项工作，西部经济隆起带建设取得了重要阶段性成果。2014 年，西部经济隆起带经济发展主要指标居于全省前列，多项经济指标增幅领跑各区域战略，有力支撑了全省经济的持续健康发展，实现地区生产总值 17 386 亿元，增幅达 9.8%，高于全省 1.1 个百分点；社会消费品零售总额增长 12.8%，高于全省 0.2 个百分点；农民人均纯收入增长 11.7%，高于全省 0.5 个百分点。规模以上工业增加值增长 12.6%，高于全省 3 个百分点；固定资产投资增长 16%，高于全省 0.2 个百分点；进出口总额增长 5.3%，高于全省 1.3 个百分点；公共财政预算收入增长 11.2%，高于全省 1 个百分点。在"两区一圈一带"中，西部经济隆起带主要经济指标增幅持续保持领先位置，地区生产总值、规模以上工业增加值、工业主营业务收入、工业利税总额、工业利润总额、固定资产投资、社会消费品零售总额、进出口总额、农民人均纯收入 9 项指标的增长速度均居第一位（见表 8 - 1）。

表 8－1 西部经济隆起带主要经济指标

指标名称	2012 年	2013 年	增速（%）	2014 年	增速（%）
地区生产总值（亿元）	14 583.6	16 173.2	10.9	17 386.0	9.8
第一产业（亿元）	1 734.4	1 798.6	3.7	1 900.0	4.0
第二产业（亿元）	7 473.0	8 377.2	12.1	8 810.2	10.5
第三产业（亿元）	5 393.3	5 997.4	11.2	6 675.8	10.3
规模以上工业主营业务收入（亿元）	34 579.3	39 766.2	15.0	45 138.7	14.5
规模以上工业利税总额（亿元）	3 628.6	4 223.7	16.4	4 589.7	9.7
规模以上工业利润总额（亿元）	2 267.5	2 628.0	15.9	2 844.9	9.0
固定资产投资（亿元）	8 599.6	10 328.1	20.1	12 078.2	16.0
社会消费品零售额（亿元）			13.5		12.8
进出口总额（亿美元）	260.6	292.7	12.3	309.2	5.3
出口总额（亿美元）	133.6	148.2	10.9	170.8	15.3
公共财政预算收入（亿元）	986.0	1 115.2	13.1	1 236.2	10.9
公共财政预算支出（亿元）	1 680.7	1 942.9	15.6	2 099.6	8.1
农民人均纯收入（元）	9 148.0	10 383	13.5	11 603	11.7

（一）积极落实各项支持政策

西部经济隆起带发展规划，确定了 9 个方面 40 项支持政策。截至目前，已落实 28 项，主要是财税政策、投资政策和土地政策；8 项正在进行前期研究、测算或制订方案；4 项尚未落实，主要是向国家申请的资源型城市可持续发展试点、塌陷地治理试点，以及对省级以上开发区工业用电补贴政策、通往沿海港口高速公路集装箱车辆减免通行费政策等。

1. 财税及投资政策。

2014 年，向西部经济隆起带下达 845.25 亿元，占全省 54.32%，比上年增长 7.6%。统筹安排省级区域战略推进专项资金 10.53 亿元，占专项资金总额 24.38%，重点支持科技创新能力、园区基础设施、职业教育、高端人才引进、生态保护和污染治理等项目。对西部地区地方政府债券给予贴息 10 亿元；落实农作物良种和农机购置补贴资金共 15.69 亿元，提高西部地区农机购置补贴 1 个百分点；区内高标准基本农田建设省补助资金比例，比其他地区高 5 个百分点；共筹集资金 6.01 亿元支持西部地区开展水利工程建设，其中对沂蒙革命老区和菏泽市的省补助比例提高 5 个百分点。落实财政困难县省级收入返还和出口退税分级分担机制，2014 年返还财政困难县 3.79 亿元，负担区内市县出口退税比上年增长部分 1.3 亿元。2014 年度省重点项目中有 47 个在西部地区，占全省的 43%。

2. 金融政策。

积极创新投融资模式，枣庄市推广开展了知识产权、股权质押贷款业务，2014 年累计发放两类贷款 3 700 多万元；德州市探索实施了"春雨工程"，为小微企业提供贷款额度 500 万元以下的无抵押担保融资服务；济宁市探索开展了淡水水域滩涂养殖权等 19 种抵（质）押贷款业务，2013 年涉农贷款余额同比增长 7.9%；在菏泽市实现了牡丹林权抵押贷款的"破题"；德州、济宁、聊城等市设立了风险补偿基金，支持开展政策性小微企业贷款保证保险试点；临沂、德州、济宁、枣庄等市启动了生猪价格指数保险试点和蔬菜目标价格保险试点工作。

地方金融机构改革有序推进，已改制组建农商行 20 家，枣庄、菏泽农商行已开业运营。加快培育民间融资组织，引导民间资本有序配置，截至 2013 年 11 月底区内民间融资机构达 370 家，其中，临沂市新批准设立民间融资机构 61 家，全市机构数量达 151 家，居全省首位。临沂市参与民营银行试点工作深入推进；聊城市积极推动中通客车参股汽车金融公司，新凤祥集团加快筹建财务公司。县域金融创新试点范围进一步扩大，有 6 个县纳入了试点范围。

3. 土地政策。

出资 4 亿元购买了耕地占补平衡指标 1 万亩，用于支持西部地区重点项目建设。2014 年西部经济隆起带区域使用新增建设用地指标 7.22 万亩，占全省新增建设用地指标的 24.92%，比 2013 年提高了 1.37 个百分点。对省属及省属以上采矿权人缴纳的矿产资源补偿费省级分成比例降为 50%，2014 年区内有关市增收矿产资源补偿费 4 706.23 万元，且从 2014 年 12 月 1 日起，石油、天然气及煤炭矿产资源补偿费费率降为零，2015 年除临沂市外，西部隆起带范围内有关市矿产资源补偿费缴纳金额为零。国土资源部首次将山东省列入工矿废弃地复垦调整利用试点，把西部地区的 31 个县（市、区）成为试点，占全省总规模的 69.4%。自 2006 年实施城乡建设用地增减挂钩以来，区内各市周转指标批复总规模 43.64 万亩，占全省总规模的 62%。济宁市建设采煤塌陷地复垦综合治理国家级项目取得积极进展，组织济宁、枣庄等市政府和有关部门联合全面调查了区内的采煤塌陷地，省里向国土资源部报送了《关于枣庄济宁泰安三市采煤塌陷损毁耕地有关情况的报告》，积极争取国家在扩大矿产资源补偿费和矿业权价款的地方留成比例等方面给予重点支持。

4. 人才政策。

研究制订了西部地区人才专项支持计划，促进人才和产业对接。组织开展了"科技人才服务团"服务西部地区和干部双向交流挂职工作，"农业专家服务基层沂蒙行（临沂）""走进西部经济隆起带（枣庄）""走进西部经济隆起带（济宁）"等层次高、规模大的专家服务基层活动，破解了一批基层发展关键技术难题；选派了 20 名高层次人才，挂职担任县（市、区）科技副职和园区副主任，支持当地开展科技、产业、人才等方面工作；选派 48 名县乡党政班子成员、部门负责同志和 40 名省直部门工作骨干进行双向交流挂职。新确定了 3 个国家级高技能人才培训基地和 1 个国家级技能大师工作室。建立了 8 家留学人员创业园，菏泽市以及泰安的宁阳、东平两县的留学人员创业园正在抓紧筹备中。区内急需的 9 个培训项目纳入省高级研修项目，其中临沂市"预防护理与服务沟通"等研修项目取得了良好效果。

5. 民生政策。

区域内六市的义务教育、城乡居民基本养老保险、城乡居民基本医疗保险、基本公共卫生服务等重大民生政策平均补助比例提高到 70% ~ 80%（全省最高标准）。对区域内财政困难县，省财政按最高标准进行校舍改造奖励（每平方米 400 元），累计下达西部隆起带财政困难县奖励资金 11.89 亿元，占下达总数的 67.6%。2014 年设立专项资金支持西部规范化中等职业学校建设，累计下达西部隆起带地区 5 600 万元，占资金总数 56%。落实改善贫困地区义务教育薄弱学校基本办学条件资金，向区内财政困难县下达资金 6.67 亿元，占全省的 82.4%。按照人均增加 5 元标准，提高了西部地区新生儿疾病免费筛查项目补助；在全省 40%（最高标准）基础上，再提高 5 个百分点，向 80 周岁以上低保老人发放高龄津贴。向区内安排调剂金 8 亿元（比 2013 年增加 4.67 亿元）用于加大企业职工基本养老保险调剂力度。2014 年省级扶贫专项资金增量主要用于西部，投入保持不低于全省总量的 80%，当年落实资金 3.31 亿元，占全省总规模的 82.75%。

6. 协调推进机制。

组织召开了西部经济隆起带第一次党政联席会议和市长磋商会议，分别审议通过了西部经济隆起带联席会议制度、近期重点工作，出台实施了交通基础设施建设情况和建议等 3 个工作方案。加强了对市县办事机构的工作指导，强化了与省直有关部门之间的沟通协调，形成了上下畅通、左右协调、推进有力的工作协调机制。组织编制了 14 个重点专项规划，修订完善了 5 个省级中长期规划，基本形成了比较完善的规划支撑体系。

（二）加快基础设施建设

加快推进区内铁路、公路、航空、水运等交通基础设施，以及水利、能源、信息网络等重大基础设施建设，增强支撑保障能力。

1. 铁路方面。

在建铁路 5 条：山西中南部铁路通道，胶新铁路电气化改造，邯济铁路扩能工程建成通车，石家庄至济南客专山东段已开工建设，临沂至临沭铁路工程进度过半。规划建设铁路 6 条：鲁南城际铁路已列入国家发改委批复的《环渤海地区山东省城际轨道交通网补充规划项目（调整）》并得到国家 20% 的资金扶持，菏泽至曲阜、曲阜至临沂城际铁路项目建议书已获批复；聊泰铁路各项前期条件基本具备，济南铁路局已出具接轨初审意见；济宁湖西铁路列入省综合交通网中长期发展规划，项目预可研报告通过专家评审；京九高铁已列入省《环渤海地区山东省城际轨道交通网规划》，国家原则同意统筹研究列入"十三五"规划；济聊、菏徐铁路正积极推进前期工作。

2. 公路方面。

在建高速公路项目 12 个，开展前期工作的高速公路项目共 5 个。在建项目中，济南—乐陵高速、济聊公路（S105）聊城段、岚山—菏泽高速的临沂—枣庄段建成通车；青兰高速东阿—聊城段、莘县—南乐（鲁豫界）高速已开工建设；鄄城—菏泽高速公路、鄄城黄河公路大桥和东明黄河大桥分别完成投资的 49.9%、93.4% 和 32.49%；济徐高速济宁—鱼台段，以及德上高速德州—夏津段、夏津—聊城段、聊城—范县段正加紧建设，分别完成概算投资的 36.2%、39.38%、51.8% 和 59.2%。开展前期工作项目中，德郓高速列入《山东省综合交通网中长期发展规划》，正在进行规划路线研究；巨野—单县（鲁皖界）段前期工作持续推进；岚山—菏泽高速的岚山—罗庄段省里已出具行业意见，枣庄—鱼台段和鱼台—菏泽段正在积极协商确定路线方案。

3. 内河航运方面。

需要升级完善或规划新建内河航道 5 条、港口 6 个。航道建设，洙水河航道工程已实现限制性通航，目前正在进行下游航道疏浚工程；京杭运河航道（济宁—台儿庄段）升级改造项目已编制完成工可报告并进入国家基本建设程序；新万福河复航工程已完成行业审查和土地预审；郓城新河航道工程已完成行业审查，正在开展土地预审等前期工作；徒骇河复航工程正式启动前期工作，正在编制工程预可行性研究报告。港口建设，济宁港总体规划获国家批复，设 26 个作业区，济宁市设立了市级港航发展基金，济宁市财政自 2013 年起每年安排内河水运发展专项资金 5 000 万元。枣庄港峄城港区魏家沟作业区工程和马兰屯作业区及航道工程已完成项目核准，其余项目均在开展前期工作。《泰安港总体规划》正在根据审查意见修改完善规划文本。《菏泽港总体规划》正在进行符合性审查。德州港、聊城港正在开展规划前期研究。

4. 机场方面。

改扩建机场 2 个，规划新建机场 2 个。临沂机场总体规划已由民航华东地区管理局正式批复，可行性研究报告正进行行业审查。济宁机场迁建正式启动。聊城军民合用机场已与军方签订军地合用协议，编制完成了工程预可行性研究报告。菏泽机场纳入了国家民航发展规划，国家民航局对机场选址报告进行了评估。

5. 水利方面。

乐陵丁坞、莘县古云等 11 座平原水库建设工程已全面开工建设；庄里水库工程可研报告已经国家发改委批复，初步设计报告已报水利部审查；辛庄水库工程可研报告已经省水利厅技术审查；稻屯洼水库工程可研报告正在编制。岸堤水库增容工程已开工建设，岩马水库增容工程可研报告正在编制，贺庄水库增容工程可研报告已通过技术审查。区内泗水泗河大闸、德州马颊河孟家节制闸等 8 座大中型病险水闸除险加固工程已安排实施。沂沭河洪水西调、南四湖及东平湖增容工程正在加紧开展前期论证工作。

6. 能源方面。

上海庙等"外电入鲁"通道获得国家批复，菏泽、聊城等机场前期工作进展顺利。沂蒙抽水蓄能等电源项目获得国家核准，菏泽赵楼电厂建成投运，梁宝寺二号煤矿建成投产，枣庄十里泉华电国际60万千瓦超临界机组国家已核准，华润东明热电联产项目列入国家能源局下达的2014年"火电建设计划"，大唐临清2×35万千瓦热电机组获得国家路条，大唐莒南2×100万千瓦机组、华盛江泉2×35万千瓦热电联产机组、国电菏泽电厂四期等加快开展前期工作。巨野、郓城、万福、张集等矿井建设加快推进。新疆煤制气新粤浙管道豫鲁支线获得国家路条。

7. 信息网络设施方面。

山东省云计算中心临沂分中心建设已经完成，4G已正式进入商用。济宁市任城区"智慧城区"、禹城市"智慧农业园区"、德州市东北物流园"智慧物流园区"、枣庄市安乔东城国际小区"智慧社区"试点工作顺利开展。总投资20亿美元惠普—济宁国际软件人才及产业基地项目进展顺利。

（三）着力培植优势特色产业

强化政策引导，加快改造提升，着力打造优势特色产业集群，努力增强区域经济综合竞争力。

1. 大力发展现代农业。

积极改善西部粮食生产配套设施条件，投资9亿元建设60万亩高标准农田，占全省总投资的62.6%。加快实施千亿斤粮食产能建设田间工程、粮食丰产科技工程和新型职业农民培育示范工程，新建60万亩高标准农田，开展小麦高产创建252万亩，建成优质农产品基地1531.8万亩，完成土地流转面积758.9万亩，粮食总产达到3492万吨，实现"十二连增"。创建国家级农业产业化示范基地4个、国家级畜牧业标准化示范场20个、国家蔬菜标准园30个，培育形成省级以上农业产业化重点龙头企业282家，其中销售收入过100亿元的3家。着力培育新型农业经营主体，规模以上农业产业化龙头企业数量达4216家，家庭农场发展到2911家。全面推进农村土地承包经营权有序流转，土地流转面积达758.9万亩，占家庭土地承包经营面积的14.8%。推动农业生产标准化，乐陵、金乡、沂水、曹县等县（市、区）成为第二批国家级农业产业化示范基地，在山亭、宁阳、沂南、平原、冠县、巨野建设了农产品质量安全追溯体系，临沂金锣、济宁如意、泉林纸业等一批农业产业化龙头企业继续发展壮大。济宁市粮食总产突破百亿斤，大田作物土地托管服务模式在全国推广，市农高区晋升为国家农业科技园区。菏泽市加快推进牡丹产业化，牡丹种植面积达到46万亩，首条年产1万吨牡丹籽油生产线已投产运营。聊城市规划建设了农产品物流交易中心，项目占地4800亩，建筑面积500万平方米，总投资超过100亿元。

2. 加快传统工业转型升级。

加快实施省级技术创新项目649项，完成研发投入35.8亿元。筹集落实资金4.37亿元，分别奖补区内列入省落后产能淘汰退出计划的企业、支持工业提质增效专项资金、开展安全生产奖补和支持小微企业孵化器、创业基地、服务平台建设。以特色产业和资源精深加工为突破口，培育壮大特色产业基地，聊城市建成全国最大的新能源客车产业基地和全国重要的有色金属生产及深加工基地,济宁、枣庄、菏泽市建成全国重要的煤化工、石油化工产业基地,德州市成为国家"火炬计划"新能源特色产业基地,惠普、甲骨文、富士康等一批世界 500 强企业的投资项目相继落户西部。大力发展高端装备制造,聊城、枣庄、临沂分别以中通客车、时风集团、海特电子、中文沂星为龙头加快发展新能源汽车产业,2013 年 10 家重点新能源汽车企业产量同比增长两成以上;滕州中小数控机床、济宁高新区工程机械、齐河高端交通装备、高唐清洁制浆造纸技术装备等 13 家省级高端装备制造产业园区进一步壮大。积极发展新能源产业,德州市被国家纳入第一批新能源示范城市(产业园区)创建名单;枣庄、济宁等市 69.4 万千瓦风电项目纳入国家"十二五"第四批风电项目核准计划;国电泗水圣水峪风电项目、临沂鲁电生物质发电、英利德州高速服务区分布式光伏发电等 26.76 万千瓦新能源发电项目投入运行。

3. 做大现代服务业。

推进临沂商城国际贸易综合改革试点取得实质性进展,省直有关部门在加大对外贸公共服务平台建设、提高外贸便利化水平、国际贸易发展策略研究、民间融资服务等方面提供了具体支持;临沂市加快国际商贸名城建设,设立了国际商贸名城建设专项资金,市财政出资 2 亿元为外贸企业提供融资支持,中国临沂跨国采购中心等外贸企业及山东高速物流综合园区、"菜鸟"网络临沂电商产业园等重大项目入驻临沂。济宁市推动文化旅游融合发展,曲阜新区文化产业园成为"国家级文化产业示范园区",嘉祥石雕文化产业园成为"国家级文化产业示范基地",投资 100 亿元的尼山圣境等一批重大文化旅游产业项目顺利推进。德州市成功举办第四届资本交易大会,开幕式签约 40 个项目、金额 455 亿元,台下签约 282 个项目、金额 595.77 亿元。枣庄市先后有交通银行、济宁银行、青岛银行等外地银行设立分行,枣庄商业银行改制为枣庄银行,32 家企业实现在齐鲁股权交易中心挂牌托管。

4. 加速集聚科技创新资源。

以重大关键技术突破带动产业结构调整升级,实施重大科技专项布局,增强特色优势产业核心竞争力。2014 年,争取国家、省科技重大专项在西部地区立项 30 项,资金 1.23 亿元,支持发展新材料、生物医药、高端装备等技术含量较高的创新项目及食品加工、现代农业等传统优势项目。培育建设了 27 个国家"火炬计划"特色产业基地和 25 家省级以上重点实验室,全年新增省级企业技术中心 72 家。金正大肥业成为国家技术创新示范企业,突破了济宁嵌入式复合纺纱、德州碳纤维复合材料等一批重大关键技术,菏泽巨鑫源公司打通了芦笋加工产业链,如意集团突破了数码印花的技术难题,带动了产业高端高值化发展。新增 3 个国家级高技能人才培训基地和 1 个国家级技能大师工作室,山东省职业教育创新发展试验区在德州市设立。齐鲁工业大学菏泽校区获批建设并开始招生,齐鲁理工学院、山东华宇工学院 2 所本科高校获国家支持设立,临沂大学、济宁职业技术学院与国内外大学积极开展合作办学。全年从西部地区遴选产生 23 名泰山学者。

5. 加强生态环境建设。

把生态环境改善和保护放在突出位置，强化大气和水污染防治，加强生态水系建设，加快建设"美丽新西部"。组织实施了鲁冀交界大型林带建设、沂蒙山区国家水土保持重点工程、国家湿地公园恢复与综合治理和南四湖、云蒙湖国家良好湖泊生态环境保护试点等一批生态建设工程，全年完成连片造林143.7万亩、水土流失综合治理707平方公里、湿地修复27万亩。区域内列入省政府第一批挂牌督办的96个污水直排口已全部整治完成，南水北调输水干线山东段9个测点水质全部达标；枣庄、德州两市代表山东参加国家淮河、海河流域规划考核分别获得第一名；聊城、菏泽、德州三市的环境空气质量改善幅度跻身全省三甲。济宁、枣庄、泰安、临沂、菏泽五市签署了省辖淮河及南水北调工程沿线行政区域边界地区环境执法联动协议，聊城、德州两市签订了海河流域行政区域边界地区环境执法联动协议，建立了边界河流断面水质共同监测机制；临沂、聊城两市与江苏、河南等省相邻地区初步建立了跨省河流上下游联防联动机制，实现了联合执法监督、协同应急处置、跨界纠纷处理。

二、存在问题

（一）产业转型发展难度大

一方面，产业结构不好。西部各市经济总量相对较小、工业基础薄弱，产业结构偏重，而新兴产业规模尚小、层次不高、支撑不强。以菏泽市为例，该市2014年三次产业结构调整为11.8∶54∶34.2，第三产业比重低于全省平均水平8.5个百分点；能源化工产业实现主营业务收入占规模以上工业的比重达到38％，重工业增加值增速高于轻工业4个百分点以上。另一方面，投资结构不合理。项目结构决定产业结构，从西部各市项目建设情况看，重点项目、重大项目带动作用还没有显现出来。从菏泽来看，2014年重点推进的100个市重点项目，能源化工产业达到29个，投资额190亿元，分别占总量的29％和26％，仍居主导地位；全市2014年高新技术产业产值占比达31％，研发投入占地区生产总值的1.1％，分别低于全省平均水平0.4个和1.2个百分点。

（二）发展要素"瓶颈"制约明显

从西部各式发展来看，土地、资金、人才等要素资源难以满足需求。资金缺口压力大。一方面，受银行信贷收紧、市场需求疲软等因素影响，部分企业不同程度面临资金短缺难题。另一方面，土地开发、公路铁路、港口航空等重大基础设施建设资金需求量大、建设周期长，且交通高度依赖的贷款融资方式将受到限制，如济聊城际铁路项目约需资金120亿元、菏泽机场项目约需资金11.8亿元、曲阜东经菏泽—兰考客运专线约需资金360亿元。这些资金仅靠各市自身难以解决，需要国家和省进一步加强支持力度。人才支撑明显不足。重点产业和特色产业高层次科技人才数量不多，特别是科研领军人才严重缺乏，同时人才储备不足，引进渠道狭窄，缺乏引进、培养和激励的相关措施。西部地区的重点实验室、工程技术中心、行业技术中心相对较少，对应的技术创新也少。建设用地日趋紧张。迫切需要加大挖潜土地利用空间力度。以聊城为例，2014 年该市 200 个重点项目完成投资 1 030 亿元，需 4.46 万亩建设用地，虽经过加大土地增减挂钩和土地挖潜力度，土地供给基本能够满足项目建设需要，但未来两年，土地供给的压力将会越来越大。根据聊城市土地利用总体规划，到 2020 年，全市城乡建设用地要控制在 155 969 公顷以内，但到 2013 年年底，全市建设用地总规模已达 153 617 公顷，剩余规模仅 2 352 公顷。

（三）区域协同发展相对滞后

一是区域同质化发展严重。受行政区划、财税体制和政府考核机制的影响，地方政府一定程度上仍然存在"各守一摊"、"小而全"的思想，不合理的低水平重复建设现象十分突出。如能源化工产业，枣庄、济宁、聊城、菏泽的大部分县区都在大力发展。二是区域发展的合力尚未完全形成。在需要统筹配合的重大项目推进上，缺乏市和市、省和市的强力机制，不能完全形成加快工作的合力。例如，旅游一体化的推进协作机制尚待畅通，旅游公共服务设施和配套功能建设滞后，重点项目建设资金短缺，严重影响了区域整体旅游形象，难以充分发挥优势和潜力。三是缺乏对"外圈"城市的倾斜。中心城市集聚效应仍大于扩散效应，虽然西部各市发展差距势头有所减缓，城市间经济差距有进一步加大的可能。如城镇居民人均可支配收入 2013 年最高的临沂高于菏泽 42.76 个百分点，而 2014 年前三季度临沂高于菏泽 46.39 个百分点。

（四）部分政策落实执行的不到位

规划提出的部分政策，如加大对黄河滩区特困群体、库区移民的帮扶力度，制定省级以上开发区工业用电优惠电价，减免集装箱运输车辆通往港口的高速公路通行费等，至今未得到实质性落实。同时分配省区域发展战略切块资金时过于平均，未综合考虑各市在人口、面积和发展水平等方面的差异。

第二节　发展展望

2015 年是全面完成"十二五"规划的收官之年，是全面深化改革的关键一年，也是在经济新常态下，推动西部经济隆起带实现跨越发展的重要一年。认真贯彻落实山东省委、省政府的工作部署，按照"面上推开、点上突破、融合互动"的工作思路，加大工作力度，强化规划落实，推动西部经济隆起带建设取得更大成效。

一、2015 年发展总体思路及目标任务

（一）发展思路

认真贯彻落实党的十八大、十八届三中、四中全会和山东省十次党代会精神，以邓小平理论、"三个代表"重要思想和科学发展观为指导，牢牢把握主题主线，充分依托现有资源和有利条件，发挥优势、突出特色，以深化改革开放启动内力，巩固提升现代农业优势，推动传统产业高端化、优势产业集群化、新兴产业规模化，着力增强区域性中心城市和重点镇功能，着力促进城乡融合、产城融合、经济文化融合，着力改善营商环境发展民营经济，打造一批各具特色的发展高地，放大要素集聚、产业辐射"两大效应"，走出一条特色鲜明、优势彰显、高地带动、整体隆起的发展之路，使西部成为山东经济发展新引擎，在经济文化强省建设中发挥更大作用。

在工作指导上，应做到"五个注重"：一是注重发挥优势，在特色化上下功夫。要鼓励引导各市因地制宜、彰显特色，找准发展定位，明确发展重点。枣庄、济宁有老工业基地的家底，面临资源型城市转型，应重点抓好煤化工、机械制造、纺织服装、建材等传统产业的改造升级，加快发展信息技术、软件研发、服务外包等产业，培育文化旅游、新能源等新的增长点；临沂应发挥参照执行中部地区政策优势，着力发展资源节约型、环境友好型产业，建设全国重要的装备制造业基地和优质农产品基地，培育"中国商贸名城"，做大做强沂蒙红色旅游品牌；德州、聊城应发挥陆路交通枢纽优势，重点发展商贸物流，培育有色金属及深加工、新能源、生物医药等产业，建设全国重要的新能源产业基地、全国重要的有色金属及深加工基地；菏泽应放大帮扶政策优势，重点发展能源化工、生物医药、机电制造等主导产业，打造"花城水邑林海商都"的鲜明特色；东平县和宁阳县应努力建设优质专用粮食生产基地和太空育种基地。二是注重"四化同步"，在产城融合上下功夫。要协调推进信息化、新型工业化、城镇化和农业现代化同步发展。积极推进创新转型发展，大力发展县域经济，以区域性中心城市和重点镇为载体，以产业发展为支撑，实现产城融合发展。重点扶持一批重点城市、强县强镇、特色园区、龙头企业加快崛起，成为带动工业化、城镇化发展的主力军。三是注重环境保护，在生态文明建设上下功夫。加快西部发展，不能走以牺牲环境为代价的粗放发展老路，要强调用生态文明、绿色发展、可持续发展理念指导发展。西部在发展过程中，既要调整和优化存量，又要扩大绿色经济、生态经济增量。编制规划、布局项目、制定政策都要体现环境容量、排放总量控制的要求，同步推进资源开发、经济发展和生态建设，增强可持续发展能力，努力建设"美丽新西部"。四是注重改革创新，在激发内在活力上下功夫。要以更大力度深化改革，把创新驱动发展战略落到实处，努力做到"三个结合"：科技创新与体制机制创新相结合，思路创新与实践创新相结合，顶层设计与基层创新相结合。更好地发挥政府引导和市场主导"两个作用"、外部帮扶和激发内力

"两个积极性"，更多地依靠市场机制和内生力量，确保西部经济隆起带建设持续推进。五是注重改善民生，在让群众得实惠上下功夫。必须把保障和改善民生放在重要位置，统筹推进经济建设和各项社会事业发展。要在就业、教育、卫生、社会保障等方面逐步加大投入，合理配置资源，积极推进公共服务均等化，不断改善群众生活条件，让人民群众共享西部经济隆起带建设的成果。

（二）目标任务

结合西部经济隆起带发展实际，注重与《西部经济隆起带发展规划》的有效衔接，2015 年西部经济隆起带将实现以下目标。

1. 综合实力明显增强。

保持经济持续快速健康发展，力争经济发展速度、公共财政收入增速、城镇化发展速度、城乡居民收入增幅均适当高于全省平均水平。2015 年，西部经济隆起带地区生产总值增长 10% 左右，公共财政收入占生产总值的比重逐步提高，逐步缩小与中东部地区的差距。

2. 质量效益明显提升。

加快产业转型升级，大力发展战略性新兴产业、先进制造业和现代服务业；构建结构优化、附加值高、竞争力强的现代产业体系；推动县域经济整体突破。2015 年，西部经济隆起带三次产业结构调整为 9.5：50：40.5。

3. 基础设施明显改善。

加大投入力度，加快重点建设，城乡一体推进，基本形成畅通便捷的现代综合交通体系、安全可靠的高标准水利设施体系和数字化、宽带化、智能化的现代信息通信体系，大幅度增强对经济社会发展的保障能力。

4. 城乡建设明显加强。

区域中心城市的整体经济实力、集聚辐射能力和综合服务功能增强，城镇发展和新农村建设步伐加快，推动城乡一体化发展。2015 年，西部经济隆起带城镇化率达到 51% 左右。

5. 生态环境明显改观。

牢固树立生态文明理念，推动资源利用方式根本转变，加强全过程节约管理，能源、水、土地消耗强度和二氧化碳排放强度大幅降低，主要污染物排放总量逐年减少。2015 年，西部经济隆起带林木绿化率提高到 22%，循环经济发展达到全省先进水平。

6. 人民生活明显提高。

加快推进西部经济隆起带基本公共服务均等化，建设覆盖城乡居民的社会保障体系，在学有所教、劳有所得、病有所医、老有所养、住有所居上持续取得新进展，使发展成果更多更公平地惠及全体人民，促进社会和谐稳定；西部经济隆起带建成产业特色突出、发展后劲充足、生态环境优美、经济文化融合、人民生活幸福的区域，争取实现与全省同步提前全面建成小康社会的奋斗目标。

二、2015 年重点工作

2015 年，要坚决贯彻落实山东省委、省政府的决策部署，突出重点、打造亮点，统筹推进、狠抓落实，努力使西部经济隆起带建设成为新常态下山东转型发展的战略依托。着力推动重大政策事项落实，着力促进三次产业融合发展，着力推进重大交通基础设施一体化建设，着力加强要素资源优化配置，着力提升区域合作水平，着力加强综合协调服务，适应和把握经济发展"新常态"，以更强的历史责任感、更高的工作标准、更大的推进力度，推进西部经济隆起带建设取得更大成效。

（一）以巩固基础提高效益为重点，强化现代农业支撑

西部经济隆起带各市都要继续保持农业优势，努力建设鲁西北平原、鲁西南平原、鲁中南山地丘陵三大优质农产品供给区，建设"山东粮仓"和全国重要的农产品生产加工区，在提高农产品质量效益和竞争力上有所突破，积极推行农业生产规模化、标准化、品牌化，有序推进农村新型社区建设。要转变农业发展方式，促进传统农业向现代农业转变、传统农民向职业农民转变、传统村落向生态文明乡村转变。重点抓好"三个一批"：一是抓好一批特色产业。依托鲁西黄牛、小尾寒羊、金丝小枣、菏泽牡丹等原产品种，打造特色农业亮点。发挥滕州马铃薯、莘县瓜菜菌等典型示范作用，带动畜禽、水果、蔬菜、食用菌、花卉、中药材等基地化发展。高度重视农产品安全，大力发展有机、无公害农产品。推广德州粮食高产创建经验，实行农业综合开发、小型农田水利建设、土地综合整治、农技推广等资金项目的集成和整合。二是抓好一批新型经营主体。针对农户家庭经营"小而散"状况，加快农村土地制度改革步伐，采取政策扶持和示范引导办法，发展专业大户、家庭农场、专业合作社、股份合作社等规模经营主体，推动家庭经营向集约化发展，打造"农户家庭经营升级版"。三是抓好一批精深加工品牌。西部农业龙头企业比较弱，省级以上龙头企业销售收入总额不到全省的 30%，平均规模仅为全省的 60%。应以培育龙头企业和优良品牌为重点，依托特色产业基地，拉长产业链条，拓展加工深度，提高附加值。

（二）以产业集群和基地建设为重点，强化工业支撑

要坚持走新型工业化道路，把集约集聚发展作为建设西部经济隆起带的着力点，形成各有重点、错位发展、关联互动的产业布局。每个市可确定几个重点产业，制定专题规划和项目计划，每个产业力争做到重大项目、龙头企业、产业链条、研发中心、营销开发等统筹布局。2015 年，要根据各地实际情况，集中布局建设"五大基地"和"三大集群"。

能源基地。以国家级、省级新能源产业园和示范城市为依托，重点突破新能源汽车动力电池、驱动电机、控制系统等关键技术，扩大新能源汽车生产；加快太阳能光伏电

站建设及相关设备、太阳能照明灯具研发生产，形成光伏产业链条；有序开发生物质、垃圾、沼气、风力等新能源技术。

化工基地。以基地化、大型化、规模化、一体化为方向，加快调整化工原料结构，加大研发力度，提高化工产品科技含量和附加值。加快各市相关园区、基地建设，构建上下游产品配套、门类品种齐全、产业集中度高的现代化工体系。

有色金属深加工基地。稳定铜、铝冶炼规模，扩大铜、铝、镁合金深加工生产能力，重点研发高附加值、高技术含量产品，加快推进相关重点园区建设，建成全国重要的铜、铝产业加工基地。

农副产品加工基地。要充分利用区域内丰富的农产品资源，支持发展纺织服装、林木加工及造纸、食品等产业，壮大龙头企业，实现产区与加工企业集中配套。

商贸物流基地。依托交通干线规划布局一批以产业集聚、功能集成、经营集约为特征的商贸物流基地。发挥临沂、济宁、德州三大省级物流节点城市的辐射带动作用，建设重要物流通道、大型物流设施和物流信息平台。

装备产业集群。坚持规模化与高端化相结合，以发展自主品牌和提高产业集中度为核心，重点发展工程机械、矿山机械、农林机械、农用车、专用车、风力发电装备、数控机床、精密铸造、锂离子动力电池、输变电设备、电缆及配套零部件等。

医药产业集群。重点发展生物制药、现代中药、化学制药及医疗器械。加强生物技术药物创新研究，形成中药材种植、提取、加工现代产业链。引进先进前沿技术，加快医药新剂型、高端医疗产品和设备研发，扩大生产规模。依托骨干企业，发展医药优势产业集群，争创国家生物医药科技产业基地。

新材料产业集群。重点发展化工、金属、稀土、高纤、建筑等新材料，壮大相关产业园区，提高产业技术含量和产品附加值，扩大产业规模，打造全国一流的新材料产业集群。

（三）以做强文化旅游品牌为重点，强化经济文化融合发展支撑

西部文化旅游发展，要着眼于提升核心竞争力，以齐鲁文化为根本，以旅游集团为主体，创意引领、内涵发展、品质立业，形成"文化特色 + 旅游集团"新路径。深入推进西部经济隆起带文化旅游"四链一环"总体布局。

儒家文化旅游链。以曲阜为中心，整合邹城、泗水、嘉祥等地相关资源，打造儒家文化旅游品牌。水浒文化旅游链。整合郓城、东平、阳谷等地相关资源，打造水浒文化旅游品牌。运河文化旅游链。以枣庄、济宁为中心，整合德州、临清、聊城等地相关资源，打造运河文化旅游品牌。红色文化旅游链。以枣庄、临沂为中心，整合周边相关资源，打造红色文化旅游品牌。积极发展乡村旅游、生态观光、休闲旅游等。"一环"就是，取"四链"之精华，包括曲阜"三孔"、兖州兴隆寺、汶上宝相寺、泰山、济宁市区运河、水泊梁山、蒙山沂水等，根据它们空间上呈环形分布的条件，勾画文化旅游"金环"，打造高端旅游品牌。经过努力，使"四链一环"成为山东旅游强省的新地标。

（四）以区域性中心城市和重点城镇建设为重点，强化新型城镇化支撑

一是明确西部经济隆起带城镇化发展的要求。要把区域性中心城市和重点镇作为建设重点，面向邻边地区点对点协作，形成发展优势、竞相发展格局。区域性中心城市可以包括6个地级城市和人口聚集规模较大的县城，如滕州、兖州、邹城、曲阜、乐陵、临清等。二是中心城市建设要突出扩容提质。按照扩展空间、完善功能、集聚辐射的要求，支持有条件的城市调整优化行政区划。谋划构建一小时"泛城市圈"，促进中心城市与周边县域同城发展。探索推进"济兖邹曲嘉"组群城市集聚对接融合发展。三是重点镇建设要突出特色、增强实力。要把握"三化一配套"的基本要求，即规模结构合理化、土地利用集约化、城镇面貌特色化，城镇建设与产业布局相配套。因地制宜搞好乡镇合并集聚、依法扩权强镇，支持一批经济强镇、区域重镇、文化旅游名镇加快发展，争取进入全国百强镇行列。

（五）以大力改善营商环境为重点，强化民营经济支撑

西部经济隆起带各市要把大力发展中小企业和民营经济作为重点，大力培养企业家队伍，着力创造良好的营商环境。需要注意抓好三个环节：一是降低准入门槛。在全省已实行"零首付"、"免登记"、"免收费"的基础上，进一步细化准入领域，在更大程度上允许并鼓励民间资本合法进入。重视研究民营企业上市融资扶持政策，拓宽社会融资途径。二是坚持分类施策。对一些特色突出、成长性好、科技含量高的中小企业，制订专项培育计划，扶持其做大做强。有些地方因缺乏资金和人才，办企业不具备条件，可以组织劳务输出，吸引鼓励务工人员返乡创业。建设一批民营经济园区，实行政策集中优惠、要素集中供给，扶持其扩大规模。三是鼓励全民创业。把扶持重点移向初创企业。发挥创业投资引导基金、产业投资基金作用，增加小额担保贷款基金规模，解决创业初期注册资本金和创业启动资金问题。支持建设创业孵化基地，建立健全商会、行业协会等中介组织，发挥其为中小企业提供投资、信息、咨询、财务服务的作用。

第三节　对策建议

一、实施重点区域突破战略，积极培育西部经济隆起带增长极

西部经济隆起带属于山东省欠发达地区，区域内缺少特大中心城市和具有较强带动能力的增长极。实施重点区域突破战略，在西部经济隆起带培育经济增长极是欠发达地区在短期内实现经济跨越发展的战略选择。一是重点培育市级增长极，选取确定1~2个核心城市，如临沂、济宁等，作为市级增长极进行重点培育。通过行政区划调整，优

化城市空间布局，扩大城市规模。通过推进城市主导产业升级改造，增强城市的辐射带动能力。通过与周边区域联动发展，形成城市群或城镇带。二是大力培育县级增长极，在每个地市内选取县域经济较为发达县城 1～2 个，作为县级增长极进行重点培育。县域增长极的发展重点是扩大规模、提升质量，成为具有较强影响力和竞争力的区域中等城市。三是积极培育镇级增长点，以百强示范镇建设为契机，立足资源优势，突出产业特色，积极培育一批经济实力强、人口规模大、生态环境好、基础设施较为完善的镇级增长点。要在西部经济隆起带形成若干不同层级、不同规模、各具特色、富有活力的经济增长点，以点带面，形成合力，共同推动西部经济隆起带快速发展。

二、实施新型城镇化战略，大力提升西部经济隆起带城镇化发展水平和质量

西部经济隆起带无论是城镇化水平还是城镇化质量都低于全省平均水平，在"两区一圈一带"新的区域板块中也是最低的。因此，实施新型城镇化战略，努力提升城镇化发展水平和质量，对于西部经济隆起带来说显得尤为重要和迫切。一是优化城镇空间布局，加快构建城市群和都市连绵区，提升中心城市的竞争力和辐射带动能力。目前，西部经济隆起带还没有区域特大城市，区域中心城市普遍规模偏小，应尽快构建一小时都市圈，促进县城与中心城区同城发展，促进县城融入中心城区，形成城市群和都市连绵区。二是大力发展城镇产业，尤其是城镇服务业，吸引农村人口向城镇转移，推进农村人口就地就近城镇化。三是积极推进农业转移人口市民化，妥善解决进城农民工的社会保障问题，增强城镇综合承载能力，改善城镇人居环境，大力提升城镇发展质量。四是加快推进农村新型社区建设，鼓励和引导农民适当集中居住，逐步推进城镇基本公共服务向农村延伸，逐步形成以中心城市—县城—小城镇—农村社区为基本架构、"四位一体"的新型城镇等级体系。

三、实施农业现代化战略，再创西部经济隆起带农业发展新优势

一是加快调整农业产业结构，形成优势农产品生产区。重点打造鲁西北平原、鲁西南平原和鲁中南山地丘陵三大农产品供给区，在稳定优质"吨粮区"的同时，加快发展蔬菜、水果、畜禽、中药材等特色产业。二是构建新型农业经营体系，推进农业集约化经营。农业规模化经营是农业现代化的根本要求，应通过培育家庭农场、种植大户、农业专业合作组织等新型农业经营主体，加快土地承包权流转，扩大农业经营规模，提高农业经营效益。三是继续壮大农业龙头企业，提高农业产业化水平。大力推行创新战略和品牌战略，打造一批具有完整产业链、较强竞争力和较高知名度的规模化、集团化的农业龙头企业。四是改善农业生产条件，提高农业物资装备水平。农业生产条件的改善是农业发展水平提升的前提和保障，通过加大投入，提高水利化、机械化和科技信息

化水平，加快建设高标准基本农田，加快中低产田改造，实现土地经营效益最大化。

四、实施工业经济升级战略，打造西部经济隆起带工业经济升级版

西部经济隆起带工业结构偏重，以能源加工、有色金属加工和机械制造为主，对资源能源的消耗较多，对生态环境的破坏较大，工业经济已成为这一区域加快发展的劣势和短板，因此，必须加快实施工业经济升级战略，打造西部经济隆起带工业经济升级版。一是做好煤炭工业的转型发展。煤炭工业是西部经济隆起带的优势产业和支柱产业，但随着煤炭资源的枯竭，煤炭工业面临重大挑战，积极探寻煤炭产业的接续产业和替代产业，是这一地区工业经济发展的首要任务。二是做好化工工业的升级改造。西部经济隆起带是山东省重要的煤化工、石油化工基地，随着环境约束压力的加大，传统的化工工业必须升级改造。规划建设现代化的化工产业园区，加快推进化工企业技术升级和设备改造，减少对生态环境的破坏和污染是化工产业发展的必由之路。三是做好有色金属加工业的升级改造。有色金属加工属于高耗能高污染行业，发展有色金属加工业，一定要以产业园区为依托，引进先进技术和设备，研发高附加值、高科技含量的产品，严格执行国家的环保政策。四是立足传统基础，大力发展装备制造工业，如工程机械、矿山机械、农林机械、农用车、数控机床、紧密铸造等行业。五是立足资源优势，大力发展新材料、新能源、新医药等新兴产业。

五、实施服务业提升战略，做大做强西部经济隆起带的优势服务业

一是大力提高文化旅游业的发展水平。西部经济隆起带文化旅游资源丰富，拥有孔孟文化、运河文化、水浒文化、红色文化等多种文化资源，应充分利用文化资源优势，发挥文化资源底蕴，大力发展文化产业，积极发展文化事业、大力提升西部经济隆起带发展的文化软实力。西部经济隆起带拥有微山湖、东平湖、京杭大运河、蒙山、峄山等多种旅游资源，应统筹规划，避免恶性竞争，抱团发展，形成精品旅游线路，同时要改善旅游服务质量，提升旅游品牌形象。二是继续做大做强商贸物流业。临沂作为江北最大的商贸物流集散地，在省内外已经具有一定的知名度，应充分利用这一优势，加快推进临沂国际商贸城等项目建设，进一步将临沂打造成为在国内外具有较强影响力和较高知名度的商贸物流集散中心。西部经济隆起带具备发展商贸物流业的基础，关键是要引进先进的管理理念，培育壮大商贸物流企业，形成区域发展新优势。

第四节　亮点荟萃

2014 年，西部经济隆起带各市紧紧抓住山东省委省政府加速推进"一圈一带"发

展战略的重大历史机遇，完善政策措施，强力推进各项工作，西部经济隆起带建设取得了快速发展，多项经济指标增幅领跑各区域战略，打造了发展亮点。

一、产业转型发展方面

（一）临沂：打造西部经济隆起带重要增长极

"一圈一带"发展规划提出后，临沂市提出了"构建一个体系、打造两个高地、推进三项工作、建设四大板块、实施五大工程"的思路，努力打造西部经济隆起带重要增长极。"一个体系"，就是建设具有临沂特色的现代产业体系；"两个高地"，就是打造"两型社会"建设和商贸物流高地；"三项工作"，就是突出抓好县区经济发展、现代城镇体系建设和民生保障体系建设；"四大板块"，就是统筹发展中心城市、东部临港、南部领边、西北部高效生态四个经济板块；"五大工程"，就是实施综合交通枢纽、园区提升、创新驱动、重大项目支撑和民营经济壮大工程。

临沂市把构建现代产业体系作为经济工作的总抓手，围绕补链、强链、建链，大力实施"10＋6"产业推进计划。加快提升医药、机械、冶金、化工等十大优势产业，积极培育新能源、新材料、信息技术、节能环保等六大新兴产业。前三季度，"10＋6"产业实现产值 9 200 亿元、固定资产投资 1 730 亿元，分别增加 17% 和 21%；签约产业项目 400 多个、金额超过 4 000 亿元，10 月中旬举行的商博会上又签约 47 个，合同金额 476 亿元。

按照商贸物流高地的定位，临沂市大力实施了国际商贸名城建设计划，努力形成"买全国、卖全球，买全球、卖全国"的格局。以电子商务提升商贸物流，设立 1 亿元专项资金，支持完善电商产业链，培育业态先进的市场主体，01 世界、食乐淘、满易网、慧聪网产业带等项目纷纷签约落地。以政策优势促进商贸转型，省级贸易综合改革试点扎实推进，综合保税区获得国务院批准，临沂港正式运营，在全国第二家实施了"属地验放、口岸直通"一站式通关模式。以良好营商环境提升商城影响力，市级审批事项压缩 49%，审批时限比法定时限提速 91%，连续四年入选福布斯"中国大陆最佳商业城市"50 强。

在金融服务方面，临沂市编制了区域性金融中心规划，出台了现代金融体系培植政策，打造全国首个以商贸为特色的金融改革试验区。在创新服务方面，重点推进临沂中关村软件产业基地等项目运行，吸引 IBM 公司与软通动力合作建设云计算中心，与清华紫光合作建设"智慧城市物联网基地"。

（二）菏泽市加快发展牡丹产业

菏泽市突出牡丹产业特色优势，不断加大对牡丹产业发展的支持力度，牡丹产业发展已取得丰硕成果。2014 年，牡丹籽油、牡丹花茶、牡丹花蕊茶率先取得"全国工业产品生产许可证"，牡丹籽油企业标准被确立为国家行业标准，国内首条牡丹籽油化妆品生产线正式投产，并成功开发出了牡丹酒、牡丹日用品、化妆品、"牡爱"婴幼儿用品等牡丹深加工产品30余种。目前，全市的牡丹产品已达100多个，将牡丹的实用价值辐射到日用化工、食品保健等九大领域。

菏泽的牡丹产业已走上产业化、规模化发展的道路。2014年全市新增牡丹种植面积11万亩，其中成方连片1 000亩以上的牡丹种植基地22处，成功创建1 000亩以上牡丹种植专业村24个，万亩牡丹种植专业镇1个，全市牡丹种植面积达到48万亩。同时，尧舜、盛华、瑞璞等牡丹重点龙头企业快速膨胀，一批新技术、新产品相继问世。《牡丹粕中提取芍药苷工艺技术研究》《牡丹籽油超临界CO_2萃取工业化规模化生产技术研究》等科研成果达到国际领先水平；尧舜牡丹生物公司被命名为首批"国家林业重点龙头企业"，获山东省第五届省长质量奖。

2015年，为加速推进牡丹产业发展，菏泽进一步加大了政府支持力度，财政扶持资金增加到5 000万元，另设立了5亿元的牡丹发展基金。在牡丹种植上，全市计划新增牡丹育苗面积8 000亩，栽植面积12万亩，使牡丹种植总面积发展到60万亩。

二、园区建设方面

（一）济宁经济技术开发区："四个升级"打造千亿级园区

设立济宁经济技术开发区的，是济宁市委、市政府深入贯彻落实科学发展观，打造鲁西科学发展高地作出的重大决策。济宁经济技术开发区管理面积128平方公里、人口11.2万，规划建设中部综合配套服务区（起步区）、南部商贸物流区、北部产业发展区三大功能片区。该区的设立，将极大地推动园区综合承载能力提升，加快资源要素向高端聚集，产业产品向行业顶端跃升。

开发区将由片面注重项目数量向更加注重项目质量转变，由单纯发展第二产业向第二、第三产业协调发展转变，由单一型的工业园区向多功能的综合园区和现代化新城区进行转型升级。通过"四个升级"，全面做好三大功能片区规划建设，实现中部综合配套服务区快速崛起、南部商贸物流区迅猛发展、北部产业发展区迅速壮大。一是在园区规划上实现升级。通过5年时间，把济宁经济技术开发区建成全市西部重要经济增长极、都市区加速融合的链接板块。二是在服务功能上实现升级。5年内开发区发展成面积达到30平方公里，总人口由现在的13万人增加到30万人，社会服务配套设施基本完善，建成投用一批公共服务配套设施。三是在招商引资上实现升级。深化"大项目突破年"活动，突出招引10亿元以上工业大项目，突破央企、世界500强、国内100强等大企业招商。2015年至少新上过20亿元项目1个，过10亿元项目2个，过亿元项目20个，力争吸引外资1 000万美元以上。四是在企业培育上实现升级。"量体裁衣"制定实施个性化发展扶持引导政策。拿出专项资金奖励区内企业的科技创新。力争用最短的时间，使开发区装备制造业、新能源新材料产业、商贸物流产业销售收入分别突破 300 亿元，尽快升级开发区为千亿级园区。

（二）依托常林集团高端液压件项目，临沭县努力打造高端装备制造产业园区

常林集团是世界上最大的手扶拖拉机生产制造基地以及中国 500 家最大的机械工业企业之一，拥有国家级企业技术中心。经过 70 年的发展，常林集团目前主导产品已涵盖轮式拖拉机、柴油机、挖掘机、高精度铸造件、高端液压件等传统工程机械和高端装备制造领域。

临沭县以常林集团高端液压件项目为基础，同步推进赛迈道依茨法尔（意大利）项目、道依茨发动机（德国）项目、山东长和科技股份有限公司年产 15 万台套驾驶室总成及覆盖件项目、年产 3 万台液压挖掘机项目，推动高端装备制造业实现集约化发展，全力打造占地 23.5 平方公里的高端装备制造产业园。园区重点研发和量产高端液压件、铸造件、新型发动机以及液压挖掘机、装载机、掘进机等高端零部件和装备机械。目前，园区以形成年产 60 万套重大装备液压主件产业化以及年产 5 万套 CVT 无级变速箱能力。预计到 2015 年，初步建成在省内处于前列、竞争能力较强，国内有较大影响的工程机械中心、农用机械中心、液压件中心、精密铸造中心、发动机中心、桥箱中心；到 2020 年，充分发挥辐射带动作用，提升临沭县制造业的能级，努力实现产品系列化、装备成套化、生产集团化，园区产值超 1 000 亿元，把园区建设成为具有国际影响力的国家重要装备制造业基地。

三、科技创新方面

（一）山东西部经济隆起带（宁津）专利技术展示交易中心成立

山东西部经济隆起带专利技术展示交易中心于 2014 年 6 月，经省知识产权局批准成立，展示交易中心旨在立足西部经济隆起带、面向京津冀区域一体化发展，打造专利技术转化的综合服务平台，服务西部经济隆起带各地。目前展示交易中心建成了高校展区、协会展区、地市展区、宁津展区四个展厅，展示专利信息上千件、专利产品百余件，并配套了专利信息检索分析、培训中心等六大服务平台。

山东西部经济隆起带专利技术展示交易中心下一步将突出电梯、健身器材、实木家具产业特色，高精专与综合一体化发展，以专利展示交易为基础，打造集专利信息利用、专利托管、二次开发、价值评估、转移转化于一体的专利运营平台，强化与高校院所的工作衔接，加强与金融机构战略合作，推动形成"政产学研金介用"深度融合的专利协同运用工作机制，服务企业、服务产业、服务区域。

（二）济宁市大力营造企业创新发展良好环境

济宁市高度重视科技进步对产业转型发展的巨大推动作用，以建设创新型试点城市为抓手，大力优化企业创新发展环境。一是将企业为主体、市场为导向、产学研相结合的技术创新体系建设作为全市科技工作的总引领，积极完善政策体系，制定出台系列政策文件，将经济升级和创新驱动作为全市发展的总体战略，为企业自主创新营造良好的环境，产业调整取得了突破进展和长足进步。二是把自主创新能力、科技成果转化、政府和企业研发投入、高新技术产业等列为各县市区业务工作考核内容。制定出台《济宁市中长期科技发展规划纲要》《济宁市"十二五"科学技术发展规划》《关于支持企业提高自主创新能力的意见》等政策文件。大力落实各项财税优惠政策，加大科技奖励和成果转化力度，推进人才、科技、产业一体化建设。通过深化科研项目和资金管理改革、建立市场为主体的科技金融体系、改革科技成果评价体系等方法，逐步建立起科技创新的市场导向机制。三是把引导企业自主创新、建立以企业为主体的创新体系作为科技工作总抓手，持续加大科技投入；加快创新平台建设，加大知识产权保护力度，推进产学研合作，加快引进和培养高层次人才，为企业创新打下良好的智力基础。四是深入实施"331企业创新工程"，采取分类指导，一企一策等措施，以实施重大科技专项为抓手，鼓励企业与国内外高校、科研机构开展合作，充分发挥龙头骨干企业辐射带动作用，逐步构建以龙头骨干企业为核心、中小企业协调发展的战略性新兴产业体系。2014年，成功举办科技活动周、科技资源进县市区等活动21次，推介国内外先进技术600余项，培训2 700余人。推荐申报省以上科技计划项目182项，已落实资金3 248万元。截至目前，拥有国家高新技术企业199家、国家创新型（试点）企业2家、省级30家，省级产业技术创新战略示范联盟4家；中国名牌7个、山东名牌产品192个；注册商标、山东省著名商标、地理标志证明商标分别达到为1.5万件、154件、58件，企业的科技创新和综合竞争力得到大幅提高。

四、人才建设方面

（一）出台《加强对西部经济隆起带和省扶贫开发重点区域人才支持的意见》

2014年10月，山东省委组织部等有关部门制定出台了《加强对西部经济隆起带和省扶贫开发重点区域人才支持的意见》，确定将采取双向交流挂职和支持引进急需紧缺人才两种方式，促进西部经济隆起带和省扶贫开发重点区域的发展。

《西部经济隆起带发展规划》中指出要将西部经济隆起带建设成"以现代农业为基础，以区域性中心城市和重点城镇为骨架，以特色产业为支撑，形成若干发展高地，对周边地区产生聚吸优质生产要素的'海绵'效应和商品流通、产业辐射的'泵压'效应，充分利用后发优势实现科学跨越发展。"省政府对西部经济隆起带建设方向明确、目标清晰，充分结合了西部经济隆起带的基础现状，也对人才发展提出了基础要求。基于此，《加强对西部经济隆起带和省扶贫开发重点区域人才支持的意见》将人才和项目同步筹谋，在明确人才数量的同时，规定"重点项目每年支持20个，资助额度为每个

50 万元；优秀项目每年支持 60 个，资助额度为每个 20 万元；启动项目每年支持 20 个，资助额度为每个 10 万元"。在支持项目数量和资助金额方面都做出了具体的规定，开始正式启动。各方面专业人才的注入，能够使西部经济隆起带人才水平得到整体提高，他们深入重点行业和基层一线、指导和推动行业科技创新，同时开展科技推广、人才培养和社会公益等方面的工作，可以实现以人才先行、项目带动的方式，助推产业发展，进而带动西部经济真正隆起。

（二）山东启动实施西部经济隆起带基层科技人才支持计划

为加快山东西部经济隆起带创新发展，2014 年 11 月，山东省科技厅制定了《山东省西部经济隆起带基层科技人才支持计划》，计划通过连续 5 年项目实施，面向山东西部经济隆起带地区，支持 1 000 左右人次的基层优秀科技人才，为解决山东西部地区人才匮乏问题发挥积极示范作用。

该计划定位于支持基层一线科技人才。一是面向基层，支持扎根基层一线，进行创新、创业和科技服务的科技人员；二是面向实际应用，支持能够解决当地重点产业发展所面临实际问题的创新工作；三是面向现代农业，支持高效农业种养、种业、农产品精深加工、农业信息化、农业设施、农业物流等现代农业领域创新创业；四是面向青年人才，支持回乡创业的大学生等青年群体。

该计划采取省科技部门与西部七市共同出资的方式，以各市为实施主体，省级科技部门进行监督把关；计划实施方案、各地实施细则等均向社会公开；相关项目立项信息进行事前公示，确保公平公正。

五、基础设施建设方面

（一）山东推进西部经济隆起带交通基础设施建设

西部经济隆起带发展规划将交通基础设施建设作为支撑区域加快发展的一项非常重要内容，明确了一大批铁路、公路、水运、航空基础设施工程，各项工作取得明显进展。

铁路。区域内有在建铁路 5 条、规划建设的铁路 4 条，其中在建的铁路：山西中南部铁路通道、胶新铁路电气化改造、邯济铁路扩能工程 2015 年年底完工通车，济南—石家庄客专山东段已开工建设，临沂—临沭铁路工程进度过半。

公路。在建的高速公路项目共 8 个，总长 460 公里，概算投资 298 亿元；开展前期工作的高速公路项目共 5 个，总长 391 公里，总投资 269 亿元。在建项目中，鄄城黄河公路大桥、鄄城—菏泽高速公路、济南—乐陵高速公路 3 个项目计划 2015 年年内完工；聊城—范县高速公路、东明黄河大桥及连接线分别完成概算投资的 40.4% 和 30%，计划 2015 年建成通车；济宁—鱼台高速公路、德州—夏津高速公路、夏津—聊城高速公路正加紧建设，分别完成概算投资的 15%、24% 和 33.2%。开展前期工作项目中，莘县—南乐高速公路项目初步设计已获批、东阿界—鲁冀界高速公路项目获得国家发改委核准，计划 2015 年年底前开工建设；岚山—罗庄高速公路、鱼台—菏泽高速公路工可报告正在编制完善；枣庄—鱼台高速公路线型变更方案和德州—郓城高速公路项目设计比选方案（初稿）已基本确定。

机场。菏泽机场纳入国家民航发展规划。区域内有改扩建机场 2 个，规划新建机场 2 个，目前正在开展相关军地协调工作。其中临沂机场总体规划已由民航华东地区管理局正式批复，可行性研究报告正进行行业审查。

（二）西部隆起带"东出海口"蓄势待发

莒南临港产业园东与临沂临港经济开发区接壤，园区近海临港，交通便捷，距青岛港 170 公里，日照港 50 公里，岚山港 30 公里，连云港 90 公里。兖石铁路、岚济公路、日东高速、同三高速、长深高速将该区域与长三角和山东半岛等经济发达地区连为一体，是临沂境内国内贸易和港口贸易的最佳结合点，发展海洋与进出口业务有得天独厚的优势，是西部经济隆起带的"最东头"和"出海口"。

作为西部经济隆起带对接东陇海重点开发区域的最前沿，莒南的区位优势使其成为"一带"的出海通道和出港码头。而立足列入西部经济隆起带临港产业板块优势，莒南正在加快北疏港通道、汀大路连接线、文莲路道路建设，完善疏港通道体系。依托列入国家重点开发区域和省规划的莒南临港产业配套海洋产业联动发展示范基地，莒南不断加强与日照精品钢铁基地、半岛蓝色经济区以及海外市场对接，着力发展临港产业，重点建设精品钢铁深加工基地、临港物流基地、石油化工产业基地、新能源产业基地，通过延伸带动，打造西部经济隆起带临港经济发展新高地。目前，临港产业园"三纵三横"15 公里的道路框架已初步形成，日供水 7 万立方米的工业供水厂以及 11 万伏变电站已建成投入使用，日处理能力 1 万吨的污水处理厂将在 2015 年 6 月底建成使用。正在建设的 2.6 公里的沿河路路基已完成，2015 年 6 月底全部完工。

专 项 篇

第九章　蓝色经济区新区建设的思路与政策建议

第一节　国内新区建设模式研究

一、上海浦东新区

（一）浦东新区概况

上海浦东新区是中国第一个国家级新区，范围包括黄浦江以东到长江口之间的三角形区域，南面与奉贤区、闵行区接壤，西面与徐汇、卢湾、黄浦、虹口、杨浦、宝山六区隔黄浦江相望，北面与崇明县隔长江相望。全区面积 1 210.41 平方公里。1992 年中国政府作出"开发浦东"的决策，浦东新区的城区面貌变化很大。浦东国际机场在新区东临海部建成 2005 年，国务院正式批准浦东进行国家综合配套改革试点。2009 年 4 月，国务院批复同意将原南汇区行政区域划入浦东新区。新浦东雄踞东海之滨、杭州湾畔，内连扬子江、外眺太平洋，面积 1 210 平方公里，占全市 1/5 左右。

（二）地理位置

浦东新区是上海市位于黄浦江以东、长江口以西的一块三角形地区，地处我国海岸线中点和长江入海口的交汇处，全区面积 1 210.41 平方公里（其中：原浦东新区 532.75 平方公里，原南汇区 677.56 平方公里），人口 268.6 万人（其中：原浦东新区 194.29 万人，原南汇区 74.31 万人）。由于历史上黄浦江两岸没有桥梁和隧道沟通，浦东虽然与繁华的上海外滩、南京路仅一江之隔，但经济发展远远落后于上海老市区。

（三）定位及目标

围绕建设成为上海国际金融中心和国际航运中心核心功能区的战略定位，在强化国际金融中心、国际航运中心的环境优势、创新优势和枢纽功能、服务功能方面积极探索、大胆实践，努力建设成为科学发展的先行区、"四个中心"（国际经济中心、国际金融中心、国际贸易中心、国际航运中心）的核心区、综合改革的试验区、开放和谐的生态区。

（四）优惠政策

1. 区内生产性的"三资"企业，其所得税减按15%的税率计征；经营期在十年以上的，自获利年度起，两年内免征，三年减半征收。

2. 在浦东开发区内，进口必要的建设用机器设备、车辆、建材，免征关税和工商统一税。区内的"三资"企业进口生产用的设备、原辅材料、运输车辆、自用办公用品及外商安家用品、交通工具，免征关税和工商统一税；凡符合国家规定的产品出口，免征出口关税和工商统一税。

3. 外商在区内投资的生产性项目，应以产品出口为主；对部分替代进口产品，在经主管部门批准，补交关税和工商统一税后，可以在国内市场销售。

4. 允许外商在区内投资兴建机场、港口、铁路、公路、电站等能源交通项目，从获利年度起，对其所得税实行前五年免征，后五年减半征收。

5. 允许外商在区内兴办第三产业，对现行规定不准或限制外商投资经营的金融和商品零售等行业，经批准，可以在浦东新区内试办。

6. 允许外商在上海，包括在浦东新区增设外资银行，先批准开办财务公司，再根据开发浦东实际需要，允许若干家外国银行设立分行。同时适当降低外资银行的所得税税率，并按不同业务实行差别税率。为保证外资银行的正常营运，上海将尽快颁布有关法规。

7. 在浦东新区的保税区内，允许外商贸易机构从事转口贸易，以及为区内外商投资企业代理本企业生产用原材料、零配件进口和产品出口业务。对保税区内的主要经营管理人员，可办理多次出入境护照，提供出入境的方便。

8. 对区内中资企业，包括国内其他地区的投资企业，将根据浦东新区的产业政策，实行区别对待的方针。对符合产业政策，有利于浦东开发与开放的企业，也可酌情给予减免所得税的优惠。

9. 在区内实行土地使用权有偿转让的政策，使用权限50～70年，外商可成片承包进行开发。

10. 为加快浦东新区建设，提供开发、投资的必要基础设施，浦东新区新增财政收入，将用于新区的进一步开发。

（五）对地区的作用

1. 体制创新的示范、辐射、带动作用。

浦东的开发、开放所以能在体制上起示范作用，是因为它使邻近省市发现，要利用浦东开发、开放所带来的机遇，就必须在发展与改革的战略上保持与浦东的一致性和同向性。因此，为了呼应以浦东开发为龙头的长江流域经济的振兴，各地应把响应浦东、扩大开放的战略思路落实到与浦东开发接轨的具体设计上来。其中包括战略和政策等的软件接轨、信息网和高速公路等的硬件接轨、产业结构转换的接轨以及运行机制的接轨等。这些接轨的核心，就是体制创新的接轨。

2. 产业升级的示范、辐射、带动作用。

在浦东实施的外资政策与发展战略下，许多外资企业在浦东落户。这使浦东通过引进外资在产业结构的升级上为全国做出了贡献。

3. 扩大开放的示范、辐射、带动作用。

浦东开发在对外开放中的带动作用，首先是带动长江三角洲乃至整个长江流域的经济发展。浦东开发、开放以后，我国整个经济开放的格局立即发生了根本性的变化。以浦东和整个上海为龙头，整个长江三角洲和整个长江流域的对外开放大大加速。

二、天津滨海新区

（一）新区概况

天津滨海新区，是中国第二个国家级新区、国家综合配套改革试验区。滨海新区规划面积 2 270 平方公里，海岸线 153 公里，截至 2010 年年底，滨海新区常住人口达到 248 万人。滨海新区拥有世界吞吐量第四的天津港，2010 年吞吐量达到 4 亿吨，通达全球 400 多个港湾，服务华北、西北、东北 12 个省区市；天津滨海国际机场，连接国内外 30 多个世界名城；四通八达的立体交通和信息通信网络，在第一时间与世界相连。2010 年 1 月 11 日，天津滨海新区政府机构正式揭牌。这里聚集了国家级开发区、保税区、高新区、出口加工区、保税物流园区和中国面积最大、开放度最高的保税港区，是全国综合配套改革试验区。丰富的石油、天然气、海盐和 1 214 平方公里可供开发的土地，滨海新区蕴藏着巨大的发展潜力，吸引着世界的目光。

（二）地理位置

天津滨海新区地处华北平原北部，位于山东半岛与辽东半岛交汇点上、海河流域下游、天津市中心区的东面，渤海湾顶端，濒临渤海，北与河北省丰南县为邻，南与河北省黄骅市为界，地理坐标位于北纬38°40′至39°00′，东经117°20′至118°00′。紧紧依托北京、天津两大直辖市，拥有中国最大的人工港、最具潜力的消费市场和最完善的城市配套设施。以新区为中心，方圆 500 公里范围内还分布着 11 座 100 万人口以上的大城市。对外，滨海新区雄踞环渤海经济圈的核心位置，与日本和朝鲜半岛隔海相望，直接面向东北亚和迅速崛起的亚太经济圈，置身于世界经济的整体之中，拥有无限的发展机遇。滨海新区自然资源丰富，这里有大量开发成本低廉的荒地和滩涂，具有丰富的石油、天然气、原盐、地势、海洋资源等，同时拥有雄厚的工业基础，是国内外公认的发展现代化工业的理想区域。滨海新区产业传递、对外服务和辐射功能日益增强，与周边地区优势互补、共同发展的格局已经形成。

（三）总体布局

一轴、一带、三个城区、八个功能区。一轴：沿京津塘高速公路和海河下游建设"高新技术产业发展轴"。一带：沿海岸线和海滨大道建设"海洋经济发展带"。三个城区：在轴和带的 T 型结构中，建设以塘沽城区为中心、大港城区和汉沽城区为两翼的宜居海滨新城。八个功能区：先进制造业产业区、滨海高新技术产业园区、滨海化工区、滨海中心商务商业区、海港物流区、临空产业区、海滨休闲旅游区、临港产业区（规划）。

（四）定位及目标

依托京津冀、服务环渤海、辐射"三北"、面向东北亚，努力建设成为我国北方对外开放的门户、高水平的现代制造业和研发转化基地、北方国际航运中心和国际物流中心，逐步成为经济繁荣、社会和谐、环境优美的宜居生态型新城区。

（五）优惠政策

1. 税收政策的支持。

对天津滨海新区所辖规定范围内、符合条件的高新技术企业，减按 15% 的税率征收企业所得税；比照东北等老工业基地的所得税优惠政策，对天津滨海新区的内资企业予以提高计税工资标准的优惠，对企业固定资产和无形资产予以加速折旧的优惠。同时，决定设立东疆保税港区，加快天津成为北方国际物流中心、航运中心的步伐。

2. 财政政策的扶持。

中央财政在维持现行财政体制的基础上，2005～2009 年，中央财政每年补助天津 10 亿元，专项用于滨海新区的开发建设。如今，资金补助年限从 2010 年再延长 5 年，每年仍补助 10 亿元。另外，从 2008 年起 5 年内，对滨海新区内新设立并经有关部门认定的高新技术企业，自生产经营之日起，以地方财政专项补助的方式予以支持。

3. 在具体融资方面的措施。

（1）鼓励企业股改上市方面：滨海新区内企业为上市改制设立股份有限公司的，给予 20 万～50 万元的奖励。对完成股份制改造的企业，因资产评估增值而需缴纳的企业所得税，按照高新区留成部分的 50% 予以奖励。对已经完成股份制改造，并取得首次公开发行、上市申请的企业可申请流动资金贷款贴息支持，贴息比例为贷款利息的 30%，最高贴息额为 100 万元，贴息时间不超过一年（含一年）。高新区企业在国内外证券交易所挂牌上市，给予 50 万～100 万元的奖励。对实现买"壳"上市或将上市公司注册地迁至高新区的企业，给予 100 万元一次性奖励。

（2）扶持贷款担保方面：滨海新区为区内企业提供融资担保，根据其担保数额，给予不同的补贴。为区内企业提供担保发生的代偿损失，给予担保公司代偿损失补贴，补贴金额为代偿金额的 15%。最高补贴额为 100 万元。对为列入滨海新区重点计划企业提供的担保，按担保额的 0.5% 给予担保机构专项补贴。

（3）支持股权投资方面：各类投资机构对滨海新区企业当年总投资额不低于 400 万元且投资企业不少于 3 家，给予 20 万元一次性奖励；当年总投资额不低于 2 000 万元且投资企业不少于 2 家，给予 50 万元一次性奖励；当年总投资额不低于 5 000 万元且投资企业不少于 2 家，给予 100 万元一次性奖励。

（4）鼓励其他金融机构发展方面：对融资租赁公司、保理公司、小额贷款公司等金融机构为区内企业提供融资额的不同，给予不同数额的补贴。鼓励信用评级机构在区内开展业务，信用评级机构当年评级高新区企业数量超过 20 家，且所评企业当年融资额超过 1 亿元，对评级机构奖励 10 万元；评级企业数量超过 50 家，且所评企业当年融资额超过 2 亿元，对评级机构奖励 20 万元。

（5）鼓励投融资机构入区方面：鼓励各类投融资机构入区，在滨海新区内工商注册、税务登记的投融资机构，注册资金 5 000 万元以上的，自盈利年度起，连续 3 年按照其缴纳的所得税高新区留成部分的 50% 予以奖励。

（六）对地区经济的意义

1. 有利于推进天津加快建设中国北方的经济中心。

滨海新区的开发开放改变了区域经济的发展格局，扭转了天津经济一度增长缓慢的被动局面，增强了天津发展的活力，凸显出天津的工商业基础优势、资源优势、区位优势、口岸优势和综合配套改革试验区先行先试的优势，使天津服务功能得到了明显的提升，加快了天津落实中央关于"建设中国北方经济中心"的步伐。

2. 增强京津冀经济发展的协调性。

滨海新区制造业的快速发展，有助于周边地区的产业调整，改变长期以来京津冀主要城市之间产业雷同、布局分散、市场割裂等问题，促进北京、天津与河北产业的合理分工、协作配套与互动共赢，建立关联密切的统一市场和资源配置体系。

3. 为北京服务业发展提供更大空间。

跨国公司与国内大企业对滨海新区的投资，产生大量的人流、物流、资金流、信息流，客观上需要作为全国政治文化中心和国际交往中心的北京市提供相关的功能服务，如摩托罗拉等跨国公司在北京设立营销总部、有力拉动了北京发展总部经济、发展文化创意产业等，扩大服务业发展的新领域。

4. 促进北京科技研发优势与滨海新区的创新转化优势相结合。

北京高校林立，研究机构密集，科研力量雄厚，但科研成果的转化受到土地资源稀缺和商务成本偏高的制约。滨海新区制造业的大发展，需要北京科技创新的支撑，也推动了科研成果的转化。目前，中央各研究机构已与滨海新区签订了二十多项建设国家级科技研发平台和重大科技研发转化项目的协议，有效地促进了北京科技研发优势与滨海新区资源丰富、机制灵活的转化优势有机结合，增强京津冀自主创新的整体水平。

5. 深化天津与河北经济的融合与发展。

滨海新区的发展有赖于河北省水资源、能源、人力资源与生态环境的保障，也需要河北省环京津城市群的产业配套与联动发展，特别是新区制造业的大发展，与唐山曹妃甸、沧州黄骅的开发遥相呼应，共建大滨海地区，为河北省其他城市的发展提供了机遇和市场。在科学发展观的指导下，滨海新区的开发开放还迫切要求与河北省共同开展主体功能区的规划建设，共同进行产业的合理布局，实现津冀经济的深度融合与区域的合理分工、互补发展。

6. 推动京津冀跨区域基础设施的对接。

滨海新区的大发展与天津港对京冀纵深服务的不断扩大，客观上加快了联通京津冀海陆空大交通体系的建设，加快了水电气热以及网络通信等基础设施体系的建设，加快了资源、商品、科技成果等生产要素配置体系的建设，为区域经济的协调发展奠定了坚实的基础。当前滨海新区建设直接引发出的跨区域基础设施项目有：京津高速铁路、京津高速公路二线、环渤海高速公路、首都第二机场、华北电网扩能等，这些项目的建设将极大地促进京津冀整个区域基础设施建设的一体化。

7. 带动京津冀扩大对外开放。

天津港吞吐能力的不断扩大，港航产业的不断发展，天津港保税区功能的不断完善，东疆保税港的开工建设，特别是滨海新区利用信息化手段与京冀主要城市联合，开辟内陆"无水港"，带动了京津冀地区一般出口贸易和加工贸易的大发展，拉动外向型经济的发展。并依托口岸优势继续大量吸引国外的直接投资，为京津冀城市群利用国内外两个市场、两种资源发展经济，开辟了通道，敞开了门户。

8. 提供制度创新的示范。

滨海新区作为全国综合配套改革试验区，目前正在积极地开展十个方面的改革试验，其中金融改革、土地管理方式创新、涉外经济体制改革、科技体制改革和行政管理体制改革已经推开或正在积极筹备。改革产生的有效率的制度安排将作为公共产品最先提供给京津冀地区各级政府和广大企业，促使全区域提高资源配置的合理性，按照科学发展观的要求，在提高规模效益的同时更加注重提高结构效益。

三、重庆两江新区

（一）新区概况

重庆两江新区成立于 2010 年 6 月 18 日，是继上海浦东新区、天津滨海新区之后的中国第 3 个国家级新区，也是中国内陆第一个国家级新区。两江新区，以北部新区和两路寸滩保税港区为核心，包括江北、渝北、北碚三个区的部分区域。规模：两江新区的面积为 1 200 平方公里，包含重庆渝北区、江北区、北部新区、北碚区（含蔡家组团）

的部分区域，可开发面积约为 650 平方公里。但去除已建成区域 150 多平方公里，实际两江新区的可用面积为 450 多平方公里。"5 + 3"战略性布局：轨道交通、电力装备（含核电、风电等）、新能源汽车、国防军工、电子信息五大战略性产业布局，以及国家级研发总部、重大科研成果转化基地、灾备及数据中心三大战略性创新功能布局，加快培育一批高成长性新兴产业集群。

（二）地理位置

两江新区规划范围涉及重庆市江北区、渝北区、北碚区三个行政区部分区域，及重庆北部新区、两路寸滩保税港区、两江工业园区等功能经济区。规划总控制范围 1 200 平方公里，其中可开发建设面积 550 平方公里，水域、不可开发利用的山地及原生态区共 650 平方公里。但去除已建成区域 150 多平方公里，实际两江新区的可用面积为 450 多平方公里。其中，江北区涉及街镇为：石马河、大石坝、观音桥、华新街、五里店、江北城、寸滩、铁山坪、郭家沱、复盛、鱼嘴镇；渝北区涉及街镇为：龙溪、龙山、龙塔、双凤桥、双龙湖、回兴、悦来、人和、鸳鸯、天宫殿、翠云、大竹林、木耳、礼嘉、龙兴、石船、古路、玉峰山镇；北碚区涉及街镇为：水土、复兴、蔡家岗、施家梁镇。

（三）定位及目标

依托重庆及周边省份，服务西南，辐射中西部。作为国家综合配套改革试验区，根据国务院批复，中央赋予重庆两江新区五大功能定位：统筹城乡综合配套改革试验的先行区，内陆重要的先进制造业和现代服务业基地，长江上游地区的经济中心、金融中心和创新中心等，内陆地区对外开放的重要门户，科学发展的示范窗口。

（四）优惠政策

1. 区内所有国家鼓励类产业的各类中资企业和外商投资企业，到 2020 年减按 15% 的税率征收企业所得税。

2. 以 2010 年为基数，"十二五"期间新区内新增地方财政及建设项目有关的行政事业性收费收入全额用于设立两江新区发展专项资金，以投资入股、定额补助、对发行企业债券和贷款实行贴息等方式，扶持区内的先进制造和现代服务类企业发展。

3. 对新区建设用地计划指标实行单列并予以倾斜，根据发展规划需要优先确保建设用地。

4. 市政府设立百亿元专项资金，集中用于两江新区基础设施的起步建设。

5. 国家批准重庆设立的产业投资基金，引导优先支持新区基础设施建设和重点产业发展。

6. 对入驻两江新区工业开发区的工业企业，所缴纳的企业所得税地方留成部分，前两年由新区给予全额补贴，后三年按 50% 给予补贴。

7. 区内高新技术产业领域或战略性新兴产业领域的企业，从获利年度起三年内，按有关规定提取的风险补偿金（按当年利润额的3%～5%）可税前扣除。

8. 执行灵活的土地和房屋租赁政策。对重点支持的产业用地实行双优政策。对从事科技开发的企业、科研机构和高等院校，可安排房屋租金补贴。

9. 对区内符合国家产业政策的项目，在项目审核、土地利用、贷款融资、技术开发、市场准入等方面给予支持。

10. 对新引进大型企业总部高管人员给予安家资助等财政扶持，并建立分配激励机制促进人才引进。

（五）对地区经济的意义

1. 有利于提高重庆的综合竞争力。

（1）两江新区提出要建立现代制造业和服务业的基地，必将聚集很多国内外先进的制造技术和管理人才，同时设立更多大型的研发机构，这有利于提升企业在国际市场中的竞争力。

（2）继续加速建设长江上游金融中心和创新中心。不但能够吸引更多的国内外大型的金融机构进驻重庆，而且可以解决企业资金上的问题，更好地促进企业发展的步伐。同时，两江新区将在重庆设立内陆地区的首个结算中心，必将会带来新的一波产业集聚效应。

（3）两大基地的建设以及金融中心的创建对重庆经济发展的辐射和带动效应是不可估量的。必将大大助推重庆的综合竞争实力。

2. 有利于加速重庆内陆开放高地的建设步伐。

两江新区的设立会进一步提升重庆作为西部，内陆地区对外开放的重要门户的地位，助推重庆建设长江上游地区现代商贸物流中心以及内陆国际贸易大通道和出口商品加工基地这将会吸引更多的外资机构和国内先进生产制造企业进驻两江新区，不断扩大重庆对外贸易和交流。与此同时，两江新区的开放高地以及两江新区的保税区，它的功能一旦发挥到位，也是带来开放高地的一个推动的作用。

3. 有利于解决重庆劳动力的就业问题。

两江新区要建设成为内陆重要的先进制造业基地和现代服务业基地的战略要求，必将为中西地区创造大量的就业岗位和创业机会。这不仅在很大程度上解决了各阶层、各年龄段，包括大学生的就业问题。同时，也促进了农村剩余劳动力的有序转移，这有助于中国正面临的以农村人口为主向以城市人口为主的社会转变。

四、浙江舟山群岛新区

（一）新区概况

舟山群岛新区，是国家一项海洋经济战略决策。作为中国首个群岛新区，2011年3

月 14 日，舟山群岛新区正式写入全国"十二五"规划，规划瞄准新加坡、中国香港世界一流港口城市，要拉动整个长江流域经济。2011 年 6 月 30 日，国务院正式批准设立浙江舟山群岛新区，舟山成为我国继上海浦东、天津滨海、重庆两江新区后又一个国家级新区，也是首个以海洋经济为主题的国家级新区。

（二）定位及目标

浙江海洋经济发展的先导区、海洋综合开发试验区、长江三角洲地区经济发展的重要增长极。发展目标：舟山群岛新区将建成中国大宗商品储运中转加工交易中心、东部地区重要的海上开放门户、中国海洋海岛科学保护开发示范区、中国重要的现代海洋产业基地、中国陆海统筹发展先行区。

（三）优惠政策

1. 山东省财政将建立海洋经济发展专项资金，重点支持海岛基础设施、海洋科技研发、海洋新兴产业、公共服务平台和海洋生态保护等项目建设。山东省财政通过设立省海洋产业基金，引导社会资金投向海洋新兴产业、涉海现代服务业、临港先进制造业和现代海洋渔业等。省级有关部门要整合现有的涉海专项资金，优化资金配置结构，提高资金使用绩效。

2. 对投资海洋高新技术产业、海洋服务业、先进临港产业和海洋科技研发等项目，给予一定的税费减免优惠，大力推进海洋金融创新，支持金融部门参与发展海洋经济，积极探索开发各类金融产品和融资方式，鼓励银行金融机构加大对海洋经济重点领域、重点项目、重点企业的信贷投放力度。鼓励企业发行债券和短期融资券，支持涉海企业在境内外资本市场上市，拓宽直接融资渠道。

3. 科学控制沿海和有居民海岛建设用地规模和开发强度，优化用地方式及空间布局。对列入国家和省重点的海岛保护与开发项目，优先安排建设用地。在年度新增建设用地指标分配中，对沿海及海岛地区的重点项目建设给予适当倾斜。积极争取国家有关政策支持，用足用好各项优惠政策。

（四）新区优势

1. 海洋资源丰富。"港、景、渔"是舟山新区最大的海洋特色资源。

（1）港口方面：新区深水岸线众多，港口资源丰富。全区水深 15 米以上岸线 200 公里，港域面积 1 000 平方公里，主航道可通行 20 万吨以上船舶，境内的虾峙门国际航线可全天候通行 30 万吨以上巨轮。

（2）海景方面：舟山是中国优秀旅游城市，境内有两个国家级风景名胜区（中国佛教名山"海天佛国"普陀山、"南方北戴河"嵊泗列岛），其中普陀山被评为全国首批 5A 级景区，有岱山和桃花岛两个省级风景名胜区。岱山风景区又分为岱山景区、秀山景区、衢山景区。岱山风景区犹以衢山岛景区最为著名。衢山景区有美丽的沙滩，双龙沙滩和长沙沙滩。有佛教名山观音山，是普陀山的姐妹山。

（3）渔业方面：舟山素有"东海鱼仓"和"祖国渔都"之美称。海域内盛产鱼、虾、贝、藻类等海水产品500多种，全市渔业年产量在120万吨左右，舟山渔场是我国渔业资源基础最好的渔场。舟山市近些年来先后荣获了"中国渔都"、"中国海鲜之都"荣誉称号。

2. 区位优势明显。

舟山新区处在我国东部海岸线和长江出海口的组合部，扼我国南北海运和长江水运的"T"型交汇要冲，是江海联运和长江流域走向世界的主要海上门户。现已形成海、陆、空"三位一体"的集疏运网络，其中普陀山机场开通了至北京、上海、厦门、晋江等多条航线；海上客运通达沿海各大港口城市，远洋运输直达韩国、日本、新加坡、中国香港、中国澳门等国家和地区的港口；总长近50公里的舟山跨海大桥于2009年12月25日全线通车，使舟山本岛及附近小岛成为与大陆连接的半岛。此外，还有多条高速客轮航线、汽车轮渡航线与上海、宁波连接，水、电、通信实现了与大陆联网，全市口岸开放面积1 165平方公里。现今，舟山群岛新区建设已确定三大战略定位、五大发展目标、七大重点产业，并将形成陆海统筹、重点突出、功能明确、协调发展的"一体一圈五岛群"的空间结构。

3. 产业特色鲜明。

舟山一直围绕"海"字做文章，不断调整和优化产业结构，全市初步形成了以临港工业、港口物流、海洋旅游、海洋医药、海洋渔业等为支柱的开放型经济体系。2008年全市海洋经济总产出1 048亿元，海洋经济增加值占GDP比重达66.4%，是全国海洋经济比重最高的城市，三次产业比例为10.0∶46.2∶43.8，经济结构实现了由单一的传统渔业经济向综合的现代海洋经济转变。

（1）临港工业初具特色：已形成了以船舶修造、临港石化、水产品精深加工等为支柱的海岛型工业体系。工业总产值达到832.6亿元，造船能力已突破500万载重吨，产值达到319.2亿元，已成为全国重要的修造船基地。

（2）港口物流步伐加快：已由地方小港口发展为区域性水水中转大港，全市港口货物吞吐量达到1.59亿吨，海运业运力达到293万吨，跻身全国沿海十大港口之列。

（3）海洋旅游推陈出新：舟山国际沙雕节、海鲜美食节、观音文化节等影响不断扩大，海岛海洋旅游知名度不断提高，成为华东地区重要的旅游目的地。2008年旅游接待人数达到1 516万人次。

（4）海洋医药不断创新：涌现出一批以浙江海力生集团有限公司为代表的现代型、创新型海洋药物、食品研发生产基地，产品国际优势明显。

（5）海洋渔业加快转型：从传统的以捕为主逐步向捕、养、加、销一体的现代渔业转变，以舟山震洋发展有限公司为代表的集水产捕捞、加工、进出口贸易于一体的现代型综合性企业也颇具规模。水产加工业年产值在150亿元左右，已成为我国最大的海水产品生产、加工、销售基地。

（五）对地区经济的意义

1. 有利于保障我国经济战略安全。

经济社会发展的阶段特征和资源国情决定我国战略性资源物资需要大量进口，长三角及长江流域是消耗资源物资的主要区域。而这些战略物资将主要通过海上运输从境外到达我国。建设浙江舟山群岛新区，加快舟山深水港群开发，打造以大宗商品为主的国际物流岛，可增强国家大宗战略物资储备中转能力，确保我国特别是长三角地区大宗战略物资储运中转安全。

2. 有利于拓展我国发展空间，维护海洋权益。

从我国疆域看，唯独舟山群岛和台湾岛真正深入太平洋，无论是拓展战略空间，还是维护国防前哨阵地，舟山都是重要战略支点和桥头堡。建设浙江舟山群岛新区，充分挖掘发挥舟山独特而丰富的海洋海岛资源优势，有利于将舟山打造成为我国面向世界各大洋拓展战略空间的前进基地和海上综合支撑基地，成为我国开发、保护、利用东海油气、海底多金属核等海洋战略资源的前沿阵地。

3. 有利于探索群岛开发开放新模式，建设我国海洋综合开发基地。

如果说沿海地区是海洋开发的支撑和依托，那么海岛就是海洋开发的前沿和核心。海岛与其周围的海域组成的海岛生态系统，是生产力最高的海洋生态系统之一，蕴藏着丰富的生物资源、矿物资源、港口资源、旅游资源等。建设浙江舟山群岛新区有利于探索我国群岛开发开放新模式，为今后开发南沙和其他海岛，建设我国各类、各大洋海洋综合开发基地打下扎实基础。

4. 有利于我国转变发展方式，探索转型升级新途径。

发展海洋经济首次列入国家中长期规划重点，已成为我国培育新的经济增长点的重要途径，国家发改委已启动海洋经济发展试点工作。建设浙江舟山群岛新区，推进现代海洋产业的培育发展，有助于为全国率先探索出一条具有鲜明海洋海岛特色的海洋经济转型升级新路径。

5. 有利于建设上海国际航运中心，培育我国东部经济新的增长点。

宁波—舟山港是上海国际航运中心重要组成部分。建设浙江舟山群岛新区有助于畅通南北海运、江海联运通道，完善上海国际航运中心建设体系，充分发挥差异化比较优势，实现资源共享、优势互补、陆岛联动，进一步增强长三角区域竞争力，培育我国东部经济新的增长点。

6. 有利于摸索海洋资源保护开发新路子。

由于海洋经济粗放发展方式尚未得到根本性扭转，加上陆源排海污染管理联动不够严密、涉海法律法规不够健全等原因，我国海洋资源利用水平整体上尚不高。设立舟山海洋综合开发试验区，有助于科学、全面、有序地推进海洋、海岛资源的综合开发管理，加快海洋经济的集约化、生态化、可持续发展，为我国海洋资源的科学开发、合理保护积累经验。

五、广州南沙新区

（一）新区概况

南沙新区是位于广东省广州市，依托珠三角地区。1990 年 6 月，南沙确定为重点对外开放区域和经济开发区。1993 年 5 月 12 日，国务院批准设立广州南沙经济开发区，2005 年，南沙变身为独立行政区，2012 年 9 月 6 日，国务院正式批复《广州南沙新区发展规划》。2012 年 10 月 11 日，国务院新闻办举办中外记者新闻发布会，介绍国务院新近批复的《广州南沙新区发展规划》。

（二）地理位置

南沙新城初定规划范围为沙湾水道以南，总面积 803 平方公里，空间布局将以中、北、西、南四大城市组团铺开。审查会认为，南沙依托广州进行开发建设，远期可与广州现有市中心形成双中心，该规划若通过，南沙或将"扩容"。南沙现有面积为 527.65 平方公里，其中陆域面积 339.5 平方公里。

其中，北部组团约 130 平方公里，其中建设用地面积约 50 平方公里，由汽车制造基地、高新技术园区三大子功能区组成，广汽集团旗下的广汽丰田就设在南沙区，年产能达 36 万辆；西部组团约 190 平方公里，其中建设用地面积约 30 平方公里，由装备制造业区、岭南小镇文化旅游区、生态农业观光区三大子功能区组成；南部组团约 260 平方公里，其中建设用地面积约 70 平方公里，由南沙国际保税港区、海洋高新技术区、岭南水乡示范区三大子功能区组成；中部组团约 220 平方公里，其中建设用地面积约为 90 平方公里，由中心湾区、湾区交通枢纽商务区、城市综合服务区、钻石水乡示范区和合作配套区五大子功能区组成。

（三）定位及目标

立足广州、依托珠三角、连接港澳、服务内地、面向世界，建设成为粤港澳优质生活圈和新型城市化典范、以生产性服务业为主导的现代产业新高地、具有世界先进水平的综合服务枢纽、社会管理服务创新试验区，打造粤港澳全面合作示范区。

（四）优惠政策

1. 国家级战略支持。

将南沙上升为粤港澳全面合作的国家级新区，给予财税支持和项目安排倾斜，赋予粤港澳合作体制机制改革和社会管理创新的先行先试权。建议将广东省政府机关迁至南沙区，使之成为广东省新行政中心。建议省和国家有关部门调整广州与周边城市的行政管辖区划。

2. 管理权限与考核制度支持。

赋予南沙新区管理机构省级管理决策权限；按照对不同区域的主体功能定位，实施差别化的评价考核原则，对南沙重点进行先进制造业和生态保护的评价。

3. 财税政策支持。

设立"南沙发展基金"并给予专项补助资金；实行企业所得税"三免三减半"，在一定期限内减按 15% 税率征收企业所得税；建设免税购物商店，率先进行增值税扩围和深化增值税转型改革。

4. 金融创新支持。

支持建设国家金融综合配套改革试验区和国际性加工贸易结算中心；建设航运交易所和华南商品期货交易所；发展离岸金融、融资租赁、产业投资基金；试点外汇制度改革。

5. 土地管理制度改革。

扩大南沙规划范围；用地计划指标国家单列并在指标安排上予以倾斜；允许港澳企业与内地企业成立项目公司，进行土地一级开发和连片开发；对以土地作价入股参与具体项目建设的，不视为土地使用权转让。

6. 口岸管理与创新通关支持。

探索粤港、粤澳游艇出入境便利化措施，试点"两地牌一证通"政策；建立"一地两检"农产品检验检疫制度；将南沙港区口岸作为汽车整车进口口岸；授权南沙相关机构签发赴港澳通行证业务。

7. 航运和物流政策。

扩大南沙保税港区范围；对注册在保税港区内的纳税人从事海上国际航运、货物运输、仓储、装卸搬运业务取得的收入免征营业税；对注册在南沙新区的保险企业从事国际航运保险业务取得的收入免征营业税；对南沙保税港区的企业建设自用设备材料免关税和进口环节税。

8. 教育与科技政策。

支持粤港澳在南沙合作建设国际教育合作特区，率先实现内地、港澳与国际职业资格的"一试三证"；开展港澳和国外高校在南沙合作办学试点；支持引进各类国际教育培训机构。

9. 产业和重大项目支持。

将南沙客运港确定为珠三角邮轮母港；优先布局安排一批国家级、省级和市级粤港澳合作项目、重大科技专项、战略性新兴产业和公共服务设施项目；支持南沙新区申办重大国际性展会和活动。

10. 人才和社会保障政策。

支持南沙开展与港澳在社会保障服务衔接和居住证改革试点。

（五）新区布局

南沙新城 800 多平方公里空间布局：

1. 北部组团。

约 130 平方公里，其中建设用地面积约 50 平方公里。由汽车制造基地、高新技术园区三大子功能区组成。

2. 西部组团。

约 190 平方公里，其中建设用地面积约 30 平方公里。由装备制造业区、岭南小镇文化旅游区、生态农业观光区三大子功能区组成。

3. 南部组团。

约 260 平方公里，其中建设用地面积约 70 平方公里。由南沙国际保税港区、海洋高新技术区、岭南水乡示范区三大子功能区组成。

4. 中部组团。

约 220 平方公里，其中建设用地面积约为 90 平方公里。由中心湾区、湾区交通枢纽商务区、城市综合服务区、钻石水乡示范区和合作配套区五大子功能区组成。

按照规划，南沙新城 800 多平方公里的空间布局将以中、北、西、南四大城市组团铺开。此外，规划为核心湾区的城市设计提供了两种方案，分别是包含粤港澳合作特别政策区的"钻石湾"和珠江自由经济区自由贸易区的"岭南国际水都"两个方案。

（六）对地区经济的意义

1. 南沙新区规划获批带来新的增长极。

南沙新区作为珠三角的三大平台之一，又拥有自身的政策资源区位优势，将成为珠三角经济一个新的增长极。南沙应利用临港优势，发展沿港工业，如重型钢铁石化这样倚重海洋运输的产业；现代交通运输业，提供中转仓储设计包装等服务；以及现代服务业，与国际一流大学合作，吸引培养人才为珠三角提供支撑。目前南沙发展的最大阻碍是交通问题，地铁还在规划中，机场都在城市偏北处，离得远，同时，医疗教育等软件也有待配套，与港澳的人员、车辆、物资通行不便利，也有待解决，南沙新区的行政服务采用高起点，借鉴中国香港等地的城市管理社会管理经验，摆脱中国传统行政服务低效管制多的弊端南沙新区规划获批，正遇上现今经济形势不乐观时期，是否意味着艰难的开端，南沙新区获批对经济大形势是个利好消息，会带动一批基础设施投资，但投资不是指房地产这种层次，地铁港口教育上的投资，才能推动经济的可持续发展。

2. 对珠三角的意义。

为解决珠三角的工业行业分布散、产业聚集力度不足、现代企业制度不完善等问题，南沙新区构建时就提出三个主要优势因素，产业结构导向因素、人才及科技创新因素和政策因素，用南沙新区拥有的优势因素来解决珠三角工业行业分布散、产业聚集力度不足的问题。

南沙新区自然环境优美，历史文化底蕴深厚，珠三角素有鱼米之乡、水上人家之称，南沙新区可以利用现有的环境优势因素来继续发扬该称号。南沙新区规划的文化创意园以打造岭南文化砖石水乡为主题，在吸引游客带动经济发展的同时可以教育下一代延续岭南文化的发展。

在南沙新区的特殊政策因素中，在金融政策与港澳往来便利化政策，以及扩大对外开放政策中都有所提及鼓励和支持南沙新区建设粤港澳数据服务试验区。在国家政策的支持下南沙新区规划的电子信息园将统一规划整理整个珠三角的数据业务，为珠三角的信息建设提供一个崭新的服务点。

南沙新区位于珠三角几何中心亚太经济区域核心部位路水与港澳非常接近，未来还构建以南沙新区为区域中心枢纽的复合型快速交通网络，快速连接港澳珠三角及内地地区，引导区域高端要素向南沙布局，支撑南沙作为港澳与内地的交流平台。目前南沙新区在规划建设与广州市城区广州高铁南站白云机场连接的 18 号线，原有的地铁 4 号线将延伸至南沙客运港以及跨海连接的中深通道南沙新区落站口，这将把珠三角交通网络更加紧密地连接在一起。

3. 对粤港澳深化合作的意义。

南沙在已规划的 60 平方公里的范围内打造三个重点合作片区：一是北部以庆盛交通枢纽为依托的教育培训、创新、高端医疗合作区；二是中部以湾城中心区为依托的商业服务和金融创新合作区；三是南部以珠江交通枢纽为依托的粤港澳数据特区和战略性新兴产业合作区，形成以"一中心、两枢纽"为基础的粤港澳合作格局。

总的来看，通过重点地区、重点领域和重点项目的合作示范，加强粤港澳三地经济的融合互通，是推动珠三角一体化向纵深发展的必然趋势。南沙新区规划建设具有四个方面的战略意义：一是有利于促进粤港澳合作与港澳繁荣稳定；二是有利于提升珠三角城市群的综合实力；三是有利于构建中华民族共同家园；四是有利于创建国家主体功能区划示范区。为此，在观念、政策与实践层面给予足够的重视，把握好"硬件与软件、生产与生活、建设与服务、合作与发展"等多个方面的平衡无疑成为重要内容。以良好的基础设施建设为突破口，努力在区域合作的制度创新方面取得新进展，把南沙新区建设成为粤港澳区域合作的示范区，发挥其特殊区域的带动和辐射作用，对促进新时期粤港澳区域经济一体化的可持续发展发挥着重要的作用。

第二节　蓝色经济区新区建设综述

一、青岛西海岸新区

（一）区位面积

青岛西海岸新区位于胶州湾西岸，与青岛市主城区隔湾相望，包括黄岛区全部行政区域，其中陆域面积约 2 096 平方公里、海域面积约 5 000 平方公里。区内海岸线 282 公里，滩涂 83 平方公里，岛屿 42 处，沿岸分布自然港湾 23 处。现辖 27 个镇（街道、园区），城市社区 65 个、村（社区）1 156 个，总人口 171 万。

青岛西海岸新区位于京津冀都市圈和长江三角洲地区紧密联系的中间地带，扼守京津海洋门户，是沿黄流域主要出海通道和亚欧大陆桥东部重要端点，与朝鲜半岛、日本列岛隔海相望，具有辐射内陆、连通南北、面向太平洋的战略区位优势。辖区内沈海高速、济青高速、青兰高速、环胶州湾高速、204国道等主干道纵横交错，胶州湾海底隧道和跨海大桥横贯东西，交通条件便捷。

（二）功能定位

1. 海洋科技自主创新领航区。

放大青岛海洋科学城和蓝色硅谷科技创新孵化、资源要素集聚优势，吸纳国内外海洋科教研发机构和领军企业，着力加强海洋科技创新体系和重大创新平台建设，努力在海洋基础科学和近、远海应用技术领域取得重大突破，建设深海科技城、海洋人才市场和海洋应用信息服务中心，打造海洋科技创新高地。

2. 深远海开发战略保障基地。

借鉴国家深空探测系列工程经验，构建海陆关联、协同创新机制，集中建设国家深远海开发重大创新平台。提升陆基综合保障能力，打造董家口矿产能源等大宗商品和战略物资储运中转基地、深海探测开发装备产业基地。

3. 军民融合创新示范区。

依托古镇口军港和航母基地建设，密切军地、军政和军民关系，主动服务国防建设，构建军政企、产学研协同创新平台，强化军民结合自主创新和军民融合式发展，整合军地优势资源，大力发展军民结合产业，推动军工产业与地方经济良性互动、共同发展，打造国际知名的海军城。

4. 海洋经济国际合作先导区。

探索海洋开发跨国合作机制，完善保税港区、出口加工区等海关特殊监管区保税等功能。规划建设青岛中德生态园、中日和中韩创新产业园，在海洋产业合作、投资贸易便利化、跨国交通物流等方面先行先试，深化管理、技术、人才、制度等方面的国际合作交流，构筑我国参与全球海洋开发合作的示范平台。

5. 陆海统筹发展试验区。

高效整合陆海资源，依托周边区域构建陆海统筹的港口集疏运、能源供给、水资源保障、信息通信、防灾减灾等网络，在陆海战略规划、产业发展、生态保护、政策安排、管理体制统筹联动等方面先行先试，探索以对外开放带动对内开放、沿海发展带动内地发展的新路径。

二、烟台东部海洋经济新区

（一）区位面积

东部新区规划总面积600平方公里，位于烟台市城市的东部，范围包括烟台高新区，牟平区的养马岛旅游度假区、经济开发区、沁水韩国工业园、台湾地区工业园、牟平城区、龙泉镇，莱山区的解甲镇、黄海路街道，芝罘区的东山、幸福、芝罘岛街道，以及烟台保税港区 A 区。海岸线长 150 公里，规划居住人口 75 万人，其中起步区金山港区面积 40 平方公里。

作为全市工作的重中之重，烟台市委、市政府将举全市之力，先期集中突破 40 平方公里金山港区。按照"突出产业、优化布局、设施先行、宜居宜业"的思路，坚持"海陆统筹、一体规划、优先配套、分期实施"的原则，高标准开发建设，高水平统筹发展，高强度实施投入，争取"一至两年起步成势、三至四年快步成形、五至六年健步成城"，尽快崛起一座现代化海洋经济新城。使金山港区成为具有较强国际竞争力的高端海洋产业集聚区、国家级海洋科研成果转化示范区、面向东北亚区域经济合作重要承载区、山东半岛蓝色经济区建设先行区和烟台东部滨海生态宜居新城区。

（二）功能定位

根据初步规划，烟台东部高技术海洋经济新区将分为五大功能区：海洋科技产学研引领区、海洋高技术产业聚集区、滨海旅游商务区、低碳环保产业区和临港保税物流区。

1. 海洋科技产学研引领区。

今后，将利用区域内高校和科研院所密集的优势，以高新区、莱山滨海及解甲庄镇为主体，突出产学研合作示范特色，打造新区科技创新的动力源，特别是要围绕规划建设烟台国家级海洋科研成果转化基地，依托现有骨干企业，建设一批海洋特色鲜明、产业相对集聚的特色园区。

2. 海洋高技术产业聚集区。

作为新区建设的起步区和核心区，将依托牟平开发区、沁水韩国工业园和牟平城区，以海洋高技术产业为导向，建设国家海洋高新技术产业基地。

3. 滨海旅游商务区。

这里将着力增强新区服务功能，以此吸引"人气"，特别要依托养马岛、崆峒岛、芝罘岛、金山港以及芝罘、莱山、牟平和高新区滨海一线，发展休闲旅游、商务会展、高端地产和现代商业。

4. 低碳环保产业区。

以牟平姜格庄台湾工业园和龙泉镇为主体，突出低碳环保产业特色，重点发展以新能源、节能环保设备制造等为主导的节能环保产业，建设中日韩循环经济示范基地，将其打造成为中日韩区域经济合作试验区先行区的重要载体。

5. 临港保税物流区。

以烟台保税港区、烟台港芝罘湾港区及周边区域为主体，建设具有重要影响力的区域性国际物流中心、航运服务中心。高标准规划建设网外配套综合服务区，实现政策功能就近溢出、梯次放大。

三、潍坊滨海海洋经济新区

（一）区位面积

潍坊滨海海洋经济新区（以下简称"新区"）规划范围包括潍坊滨海经济技术开发区、寿光滨海经济开发区域和昌邑滨海经济开发区域。其中，潍坊滨海经济技术开发区是核心区，寿光滨海经济开发区域和昌邑滨海经济开发区域为联动区。核心区面积677平方公里。

潍坊滨海地处渤海莱州湾的中心，是省会城市圈最近的出海口、济青一体化的支撑点、对接东北亚的保税港、海洋产业群的聚集地。新区地处山东半岛中部，莱州湾南岸，东临青烟威城市群，北靠京津冀都市圈和环渤海经济圈，是山东半岛蓝色经济区和黄河三角洲高效生态经济区重要的交汇区域，距潍坊市中心仅30公里，具有贯通东西、连接海陆、面向环渤海的区位战略优势。

（二）功能定位

立足新区实际，发挥比较优势，彰显区域特色，建设具有国际影响力的海洋经济新区。

1. 海洋循环经济试验区。

大力发展海洋循环经济，促进海洋产业一体化、集群化、链条式发展，提升集约生产水平。推进海洋特色产业园区建设，探索以循环经济为特色的集约型海洋经济发展新模式，推进新区的可持续发展。

2. 特色海洋产业集聚区。

充分发挥海洋资源优势，以海洋科技创新为主导，建设全球知名的海洋动力装备产业基地、特色化工产业基地和全国重要的海洋战略性新兴产业基地、区域性物流中心和海洋科教创新基地，打造具有较强国际竞争力的现代海洋产业集聚区。

3. 蓝黄战略融合发展示范区。

充分发挥蓝黄两大国家战略的叠加优势，努力探索在陆海统筹、特色产业、循环经济和对外合作等领域的新路径，将新区打造成为山东省海洋经济体制改革试点的主要阵地。通过蓝黄战略的有机融合和互动发展，推动两大国家战略的顺利实施。

4. 生态宜居滨海新城。

以全域城镇化为目标，加快推进新区核心区建设，完善新城城市功能，强化与中心城区的联动发展，打造经济发达、环境优美、安定有序和充满活力的生态宜居滨海新城，尽快形成潍坊城市副中心。

四、威海南海海洋经济新区

（一）区位面积

威海南海新区于 2007 年 3 月启动开发，是国家战略山东半岛蓝色经济区重点建设的海洋经济新区之一。规划范围东起埠口港，西至黄垒河，北起环海大道，南到五垒岛湾，核心起步区规划控制面积 160 平方公里，涉及 6 个镇（港）45 个府。规划建设面积 90 平方公里，拥有 156 公里的海岸线。

（二）功能定位

2011 年 1 月国务院以国函（2011）1 号文件批复，山东半岛蓝色经济区建设正式上升为国家发展战略，南海新区为半岛蓝色经济区九大核心区之一，功能定为以机械制造业为主的先进制造业集聚区，充分发挥港口和腹地优势，目标锁定中国的第四经济特区。具体功能定位分为以下三大区：

1. 高端海洋产业集聚区。

以现代化生态科技新城为整体定位，以临港产业区为核心，加强海洋科技自主创新能力，加快科技成果的研发与转化，努力配置符合新区实际、具有较强竞争力的海洋新兴产业和集群，全力打造国家知名蓝色产业新城。

2. 现代化海洋经济示范区。

以港口建设为龙头，充分发挥濒临日韩的区位优势，构建面向东北亚的国际货物集散地，逐步打造成为开放型海洋经济发达、港区联动、陆海一体的现代化海洋经济示范区。

3. 半岛国际生态发展引领。

以沿海生态环境优美，人海和谐发展，科学探索基于中日韩自由贸易区的环黄海大海洋生态系建设开放先导区的新途径，积极打造成为山东半岛蓝色经济区的国际生态发展紧密合作的引领区。

第三节　蓝色经济区新区建设的总体思路

一、青岛西海岸新区

（一）发展目标

到 2020 年，新区将构建起海洋科技创新引领海洋经济可持续发展的格局，形成先进制造业发达、现代服务业繁荣的现代海洋产业体系，加快建设环境优美、功能完善、宜居幸福的现代化国际新城区，生产总值力争达到 6 000 亿元，海洋科技对海洋经济的贡献率达到 70% 以上，海洋生产总值年均增长 18% 左右，人口规模 280 万，城镇化率稳步提高，推动青岛成为蓝色经济领军城市。

（二）重点任务

1. 大力推挤海洋科技自主创新。

（1）做强海洋基础科研平台。依托蓝色硅谷凝聚全国海洋科学研究力量，支持海洋科技基础设施、海洋科研实验基地、海洋科技平台建设，打造深海科学城。依托国家深海基地、海洋科考船等国家级基础科研平台和项目，在深海资源勘探、科学考察、海洋与全球气候变化、海洋生物资源可持续利用等领域开展基础性和前瞻性研究。创新海洋科研协作机制，稳定壮大海洋公益性科技研发队伍。

（2）提升应用技术创新平台。通过现有渠道，支持实施科技兴海工程，打造以企业为主体的海洋应用技术创新体系。重点建设海洋药物、海洋涂料、海洋监测设备、海洋腐蚀防护等研发平台，引进装备制造、海水利用、海洋能利用等工程技术研发平台，打造海洋产业协同创新中心等科技创新服务平台，在新型显示、海洋工程等领域培育 20 个左右产业技术创新战略联盟。重点突破海洋工程装备、海洋生物、海水综合利用、海洋可再生能源和深海矿产开发五大领域 20 项核心技术。

（3）打造海洋科技成果孵化与企业培育平台。推进生态智慧城等千万平方米孵化器建设，重点孵化海工装备、海洋生物医药、海洋可再生能源、海洋新材料等海洋科技创新成果。建设海洋技术交易服务与推广中心，完善海洋科技成果产业化信息服务网络。实施"蓝色小巨人"成长计划，加快孵化科技型海洋小微企业，培育一批集研发、设计、制造于一体的海洋科技型骨干企业。

（4）强化创新要素支撑。做大海洋人才市场，建立与全球海洋人才密集区联通的国际人才市场网络，重点引进海洋创新型领军人才、高技能型人才和紧缺型人才，鼓励高校、科研机构和企业联合建设博士后工作站。加强政府引导，开展科技金融试点，扩大涉海金融业务，培育和引进股权投资机构，壮大发展海洋类产业发展基金、创业投资基金，研究建立国际海洋产权交易中心。建设海洋应用信息服务中心、数据中心、数字信息港，开展面向全球的数据托管和服务外包业务，建设以青岛为核心的分布式海洋科技原始数据共享中心。

2. 打造现代海洋产业体系。

依靠科技创新，大力提升发展海洋工程装备、海洋生物和新一代信息技术三大新兴产业，壮大发展港口航运、海洋文化旅游和涉海金融三大海洋现代服务业，创新发展军民结合产业和现代海洋渔业。

（1）大力发展海洋工程装备产业。突破设计和总装制造关键技术，发展深海钻井平台、浮式生产储卸装置、辅助施工船、海洋科考装备、深海资源开发等海洋工程装备及配套产业。做强船舶制造业，发展大型油轮、大型集装箱船、高档游艇、特种船及关键零部件等高技术、高附加值产品，突破发展邮轮制造业。增强海洋资源开发利用能力，研制深水钻井船、水下生产系统及辅助设备、天然气水合物开采装备、深海采矿系统、大容量海洋储能系统。提高深海作业潜器研制能力，推动深、中、浅水及轻、中、重载水下作业潜器的谱系化、实用化和产业化。培育海水淡化成套装备、海洋新能源装备、大型石化装备、海洋仪器仪表等产业。发展汽车及零部件、特种车和高档钢材深加工产业，发展通用航空产业。

（2）推进海洋生物产业发展。加强海洋生物资源利用，发展海洋药物、海洋生物制品和海洋功能食品等产业。突破技术"瓶颈"，发展海洋药物、医药中间体、医用新材料三大产品系列，建设海洋生物医药产业基地。推进海洋生物酶制剂、海洋生物功能材料和海洋绿色农用生物制剂等研发与产业化，开发海洋保健品、化妆品和功能食品。积极发展微藻能，建设海洋微生物质能源研发生产基地。

（3）提升新一代信息技术产业发展水平。发展海洋探测监测与信息、网络增值、软件等信息服务业，开发海洋综合信息系统、船舶电子通信和导航、舰载高端电子信息装备、港口物流基础信息系统、嵌入式系统与基础软件等产品。提升发展汽车电子、网络智能家电、卫星组装、北斗卫星应用等产业。发展新型显示设备、下一代互联网核心设备、集成电路、物联网、云计算等新一代信息技术产业，建设大型数据中心。

（4）壮大港口航运产业。吸引跨国船公司区域性总部落户，建设大型化、专业化、现代化世界级海运船队。推进董家口、前湾物流园建设，依托港口加快完善现代物流基地、物流园区、物流中心、专业配送中心组成的物流节点支撑体系，发展保税物流、配送物流、冷链物流、电子物流等新兴业态，大力延伸港口产业链条，推进港口转型升级。加快港口物流信息系统建设，促进不同物流节点之间的信息交换与共享。完善与物流体系紧密衔接的贸易网络，推行连锁经营、特许经营、代理配送、电子商务等现代营销方式。完善现代航运金融体系，打造航运服务中心。

（5）加快发展海洋文化旅游业。挖掘齐文化、琅琊文化等历史文化资源，融入现代海洋文化元素，发展影视传媒、动漫游戏和文艺创作等产业，办好海洋文化节、青岛国际电影节、金凤凰中国电影表演艺术奖活动，研究建设中国影视制作和版权交易市场。培育"缤纷海洋""碧海蓝天"高端旅游品牌，发展滨海休闲度假、海洋主题公园、邮轮与游艇旅游、海岛旅游、水上运动和海洋节庆六大海洋旅游业态，提升琅琊台、凤凰岛、小珠山、大珠山等旅游度假区和景区的发展档次，打造世界级黄金海岸旅游目的地。

（6）积极发展涉海金融服务业。加强金融创新，扩大涉外金融业务，争取开展航运金融业务试点，发展航运保险、资金结算和航运价格衍生产品。发展多种形式的金融机构和组织，研究探索由民间资本发起设立自担风险的民营银行。整体推进产融结合体制机制创新，鼓励现有资质良好的金融租赁公司到新区开展业务。开展船舶、海域、无居民海岛使用权等抵押贷款。

（7）推进军民结合产业发展。规划建设大型船舶及通用航空制造等产业聚集区，发展航空航天装备制造和维修、文化教育和生活服务配套等军民结合产业。优化配置军民两用科技、教育、人才和信息等资源要素，加强政策支持，推进军用技术与民用技术双向转化，选择重大科技项目开展军民联合攻关。

（8）高水平发展现代海洋渔业。突破海洋生物育种可控性技术及追溯检验技术，提升重要鱼类、对虾、贝类和优质藻种研发与产业化水平，发展深海养殖和海洋牧场，打造国家海水健康养殖基地和海珍品养殖基地。建设琅琊国家一级渔港。提高远洋渔业船舶研制能力。实施海外渔业工程，组建远洋船队，建设国家远洋渔业基地、水产品冷链物流基地和深加工基地，形成区域性水产品交易中心和价格中心。

3. 建设东北亚国际航运枢纽。

（1）推进港口联动发展。优化港口功能布局，有序推进董家口深水航道和大型矿石、大型原油、通用码头和液体化工码头工程，建成国家一类开放口岸。推进前湾港区航道扩建、集装箱码头和汽车滚装船码头建设，打造国际集装箱中转大港。加强铁路、公路和管道等集疏运交通项目建设，发展多式联运。加强与周边港口战略合作，实现港口间"海上直通"。开展与内陆省份口岸间合作，与货主企业建立战略联盟。加强与日韩港口合作，提高在国际航运体系中的资源配置能力。依托山东电子口岸建立"大通关"口岸运行管理机制。

（2）完善航运服务功能。优化航运服务产业链，发展船舶交易、船舶管理、船员服务、航运经纪、航运咨询、海事法律和仲裁等航运服务。条件成熟时按程序设立青岛航运交易所，开展船舶及船配物资实物交易、运价现货交易等业务。提升物流综合信息服务水平，集中发布港口信息、集装箱班轮和船期公告，逐步形成典型航线货种运价指数。积极发展远期现货交易，将前湾保税港区发展成为橡胶等大宗商品国际交易中心、定价中心和结算中心，建设进口天然橡胶战略储备基地。在董家口港区建设矿石、煤炭、油品、液化天然气和件杂货等大宗商品电子交易平台，加快形成区域性大宗商品交易中心、定价中心和运价指数中心。建设董家口原油、成品油、天然气储备基地和石油交割库，实现由石油存储向能源储运中心转变。

4. 推进沿海地区新型城镇化。

（1）构建新型城镇体系。坚持港口、产业、城市融合发展，以工促农、以城带乡，以国际化新城区带动特色城镇和新型农村社区联动发展。高水平规划建设新区主城，完善服务功能，集聚产业和人口，推进旧城改造，提升文化品质，构筑青岛"三城联动"发展的重要一极。统筹规划建设董家口港城、古镇口军港城以及特色城镇，以乡镇区划调整和新型社区建设促进产业和人口集聚发展，推进功能混合和产城融合，打造生态间隔、组团发展的滨海田园式城市形态。

（2）统筹城乡基础设施建设。建设青岛—连云港铁路、董家口疏港铁路和疏港公路、地铁1号线和6号线等工程，规划建设红岛—胶南城际铁路。完善公共交通为主体的区内道路交通运输系统。推进山东液化天然气储运基地及输送管道建设，形成多气源联通的高压输气环网，实现天然气管网全覆盖。积极开发新能源，推广分布式能源供应体系。建设董家口等一批大型海水淡化工程，提高海水利用能力。加快沿海城镇污水收集管网、生活污水处理设施建设。加快南水北调配套工程建设。与日照、潍坊合作开发利用水源。

（3）创新城镇化发展机制。以人的城镇化为核心，统筹推进户籍制度改革，探讨建立政府主导、多方参与、成本分担和协同推进的农业转移人口市民化机制，实现农业转移人口享有城镇基本公共服务。深化土地管理制度改革，集约节约利用土地资源，按照国家的统一部署，稳步开展农村集体经营性建设用地使用权流转和城乡建设用地增减挂钩试点，规范开展农村土地交易所土地实物交易和指标交易试验。

5. 扩大对外对内开放。

（1）通过全面深化改革促进对外开放。推动有关航运支持政策先行先试，提高航运企业国际竞争力。在山东省规划建设保税功能联动区，在适当地区设置保税仓库、保税工厂，形成保税仓储、加工与运输紧密相连的格局。实行更加便利的通关政策。

（2）深化与日韩的经贸金融合作。积极承办中日韩自由贸易区谈判各级别会议和相关活动，申办泛黄海经济技术交流会和中日韩自由贸易区投资贸易洽谈会。加快韩元挂牌交易试点，推动中韩本币跨境结算。争取开通韩国仁川、平泽铁路轮渡航线和中韩海陆货运联运通道，探索建立三地电子商务认证体系、网上支付体系和物流配送体系。

（3）加强与欧美和新兴经济体合作。以青岛中德生态园为载体，扩大与德国在新能源、节能环保、城镇化等领域的合作，加强与欧盟国家产业和技术合作，举办中欧商品交易会等活动。依托"金砖国家"伙伴城市论坛等平台，推进与新兴经济体国家在新能源、新材料、海洋科技等领域合作。

（4）创新区域合作模式。进一步加强与京津冀和长江三角洲地区联动发展，完善区域合作机制，推进重大交通基础设施互连互通和港口、铁路运营管理合作。发挥青岛作为黄河中下游地区对外开放的重要门户和陆海交通走廊的作用，依托山东半岛蓝色经济区建设，加强城市间合作，促进铁路港口交通动脉贯通、能源水利网络等基础设施共建共享，推动青岛—潍坊—日照城镇组团发展。

6. 建设美丽海洋经济新城。

（1）构筑生态屏障。推进生态文明建设，加强小珠山、大珠山、藏马山—铁橛山等山系生态保护和建设，实施植被修复、封山育林、水源涵养和环境保护，提高生物多样性，加强森林公园建设。实行最严格水资源管理制度，新区建设不得超越水资源保障条件和水环境承载能力。严格执行水土保持方案制度，防止造成新的人为水土流失。推进沿海、沿河和沿路三大生态廊道、沿海防护林建设，加强沿海基干林带和纵深防护林带保护、修复，加强灵山湾、风河等湿地自然保护区和湿地公园建设。加强城市绿地规划和保护，城市地面尽可能采用渗漏处理，减少地面硬化面积。加强防洪排涝基础设施规划，按照国家有关标准，合理确定防洪（潮）及排涝标准，规划相应的防洪（潮）工程及非工程措施，合理布设排水管网、排水建筑物。加强河湖管理和保护，维护河湖防洪排涝和生态功能。推进吉利河、陡崖子、铁山等水库和白马河等水源地保护。推进水产种质资源保护区建设。

（2）加强海岸带和海岛保护。实施海域、海岛等资源分类管理和指导，有偿、有度、有序开发，严格围填海管理。生产岸线实施环境综合治理，推进集中集约用海和离岸建设。生活岸线实施生态修复，配套建设公共绿地、生态景观，近岸限制布局房地产项目和高层建筑，为公众活动留出空间。自然岸线保持基岩完整、水质清洁和生态原貌，确保自然岸线"零减少"。保护性开发灵山岛。推进牛岛开发利用试点工作，开展无居民海岛使用权初始登记，探索无居民海岛使用招标、拍卖试点。做好海洋防灾减灾工作，完善海洋灾害的观测、预警和防御体系。

（3）加强环境保护。改善胶州湾海域生态环境，开展以海洋环境容量为基础的污染物排放总量控制试点研究。实施《青岛董家口区域循环经济发展总体规划》，切实推进董家口区域实现绿色、循环、低碳发展，加强董家口临港产业区污染防治，有效控制陆域污染物排放。逐步减少入海污染物总量，陆源入海直排口污染物排放达标率100%。大力推进海洋保护区建设，实施海洋保护区能力建设工程。实施海洋生态修复示范工程，恢复受损海洋生态功能。落实开发主体的生态保护责任，运用经济手段调控海洋开发活动。防治船舶航行、海上倾废导致的海洋污染，确保海域环境质量的健康稳定。加强对燃煤、机动车和董家口港区矿石、煤炭扬尘等污染防治。实施石化基地及周边区域安全与环境影响专项评价，优化石化产业布局，提升区域功能定位，加强安全隔离、综合防灾等工作。完善船舶溢油、化学品泄漏或爆炸等事故应急救助设施体系，强化突发性事件应急响应和处置能力建设。加强对外来入侵物种的防控。

二、烟台东部海洋经济新区

（一）发展目标

根据初步确定的新区发展战略目标定位，烟台东部高技术海洋经济新区将建成"烟台城市建设新核心"。这意味着，烟台将重新审视城市发展定位，整合发掘各类资源，坚持新区建设与旧城改造互动，改造提升芝罘、牟平等老城区，开发建设以养马岛及前海、高新区、金山湾为主轴的城市新区。一个具有浓郁现代气息的标志性滨海新区，将在市区东部显现，成为一个集商务会展、交通物流、休闲度假、文化体育和理想居住等功能于一体的城市新核心。烟台东部高技术海洋经济新区不仅"新"在城市面貌。除"烟台城市建设新核心"的战略定位外，烟台东部高技术海洋经济新区还将朝着另外三大"新目标"发起冲击：勇做全省海洋经济新龙头、担当国家高新技术产业集聚新高地和构建东北亚区域经济合作新平台。

作为东部新区发展的桥头堡，金山港区将更加突出高技术海洋经济特色，重点培育商务文化旅游，海洋生物及医药、海洋高端装备、节能环保、电子信息和软件动漫等新兴产业，成为新兴产业集聚区。

（二）重点任务

1. 烟台海洋产权交易中心及配套工程项目。

（1）建设地点及占地面积。

该项目位于烟台市东部新区金山港区，占地面积合计约 137 万平方米。

（2）批准文件。

海洋产权交易中心项目：

项目批准立项机关及文号：烟发改审〔2012〕106 号

项目环评批准机关及文号：烟环报告表〔2012〕126 号

项目土地批准机关及文号：烟国土资审字〔2012〕30 号

市政基础配套项目：东部新区金山港区道路

项目批准立项机关及文号：烟发改审〔2012〕108 号

项目环评批准机关及文号：烟环报告表〔2012〕49 号

项目土地批准机关及文号：烟国土资审字〔2012〕28 号

配套项目：烟台海洋创业中心

项目批准立项机关及文号：烟发改审〔2012〕107 号

项目环评批准机关及文号：烟环报告表〔2012〕127 号

项目土地批准机关及文号：烟国土资审字〔2012〕29 号

（3）总投资及资金来源。

总投资约 16.67 亿元；市城发公司商业贷款 70%，财政配套资金 30%。

（4）建设起止年限。

2012~2015 年

（5）主要建设内容及规模。

主要建设内容包括：烟台海洋产权交易中心及其市政基础配套项目；烟台海洋产权交易中心工程房屋建筑面积约 6 万平方米，市政基础配套工程包括滨海东路，长约 2.95 公里，大窑路、振海路、东环北路、C1 路、规划路、文海路、秀海路、烟霞大街、烟霞大街跨河桥、高尔夫路等，总长度约 12 公里以及烟威高速路连接区内干道出入口等项目，烟台海洋创业大厦房屋建筑面积约 6 万平方米。

建立海洋产权交易中心是加快海洋高科技企业培育，提高海洋空间及资源利用效率，构建多样化的海洋产业资本市场网络，完善山东半岛蓝色经济区建设制度保障体系的重要技术手段；是涉海生产要素流转和相关资源配置市场化的迫切要求，也是本地区经济社会转型发展和管理体系改革的关键举措；通过海洋产权交易中心的规范运作，将实现涉海国有资产保值增值、促进海洋产业融资主体快速发展，成为推动蓝色经济发展的重要制度支撑。

（6）新增能力和经济社会效益。

项目所在地现状基本上是浅海盐田和吹填区，可称为未开发利用状态，本项目的实施，一是极大地改善交通环境，充分发挥滨海区位优势，开发烟台新的休闲旅游度假资源，把东部新区金山港区打造成新的宜居宜业魅力城区；二是本项目建成后，将有助于推进海洋产权的界定和明晰、降低海洋产权交易成本以及适应海洋产权交易的特殊性，从而满足蓝色经济发展战略对于提高海洋产权交易和配置效率的要求；同时可以极大地提高烟台东部新区的形象，加快海洋科技成果转化、完善海洋开发投融资市场具有重要作用。

项目建成后，年可实现营业收入约 10 232 万元，年均利润约 6 171 万元，所得税后财务内部收益率约为 7.11%，所得税后投资回收期约为 10.1 年。

2. 烟台海洋经济总部中心项目。

（1）建设地点及占地面积。

该项目位于烟台市东部新区金山港区。占地面积合计约 3 万平方米。

（2）总投资及资金来源。

40 800 万元；市城发公司商业贷款 70%，财政配套资金 30%。

（3）建设起止年限：2013～2015 年。

（4）主要建设内容及规模。

房屋建筑工程及周边配套项目；地上部分建筑面积约 6 万平方米。本项目的建设是国家海洋发展战略与山东半岛蓝色经济区发展规划对接的重大政策成果，是响应烟台市委、市政府把烟台东部高技术海洋经济新区建设成烟台国家级海洋科技成果转化基地的重要载体和示范的关键举措。项目以海洋高新技术为主攻方向，有助于加快烟台市的现有产业转型升级。

（5）新增能力和经济社会效益。

项目建成后年可实现收入 4 852 万元，年平均利润总额约为 2 787 万元，所得税后财务内部收益率为 8.14%，所得税后投资回收期为 10.71 年。

本项目建成后，将主要承担海洋生物、海洋装备、海洋新材料、海洋遥感信息等关键技术领域的创新资源聚集和创新载体培育，以满足海洋新技术、新产品研发核心企业孵化的功能要求，满足人才培养、人才吸引、人才成长的团队要求，满足推动东部新区产业集聚的共享要求，满足带动区域创新活动、凝聚区域科技资源能级要求，打造现代海洋高科技的科教基地和科研中心。

3. 龙湖 C 项目。

烟台龙湖置业有限公司是龙湖集团控股的全资子公司。龙湖—牟平前海项目位于滨海东路北、鱼鸟河东、高尔夫球场西，北临大海，与国家 4A 级风景区养马岛隔海相望。依据自然地貌与资源由西向东分为 A、B、C 三个地块，依次规划为以商务基地、游乐度假和休闲颐养为主的业态架构，具体规划建设情况如下：

A 地块工程以高端商务酒店、写字楼、商业为主。已经建成的 27 万平方米的海上森林公园为业主打造了一座美丽的"后花园"。

B 地块规划有主题公园、特色步行街等多种高尚休闲娱乐元素，目标将 B 地块打造成中国北方最具国际气息及现代的旅游娱乐城。

C 地块凭借天然沙滩及海洋资源定位为"前海颐养区"，整个区域规划有度假酒店、会议中心等。其中，C 地块位于东部新区一期开发建设的滨海旅游商务区中。

2011 年 11 月，烟台葡醍海湾荣获"2011 全国人居经典建筑规划设计方案综合大奖"，"全国人居经典建筑规划设计方案竞赛"由中国城市规划学会主办，中国建筑学会、中国风景园林学会协办，已成为我国城乡建设领域的一项学术性、权威性、专业性的赛事活动。

4. 中冶国际商务城项目。

"中冶国际商务城"项目是山东半岛蓝色经济区首批重点建设项目，由中冶集团下属成员企业——烟台中冶置业投资建设。项目总用地面积约 2.23 平方公里，规划总建筑面积约 200 万平方米，主要建设总部基地、商务办公楼、高档商业区和休闲公园。目前，项目完成一期、二期土地摘牌 983 亩，一期项目正在进行黑松林南侧 31 栋商务办公楼主体施工和黑松林北侧总部基地地基处理工作。作为烟台东部新区的引擎项目之一，项目突出体现三个特点：

一是项目投资强度高。项目总投资 135 亿元，每亩平均投资高达 680 万元，投资强度位居山东省前列。

二是运营理念领先。项目突破了政府主导招商的传统模式，采用国内最前沿的总部基地运营理念，采取战略投资商整体开发、一体招商、封闭运营的模式，充分发挥世界 500 强中冶集团的知名度和能动力，吸引国内外知名企业总部入驻，具有招商效率高、聚集效应高、运营成本低的优势。

三是建设标准亚洲领先。项目由美国浩华顾问公司提供前期定位咨询，澳大利亚柏涛设计有限公司规划设计。项目建成后，可引进国内外大中型、成长型、高技术型企业 120 多家，吸引千余名高端人才落户，提供就业岗位 3 万个，将成为东北亚地标式商务港湾。

烟台中冶置业将秉承央企的社会责任感和品牌影响力，全面发挥中冶集团城市建设综合技术优势，结合烟台东部高技术海洋经济新区建设的战略要求，把国内领先地位的总部经济模式，引入蓝色牟平，烟台中冶置业有信心将此项目打造成为烟台黄金海岸线上一颗璀璨的明珠，为烟台经济社会的飞速发展做出积极的贡献。

三、潍坊滨海海洋经济新区

（一）发展目标

到 2015 年，特色海洋产业体系基本建立，在海洋生态化工、海洋装备制造、港口物流等领域形成一批全国领先的企业和产品，在海洋新能源、海水综合利用、海洋新材料和海洋生物医药等方面取得重大突破。海洋科技创新体系不断完善，主要海洋科技研发平台投入运营，研发能力达到国内先进水平，自主创新能力大幅提升，海洋职业教育水平全国领先。海洋生态环境明显改善，海洋保护区建设取得显著进展，重点海域生态系统功能得到有效保护和修复。海陆联动发展格局基本形成，区域统筹机制初步确立，以滨海新城为核心的城镇体系初具规模，滨海产业园建设顺利推进。地区生产总值达到1 000亿元左右，占全市地区生产总值的比重达到15%以上；新区城镇化率达到50%以上。

到2020年，海洋经济竞争力显著增强，海洋循环经济发展模式总体成熟，海洋生态文明建设效果突出，综合管理体制创新完善。地区生产总值达到2 000亿元左右，占全市地区生产总值的比重达到20%以上；新区城镇化率达到80%以上，核心区全域实现城镇化。

（二）重点任务

1. 现代海洋产业体系。

以培育海洋产业集群为导向，以园区生态化、产业一体化和产品高端化发展为目标，巩固提升传统优势海洋产业，大力发展海洋新兴产业，统筹陆海联动发展，着力构建现代海洋产业体系。

（1）巩固提升传统优势海洋产业。

充分发挥滩涂资源优势，全面实施"耕海牧渔"工程，推动渔业产业结构优化提升，构建现代渔业产业体系。提高核心零部件加工制造和系统集成的整体水平，打造专业性现代海洋装备及配套制造业基地。引导海洋化工企业向园区集聚发展，按照循环经济理念，培育壮大盐化工、溴化工、苦卤化工和精细化工等系列产品，提高海洋化工产业的国际竞争力，建设具有世界先进水平、全国最大的特色海洋化工产业基地。积极培育大型现代海洋运输与物流企业集团，做大做强龙头企业，鼓励发展第三方物流，构建现代海洋运输体系。突出滨海原始生态特色，促进体育、休闲娱乐与生态观光游融合发展，打造国内知名的滨海旅游目的地。

（2）培育发展海洋战略性新兴产业。

大力开发海洋生物资源利用、生物合成、转基因等关键技术和工艺装备，着力突破海洋生物医药新产品新工艺研究，加快发展海洋生物医药和海洋功能性食品，支持潍坊高新区生物医药科技园在新区建设国家生物医药成果孵化平台和转化基地。推进新能源装备产业化，打造国家海洋可再生能源利用示范基地。加强对海洋化工新材料、海洋生物新材料及海洋装备新材料等领域的技术研发，重点开发生产海洋无机功能材料、海水淡化材料、海洋高分子材料以及海洋生物纤维、海洋防腐新材料等产品，进一步提高海洋新材料产业的技术水平和规模，加快海洋新材料产业基地建设。

（3）联动发展临港涉海产业。

支持研究开发新能源汽车专用平台，构建产业技术创新联盟。加快新一代电声器件研发，重点发展高端驻极体传声器、扬声器和高保真耳机等产品。培育发展智能制造装备产业，重点突破关键智能技术、核心智能测控装置与部件，开发智能基础制造装备和重大智能制造成套装备，大力推进示范应用，催生新的产业，提高制造过程的数字化、柔性化及系统集成水平，加快推进信息化综合集成和协同应用。加快培育科技服务业，突出发展金融、科技与信息相结合的科技金融综合服务体系，引导山东省蓝黄产业投资基金等风险资本投向创新型企业，加快先进技术向中小企业辐射和转移，促进科技成果向现实生产力转化。

2. 海洋生态文明建设。

坚持生态优先，加强海洋生态整治与修复，不断改善生态环境，合理开发利用和有效保护自然资源，实现经济、社会、生态可持续发展，着力打造海洋生态文明示范区。

（1）陆海污染联动防治

实施陆海统筹、河海兼顾、流域一体化治理，抓好陆上污染源控制，加大白浪河、虞河、小清河和潍河等流域污染治理，确保主要入海河流达到地表水环境功能区划要求。结合国家环渤海海洋环境监测体系建设，建立健全海洋环境立体观测网络、观测预报信息传输网络和预报预警服务系统，完善风暴潮、海冰、海浪和溢油等重大海洋灾害预警防治体系，提高新区的海洋灾害应急处置水平。鼓励使用清洁能源，统一规划建设集中供热设施。严格监控空气污染源，严禁有毒有害气体排放，加强工业废气污染防治，建立挥发性有机物重点监管企业名录，健全有机废气收集系统。

（2）生态保护与修复。

加强对河口湿地、潮间带、浅海生态系统和重要动植物栖息地的保护，形成集河口湿地生态维护、海洋生物资源种质保护和近海海域生态环境修复于一体的海洋特别保护区体系。加强海岸防护与岸线修复，完善海岸基干林带和纵深防护林建设，实现海岸基干林带连接。大力实施生态林场工程，营造和封育柽柳示范林，建设生态林场和绿化组团，形成生态廊道网络。加强沿海湿地与近海海域生态环境修复，建设滨海湿地公园，推进海洋牧场工程建设。

（3）资源集中集约利用。

统筹土地资源的开发利用和保护，推动土地集约化利用、规模化经营。坚持发展与保护、利用与储备并重，加强对河口岸线、养殖岸线和旅游岸线的监管与保护，保持岸线自然属性，维护岸线稳定性，增强岸线资源利用的复合性。强化矿产资源勘查、开发许可证管理，加强地质勘查，增强后备资源保障能力，合理开发石油、卤水等矿产资源。大力发展循环经济，实现卤水资源综合利用。强化区域用水总量控制和计划用水管理，优化调整用水结构，加快转变用水方式，着力提高用水效率，加强对水功能区、饮用水水源地、入河排污口、地下水的保护管理。以水资源的可持续利用支撑和保障新区的可持续发展。

（4）探索建立海洋生态环境保护机制。

强化政府海洋环境管理职能，以建设环境友好型社会为目标，完善环保机构设置，强化环境保护责任意识，提高污染治理能力。发挥市场环境资源配置功能。探索入海污染物排放权市场交易制度，建立区域性的排污权交易平台，出台排污权交易和主要污染物总量控制管理办法。争取设立莱州湾入海污染物排放权交易中心，联合烟台、东营、滨州等环湾城市共同实施莱州湾污染物总量控制行动，切实改善莱州湾海域环境。开展海洋生态补偿试点，建立资源有偿使用和生态补偿机制。探索建立水权转让制度，研究水权转让形成机制，鼓励地区间、产业间开展水量交易。

3. 海陆基础设施建设。

着眼于区域一体化发展，着力构建快捷畅通的综合交通体系、配套完善的水利设施体系、安全清洁的能源保障体系和资源共享的信息网络体系，为经济社会发展提供强力支撑。

（1）综合交通体系。

加快推进潍坊港中港区、东港区和西港区三个港区建设，增加港口通过能力，突出港口在新区建设中的引擎作用。加强港口与铁路、公路的衔接，打造运载能力充足、衔接顺畅的陆路对外通道，完善港口快速集疏运体系，吸引周边内陆货源。加强干线路网升级改造，形成国省道为骨架，县乡公路为纽带的公路运输网络。扩大铁路网规模，完善铁路网结构，重点推进疏港铁路、黄大铁路、德大铁路、寿平铁路建设和益羊铁路改线扩能，提高铁路交通运输支撑能力。规划建设潍坊中心城区与新区的轨道交通，实现与其他交通方式的良好衔接。积极推进机场迁建和口岸开放的前期工作，适时启动建设。加快油气管网建设，增强资源供应保障能力，加强东黄、潍东、黄潍、潍莱等输油输气管道管理和安全保护，提高管道综合运输能力。

（2）水利设施体系。

推进胶东输水配套工程建设，充分接纳利用长江和黄河水资源，为新区建设提供用水保障。探索发展海水淡化和海水综合利用，扩展新区水资源供给渠道。加快建设北部"六纵两横"水网工程，对潍河、白浪河、弥河、虞河和小清河等骨干河流进行重点治理，修建拦蓄水工程和跨流域调水工程，构建"南北贯通、东西相济、库河结合、城乡一体"的水网体系。加强河流、水库的建设改造，提升防洪能力。结合实施千里海堤工程，高标准建设防潮堤工程，增强抵御风暴潮能力。构建水利信息化基础支撑平台，全面提高水资源与水质监测、水利工程运行调度监控、防汛指挥决策的自动化、科学化水平。

（3）能源保障体系。

鼓励建设30万千瓦级及以上热电联产机组，在热负荷集中的工业园区鼓励建设背压型机组，加快30万千瓦级燃煤机组改造升级，建设大型高效环保电源项目。优化能源结构，加快新能源技术研发和应用，积极发展生物质能源、清洁能源和可再生能源，研究利用潮汐能、地热能和波浪能。加快电网智能化改造，提高电网智能化水平，加快建设城网、农网三期电网改造工程。加快推进陕北－潍坊特高压交流输电工程和潍坊特高压变电站建设。

（4）信息网络体系。

加大信息基础设施建设力度，实施电子政务、电子商务、数字社区等工程，构建一体化的共享信息服务平台。建设覆盖所辖海域的海上通信系统，构建北部沿海无线通信综合网络。实施企业信息化示范工程，提升企业装备智能化水平。应用物联网技术加强新区运行的感知监测，逐步建立覆盖全域的智能感知网络。

（5）市政服务设施。

实施水库淡水资源调入工程，实现区域联网供水。优化水厂布局，改造现有供水设施，形成完善的供水系统。加大地下管网建设和改造力度，完善排水系统。加强和完善电网建设，保证新区发展电力支撑和足够的调峰能力，满足负荷增长要求。合理利用地上地下空间资源，科学选择电力线路高压走廊，实现电力线路电缆化。推进天然气管网工程建设，改善供热结构，充分利用工业余热、天然气等清洁能源。合理布局热源和热网，建立采暖、制冷和热水联供的多功能服务体系，提高能源利用效率。

4. 对外开放与区域合作。

充分发挥新区的海洋资源优势、区位优势和开放优势，进一步扩大对外开放领域，优化开放结构，全面提高开放型经济的层次和水平，努力构建全方位、宽领域和高水平的开放格局。

（1）加强国际经济合作。

依托潍坊国际风筝会、潍坊滨海国际风筝冲浪比赛等赛会品牌效应，加强与亚、欧、美等国经贸对接交流。以中日韩地方经济合作示范区建设为契机，规划建设与日、韩深化经贸合作的载体平台，重点加强食品安全、海洋经济、节能环保等领域的交流合作，争取设立中日韩产业合作基地。以潍坊滨海产业园为重要载体，大力引进国外资金、项目和技术，在产业、文化、贸易等方面开展多渠道交流合作，打造对外开放新高地。加强与东北亚、南亚、港台等地区的合作，鼓励国外有实力的企业集团设立营销机构、研发平台和工业园区。借鉴成熟自由贸易区的经验做法，探索建立一整套高标准、高质量的规范和制度，为潍坊市争取成为中日韩自由贸易区谈判的重要活动城市和自由贸易区建设的前沿奠定基础。

（2）加强国内经济合作。

借助鲁台经贸洽谈会、中国海洋经济投资洽谈会、中国东西部合作与投资贸易洽谈会等国内区域合作交流平台，强化与台湾及长三角、珠三角、环渤海等国内沿海区域全方位、宽领域、多方面的经贸合作，深化合作意向，优化合作布局，完善合作政策，大力引进新区发展急需的资金、技术、人才等资源，整体提升新区的综合实力，努力形成"开发海洋、提升全市、带动全省、服务全国"的发展格局。

（3）加强半岛城市合作。

充分发挥潍坊地处山东半岛城市群核心区的优势，利用半岛城市群在区位、资源条件和产业结构上的差异和互补性特点，面向半岛各市开展各领域的交流与合作，促进资源要素合理流动和优化配置，实现产业互动、布局互联、协调发展。作为青潍日一体化的先行区和示范区，新区发展要全方位、多层次对接青岛和日照，推进青潍日一体化进程。借助青岛在海洋科技和人才资源等方面的优势，加强与青岛海洋科研机构的合作，整合海洋人才优势，建立青潍日科技创新合作机制。加强城市间产业分工协作和产业链配套，建设跨区域的海洋特色产业基地。加强潍坊港与青岛港、日照港等港口间的合作，提升潍坊港在半岛城市群港口体系中的地位。

四、威海南海海洋经济新区

（一）发展目标

2011年1月4日，国务院批复《山东半岛蓝色经济区发展规划》，将南海新区确定为全省重点建设的三个海洋经济新区、三个国家级旅游度假区、九个集中集约用海片区之一，标志着南海新区的开发建设已经成为国家战略的组成部分。2013年8月，《威海市城市化发展纲要》提出，"威海南海新区要强化与威海中心城区的联动发展，建设具有较强国际竞争力的现代海洋产业聚集区和现代化、国际化、生态化的副中心城区"，南海新区全面进入威海全域城市化、市域一体化发展快车道。

在未来的发展历程中，致力于将威海南海打造为现代化的副中心城市，打造成为山东半岛蓝色经济区的先行区，打造成为对日韩经贸合作的重要载体，打造成为科教创新基地，打造成为创业环境优良，生态环境优美的可持续发展平台。

（二）重点任务

1. 旅游度假区。

位于香水河以西，规划面积74平方公里，主要依托万米金色沙滩、万亩滨海松林以及星罗棋布的岛礁、生态湿地、天然水系等资源优势，发展旅游度假、养生休闲、养老康疗、科创培训等新兴服务业。重点打造12公里滨海景观主轴和8公里滨河景观主轴，体育休闲公园、蓝湖休闲区、国际旅游度假岛等项目，打造成国际一流的滨海养生度假胜地。以生态宜居和旅游目的地为目标，突出休闲养生和滨海度假特色，重点抓好"两轴、两园、一区、一岛"建设。

（1）两轴：滨海景观主轴——金色畅想、滨河景观主轴——海上人间。

滨海景观轴，有着12公里金色沙滩、万亩松林形成特色鲜明的阳光、沙滩、海浪、松涛、岛礁、酒店的滨海旅游度假景区。

滨河景观主轴，全球招标设计，对香水河下游8公里的河道和周边的生态湿地进行高标准的规划整治，形成"一海九岛"的滨河景观主轴，着力打造集观光旅游、休闲娱乐、商业购物、金融服务等于一体的滨河休闲度假景区。

（2）两园：滨河景观主轴东侧的体育休闲运动公园和香水海项目区内体育休闲运动公园。

（3）一区：蓝湖休闲商务区——蓝色水系的典范。

以 480 亩蓝湖为中心，环湖建设商业服务区、高档住宅、金融服务等区域，打造集购、游、康、商、住、文、服七大功能于一体的全新的生态型都市商业综合公园。

（4）一岛：南海明珠岛——"福""禄""观音"。

由香港世威集团投资 50 亿元建设，在南海公园南约 2 000 米海域，项目约占面积 2 平方公里。规划建成集五星酒店、游艇码头、商业居住、生态养生、观海旅游、医疗卫生、商务会展、观音主题公园等于一体的现代化休闲度假乐园。

2. 综合商务区。

位于香水河以东，昌阳河以西，规划面积 24 平方公里，重点发展政务商务、金融服务、科技创新、总部经济、旅游商业等，突出完善提升城市功能，形成城市发展的拉动力。目前正加快建设商业聚集区、文化活动广场，开挖水系湖泊景观等，形成产业发展及"中心凸起、两翼支撑"的重要支点。

3. 临港产业区。

位于昌阳河以东，规划面积 62 平方公里，依托南海新港，海陆统筹开发。在产业定位上，重点发展海洋装备制造、海洋新材料、海洋生物医药、现代临港物流等蓝色高端产业，建设成为高端海洋产业集聚高地。目前，区内已有韩国现代重工、天润曲轴南海产业园、瑞霖药业等 50 多个投资过亿元的大项目进驻，形成了蓝色产业蓬勃发展的良好势头。临港产业区主要聚集了六大产业：

（1）钢口物流产业：以总投资 5 亿元的宝钢物流及首钢物流等项目为龙头，大力发展临港物流业，力争到"十二五"末期，营业额达到 130 亿元。已经进区的项目有：世界 500 强上海宝钢集团投资的宝钢物流项目、惠康物流项目、宝钢物流项目等，致力于打造国内领先的数字化物流服务区

（2）新能源和新材料产业：已经进区的企业有韩国现代风电项目、德瑞博新能源汽车、蓝岛新型建材、海华新能源、比利时汇银太阳能等 16 个企业。发展目标是再用 3 ~ 5 年时间，将其打造成国家级新能源、新材料产业基地。

（3）海洋生物医药产业：已经进区的企业有南海医药园的京申药品科技项目、天福医药、瑞霖医药项目、胶原蛋白项目等。发展目标是在未来将南海新区的海洋生物医药产业打造成高端医药和海洋功能保健食品产业基地。

（4）先进装备制造业：已经进区的企业有天润动力装备产业园、威力环保设备产业园、现代风电、际华军需装备项目、嘉和机械等 13 个企业。发展目标是将其打造成汽车、船舶、海洋工程装备、港口机械装备等先进装备制造产业园区。

（5）科教创新产业：依托北交大威海校区、云计算科技园、中国工程物理研究院技术转移中心南海分中心和中国科学院技术转移中心南海分中心的建设，形成集教育培训、科研开发、技术孵化、产业发展于一体的科教创新基地。

（6）滨海度假养生产业：已经进区的项目有威海福地传奇水上世界、香水海国际水上康疗度假区等。发展目标是全力打造集旅游、商业、居住为一体的中国长寿之乡、

滨海养生之都。

第四节　提高蓝色经济区新区建设水平的对策建议

一、青岛西海岸新区

（一）创新体制创新

1. 创新行政管理体制。

研究赋予新区省级经济社会管理权限，按程序申请设立青岛西海岸新区管理机构，探索建立与新区建设发展相适应的机构精简、职能综合、结构合理、运行高效的行政管理体制。施行扁平化管理，经济功能区负责开发建设和经济发展；社会事务由区内街道（镇）管理。精简审批程序和环节，建立公开透明、规范便捷的审批制度，提高行政效能。

2. 创新陆海统筹机制。

开展陆海统筹综合配套改革试验，整合部门职责，强化陆海综合管理，统筹陆域、海域资源管理，科学编制陆海规划，实现产业发展、基础设施建设、生态环境整治陆海联动。实施与内陆地区更宽领域、更高层次交流合作，促进资源跨区域合理流动和优化配置。完善合作服务体系，探索建立跨行政区合作机制，推动基础设施共建共享，科技创新协作和能源、土地、水资源合作利用。

3. 创新军民融合发展机制。

发挥军地各自优势，在互通领域加强资源开放共享，在重大工程建设中贯彻军事需求。按照"分级分类、确保重点"的原则，依法实施军事设施保护。加强军警民联防，发挥部队在海洋监测、水下扫测和固定物排除等方面的技术优势，保护领海基点、海底管线、航道、锚地等设施安全。深入开展"双拥共建"活动，开创军政军民共建共享新局面。

4. 培育海洋特色市场体系。

积极服务山东半岛蓝色经济区建设，规划建设海洋经济特色市场体系。规范发展棉花、橡胶、矿石、贵金属、原油、水产品等商品交易市场，积极构建具有海洋特色的大宗商品交易体系。发展外汇市场，鼓励金融机构积极开展结售汇服务，提供更多的外汇交易品种。推进跨境贸易人民币结算，促进贸易投资便利化。

（二）强化人才保障

1. 面向海内外引进各类高端人才。

建立健全人才培养、引进、激励机制，重点引进国家"千人计划""百千万人才工程"的领军人物。支持服务蓝色经济的职业院校建设，建设双法人制职业教育集团，加快发展现代职业教育，培养高素质海洋类应用技术和技能人才。吸纳高校毕业生在新区就业。

2. 创新人才引进模式。

坚持招才引智与招商引资并重，完善人才创新创业服务体系，创建科技孵化园区、高层次人才创业中心、留学人员创业园，建立从人才项目植入到转化发展的全过程服务体系，为海外人才创业提供科技支持平台。

3. 优化人才政策环境。

建设干部人才管理改革试验区，探索"档案封存、全员聘任、绩效考核、按岗定薪"的灵活用人机制。采取"企业化管理、市场化运作、基地化建设"的方式，推行人才服务代理机制，在创业平台、薪酬方式、身份管理、生活服务等方面为人才提供一流的创业和生活环境。

（三）加大政策支持

1. 财税金融政策。

加快财税体制和投融资机制改革，执行国家统一财税政策，创新金融服务。青岛市要加大对新区发展的支持力度。在风险可控前提下，积极稳妥地研究探索金融业综合经营试点、外汇管理等金融改革创新试点，引进日、韩金融机构，推进韩元在境内银行间区域市场挂牌交易，促进中日韩货币互换和投资贸易便利化。研究设立金融租赁公司的方法路径和有关方案，待条件成熟后按程序推进实施。支持信托公司、金融租赁公司到新区开展业务。支持民间资本根据有关规定发起或参与设立中小金融组织，探索研究设立政府出资融资性担保机构的可行性，开展涉海中小企业联保贷款试点。

2. 土地政策。

新区规划建设，必须符合国务院批准的青岛市土地利用总体规划。支持新区开展土地管理改革综合试点，开展建设用地审批改革试点，待国务院批准建立土地规划评估修改制度后开展土地利用总体规划定期评估和适时修改试点，试点方案报国土资源部同意后实施。对新区建设用地计划指标实行差别化管理，严格按照土地利用总体规划组织建设。新区收取的土地出让金收支金额纳入政府性基金预算管理，收入全部缴入国库，支出一律通过政府性基金预算从土地出让收入中安排，实行收支两条线管理。建设统一规范的城乡建设用地市场，实现公开交易。

3. 海域政策。

搭建海域使用权交易平台，逐步推行海域使用权招拍挂制度，探索建立海域使用二级市场。开展海域海岸带综合整治试点。养殖用海依法减免海域使用金。严格执行围填海计划，对重大项目用海优先安排围填海计划指标，合理支持董家口、薛家岛等海域集中集约用海。

二、烟台东部海洋经济新区

（一）切实搞好规划引领

科学制定详细的发展规划，是推动东部新区快速发展的重要前提。一是要着眼长远。东部新区规划既要立足现实需求，又要着眼长远发展，打好提前量，经得起时间的检验。特别在城市开发改造中，要充分考虑因规划调整而导致的建筑形态的改变、人流物流的增加，以及可能对区域交通、基础设施配套和地下管网等带来的压力。对东部新区商业中心、城市综合体、教育医疗等大型设施的规划建设，应提前搞好交通影响评价，避免造成几年后出现新的拥堵。同时，要注重特色。无论是城市建设规划，还是产业发展规划，都应体现自身的特色，充分考虑烟台市的自然条件、资源禀赋、历史文化和产业特点——寻求切合自身实际的发展取向和功能定位。二是要力求精细。突出规划的操作性，各项规划都要力求细化和具体化，并确保实现广覆盖。借鉴天津等地的经验，在规划的指导下，对每宗地块土地性质、建筑用途、容积率、绿地率等提出强制要求，并重视城市空间形象的塑造，大到城市特色、建筑色彩、建筑高度，小到店招牌匾、公交站点、景观绿化的设计样式、位置尺寸等都应提出明确要求，以保证空间布局的整体和环境设计的科学性，切实把规划落实到设计上、体现在实物形象上。三是要搞好规划衔接。东部新区总体规划与城市总体规划，总体规划与专业规划，总规与控规，市级规划与各区规划等，都要搞好衔接，避免出现相互矛盾。为此，可考虑适时强化市级的规划审批管理权，尤其是东部新区重点区域、骨干道路等重要规划应由市级统一审批，确保规划的质量和水准。同时，对专业性较强的工程项目规划审批，在充分尊重相关行业管理部门意见和建议的基础上，应坚持规划部门的主导地位，杜绝多头审批现象。四是要强化规划刚性。赋予东部新区规划应有的法律定位，严格执行法定程序，减少规划设计方案批准变更弹性，确保一张蓝图管到底、建到底。特别是控规一经确定，必须严格执行，确需调整的，必须科学论证、按法定程序审批。要加大规划公开公示力度。涉及东部新区的规划及其变更，都要及时通过网站等进行公开公示，广泛接受社会监督，通过制度设计增强规划执行的约束力。

（二）尽快完善基础设施

加快东部新区建设，基础设施要先行，并应适度超前。鉴于目前芝罘区、莱山区相关区域基础设施已比较完善，基本属于建成区，要把东部新区基础设施建设的重点放在高东部新区和牟平区。实践操作中，要通盘考虑、整体谋划，一体设计、联动建设，避免各行其是或重复建设。特别对连接和辐射各区的大型基础设施项目，要放眼整个东部新区，进行统筹谋划和布局。继续抓好高东部新区—牟平经济开发区—沁水工业园—台湾工业园的建设，滨海路东延三期金山港至威海界、但李线西延及拓宽改造、烟海高速等跨区联市的道路建设，启动主干道路跨辛安河、鱼鸟河、沁水河等重要桥梁建设，并同步搞好相关区域的绿化美化和管网配套。

（三）着力培植核心产业

搞好东部新区建设，必须重视抓好产业发展，构筑强大的产业支撑。一是在产业定位上，要突出高端与特色。东部新区不同于一般意义上的城市东部新区，是引领烟台未来发展的核心区，必须定位高端产业，包括高端制造业和现代服务业，并突出"海洋经济"和"高技术"两大特色。对此，有关方面要切实把好入口关，研究制定必要的"门槛"。二是在产业重点上，找准主攻方向。目前来看，与外地城市相比，烟台市有比较优势或潜力较大的产业，主要是滨海旅游、生物医药、航空航天、电子信息、服务外包五大产业。这些产业符合东部新区的发展定位，有好的资源条件和一定发展基础，应作为重中之重大力扶持，尽快膨胀规模，形成集聚效应，增强对东部新区的支撑和带动作用。三是在产业发展上，突出项目带动。产业的发展最终要落到项目，特别是重大项目上。要在抓好现有企业和重点项目的同时，集中精力招大引强。特别要面向国家部委、大型国企、国内外500强，集中引进基地型、总部型和具有龙头引领、持续带动作用的重大项目。要顺应产业园区化发展趋势，依托骨干企业和优势项目，大力发展各类专业园、特色园，进一步加快产业孵化和集聚，努力形成规模优势和集群效应。还可考虑以优带新，按照东部新区的产业定位，引导烟台市现有优势企业向东部新区转移集聚，膨胀延伸产业链条，实现企业的空间与东部新区的产业的双赢。

（四）大力强化要素保障

重点加大土地和资金保障力度，为东部新区建设快速启动创造良好条件。土地方面，虽然东部新区有一定的可利用空间，但土地指标比较紧张，对比现实以及潜在的需求缺口较大破解土地瓶颈制约，一是要扩大增量。全市新增建设用地指标向东部新区重点倾斜，优先保证东部新区重大项目的用地需求。争取更多的东部新区项目挤进省和国家盘子，城乡建设用地增减挂钩试点、土地整理等项目也尽量安排到东部新区。二是要调剂余量。通过严格的土地执法，挖掘土地利用潜力，将节余的土地指标优先调剂给东部新区。对批而未用且超过法定年限的土地，依法收回，由市级统筹安排，集中用于东部新区建设。三是要提高利用率。强化集约节约用地。探索建立东部新区项目用地评价综合指标体系，并作为项目入驻、土地出让的前置条件。同时，完善"分阶段供地"制度，根据东部新区项目建设进度和实际需求，确定相应的土地供应时序和规模，并搞好跟踪督查落实。资金方面，东部新区建设资金需求量大，要坚持多条腿走路，多渠道募集。

（五）抓紧完善相关政策

要搞好与外地东部新区政策的综合对比研究，高标准抓好各项政策的制定和完善，努力形成强有力的政策支撑体系。在政策导向上，考虑到东部新区在全市发展中的重要地位，以及在与周边同类型东部新区竞争中赢得主动的现实需要，东部新区政策要力争更优惠，更有含金量和吸引力，成为真正意义上的"政策洼地"。重点完善两方面政策。一是财政政策。要结合理顺东部新区财政体制，明确市区两级财政收益分成，适当增加对区级的倾斜。考虑到东部新区建设的主战场在牟平区，可在体制上解、税收返还等方面给予重点倾斜。二是人才政策。东部新区建设、打造人才高地，没有人才无从谈起。高端产业需要高层次人才，包括创新型人才和创业型人才的引进。与珠三角、长三角地区相比，烟台市在基础条件、财力状况、创业环境和氛围等上有不小差距，要吸引人才必须在政策上有新突破。着力加大在人才引进、人才培养、人才奖励和工作运行等方面的投入力度，并在促进人才与资本深度契合、支持产学研合作，以及支持人才创新创业等诸多方面，制定切实具有针对性和吸引力的具体政策。对行政审批、科技创新等方面的政策也要重新梳理和完善，以更好地发挥东部新区的政策优势。

三、潍坊滨海海洋经济新区

（一）创新综合管理体制

稳步推进新区管理体制改革，探索一体化发展机制，逐步建立集行政、经济、社会事务管理职能于一体的新区综合管理体制。

完善新区协调机制。建立市级新区建设领导小组，统一组织领导新区的开发建设。领导小组下设办公室，承担领导小组日常工作，负责新区规划的组织实施、开发建设情况的调度、重大决策的督促落实、重大事项的组织协调和考核工作。加大对产业项目布局、土地使用指标分配、基础设施一体化规划、生态环境整治等方面的统筹力度。统一管理新区项目审批工作，严格控制落户项目的质量，科学布局项目的落地区域。制定新区基础设施建设、资源利用、产业发展、环境治理及区域管理等专项规划，明确不同区域的功能定位和发展重点，实现基础设施统一建设、资源统一利用、环境统一治理。建立有利于新区各板块合作发展的财税机制，鼓励打破行政界限，统一布局招商项目，提升产业集聚度。改革考核机制，将区域间联动发展和共建公共服务设施纳入考核内容，推动新区各板块全方位、多层次的相互渗透与交流。理顺新区管理体制。条件成熟时，组建潍坊滨海海洋经济新区党工委和管委会，建立新区一体的综合管理体制。

（二）完善政策支持体系

1. 财政税收政策。

积极争取国家、省各项扶持资金支持，市级资金投入向新区倾斜，重点支持新区重大基础设施、重大产业项目、重大科技创新、高层次人才培养和生态保护。落实国家关于海洋新能源、节能减排、重大技术改造等项目财政扶持政策，制定相关产业鼓励与振兴规划，引导人、财、物向新区高端项目聚集。积极推进财税配套改革，制定促进新兴高端产业发展的个性化扶持政策，落实高新技术企业享受15%所得税率、企业研发经费税前列支加计扣除等优惠政策。

2. 投融资政策。

探索建立海洋资源勘探和开发的市场化机制，吸引民间资本参与海洋资源勘探和开发，鼓励社会资金参与新区基础设施建设。建立健全融资担保体系，鼓励银行、保险和融资性担保机构开发新的金融产品，加快海域使用权和在建船舶抵押、知识产权质押等业务的推广应用。鼓励骨干企业通过股票、债券、投资基金、短期融资债券和中期票据等多种方式融资。优先扶持竞争力强、成长性好、发展潜力大的海洋类企业上市融资。积极争取省蓝黄产业投资基金支持新区建设项目。

3. 土地利用政策。

根据新区功能布局和产业发展需要，将特色园区建设和重点基础设施项目等纳入新一轮土地利用规划。支持重点基础设施项目、海洋战略性新兴产业及高新技术产业项目用地。

4. 海域使用政策。

加快实施集中集约用海规划，探索海洋综合管理新模式。争取国家和省在海域使用和围填海指标上给予倾斜。对列入中央投资计划和省重点的建设项目，开辟用海审批绿色通道。争取国家和省在海域使用金分配使用上给予倾斜，减免海洋新能源开发、海洋环保产业等战略性新兴产业海域使用金，提高海域使用金留成比例用于新区建设。

（三）增强自主创新能力

加快建立"以企业为主体、市场为导向、产学研相结合"的技术创新体系，强化技术创新对新区建设的支撑作用。

加大对公共研发平台的投入，引导企业强化自主创新能力。集中扶持海洋工程公共研发平台和创新型企业研发平台建设，支持研发机构争创国家级、省级企业技术中心、工程（技术）研究中心、工程实验室和重点实验室。发挥盐化工、溴化工、新能源等方面的产业和科技优势，将山东省海洋化工科学研究院建设成为海洋科技领域国家级创新平台，支持山东省海洋精细化工重点实验室、山东省阻燃剂研发及应用工程技术研究中心、山东省溴化技术及应用工程技术研究中心、山东省溴化物工程技术研究中心和潍坊瑞驰新能源汽车研发平台等科技创新平台建设。

鼓励企业之间、企业与科研院所之间联合建立技术研发平台、技术转移中心和中试孵化机构，促进企业与科研院所之间的知识流动和技术转移。推动院企、校企合作，联合建立科技创新战略联盟，开展共性关键技术的联合攻关，重点建设好海洋化工、海水蔬菜、光电子、海洋新能源和临港装备制造五个产业技术创新联盟。完善自主创新激励机制，支持企业发展具有自主知识产权的高新技术和自主品牌。

大力培育引进海洋人才。实施潍坊市高层次创新创业人才引进扶持计划、"鸢都学者"建设工程、优秀企业家培养工程和高技能人才振兴工程，采取多种方式引进高层次人才，推动重点学科、重点工程、重点产业加快发展。以建设潍坊国家职业教育创新发展试验区为契机，加快国家级海洋经济技师学院建设，大力培育职业技能人才，建设高标准的职业教育公共实训平台、山东职业院校技能大赛基地和全国技能大赛部分专业比赛基地，打造特色海洋科技职业教育集群。

四、威海南海海洋经济新区

（一）土地利用政策

在我国现行的土地政策下，项目用地指标问题日益成为制约项目落地的重要制约因素。从目前来看，文登南海海洋经济新区的土地资源相对较丰富，但从新区的长远发展考虑，也要做好土地的集约节约利用。要根据项目的建设和产业的发展的需要，将高端产业、基础设施等项目编制新区土地总体规划，为新区建设和项目布局预留一定的用地空间。实行土地利用计划差别化管理，建立以项目为导向的用地机制。对重要科研项目和知名科研项目机构落户新区，在土地价格上要给予优惠，或采取直接划拨方式提供建设用地，优先满足投资过大、发展前景好、符合国家产业政策的海洋战略性新兴产业及高新技术产业项目的用地需求。

（二）财政税收政策

文登南海海洋经济新区每年新增的地方财政收入，要按适当比例用作新区开发建设专项资金，以定额补助等方式，支持征地动迁和基础设施建设。积极落实国家关于海洋能源、节能减排、重大技术改造等项目财政扶持政策，用足用好国家税收优惠政策、支持重点项目，促进成果转化。在新区建设权限范围内，积极推进财税配套改革。对国家、省市重点扶持和鼓励发展的新兴产业、基础优势产业中的中小型民营企业，尤其是创新型中小企业，制定和略施个性化、多样化的税收优惠政策。对于引进的特别重大的产业项目，采取"一事一议"的一事制度，研究议定给予项目尽可能大的优惠扶持政策。为企业新宿落地、快速膨胀提供宽松的税收环境。

（三）人力资源以及劳动力保障政策

科技是第一生产力，没有科技和人才做保障，发展水平肯定会大打折扣。从开发建设之初，南海新区就高度重视人才和技术的引进工作，对科研类项目落地做了适当的倾斜。目前已有云计算科技园、北京交通大学南海科教城、中国物理研究院技术转移文登分中心和中国科学技术院转移文登分中心等科教项目落地建设，为人才汇集打造了良好的平台。同时，通过整合全市职业教育资源，建成了可容纳1万名在校生的国家级职业教育中心，并结合发展需要，积极增设船舶机械装置安装与维修、海洋装备制造等海洋相关产业，逐步形成与区域重点发展产业向衔接的专业技术人员培养模式。

（四）完善的投融资体系建设政策

充足的资金来源和较强的投融资能力，是实现区域经济和产业发展的必要条件。文登南海海洋经济新区要实现快速发展，必须建立一套行之合理的投融资体系。在实际运作中，要充分发挥企业的主体作用和市场的带向作用，建立多渠道的投融资机制，不断充实和完善投融资服务体系建设，为新区产业快速发展提供保障。

1. 政府要加强对企业投资行为的指导，实行财政适当倾斜政策，通过提供长期无息后贴息贷款，鼓励企业加快发展，对重点建设的基础设施项目或对结构升级具有重大拉大作用的项目，政府要采取更优惠的政策和更大的力度支持项目快实施、早见效。

2. 由政府牵头，建立区域性产权交易平台，规范发展商业银行、农村信用社以及证券公司等地方性金融机构，实行公开招标、拍卖等多种形式筹措基础设施和公益项目类资金。

3. 研究探索新区开发建设的投融资机制，积极利用国际金融组织贷款、国家产业投资资金，放开民间资本的市场准入领域，对私人投资产业实行税收优惠等政策，通过多种渠道和多种形式的资金运营模式，形成政府主导、社会资金积极参与和市场化运作的开发机制，为新区发展提供足额资金支持。

（五）合理规范中介服务机构

充分发挥中介服务机构推动政府职能转变、监督市场主体行为、促进市场经济健康发展等方面的积极作用。同时采取一系列的有效措施，加强日常监管，促使其更好地立足职能，发挥积极作用。要建立良好的市场竞争机制和市场运作机制，为中介机构营造公平、公正、公开的市场经营环境。要建立和完善中介服务机构行业协会组织，督促行业协会做好业务培训、业务指导等工作。同时，通过建立执业管理制度、执业规范制度、职业道德约束等制度，充分发挥其自我教育和自我管理作用。另外，工商管理部门要加强对中介服务机构的引导和监管，通过监管重点、分类监管和巡查备案，建立健全中介服务机构信誉监控网络等措施，切实打破地方保护主义和行业垄断，促使中介服务机构健康发展，保障投资者的合法权益。

第十章 高效生态经济区建设生态文明示范区思路与政策建议

第一节 生态文明示范区建设模式研究

改革开放以来，长三角、珠三角两个地区经济发展异军突起，成为中国经济增长最快和最活跃的地区，相比之下，黄河三角洲地区开发则相对缓慢。黄河三角洲具有生态脆弱、滨水区等显著特点，后发优势明显，目前，加快推进实施黄河三角洲开发战略的时机和条件已日趋成熟，比较分析国内外相似区域的开发模式，在总结国内外成功案例、模式、特点及经验教训的基础上，得出适合黄三角的高效生态发展模式，对于黄河三角洲的开发有着重要的借鉴意义，并可能为我国未来区域经济发展提供新的模式。

一、大河三角洲生态开发模式

大江大河入海口的地方，都有顶端指向上游的三角形冲积平原，这种江河泥沙淤积成陆地三角形平原，叫做"三角洲"。对比国内外三角洲区域的快速崛起可以看出，由于具有依河傍海的区位优势，大河三角洲的发展规律是随着开发深度和广度的加大，必然形成较大的中心城市和经济增长极，通过集聚要素、膨胀规模、增强辐射，最终形成具有强大影响力、竞争力和辐射力的新经济区。

（一）密西西比河开发模式

1. 城市与河流结合的点—轴开发模式。

一般来说，在河流沿岸总存在一些发展条件较好的地区，通过不断的积聚而形成增长极即城市，进而经济活动沿着河流不断扩散，带动整个流域的发展。因此，点—轴开发成为流域开发中最常用的模式。在开发初期，由于不需要进行专门的"轴"的建设，"点"的发展就成为流域发展的关键。密西西比河是纵贯美国南北的第一大河，密西西比河正是依靠众多结点的发展，实现了全流域的发展。目前，美国人口超过 10 万的 150 个城市中，有 131 个位于河边，其中大部分分布在密西西比河水系。

2. 法律地位明确的流域开发与管理机构。

密西西比河流域具有一个明确的开发与管理机构，即成立于 1879 年的密西西比河委员会。它是一个具有一定权力的实体机构，拥有较为独立的自主管理权。其主要任务是研究密西西比河的开发治理规划，制定防洪措施，解决修整河道计划，保护堤岸和改善航运等问题。

3. 科学的流域发展规划的制定与实施。

科学的流域发展规划是流域综合开发治理的基础。在开发过程中，流域管理机构结合流域资源优势，通过制定合理的流域开发模式和发展规划，有力地促进了美国经济的腾飞。成为全球欠发达地区流域开发摆脱资源限制的范例。

当流域经过区域发展第一阶段的点状开发以后，流域内一般具备了一定的物质、技术基础，且具有丰富的自然资源和廉价的水运条件等。因而把沿江作为重点开发轴线，采用轴线延伸，采取逐步积累、渐进、滚动式的开发，在沿江配置一些新的增长点，对这些城市中心进行重点开发，使其逐步形成产业密集带，这种开发方式在空间结构上是点面的结合，基本呈现出一种立体结构和网络结构的态势。

（二）长江三角洲发展模式

长江贯穿我国东部、中部、西部，是我国第一大河。长江三角洲位于中国沿海的中部，既有广大的长江流域为腹地，也可通过水陆交通沟通中国南北广大地区，经济地理位置十分优越，流域内矿产、水力、生物资源丰富，其优越的水土资源条件在我国各大江、大河中首屈一指。作为全国的经济、文化中心之一，近代的长江三角洲更成为资本和产业发展集中的地区。

1. 外引内联，外向型经济特征明显。

长江三角洲开发区建设通过外引内联，形成了外来投资的热点。长江三角洲开发区对内开放成绩显著。同时也吸引外资大量进入，使其对外联系大大增强，外向型经济特征明显。区域经济的发展，既有当地的各种因素，也有外资的拉动，可以认为这是一种互动的关系。长江三角洲外向型经济的启动比珠江三角洲略晚，到 20 世纪 90 年代以浦东的开发为标志，全区进入外向型经济的高速发展阶段，90 年代末至 21 世纪初可认为是经济数量与经济质量均有提高的阶段。对外贸易是中国经济发展的重要驱动因素之一，在长江三角洲，外商的直接投入与对外贸易对经济发展的贡献比以往任何时候都显得重要，外贸依存度超过 80%，远高于全国平均水平。长江三角洲的有些国家开发区，其固定资产投资中外资投资占比例较大，大大弱化了长江三角洲各个城市和开发区经济发展中的相互依存关系，长江三角洲中江、浙两省各个开发区，往往更加愿意引进外资，其作为产业结构调整的引擎和生产力布局新的空间的作用，更多的是体现在它们和依托城市的关系上。并通过将老城区的一些企业与外资在开发区合资嫁接，使企业的规模和产品技术含量得到提高，扩大了市场份额，获得了较快发展。

2. 通过产业结构调整带动区域经济协调发展。

改革开放以来，长三角地区依靠体制转轨过程中改革的先发优势及活跃的制度创新，逐步形成了以国有经济、个私经济以及外资经济为主导的"多轮驱动、齐头并进"的发展格局。同时，该区域已建立了一批融入国内统一大市场的金融、技术、商品等要素市场，极大地增强了区域经济的集聚与扩散功能。从整体上看，长江三角区域经济发展差异性较小，均质化程度相对较高。在反映经济结构的主要因素，如产业结构、资本结构、地区结构、技术结构、财产所有权关系结构、城乡关系结构等方面，沪、浙、苏三地的总态势大致相当，这就为长三角区域经济的进一步整合提供了一个优势平台。长三角通过整合地区规划，调整区域产业结构，各城市间通过加强合作与分工，发展自己具有相对优势的产业，调整区域产业结构，逐步形成各自的产业优势，推动区域内贸易更快增长，并将区域内贸易同国际贸易高效结合起来，进一步改善了长江三角洲地区进出口的贸易条件，加快了长三角城市化进程。

3. 开发区建设引领经济。

到目前为止，除我国改革开放意义特别的上海浦东新区和苏州工业园区外，长江三角洲地区有国家级经济技术开发区 8 个，占全国总量的 1/4，国家级高新技术开发区 6 个，占全国总量的 1/9，国家级保税区 3 个，约占全国总量的 1/4，国家级旅游度假区 4 个，约占全国总量的 1/3。江、浙、沪各个省、市批准建立的省级开发区近百个分布在长江三角洲地区，包括上海市建立的 9 个市级工业园区，江苏省建立的 68 个省级开发区中的 50 个，浙江省 50 个省级开发区中的 29 个。长江三角洲开发区分布密集，除边境经济合作区外，经济技术开发区、高新技术开发区、保税区、旅游度假区、外向型农业开发区等应有俱有，是我国各种开发区的功能最为全面的地区。

4. 高新技术产业集群发展模式。

高新技术产业集群是长江三角洲新型工业化和接受国际先进制造业转移的有效方式。长江三角洲由于独特的区位优势、人力资本优势及城市群的比较优势，正在迅速形成我国区域高新技术产业成长的地区竞争优势。2009 年年初，长江三角洲已建起上海漕河泾、浦东张江、南京浦口以及苏州、无锡、常州、杭州 7 个国家重点高新技术开发区，基本形成"Z"字形高新科技产业带。长江三角洲还拥有门类齐全和处于全国领先地位的重点高新科技项目。我国确定发展高新技术的 7 个战略领域在长江三角洲都有一定的基础，有些领域还处于领先地位。与传统的产业集群不同，高新技术产业集群对有技术竞争力的跨国公司和研发机构的区域集聚具有特别的依赖性。这在长江三角洲表现十分突出。高新技术、新知识的生产与供给能力成为长江三角洲产业发展的重要因素之一；产业化的扩散形成了这一区域集群的规模效应与溢出效应；形成了分工与合作的新技术、新知识的供求机制。

（三）珠江三角洲发展模式

珠江三角洲经济发展模式的基本框架是：具有自身利益和竞争压力，并且具有相对独立决策权的地方政府；具有相对排他性产权结构的乡镇企业；具有相对独立性产权结构的外向型企业；受惠于外向型市场资源优势的外向型经济发展环境；通过内外市场互动，充满活力地迅速向计划体制渗透的市场等。

1. 政府分权、"政企合一"的制度创新。

从分权改革入手，利用分权体制本身所具有的竞争性因素及信息收集和处理方面的优势建立模拟市场体制，作为向市场体制过渡的阶梯，为向市场经济体制有序转变开辟道路。正是在这种放权的背景下，市、县、区、镇、村各级政府主导经济的格局，充分发挥了地方政权的活力。地方政府具备指导和推进地域经济发展的主动权。分权改革后的地方政府在某种意义上承担了这一时期的模拟市场经济体制下的企业和企业家的角色。可以说，珠江三角洲经济是一种典型的政府主导型经济，由地方政府作为主导力量而展开，形成了各具特色的微观发展模式，如东莞的三资企业、南海的个体经济、顺德的乡镇企业和中山的股份合作制企业等，同时，也形成了大量的产业集群和专业镇，如古镇的灯饰、虎门的服装、石狮的运动鞋等。

2. 超常规的外向型发展。

外向型经济是珠江三角洲发展模式的又一显著特征。改革开放后广东先行一步的特殊优惠政策环境，使港澳资本连同劳动密集型产业、技术、管理等，借两地落差形成的势能，大规模地向珠江三角洲地区转移，使得珠江三角洲非农化发展步入新的阶段。港澳地区以及随后而来的外国资本，在珠江三角洲土地上，和当地以及外来务工的劳动力相结合，先后以"三来一补"企业、"三资企业"为载体，实现了珠江三角洲工业化的原始积累。包括资金、技术、劳动力以及市场等在内的外来资源不仅极大地促进了珠江三角洲工业化的发展，而且使珠江三角洲的工业化从一开始就面对国际市场，逐步形成了以国际市场为导向，带动国内市场发展的外向型经济格局。

3. 内外经济互动发展。

乡镇企业、"三来一补"和三资企业是珠三角经济发展的主体，同时也是珠三角内外经济互动的载体。珠江三角洲实行的工业化道路是从农村工业化入手的，通过"筑巢引凤""借鸡下蛋"等方式引进外资和技术，本土工业的发展又为外来企业创造了条件。乡镇企业的成长，是自身发展与外部资源引进相结合，既通过原有的社队企业内部组织的转型促进创新，也通过对外部组织制度的引进、学习和移植进行创新，逐渐走向以自主性为主的制度创新。珠江三角洲在发展外向型经济的过程中，既充分发挥自身优势，又尽量利用外向型经济的资金、技术、管理、市场、信息网络等各个方面的优势，"引进来"和"走出去"相互配合，避开了国内资金不足、技术落后、管理不善、市场不灵等方面的劣势，直接发展外向型经济，然后在不断地学习、模仿中发展民族工业，实现了工业化的跨越式发展。

4. 土地劳动力资源的灵活利用。

改革开放初的农村经济体制改革，为珠三角的工业化发展提供了最为基本的资源、土地和劳动力，加上大量的外来劳动力，形成了珠三角各生产要素的丰富储备。另外，蓝印户口、暂住证、警务责任制、耕地异地保护等一系列土地和劳动力管理方法相继出台，在客观上保证了珠三角工业化模式的继续发展。为了使工业发展保持传统的低成本优势，保证劳动力的供应和素质提高，通过蓝印户口等形式吸引高级人才，通过暂住证、警务责任制等方法管理、留住外来流动人口；在土地资源日渐稀缺的情况下，通过工业扩散来寻求更多的发展用地，通过土地的相对集约使用来提高土地的使用效率。

另外，珠江三角洲的市场体系形成是一个内外联动、以外为主、双向接轨的市场化发展过程。珠江三角洲大量的国内出口商品由其直接或经港澳等地转口到国际市场，而海外进口商品又经珠江三角洲地区大量地输送到全国各地；出口加工贸易还带动了这一地区的进口替代产业，生产出了大批当时国内极为短缺的新兴消费产品并迅速向国内市场扩散，掀起了一波又一波的"广货北伐"浪潮。"内外联动"的市场效应，使珠江三角洲经济迅速向国内外市场拓展。

（四）国内外大河流域开发的成功经验

1. 因地制宜选择开发重点，综合利用，形成各具特色的开发模式。

根据国情域情，选择开发的主导目标，综合利用水资源的战略是经济可行的。

2. 采取"点—轴—面"开发式。

以大城市为核心，沿河地带为轴线，带动全流域经济起飞，以城市为依托，干流为轴线，扩及腹地的"点—轴—面"模式，是流域开发实践中广泛采用的产业及城市发展模式之一。

3. 正确处理局部与整体的关系，确保取得最大的整体效益。

着眼于整体开发的前提下，应根据各区段要素具体条件，因地制宜，建起各具特色、整体优化的经济体系。

4. 多方案科学论证规划，确保开发决策正确，措施得当。

流域开发规模大，影响深远，许多重大项目是涉及资源、经济与环境持续协调发展的百年大计，处理不当往往会带来不可挽回的环境、经济损失。密西西比河开发过程中，陆军工程师团本身建有自己的科研机构，而且还与有关高校、科研单位广泛合作，并建有目前世界上最大的内河模型——密西西比河水系整体模型，为水资源的综合开发提供科学依据。

5. 流域开发机构稳定，政策连续，管理完善，法规健全。

通过立法解决流域综合开发中区域、部门之间矛盾多的问题。

二、生态脆弱地区生态城市建设模式

制约黄河三角洲中心城市建设的因素是多方面的，但相比之下，生态环境脆弱是各种矛盾的焦点所在。土地沙化和盐碱化制约着农林牧渔业的发展及整个开发建设进程；淡水资源极为短缺，生产发展和环境治理深受影响；森林牧草覆盖率偏低，生态环境无法良性循环；黄河口泥沙输移和沉积模式的改变加剧了海洋生态环境的脆弱性，进而阻碍了海洋产业及海洋经济的开发。另外，黄河入海口地区泥沙的输移和沉积模式的改变，造成大量的泥沙被拦截在引黄源头，加剧了海洋生态环境的脆弱性。客服黄河三角洲脆弱的生态条件，发展黄三角生态城市，最大限度的保护和恢复生态系统的良性循环成为黄河三角洲发展生态文明示范区的关键。

（一）马斯达尔生态城市建设

生态城市不仅是社会和谐、经济高效、生态良性循环的人类居住形式，而且是空间结构布局合理、基础设施完善、生态建筑广泛应用、人居环境文明，在一定区域内城市、人与自然融合为一个有机整体所形成的互惠共生的生态健康的城市。

马斯达尔生态城是阿拉伯联合酋长国首都阿布扎比郊区兴建的一座新城，同时也是世界上首个达到零碳、零废弃物标准的城市，被称为"沙漠中的绿色乌托邦"。城市用地面积640公顷，规划容纳人口5万人，是一个国际性高科技创新城市，预计2016年开发完成。马斯达尔城是世界自然基金会"一个地球生活"行动计划与阿布扎比政府合作的一项可持续发展战略，马斯达尔将履行自己的承诺，遵循以下十项原则：零碳、零废弃物、可持续交通、可持续材料、可持续食品、可持续水资源管理、生境与野生生物保育、文化与遗产保护、平等与公平贸易以及健康与福祉。围绕实现真正意义上的生态城市建设目标，积极引导城市紧凑发展、建设绿色交通体系、兴建绿色建筑、提升可再生能源利用水平、引入国际先进数字模拟技术、政府强力支持来实现零碳、零废弃物的标准。

马斯达尔生态城呈方形布局，每条边的长度达到近1英里，建在一个23英尺高的地基上以"捕获"沙漠的强风。总体布局通过一个带状公园将城市的两部分结合起来，针对其特殊的地理位置、气候和建筑特征，城市的建设大量融入最新的技术，这些技术可被推广至其他任何一个致力于探索生态城市发展的国家。在马斯达尔市6.4平方公里的范围内，将有30%的土地被划做住宅用地；24%为办公用地；13%为商业用地；6%为学校用地；19%为交通用地和8%的文化与娱乐用地。

1. 建筑设计。

全城以坐东北朝西南的走向兴建，以获得最佳采光及蔽荫效果，除了马斯达尔总部外，屋舍仿传统阿拉伯式建筑，兴建高度以五层楼为限。马斯达尔总部大楼设计以零浪费、零碳排放为目标。建筑面积135 000平方米，共7层，作为马斯达尔生态城的核心建筑，不仅仅有完善的内部功能，具备办公、商业、零售以及文化的功能，强调实用性，建筑顶部11个风锥的集合实现良好的自然通风以及冷却的功能；而且与外部环境联系紧密，设计注重结合阿拉伯本土建筑的特征、内部庭院以及绿化种植形成和谐的视觉感受；更重要的是，该建筑在利用新能源和新材料方面已处于领先地位，一个巨大的顶棚和一个巨大的覆盖顶棚提供了天然的遮蔽，形成了世界上最大的光伏和太阳能板阵列一体化的建筑。这使得可以收获一年运行所需能量的103%。一个郁郁葱葱的空中花园在顶层也创建了一个微气候，其中包括水景和种植当地植物的宁静社区空间。同时，高热惰性的外部玻璃幕墙阻断太阳能热量的进入，同时保证视野的通透。热工技术在该项目的应用还包括利用地下管道降低外界空气的温度，并提供地下行人通道以连接公共园林空间与公共交通系统。

马斯达尔与麻省理工学院合作建立马斯达尔科技学（MIST），为可再生能源技术提供一个研究与实验基地。马斯达尔学院被定位为"世界上第一所专注研究清洁能源的高等院校"，以推动创新理念、发展关键技术为主要目标。马斯达尔学院一期建筑主要包括宿舍楼、图书馆、实验楼、风塔等。其特点主要有：①建筑形式和建筑材料都体现了被动策略和高技术的融合；②注重传统要素和现代技术的融合；③因地制宜，高效节能。

2. 交通体系。

通过一条便捷轻轨联系着外界，可以很方便地到达阿布扎比及其周边地区。人们驾车抵达马斯达尔之后，汽车不允许进入城市，城市内部街道完全无化石燃料车辆运行。城市内部出行主要以个人捷运系统（Personnal Rapid Transit）和步行为主。

个人快捷系统由磁力传感器引导，利用太阳能光伏发电提供电力，人们可以任意编程到达指定的地方，如果出现障碍会自动停车。为了满足每日 15 万人次的运输需求，个人捷运系统将提供 2 500 组车辆，实现 200 米内有交通工具，方便人们快捷高效的出行。同时人性化的出行设计，可以方便人们在 200 米内就能够抵达基本的设施，具备遮阴系统的街道和庭院使得步行环境更加吸引人。

3. 能源资源的利用。

零碳城市意味着 100% 使用可再生能源，不使用石油和汽车，实现以太阳能为主导的能源自给自足，还包括风能、氢气发电，与其他相似规模的城市进行比较，马斯达尔将减少 75% 的石化燃料的消耗量、300% 的用水、400% 的废弃物，无论是在施工过程还是建成之后都实现零碳，同时还限制零关税、零税收、零资本流动。环绕这座城市的是风能与光电农场、试验场和发电站，在这些设施的支持下，马斯达尔城得以成为一座完全能源自给的城市。

他们已经建成了中东地区最大的太阳能电场来为这个市城提供电力，以此来抵消施工过程中不可避免的因柴油燃烧和水泥烧制所产生的二氧化碳排放。所有的建筑都按照绿色建筑设计，力求降低电力需求。马斯达尔总部是一个典型例子，通过使用太阳能光伏板、自然遮阴与采光、重质型被动式太阳能阻热、太阳能制冷、风力发电、地板送风系统等技术，总部大楼的建筑能耗变为 −3%，甚至可将多余的电力输送给其他建筑使用。为了便于施工形成微气候，在施工过程中，先建天蓬和风塔，为其余建筑遮阳。有的项目通过反光镜把光集中在一个圆形区域再反射到中央塔，塔再把光线向下集中 1 米宽的光束，用来产生热量并驱动发电机。预计每日全城电力仅需 200 百万瓦，为现有同等规模城市的 1/4（约 800 百万瓦）。马斯达尔建成后，将全部采用可再生能源，包括垃圾发电（8%）、真空管集热（15%）、聚光太阳能发电（35%）和光伏发电

（42%）。

为了降低对用水的需求，每天只需约 8 000 立方米的水量，远低于传统每天 2 万立方米的用水量，实现用水量降到相同规模城市的 2/5。通过废水循环利用和对海水进行除盐处理，实现居民用水，制造饮用水的海水淡化厂将以太阳能作为电力来源。实行雨水回收和废水再利用，废水经过简单处理用于工业用水、清洗建筑和街道并用于制冷，雨水用于灌溉。另外，储水盒用水将会更有效率，包括在所有的居民住房中安装节水龙头、洗衣机、两段式冲水马桶等。

短期内透过回收再利用的机制，减少 98% 废弃物的产生，预计 2020 年达成零废弃物、零掩埋的目标。所有的垃圾经地下真空管道系统收集与分类，其中 50% 将会被回收利用，33% 用于垃圾发电，剩余 17% 的生物垃圾将采取生物降解的方式处置，最终实现零废弃物。

设计过程中，除了应用传统的分析和经验，建筑师还使用数字模拟技术，以期能够做出科学的决策。例如，建筑师借助风环境、光环境、能耗等各种环境技术模拟软件，确定方案设计各个层面的合理形式。数字模拟技术给设计的实用性、科学性提供了极大的保障。

（二）马斯达尔对黄河三角洲生态城市的建设启示

1. 真正理解生态城市的内涵，根据我国的实际情况，因地制宜地推进我国生态城市建设。

我国生态城市建设尚处于探索和试验阶段，在建设阶段可能有一定的盲目性，但是中国特殊的国情决定了其不能完全采纳发达国家的既有经验。需要科学的决策和正确的文化价值观以及低成本规模的应用推广实现中国特色的低碳生态城市目标。

2. 重视能源资源的可持续开发与利用。

按照生态系统物质循环和能量流动原理，生态城市建设、发展过程中应以提高资源和能源利用率、开发和应用可再生资源和清洁能源为主。在电力方面，在施工过程和建成之后都采用可再生能源发电，包括垃圾发电、聚光太阳能发电和光伏发电；在水资源方面，降低用水需求，沿海城市通过太阳能发电来实现海水淡化，实行雨水回收和废水再利用政策，做到真正的节水；在垃圾处理方面，建立垃圾回收再利用机制，实现垃圾回收利用、垃圾发电和对进行生物降解。

3. 引进高新技术的支撑。

高新技术可以为建设生态城市提供技术支持，能帮助市场满足甚至创造新的需求，开创新的市场空间、产业；能引领新的生活模式和社会人文。

4. 政府引导，全民参与。

政府给予了马斯达尔生态城建设极大的支持，从资金到人才的引进方面，都值得别国效仿。加大资金投入，并从政策层面加强资金引进力度，拓展吸纳各类社会资金的途径，给予有力保障。同时，在领导和决策层面与时俱进，更新观念，以先进的思想、方法和视野进行管理。首先，完善生态城市规划管理体系，以国家层面和法律法规的形式健全城市规划管理机制；其次，建立健全适合低碳生态城市规划的税收政策，激励地方政府、企业、社会组织和个人积极参与生态城市建设中；最后，构建规划中的公众参与机制，追求以人为本的立足点。

三、滨水区生态经济发展模式

（一）匹兹堡的城市转型

匹兹堡是美国宾夕法尼亚州第二大城市，历史上有名的"钢铁之都"。匹兹堡具有便利的水利条件，莫农加西拉河（Monongahela River）和阿勒格尼河（Allegheny River），以及俄亥俄河（Ohio River）在此交汇，独特位置是其主要财富之一。19世纪后期至20世纪初，匹兹堡工商业发展迅速，成为美国工业革命的中心之一，诞生了一批工业革命的先驱。除了卡耐基的钢铁集团，还有梅隆（Mellon）财团，西屋电气（Westinghouse）集团，以及食品业巨头亨氏（Heinz）集团。当时，匹兹堡钢铁产量占全美钢铁总产量的1/3强，"二战"前后更是高达一半以上。匹兹堡附近地带发现石油后，开始发展石油业。但是滨水地带按传统方式到处建有生产工厂及运输中心，而用于其他用途的空间所剩无几。

随着工业的发展而来的是环境与空气的重度污染，整个城市黑烟密布，一度比肩狄更斯笔下的伦敦：没有盖子的地狱。

第二次世界大战后，匹兹堡开始了一系列"复兴"计划，处理环境问题，特别是空气污染问题。但由于产业结构的原因，重工业比重依然很大，在很长的一段时间里，该市的城市环境、空气质量并无明显改善。多年的工业发展已保障其税收来源，城市的大部分地区已逐渐忽略了蕴藏财富的滨河地带。直到20世纪80年代，钢铁、电子等传统制造业由于国际竞争冲击而开始衰落，特别是在亚洲国家的竞争压力下，最终退出历史舞台。那时，匹兹堡经济萧条，产业工人大量失业，年轻人也纷纷到西海岸及南部去寻找机会。

产业结构的调整、艰难的转型，使匹兹堡意识到，仅仅治理环境是不够的，整个城市需要寻找新的经济增长点。于是，匹兹堡市政府制定并实施经济多元化战略，将改造重点转移到促进新兴产业上来，关闭环境污染企业，促进新兴产业发展，在保留一部分尚有竞争力的传统产业（美国铝业、西屋、亨氏等）基础上，借助于匹兹堡大学和卡耐基梅隆大学的科学研究力量，匹兹堡开始大力发展以生物科技和计算机技术为龙头的高科技创新产业，并辅以金融、文化、旅游等创新服务业。

同时，匹兹堡开始大力恢复环境、建设城市，从方方面面打造宜居新城。20世纪80年代，第二次文艺复兴运动恢复了市区文化中心，同时改善了与周边地区的联系；1989年第一次提出河流改善计划，但因规模过大而失败；1990年提出三江遗产专案计划；1993年三江遗产项目建设资金筹到；1999年建立了RIVERLIFETASKFORCE组织；

2000 年制订了综合性的滨河开发计划；2000 年冬北滨河园开发详细计划公布于众。具体措施包括：加强工业污染方面的环保工作；改变河道，以满足包括制造业及其他行业的用水需求；将 35 英里范围的滨河地区发展成为综合性的、高度集中化的商业，居住及娱乐中心，整个滨河岸线的设计采用黏合性、统一性原则；取消或迁移了河边的停车场，以确保良好的河滨视觉效果；增多滨河地带的可利用陆地范围，建设绿色走道，如三江遗产专案正投入全面良好的施工；新建的桥墩，人行桥及娱乐船只设施将游客与江河联系得更加紧密；协调委员会与开发商紧密合作，保证多有开发项目的和谐及增加于滨河的美观度；北部滨河园建成后就将连接体育馆，博物馆及其他滨河建筑物，通过其他设计，如栏杆及条椅来发掘城市独特的历史；开垦滨河人行道，以充分发挥其优势并使人人都能从中获益。各个开发专案之间注意互相协调，以达到滨河地区各部分相互联系的总体效果。

自 20 世纪 90 年代后期，各项改革政策和工程建设开始取得显著成效。经过近 20 年的努力，进入 21 世纪以来，匹兹堡已成功转型为以生物科技、计算机技术、机器人制造与人工智能、医疗卫生、金融和教育而闻名的工商业城市，成为美国传统产业城市成功转型的典范。2009 年，经济学人（The Economist）把匹兹堡评为美国最适宜居住城市；2010 年，福布斯（Forbes）杂志也将匹兹堡评为美国最适宜居住城市。为了推广匹兹堡的转型经验，美国总统奥巴马将匹兹堡作为 2009 年 9 月 G20 峰会的举办城市。哈佛大学的哈吉·柴提（Raj Chetty）、纳撒尼尔·亨德伦（Nathaniel Hendren）和加州伯克利大学的帕特里克·克莱因（Patrick Kline），以马内利·赛斯（Emmanuel Saez）4 位经济学家的最新研究表明，从社会流动性来看美国梦的实现，匹兹堡全美国排名第二，仅次于盐湖城。匹兹堡经济社会的成功转型，使该市抵抗住了最近一次经济危机的消极影响，成为全美国极少几个其就业率和产业增长没有因危机而减少的城市之一。

（二）荷兰围垦区的生态重建

围海造田工程以须德海（Zuiderzee）工程为标志，这项计划始于 1918 年，1932 年堤坝工程实现合龙，其后开展了大规模的堤防和排水系统的建设。经过多年的努力，围海造田工程取得了很大的成功，到 1996 年陆续完成了 4 个垦区主体及各项配套设施的建设，土地总面积达 16.5 万公顷。

威尔英梅尔垦区（Wieringermeer）和东北圩地农业垦区是自 20 世纪 30 年代开始开发的，垦区发展目标是增加粮食生产和提供就业机会，主要内容是堤防工程和排水工程建设。沿海岸线不适于耕作的土地，则发展为果园、花卉园和混合农场。到了 20 世纪 50 年代开发的东芙莱沃兰德垦区（Eastemflevoland）则以发展城镇为主。同时，随着社会环保意识的提高，开始注重自然环境建设，创建了自然保护区。1968～1996 年开发的南芙莱沃兰德垦区，已经把生态建设摆在了重要位置上。从土地规划方面看，1/2 土地用于农业，1/4 用于城镇开发，余下的 1/4 是自然区域，包括森林和河湖水面，规划中为自然生态的成长留下足够的空间，其面积达 1 万多公顷。

为有利于生态重建，政府采取了一系列富有远见的措施，执行"与环境友好的农业开发计划"。早在1972年，政府就发布法令，在南芙莱沃兰德垦区，新围垦的处女地和一部分熟地都不得使用除草剂和农药，农田的杂草用机械或者手工方式去除。其目的是为了提高农作物对于病虫害的抵抗力，也防止这些化学药品对生态系统的干扰。私人部门对于这项开发计划表现了极大的兴趣。政府相应采取措施，鼓励私营小型生态农业公司经营垦区土地，发展以生态重建为基础的新型农业。在当地共建立了68个小型生态农业公司，占用土地3 631公顷。

东芙莱沃兰德和南芙莱沃兰德垦区，专门进行了生态系统设计。所谓生态系统设计是依据生态系统自身的自然演替规律，建立自然保护区，运用技术手段创造一种环境，使各类特定的动植物能够在一起生长，从而组成特定的生物群落，以培育特定的湿地生态系统。自然保护区建设的重点是海拔低的地区，这里主要是开垦后遗留的湖泊和沼泽，水面面积达5 600公顷。地形包括湖泊、沼泽、芦苇荡和柳树群。特别是豪思特沃尔德（Horsterwold）自然保护区，其开发计划就是完全排除人为干扰，不采取人工种植方式，完全靠生态系统自然演替，在该区的核心地带形成一片野生区，面积为4 000公顷，成为荷兰最大的阔叶森林。

最令国际生态学界关注的是玛克旺德（Markerwaard）垦区。早在1975年，这个垦区的堤防工程就已完成，排水系统建立起来而且持续不断地抽水，新土地已经显现20多年。虽然由于荷兰政府资金筹措等方面的原因，垦区的开发工作迟迟没有开展起来，但经过20多年的生态系统自然演替，这一片曾是荒芜的土地，已经成为植物繁茂、动物门类众多的自然野生区，面积达4.1万平方米。荷兰政府准备把这片垦区作为国家自然保护区，不再用于农业开发。

荷兰的围海造田工程举世闻名，这项生态建设大工程经历了景观设计（考虑到居民休闲的多种需要）、生态设计（提高生物群落多样性）、建设健康的湿地生态系统（依靠生态系统自然演替规律）三个阶段，反映了荷兰人对于生态建设规律认识的深化，对荷兰的农业发展、市镇建设和自然保护起了巨大的促进作用，对于周围的地貌及环境也产生了重大的影响。荷兰围垦区的近20年来，围垦区完全依靠生态系统自然演替规律，采取少量的人工措施或完全没有人为干预，使曾经荒芜的围垦土地出现了面积达数万公顷的自然保护区，在那里植物茂密、珍禽鸟类品种繁多，形成了健康的生态系统。这一现象引起了国际生态学界的高度关注，经常被引用为生态重建的成功案例。

（三）对黄三角滨水区开发的启示

1. 政府立法，公民参与与技术支持。

匹兹堡首先行动起来的是市政府。1941年时任市长设立了消除烟雾委员会，委员会成员包括企业和民间领袖，报纸编辑，公共卫生部部长，教育委员会理事。工业界、政界及教育文化界等多方联动，为根治空气污染问题建言献策。国家层面的环保立法为匹兹堡出台相关法律法规，设立评价和惩罚机制提供了法律依据。同时，个人和民间非政府组织在政府推进空气质量法规上也起到关键作用。另外，匹兹堡的学术机构积极为空气污染防治提供技术支持。例如，卡内基梅隆大学得到政府资助对空气污染进行田野研究，分析空气污染物构成，并评估新型治理措施。产业转型，全国联动，法律支持，公民参与以及技术创新是匹兹堡对如何回归绿色城市给出的答案。

2. 充分利用生态系统的自然演替规律，因地制宜地设计和推动生态恢复工程。

生态建设的任务是消除或降低那些引起生态系统退化的干扰因素，充分利用生态系统的自我重视生态恢复工程的生物调查、设计和监测工作，建立适合区域情况的生态恢复评估标准。设计和自我修复功能，辅助以人工措施，实现生态建设的目标。生态自我修复需要较长时间，因此，对于生态工程，不但要进行技术可行性分析，也要进行经济合理性论证，力争以较小的经济投入换取较大的生态效益。实践证明，较为经济有效的技术路线，就是排除对现有生态系统的干扰破坏，充分利用生态系统自我恢复功能，必要时适当辅之以人工措施，达到恢复适应当地自然条件的相对健康的生态系统的目的。

3. 重视生物的生存、栖息和繁衍。

生态恢复工程不仅要重视植被恢复，也要重视动物生存、栖息和繁衍，使得生物群落在特定的生境条件下，形成一个完善的食物链。目前，常见的观点认为生态建设就是改善植被状况，忽视了生态系统中动物生存栖息等问题。要重视生态系统的整体性问题，同时认识到，水是重要的生境因素，但不是生境的全部内容，只有健康的生态系统才能具备其多种服务功能，使人们从中受益。

4. 修缮历史建筑，保护传统文化。

20世纪70年代以来，人们开始以文化旅游为导向，重新审视历史建筑和景观保护改造。例如，悉尼邻近港湾的岩石区，不仅很好地保护了历史遗存，而且还以其深厚的文化内涵和丰富的物质景观有效地促进了城市旅游业的发展。而伦敦则将泰晤士河畔一处正对着圣保罗大教堂轴线的热电厂改造成泰特现代艺术博物馆。

第二节　黄河三角洲建设生态文明示范区的重大意义

当今世界，可持续发展已成为时代潮流，绿色、循环、低碳发展正成为新的趋向。统筹当前发展和长远发展的需要，将生态文明建设融入各地发展战略，既积极实现当前的目标，又为长远发展创造有利条件，是我国社会主义现代化建设必须正确处理的一个重大问题。

党的十七大报告首次明确把"建设生态文明"列为全党全国人民的奋斗目标。党的十八大报告指出："建设生态文明，是关系人民福祉、关乎民族未来的长远大计，必须树立尊重自然、顺应自然、保护自然的生态文明理念，把生态文明建设放在突出地位，融入经济建设、政治建设、文化建设、社会建设各方面和全过程。"党的十八届三中全会再次强调："紧紧围绕建设美丽中国深化生态文明体制改革，加快建立生态文明制度，健全国土空间开发、资源节约利用、生态环境保护的体制机制，推动形成人与自然和谐发展现代化建设新格局。"

黄河三角洲位于渤海南部黄河入海口沿岸地区，涉及 19 个县（市、区），总面积 2.65 万平方公里，占全省 1/6，总人口约 985 万。黄河三角洲位于山东半岛的背部，是环渤海湾经济圈的一个重要组成部分，也是黄河三角洲高效生态经济区和山东半岛蓝色经济区的重要组成部分，北邻天津滨海新区，南接上海浦东新区，既可作为南北经济重要的承接带，又能在东北亚经济合作中发挥重要作用在整个全国改革发展格局中占有举足轻重的地位。

早在 1988 年，"黄三角"的开发总体战略即被提出。黄三角的最大亮点是没有走高耗能的发展模式，首次提出"生态高效"的增长模式。2009 年 11 月 23 日，国务院正式批复《黄河三角洲高效生态经济区发展规划》，中国三大三角洲之一的黄河三角洲地区的发展上升为国家战略，成为国家区域协调发展战略的重要组成部分。此规划明确了黄河三角洲的功能定位：立足山东半岛城市群，依托环渤海，面向东北亚，大力发展循环经济，建设全国重要的高效生态经济示范区、特色产业基地和后备土地资源开发区，成为环渤海地区重要的增长区域。

黄河三角洲是环渤海经济圈的中心地带，建设黄河三角洲生态文明示范区对于填补最后一个大河三角洲开发空白，探索生态经济发展新路径，改善区域生态环境，提高人民生活水平，弥补环渤海经济区断链，促进山东转变发展方式、拓展发展空间，衔接环渤海经济区与半岛经济区，融合环渤海城市群与济南都市圈，对接天津滨海新区产业转移与产业配套完善全国沿海经济布局、提升环渤海地区整体实力和竞争力具有重大而深远的意义。

一、建设黄河三角洲生态文明示范区有利于推动地区乃至全国经济的可持续发展

改革开放以来，我国经济社会发展取得举世瞩目的成就，但付出了过大的资源环境代价。我国发展中不平衡、不协调、不可持续问题依然突出，经济增长的资源环境约束强化。随着工业化、城镇化的快速推进，经济总量不断扩大，人口继续增加，资源相对不足、环境承载力弱成为我国在新的发展阶段的基本国情。能源消费总量持续增加，能源利用效率不高。我国能源消耗已经占到全球总量的 1/5，石油消费量一半多依靠进口，煤炭消费量相当于其他国家的总和，高能耗产生了仅占世界 8.6% 的 GDP，却留下许多受污染的城市、全世界 1/3 的垃圾和频繁发生的环境事件。发达国家 200 多年工业化进程中分阶段出现的环境问题，在我国现阶段集中凸显。拼资源、拼环境的发展模式，不仅带来包括环境问题在内的各种社会矛盾，而且不利于经济的持续增长。

推进生态文明建设是破解日趋强化的资源环境约束的有效途径。只有加强能源资源

节约，发展循环经济，加强环境治理和生态建设，才能有效破解经济增长中的资源环境瓶颈制约。生态文明对经济发展的优化体现在两个方面：一方面，生态文明要求把环境承载力作为经济发展的基础条件，促使经济行为主体努力进行技术创新，提高资源利用效率并尽量利用循环再生资源，激励其通过发展绿色产业获得新的经济效益；另一方面，生态文明制约粗放型经济发展模式，促进集约型经济发展，并在发达国家的发展历程中得到了印证。瑞典、德国、美国等国经历了严格环境政策"洗礼"的企业，已发展为先进生产力的典型，成为具有强大竞争力的跨国公司。同时，环境保护的要求改变了市场准入条件，使那些落后的技术和产业被淘汰出局，从而使先进生产力得到更大的发展机会。

黄三角土地资源优势突出，地理区位条件优越，自然资源较为丰富，生态系统独具特色，产业发展基础较好，具有发展高效生态经济的良好条件。建设黄河三角洲高效生态经济区从各个层面上都对经济发展有推动作用：首先，在国家层面上，加快黄河三角洲高效生态经济区发展关系到环渤海地区整体实力的提升，关系到区域协调发展的全局，是国家区域发展的重大举措。黄河三角洲可以在借鉴其他地区发展经验的基础上，发挥后发优势，发展高效生态经济，为我国可持续发展、科学发展提供宝贵的经验和财富。

其次，对于山东省而言，以高效生态为主要特征的黄三角，将成为山东省经济发展新的增长点，并改变山东经济大而不强的格局。黄三角地区涵盖了东营、滨州两市全部，以及德州、潍坊、烟台的部分地区，充分整合海陆资源后的黄三角将成为山东省构建半岛蓝色经济区、连接天津滨海新区、面向东北亚的桥头堡。同时，黄三角城市群的发展对提升整个山东半岛城市群的生态水平、科技含量有着极其重要的意义。加快黄河三角洲高效生态经济区发展是山东科学发展的重大机遇。

最后，对区域来说，黄河三角洲高效生态经济区是第一个以发展高效生态经济为功能定位的地区，加快黄河三角洲高效生态经济区提高了黄三角对外的影响力和关注度，是黄河三角洲担负的重大责任。黄河三角洲作为黄河流域经济带的龙头，是黄河尾闾的"出海口"，在黄河流域整体崛起进程中，具有重要的辐射、带动作用。因此，加快黄河三角洲生态建设与经济建设的协调发展不但可以提升自身综合实力，打造自身核心竞争力，还可以实现东西部优势互补，推动黄河流域的全面治理，推动黄河的通航进程，拉动黄河中上游的发展，为黄河流域的发展提供以改善生态环境为主的高效生态发展模式，为黄河流域经济带的整体崛起创造条件。

黄河三角洲的后发优势越来越明显，加入东部沿海发展第一梯队的条件也逐渐成熟，对周边的带动辐射作用越来越突出。加快黄河三角洲生态建设与经济建设的协调发展是带动黄河流域经济带的崛起的发展引擎，注重资源高效利用和生态环境的改善，注重经济建设和生态建设的协调发展，成为保持黄河三角洲经济社会持续健康发展的重要突破口。

二、建设黄河三角洲生态文明示范区有利于增强人民福祉，全面实现小康社会

生态文明是人们在改造客观世界的同时，改善和优化人与自然的关系，是建设有序的生态运行机制和良好的生态环境所取得的物质、精神、制度成果的总和；它体现了人们保护自然、利用自然、尊重自然，与自然协调发展的文明形态。建设生态文明，是深入贯彻落实科学发展观的应有之义，也是全面建设小康社会的必然要求。

中国特色生态文明建设的根本目的和最终归宿是为人民创造良好生产生活环境。良好的生态环境是最公平的公共产品，是最普惠的民生福祉。蓝天白云、绿水青山是民生之基、民心所向。推进生态文明建设是保障和改善民生的内在要求。近年来，我国环境治理和生态保护取得了积极成效，但生态环境总体恶化的趋势并没有得到根本扭转。水、大气、土壤等污染仍然严重，固体废物和汽车尾气、持久性有机物和重金属等污染持续增加，水土流失加重，天然森林减少，草原退化，生态系统更加脆弱。2013 年以来，我国部分地区雾霾天气等污染问题集中爆发，人民群众反映强烈。

生态环境直接关系人民生活质量，关系群众身体健康，关系社会和谐稳定。广大人民群众随着生活水平的提高，对干净的水、新鲜的空气、洁净的食品、优美的环境等方面的要求越来越高。我们必须秉持环保为民的理念，着力解决损害群众健康的突出环境问题，切实维护广大人民群众的环境权益。

保护生态环境，既是发展问题，也是民生问题。让百姓呼吸清洁的空气、喝上干净的水、吃上放心的食物，在良好的环境中生产生活，是党和政府对人民群众的庄严承诺。实现天蓝、水清、地绿、山青，解决人们关切的突出生态环境问题，是各级政府的重要职责。进一步推动整个社会走上生产发展、生活富裕、生态良好的文明发展道路，实现速度和结构质量效益相统一、经济发展与人口资源环境相协调，使人民在良好的生态环境中生产生活，实现经济社会永续发展。生态文明既是节能减排降耗的量化指标，又是适应当前发展形势的全新发展理念和工作思路。建设生态文明，有助于提高百姓的"幸福指数"，更好地满足人们的生存发展需求，促进社会的和谐发展。

加快发展黄河三角洲高效生态经济，不仅关系到环渤海地区整体实力的提升和区域协调发展的全局，也关系到环渤海和黄河下游生态环境的保护。百余年来，在海、河、陆相互作用下，黄河三角洲形成了具有独特地形地貌、生物种类繁多的生态系统，是一个特殊的地理与经济单元。从自然生态来看，一方面，这里自然资源非常丰富，蕴藏着巨大的开发潜力。另一方面，由于近代黄河三角洲成陆时间晚，草甸过程短，土质结构疏松，使这里的生态环境较为脆弱，不适当的开发容易使区域环境和生态链遭受破坏。国务院指出，要把《规划》实施作为应对国际金融危机、贯彻区域发展总体战略、保护环渤海和黄河下游生态环境的重大举措，把生态建设和经济社会发展有机结合起来，促进发展方式根本性转变，推动这一地区科学发展。

三、建设黄河三角洲生态文明示范区有利于探索新的发展方式，完善生态经济体制改革

当前，世界经济正处于新一轮结构调整、创新发展的时期，气候变化、能源资源安全、生物多样性保护等全球性资源环境问题将是国际社会长期面对的重大挑战，绿色发展、循环经济日益成为世界发展的重要趋势。只有以环境保护优化经济结构和发展方式，抢占世界经济发展新的制高点，才能在新一轮国际竞争中赢得主动。

生态文明通过对人与自然、人与人的关系的反思，提倡对所处环境的适应和自然生态脆弱性平衡的适应，要求我们因地制宜、创新性地建设。是人类对传统文明尤其是工业文明批判超越的结果，是人类文明发展理念、道路和模式的深刻变革。建设生态文明，不同于传统意义上的污染控制和生态恢复，而是克服工业文明弊端，探索资源节约型、环境友好型发展道路，建设以资源环境承载力为基础、以自然规律为准则、以可持续发展为目标的资源节约型和环境友好型社会。

建设生态文明为转变经济发展方式提出了目标，拓展了新兴产业的成长空间、经济社会发展的承载空间、突破贸易壁垒的国际市场空间。经济发展方式转变的成效，可用经济发展质量、生态环境质量和人的生活生命质量三大标准来检验衡量，归根到底反映生态文明建设水平的高低。

我国已建立了不少生态环境保护方面的制度，但不系统、不完整，源头上没有建立起有效防范的制度。自然资源资产的产权制度还没有完整建立，许多全民所有自然资源资产的产权所有者不到位，用途管制在耕地方面落实较好，但没有扩展到占用其他自然生态空间。过程中，没有建立起严密监管的制度。对各地没有资源环境方面的警示和约束，一些地区在资源环境承载能力减弱后仍在过度开发，在环境保护中居核心地位的污染物排污许可制和企事业单位污染物排放总量控制制度还很不健全，在现行环境监管体制下，执法主体和监测力量分散，缺乏对地方政府和相关部门进行环境执法监督的职能配置，环境监管难以到位，这导致解决突出环境问题的政策措施打了折扣。因此，推进生态文明建设迫切需要改革生态环境保护管理体制。

高效生态经济指的是一种具有典型生态系统特征的节约集约经济发展模式。高效生态经济具有三大特征：在产业类型上，形成由清洁生产企业组成的循环经济产业体系；在产业布局上，形成由若干生态工业园区组成的生态产业群；在生产工艺上，实现生产过程再循环、再利用，最终表现为整个经济系统高效运转，经济、社会、生态协调发展。美国生态经济学家莱斯特·布朗博士认为："生态经济就是一个能维系环境永续不衰的经济"，"是能够满足我们的需求又不会危及子孙后代满足其自身之需的前景的经济"。

黄河三角洲在开发建设中大力发展循环经济，本身就是对减少地球二氧化碳、控制温室气体排放和气候变暖做出的直接贡献。从自身利益的角度考虑，大力发展循环经

济，控制温室气体排放，也是保护黄三角自身生存的实际需要。

黄河三角洲总体经济结构呈现出典型的资源型地区的二元结构特征，一端是具有相当规模和现代化水平的石油工业，另一端则是以传统农业和工业为主的地方经济，虽然经过多年发展，地方工业所占的比重有所上升，但整体经济结构单一的矛盾依然比较突出。这种自然生态脆弱与经济结构单一造成的生态安全和经济安全问题，要求黄河三角洲开发必须在充分考虑自然生态环境承载力的前提下，加大环境保护力度，加快发展方式转变，实现生态系统与经济系统的高效结合，走高效生态经济的道路。坚持"开发与保护并重，保护优先，在保护中开发、在开发中保护"的原则，吸取长江三角洲、珠江三角洲等大河三角洲发展的经验教训，在开发建设中尽量避免重蹈先污染、后治理的老路，在加强生态环境保护的基础上，大力培育现代工业和生态农业等高效生态型产业，以资源高效利用和生态环境改善为主线，坚定不移地走高效生态经济之路，为全省经济发展拓展空间，成为全省新经济的增长点，为未来我国区域经济发展创造新的发展模式。

黄河三角洲高效生态经济区的四个战略定位是：建设全国重要的高效生态经济示范区、全国重要的特色产业基地、全国重要的后备土地资源开发区和环渤海地区重要的增长区域。

推进黄河三角洲高效生态经济发展，有利于实现开发建设与生态保护的有机统一，开创高效生态经济发展新模式，为其他地区提供有益借鉴；有利于增创区域发展新优势，加快环渤海地区一体化发展，完善全国沿海经济布局；有利于加快培育环境友好型产业，保护环渤海和黄河下游生态环境，实现区域可持续发展；有利于拓展发展空间，为我国有效应对国际金融危机冲击，保持经济平稳较快发展发挥重要作用。加快这一地区发展，不仅是贯彻落实科学发展观、构建社会主义和谐社会的迫切需要，也是推进发展方式转变、促进区域协调发展和培育新的增长极的重要举措。

第三节　黄河三角洲建设生态文明示范区的总体思路

一、功能定位

（一）全国重要的高效生态经济示范区

高效利用区域优势资源，推进资源型城市可持续发展，加强以国家重要湿地、国家地质公园和黄河入海口为核心的生态建设与保护，实现经济社会发展和生态环境保护的有机统一，为全国高效生态经济发展探索新路径、积累新经验。

（二）全国重要的特色产业基地

大力发展循环经济，推进清洁生产，突破制约产业转型升级的关键技术，培育一批特色优势产业集群，构筑现代生态产业体系，建成全国重要的高效生态农业基地和循环经济示范基地。

（三）全国重要的后备土地资源开发区

发挥盐碱地和滩涂资源丰富的优势，统筹规划土地资源开发利用，合理划分农业、建设和生态用地，探索土地利用管理新模式，推进土地集约高效开发，为环渤海地区拓展发展空间提供有力的土地资源保障。

（四）环渤海地区重要的增长区域

充分利用两个市场、两种资源，扩大对内对外开放，重点加强与环渤海地区和东北亚各国的经济技术交流合作，提升综合实力和竞争力，协调推进经济社会发展和生态文明建设，成为支撑环渤海地区发展的又一重要区域。

二、发展目标

到 2015 年，基本形成经济社会发展与资源环境承载力相适应的高效生态经济发展新模式，力争人均地区生产总值翻一番。生态环境不断改善，节能减排成效显著；产业结构进一步优化，循环经济体系基本形成；基础设施趋于完善，水资源保障能力和利用效率明显提高；公共服务能力得到加强，人民生活质量大幅提升。

到 2020 年，人与自然和谐相处，生态环境和经济发展高度融合，可持续发展能力明显增强，生态文明建设取得显著成效，形成竞争力较强的现代生态产业体系，开放型经济水平大幅提高，社会事业蓬勃发展，率先建成经济繁荣、环境优美、生活富裕的国家级高效生态经济区。

三、黄河三角洲高效生态经济区 SWOT 分析

（一）发展优势（S）分析

1. 区位优势比较优越。

黄河三角洲地处我国最具有经济活力的经济发展潜力的经济大省——山东省的东北部，北邻京津冀，与天津滨海新区和辽东半岛隔海相望，东连胶州半岛，南靠济南城市圈，区位优势十分优越。而且，随着滨海新区开发步伐的加快，环渤海经济圈也逐渐发展成为我国北方地区最具有经济活力的经济发展区。作为环渤海地区最重要的组成部分，黄河三角洲地处华东华南以及日韩产业转移的中间地带，是我国华北地区接受外来经济辐射、扩大交流合作、集聚生产要素、吸引各方投资的最理想地区。

2. 自然资源比较丰富。

黄河三角洲地区蕴藏着丰富的自然资源，在我国已探明储量的 81 种矿产中，该地区就有 40 多种。尤其是石油和天然气，目前探明储量分别为 50 亿吨和 560 亿立方米，是我国重要的能源基地之一。其次，黄河三角洲地下卤水静态储量约为 135 亿立方米，是全国最大的海盐及盐化工基地。另外，黄河三角洲海岸线长达 900 公里，是山东省重要的海洋渔业基地之一，年渔业总产值达到 1 100 亿元。最后，黄河三角洲地区还有着丰富旅游、风能、地热能等资源，资源优势转换为经济优势的潜力十分巨大。

3. 后备土地资源丰富。

黄河三角洲地区是我国东部沿海地区土地后备资源最多的地区。2008 年，黄河三角洲地区土地总面积为 3 948 万亩，占全省总面积的比重为 16.8%；人均拥有土地面积将近 4 亩，是全省平均水平的 1.6 倍。其中，未开发利用的土地有 811 万亩，占黄河三角洲区域总面积的比重达 20.5%，约占全省未开发利用土地的 1/3。在这些未开发利用土地中，有国家鼓励开发利用的盐碱地 271 万亩，荒草地 148 万亩，滩涂 212 万亩。除了未开发利用土地之外，黄河三角洲地区还有将近 1 500 万亩的浅海面积。未来随着防潮体系的建设，黄河三角洲土地后备资源将会进一步增加。丰富的土地资源也为黄河三角洲地区的经济发展提供了必备的土地资源保障。

4. 生态系统独具特色。

黄河三角洲地处大河、海洋与陆地的交接地带，陆地和淡水、陆生和水生、淡水和咸水、天然和人工等多类生态系统交错分布，植被为原生性滨海湿地演替。系列，生态系统类型独特，生物资源丰富。地貌类型有河滩高地，坡地，大型洼地等，海河相会处形成大面积浅海滩涂和湿地，成为东北亚内陆和环西太平洋鸟类迁徙的重要的"中转站"和越冬、繁殖地。多重的生态界面，为大规模发展畜牧业养殖业、开展动植物良种繁育、培育循环经济产业链，发展生态旅游提供了得天独厚的条件。

5. 经济发展基础良好。

经过多年的开发建设，黄河三角洲地区已经具备了良好的经济发展基础条件。2008 年，该地区生产总值为 4 755.8 亿元，约占山东省的 1/7；规模以上工业增加值为 2 413.5 亿元，约占全省 1/5。原油、原盐、纯碱、溴素等生产能力居全国前列，化工、纺织、造纸、机械、食品等行业在全国占有重要的地位。高新技术产业发展势头良好，一大批大型龙头企业对区域发展起到了重要的带动作用。县域经济发展迅速，寿光、莱州、广饶和邹平 4 个县（市）进入全国综合实力百强县，有 7 个县（市、区）进入全省 50 强。人均 GDP、城乡居民人均收入以及人均居民储蓄存款余额等都高出山东省或全国平均水平。

（二）发展劣势（W）分析

1. 淡水资源比较短缺。

黄河三角洲地区淡水资源短缺比较严重。当前，黄河三角洲地区水资源总量大约为

29.5亿立方米，人均拥有淡水量为303立方米，比山东省人均水平低41立方米，只是全国平均水平的1/8。另外，黄河作为重要的客水来源，饮水量一直都要受到全国的控制，每年国家分配给山东省的黄河用水只有70亿立方米，分到黄河三角洲地区更加少。地区降水量很不均匀，拦蓄利用难度较大。地下水含盐量高，碱地种植耗水量大，水资源利用效率低。水资源的短缺已成为黄河三角地区社会经济发展的重大瓶颈。

2. 生态环境相对脆弱。

虽说黄河三角洲地区拥有着较为复杂的生态系统，但它的生态环境相对来说还比较脆弱。主要表现在：土地盐碱化程度高，林木覆盖率低，海岸防护设施不完备，现有防潮堤坝标准低，风暴潮威胁大，海岸蚀退明显；环境污染严重，生态环境治理与土地恢复治理难度大；地质、地震构造背景复杂，潜在安全问题比较突出等。

3. 基础设施建设滞后。

当前，黄河三角洲地区一些重大的交通基础设施建设还相对滞后。周边港口规模普遍偏小，吞吐量低。2008年，黄河三角洲地区港口吞吐量只有1 200万吨，仅占山东省的2.6%。港口配套支撑能力不强，缺少疏港铁路及周边区域连接懂得干线铁路，铁路通车里程只有262公里，仅占全省的7.7%。高速公路网络尚未形成，黄河也缺乏向长江那样的通航功能。交通等基础设施的建设滞后也成为制约该区域发展的关键因素。

4. 产业结构层次偏低。

黄河三角洲地区高层次人才匮乏，劳动者素质偏低，自主创新能力弱，高新技术产业产值占工业产值比重偏低，2008年为17.9%，比山东省低11.3个百分点。传统农业占比重大，农业产业化、规模化水平不高。服务业发展滞后，2008年占地区GDP的比重为25.6，比山东省平均水平低7.8个百分点。企业规模小，效益低。本区除了石油、天然气采掘业在劳动地域分工中具有全国意义外，其他工业部门均以中小型企业为主，加之几十年来一直以石油勘探、采掘为主体，未能建立起相应的石油化学工业体系，从而导致没有形成足以充当区域经济骨干的、能带动区域经济各相关产业部门发展的、具有很大关联效应和乘数效应的主导工业部门，进而造成了区域产业结构的单一化。

5. 轻、重工业比例失调。

目前，黄河三角洲地区工业化水平较高，2008年工业化率为8.25，分别比山东省和全国高2.89和4.44，工业增加值也占据当地地区生产总值的62.6%。但在当前的工业结构，主要以重工业为主，轻、重工业比例关系严重失调。2008年，黄河三角洲地区轻、重工业增加值之比为29∶71，轻工业增加值还不到重工业的1/2。而且，在重工业中，主要以石油、天然气采掘业为主，轻工业则主要以农产品为原料为主的小型轻工业为主，尤其以为当地服务的轻纺、食品工业所占比例最高（约占轻工业总产值的2/3），现有工业结构层次低；资源型产业没有延伸配套，加工深度不够。

6. 城市分工不明确。

目前，黄河三角洲地区还没有像珠三角、长三角那样，形成分工明确、协调发展的城市职能体系，区域中心城市地位不明确，各城市发展定位混乱，从而导致相互之间重复建设、产业雷同、盲目发展。当前黄河三加州地区四个地级市的港口建设都把建成亿吨大港、打造区域物流中心当做了未来发展目标，产业发展也主要集中油盐化工、高新技术、清洁能源、装备制造等产业上，产业发展雷同现象十分突出。

（三）发展机遇（O）分析

1. 全球经济一体化的加深为地区经济发展提供了良好的外部环境。

当前，随着全球经济一体化的加深，世界上各个国家之间在经济上越来越多的相互依存，商品、服务、资本和技术越过边界的流量越来越大。黄河三加州地区地处我国环渤海地区，与韩国、日本隔海相望，在资源禀赋和产业结构上与日本、韩国具有异质互补关系，在初级产品、加工工业和技术、资金及人力资源方面可以与日韩建立互补关性垂直型分工合作体系。黄河三角洲可以充分发挥当地的资源、土地、劳动力等优势，积极吸引韩国、日本的产业优势，吸引它们的资金技术和先进管理经验，充分发挥后发优势，促进当地经济的快速发展。

2. 国家的重视为黄河三角洲地区发展提供了必要的政策保障。

黄河三角洲地区作为我国最后一块未大规模开发建设的三角洲，油气开发建设一直以来就受到国家的重视。1999 年，江泽民总书记、温家宝副总理，2000 年朱镕基总理都先后到三角洲视察，对黄河三角洲的开发寄予厚望，并做出了重要指示。2001 年，国家在编制"十五"规划纲要时，明确提出要把黄河三角洲发展成为一个高效生态经济示范区，并在"十一五"规划里继续得以体现。2009 年 3 月，国家发改委会同 25 个部委办和有关单位，组成部委联合调研组，就黄河三角洲高效生态经济区的发展建设，进行了实地专题调研。建议从国家层面，要把黄河三角洲建设成为我国高效生态示范区、资源型城市转型示范区，培育环渤海地区乃至全国新的经济增长极。

3. 山东省的大力推动为黄河三角洲发展奠定了坚实的后盾。

黄河三角洲地处山东省东北部，面积占全省总面积的 1/6，区域总人口约占全省总人口的 1/10，对其的开发建设一直以来收到山东省高度重视。1993 年，山东省第六次党代会明确要把黄河三角洲的开发列为全省两个跨世纪工程之一，提到全省经济社会发展的战略层面。2007 年，山东省提出了"一体两翼"的空间发展格局，把黄河三角洲作为全省两翼中的一翼给予重点支持，并先后出台了支持其发展的重大政策性文件和优惠措施。山东省的大力推动也为黄河三角洲发展奠定了坚实的后盾。

（四）潜在威胁（T）分析

1. 未来世界经济发展充满着不确定性。

虽说全球经济总体上是保持着增长的态势，但未来世界经济发展仍充满着不确定性。2008 年由美国次级住房抵押贷款危机导致的全球金融市场动荡，对世界经济的影响程度和范围比预期的更为严重，是世界经济面临新的重大挑战，当前美国股市的暴跌更加展示了美国经济复苏的艰巨性。而且，当前由于希腊债务危机引发的欧元区经济动荡，前景仍不可预测。另外，包括全球失衡问题、能源安全问题、油价居高不下、贸易保护主义抬头以及世界减贫行动进展迟缓问题等仍困扰着全球经济发展。黄河三角洲作为我国对外开放的重要区域，如何在未来不确定的世界经济发展中保持着较高的经济发展速度，无疑任重而道远。

2. 周边地区经济快速发展的强有力竞争。

黄河三角洲位于我国的环渤海经济区的中部，北面与天津滨海新区和辽东半岛隔海相望，南面紧靠济南城市圈，东面与胶东半岛城市群相接。这几个区域都是当前我国最具有经济活力、对外开放程度最高的地区之一。尤其是天津滨海新区，随着国家级天津滨海新区综合配套改革试验区的成立，国家对其发展进行了重点扶持，并相应出台了一系列资金、税收、土地、金融等优惠政策，借以希望把天津滨海新区打造成为我国华北地区新的经济增长极。周边区域跨速发展势必会在吸引外资、争取国家投入等方面给黄河三角洲带来一定的竞争力。因此，黄河三角洲地区如何充分发挥自身优势，在区域发展中脱颖而出，成为今后发展中重要问题。

3. 缺少省外腹地支撑。

虽说黄河是我国第二大河流，有着 75 多万平方公里的流域面积，但由于黄河河道通航能力有限，加之缺少铁路干线和高速公路与省外其他城市相连，从而使得黄河三角洲地区并没有像长江三角洲那样有着广阔的腹地。相对珠江三角洲、长江三角洲来说，黄河三角洲地区还是一个比较封闭的经济区域，外向型经济不高，对外经济联系薄弱。黄河三角洲腹地狭窄，使得该区域经济发展的资源配置范围受到了极大地限制，进而影响力区域经济的整体发展。

（五）基于 SWOT 分析的黄河三角洲高效生态经济区发展战略

通过上述 SWOT 分析发现，黄河三角洲高效生态经济区发展优势与劣势同在，机遇与挑战并存。因此，在地区未来发展战略选择时，要充分发挥现有优势，及时把握发展的机遇，尽可能地克服发展劣势，尽量避免未来发展所面临的威胁。只有这样，黄河三角洲高效生态经济区才能走向高效、持续的发展轨迹。下面提出黄河三角洲高效生态经济区的未来发展的战略，具体如下：

1. SO 组合战略。

充分发挥自身优势，把握外部机遇，促进优势向最大效益化转变。这就要求黄河三角洲高效生态经济区要充分利用自身区位、自然资源、后备土地资源、特色生态系统和经济基础优势的基础上，抓住世界经济一体化的发展态势和国家及省给予的优惠政策，加快发展速度，壮大区域经济发展实力和规模。

2. WO 组合策略。

充分利用外部机遇，尽量克服自身劣势，改变落后局面。这就要求黄河三角洲高效生态经济区要在准确把握全球经济一体化发展态势的基础上，充分利用国际和国内及区域内给予的优惠政策，克服区域经济发展的劣势，培育具有核心竞争力的产业结构，是区域经济迅速融入全球经济体系中。

3. ST 组合战略。

依靠自身优势，规避未来面临的风险，力求有利影响趋于最大而使不利因素最小。当前黄河三角洲高效生态经济区面临的最大挑战是周边区域的竞争和腹地的狭小。因此，黄河三角洲地区在未来的发展中要充分利用自身的优势，挖掘自身的经济发展潜力，培育一批具有市场竞争力的企业和产业。加强与区域外的经济往来，拓展区域发展腹地，化解外部威胁。

4. WT 组合战略。

尽量改变劣势，并防范可能面临的威胁，力求使两者的不利因素都趋于最小。这要求黄河三角洲高效生态经济区在着重解决水资源短缺、生态环境相对脆弱、基础设施建设滞后、产业结构层次偏低、轻重工业比例失调、城市分工不明确等自身劣势的基础上，还要重点防范未来发展面临的世界经济的不确定性、周边区域竞争等威胁，然后谋寻时机，再求发展。

四、黄河三角洲高效生态经济区发展路径

根据《黄河三角洲高效生态经济区发展规划》，未来黄河三角洲地区要建成全省重要的现代农业经济区、现代物流区、技术创新示范区和全国重要的高效生态经济区，成为促进全省科学发展、和谐发展、率先发展新的重要经济增长极。建议黄河三角洲高效生态经济区的发展路径具体如下：

（一）发挥区位优势，拓宽区域经济腹地

充分发挥黄河三角洲地区北邻京津冀，东连胶东半岛，南靠济南城市圈的区位优势，加强与周边地区的经贸合作，扩大经济往来，拓宽区域经济腹地。重点打通北连京津冀、南贯济南都市圈和河南省，东接山东半岛城市群等陆上通道，连接东北老工业基地及东北亚等海上通道。以黄河三角洲地区为主体，努力拓展济南周边地区、河南东部、河北南部、山西中南部等内地腹地，建立与腹地快捷、高效的交通系统，争取把黄河三角洲地区建成华北地区重要的物流中心。大力推进对外交流与合作，加大与日本、韩国、俄罗斯远东地区的、中国港台地区以及东南亚地区的经贸往来，提高黄河三角洲地区外向型经济在区域经济中的地位和作用。

（二）依托资源优势，发展当地特色产业

充分利用区域丰富的土地、油气、盐卤、滩涂、旅游等资源，发展具有当地特色的产业。合理开发利用 800 多万亩未利用的土地，建设荒碱地治理与高效种养模式创新示范基地，重点发展蔬菜、棉粮等作物，打造成为我国华北地区重要的绿色蔬菜和优质粮棉供应地；科学合理地开发油气资源，改进技术工艺，壮大循环经济，着力发展高技术

含量、高附加值的精深加工产品，延伸拉长油气产业链条，重点发展树脂、橡胶、化工原料和下游产品，形成聚酯化纤、炭黑轮胎和丙烯滩涂产业链；高效综合利用海水、地下卤水和岩盐资源，规模化、集约化发展烧碱、纯碱，发展有机氯产品，开发溴、镁、钾系列产品，建设一批百万吨级浓海水制盐、万吨金海水提钾提溴产业化项目；积极推进滩涂及盐碱涝洼地渔业规划开发，重点发展水产增殖，健康养殖、水产加工制造、远洋渔业和休闲渔业，构建新型渔业体系，重点建设黄河科大闸蟹、海参养殖基地；合理开发和保护利用旅游资源，着力打造沿黄河生态旅游品牌，重点建设黄河入海口旅游区和以潍坊国际风筝会为龙头旅游品牌，重点建设黄河入海口旅游区和以潍坊国际风筝会为龙头的民俗旅游区。

（三）优化产业结构，打造核心产业集群

以调整经济结构和转变经济发展方式为主线，顺应集群化、信息化、国际化和生态化发展趋势，充分发挥区位、资源禀赋、产业基础等优势，大力发展园区经济，高附加值产业和高端产品，促进产业结构优化升级，打造一批具有国际竞争力的核心产业集群。优先发展高新技术产业，以电子信息技术、生物工程技术、新材料技术为重点，大力推进自主创新，组织实施一批高新技术产业化示范工程；优先发展重化工工业，以大型化、集约化、基地化、精细化为方向，着力发展高技术含量，高附加值的石油化工和盐化工精深加工产品；加快振兴装备制造业，大力实施制造业信息化工程，重点发展汽车零部件、飞机及零部件、石油装备以及农业车等装备制造业；提升发展传统产业，抓住技术装备更新、工业革新、产品创新，加快技术改造和升级换代步伐，调整和强化区域纺织服装和造纸产业规模；积极发展现代服务业，依托区域港口和交通枢纽站点，突出发展临港物流产业。充分开发利用当地旅游资源，重点开发生态观光旅游、文化旅游、休闲度假旅游、红色旅游等旅游产业，争取把旅游业建设成为高效生态经济区的支柱产业。

（四）加强基础设施建设，构建快捷交通网络

按照区域经济发展一体化发展的要求，优先发展铁路交通和海上交通，稳步发展公路交通，适度发展航空，发挥组合效率和整体优势，建设便捷、通畅、高效、安全的现代交通运输网络。重点建设东营、莱州、滨州和潍坊四个港口，积极稳妥地建设万吨级散杂货、多用途和液体化工等泊位。加强区域港口整合，明确分工和功能定位，搞好与天津、大连等大港的合作对接。加强港口与铁路、公路的连接，构建港口快速集疏运体系；已配套港口发展、完善运输网络为目标，重点建设德州至龙口、滨州至济南的铁路，坚强现有铁路扩能改造，形成横贯三角洲全区，对接周边区域的T字形铁路运输通道；加快高速公路建设和普通道路网升级改造，重点建设国家高速公路长春—深圳辛集—大高段，将滨州至德州高速与全省四条横线、一条环线路网相连，最终形成"一环三横三纵"的路网框架；按4D级标准扩建东营机场，做好潍坊机场异地迁建的前期工

作，规划建设好滨州大高机场。

（五）确立中心城市，建立分工明确的城镇体系

深入推进城市化发展战略，以中心城市、沿海港口和产业园区为依托，以交通干线为主轴，形成大中小相配套、空间布局合理、职能分工明确、服务功能健全的城镇体系。确立东营市为区域中心城市的地位，建设成为我国重要的石油基地、山东省重要的工业城市以及具有生态湿地特色的旅游城市；确立滨州为区域的副中心，发展成为鲁西北地区现代化工商城市。科学论证建设东营、滨州两市的黄河大桥，最终形成黄河三角洲地区组团式的中心城市格局。依托临港产业区，建设港口园区新型城市，包括莱州、东港新城、潍北港口新城、北海新城，分别建成以旅游、生态临港工业、现代海洋化工和循环经济为主导的新型城市类型。依靠交通枢纽站点，确立乐陵、寿光、邹平和广饶为区域门户城市，发展成为以资源深加工为主导的先进制造业基地；积极建设其他县城，发展成为以资源深加工为主导的先进制造业基地；积极建设其他县城，发展成为黄河三角洲地区经济发展的重要支撑单元。从而最终形成中心城市—港口园区城市—门户城市—县级四级城镇体系结构。

（六）创新区域组织机制，统筹区域协调发展

加强组织领导，省里应成立黄河三角洲开发领导小组，负责区域开发综合决策，统一部署重大事项，指导地区和部门协调行动，实行重大资源统一管理、重大设施统一规划、重大项目协调布局。探索建立有利于调动各地积极性的利益分配机制和考核体系，建立市县政府联席会议制度，通过行业协会、高层论坛等多种形式，加强政府、企业、行业间多层次交流协作，形成优势互补、有效对接、共建共享的利益协调机制。切实打破行政区束缚，建设共同市场，实现区域经济一体化发展。

第四节　加快推进黄河三角洲生态文明示范区建设对策建议

黄河三角洲生态文明示范区建设作为山东省科学发展的重要引擎之一，必须以《黄河三角洲高效生态经济区发展规划》为引领，牢固树立科学发展观，坚持长远眼光，做好打基础利长远的工作。进一步解放思想，开拓创新，以更加宽阔的视野和胸怀谋划发展、开拓未来。增强改革创新的责任感和紧迫感，以壮士断腕的勇气，"敢闯敢试"的锐气和"能闯会闯"的睿智，抢抓改革红利，以改革促创新，以开放促发展，实现现代海洋经济和高效生态经济的大发展。探索形成一批可复制、可推广的好做法好经验，促进全省区域战略实施取得更大的成效。

一、加大黄河下游和河口综合保护及治理力度

黄河是世界上最复杂、最特殊的多泥沙河流，虽然经过近年来的防洪工程建设，山东段防洪能力得到了较大提高，但黄河治理具有其特殊性和复杂性，仍然存在一些亟待解决的问题，如可能发生致灾大洪水，泥沙问题、"地上悬河"局面以及防洪工程体系不完善等。政府应尽快促请国家进一步加大对黄河下游治理的支持力度，加快推进《黄河下游"十三五"防洪工程建设可行性研究报告》等工程前期工作进程，继续推进对黄河下游山东段进行以堤防加固和河道整治为重点的防洪工程建设，严格实施《山东省海岸带规划》，切实加强"两区"海岸带保护。进一步完善黄河河口防洪工程体系提高，为黄三角的生态高效经济区建设保驾护航。

同时，合理配置利用水资源，多方面节约用水。系统建设输水渠道进行的，严格控制农作物灌溉水量，采用喷灌、滴灌等技术成熟的灌溉技术，在城市和工业用水方面，完善水污染治理系统，发展节水工业，加强全民节水观念。控制水污染，强制建立污水处理设施，建立无公害农产品生产基地，考虑黄河河口地区存在油气田的特殊情况，加强开采和运输上的管理，以免造成油气泄漏污染水质。维护黄河河口区湿地生态系统。对河口进行疏浚与导流，加大黄河河口区的来水量，减弱河口区的淤积，在沿海、沿河、沿路等地设防护林带等配套生态工程，在滨海地区营造海浪防护林带，沿河主要设风景防护林带，做好绿化工作。

二、推进海洋强省建设，创新海陆统筹模式，探索开展海洋综合管理试点

（一）落实海洋强国战略，大力发展海洋经济具有资源、区位、科技和经济基础优势

山东省是海洋大省，应强化经略海洋的理论基础和整体性、战略性思维，建立海洋强国理论指导下的海洋战略体系，研究制定我省海洋发展总体规划。建议成立山东省海洋委员会，统筹协调海洋重大事项。建立山东省海洋发展战略研究院，开展海洋事业重大理论和实践问题研究，为山东省委、省政府提供决策建议。研究出台省委、省政府《关于建设海洋强省的决定》，全面指导海洋强省建设，在实施海洋强国战略中走在全国前列。

加快编制出台《山东省海洋事业发展规划》。根据《全国海洋事业发展规划》的总体要求，结合山东实际，研究提出海域资源管理、海洋环境保护、海洋防灾减灾、海洋执法监管、海洋文化建设等海洋事业发展的目标任务和政策措施，为山东省委、省政府决策提供参考。

（二）推进海洋循环经济发展，提高科学管海用海水平

按照源头减量、过程循环、纵向延伸、横向耦合、系统复合的循环经济发展思路，优化海洋经济结构。积极探索建立具有海洋或临海特色的清洁生产模式，推行生态设计和绿色制造，推广重点行业清洁生产先进技术，加快发展节能环保产业，建立健全节能长效机制。

逐步建立"基础信息全覆盖、动态监管全海域、业务运行全行业、决策评价全方位"综合管控体系。编制完成市级海洋功能区划和县级海域使用规划，支持集中集约用海区形成海洋产业特色园区。探索建立海域储备制度，实施差别化的海域供给政策。加快建设海洋环境保护综合管理信息系统，落实渤海海洋生态红线制度，选划第二批国家级海洋生态文明示范区。

三、加快实现"凤凰涅槃、腾笼换鸟"，大力实施创新驱动发展战略，努力建设创新高地、人才高地

（一）围绕产业链部署创新链，在技术创新、产业培育、平台建设、政策环境等各方面，加大对"黄河三角洲"支持力度

推动重大创新平台建设。实施"科技创新平台升级工程"，对现有工程技术研究中心和企业重点实验室等平台进行提质升级。协调落实部省相关建设专项资金，推进潍坊山东信息通信技术研究院创新创业园及公共技术终端平台建设，加速成果转化，积极引进培养高端人才团队。加大对国家综合性新药研发技术大平台、国家创新药物烟台、潍坊孵化基地的支持，扶持发展一批新型综合性技术成果交易市场、种业电子交易平台等。加强对研发设计、技术评估、检验检测、知识产权和信息服务等科技中介机构的政策扶持，大力加强农村、农业和民生等领域的科技服务，促进形成科技服务新业态。

加强重点领域和优势产业关键核心技术攻关，重点突破一批制约产业发展的技术"瓶颈"。提升企业创新平台水平，大力培育国家级技术创新示范企业。深化产学研合作，强化技术创新人才建设，继续做好创新资源整合、科研投入成果化、科研成果产业化三篇文章，为产业发展提供技术支撑。

深化科技体制改革，为经济发展提供有效支撑。深化科技管理体制改革，发挥市场配置资源中的决定性作用，以政府资金为先导，吸引社会资本、金融资本参与企业创新活动。深化科技计划改革，按照"企业出题，先行投入、协同共管、市场验收、政府补助"的思路实施重大科技计划，突破产业重大关键技术，培养引进高水平创新人才和创新团队，壮大一批具有较强创新能力的骨干企业。以重大科技专项为抓手，围绕重点产业和技术领域，大力发展战略性新兴产业，培育集群骨干企业和小微企业，支持产业基地和集群围绕产业链部署创新链，推动产业链向高附加值延伸，加快高新技术产业园

区、基地、集群发展。

完善产学研协同创新机制，加速科技成果转化。进一步促进创新联盟与产业链的紧密结合，加快重大成果产业化示范应用和共性技术的推广，充分发挥试点的示范效应，推进联盟整体健康发展。在区域内各市和高新区大力扶持科技企业孵化器、生产力促进中心建设，加快科技成果转化。深化与中科院、工程院等大院大所的合作，合理布局院士工作站，支持中科院上海药物研究所烟台分所等一批高水平医药研发机构建设，支持海洋监测设备产业技术创新战略联盟国家试点工作加快发展。

（二）加快引进和培养高水平人才队伍

大力实施山东省创新人才推进计划、泰山学者种业人才团队支撑计划、药学特聘专家提升专项工程、自然科学杰出青年基金、科技型小微企业创业人才和科技创新人才支持计划等。落实鼓励科技人员创新创业的额激励政策，调动科技人员创新创业的积极性，建立以创新质量和贡献为导向的人才评价机制，引进、培育国内先进、国际一流水平的创新人才队伍。

做好"黄区"人才发展项目的跟踪落实和成果推广工作，加强专项经费的使用和管理，最大限度地提高经费使用效率，大力引进"黄区"发展急需的高层次人才，努力为"黄区"科技进步和经济社会发展提供人才智力支持。

为黄区经济发展大力引进外国专家。为进一步落实局省合作协议，按照《山东省引进国外智力"十二五"发展规划》部署，积极服务于重点区域带动战略，支持蓝色经济区加快发展。

积极争取经费，保障"黄区"出国培训项目顺利实施。及时向山东省财政汇报省"黄区"出国境培训规划进展情况，积极争取专项经费支持。

继续加大对黄区基地建设和成果推广的支持力度。在省级引智示范基地建设、引智成果示范推广项目上重点向黄区项目倾斜，增加黄区引智示范基地和推广项目数量并加大经费支持力度，加快国家级海洋技师学院建设。

四、加快产业转型升级步伐，把发展的着眼点、立足点转到提高质量和效益上来，在转型发展上发挥好引领示范作用

（一）大力发展生态高效农业

一是在高效特色生态产业发展上取得突破。充分利用现有的资源优势，大力扶持、培育特色产业品牌，不断提高农业集约化、特色化发展水平。加大农作物秸秆、畜禽养殖粪污、农业生产加工废弃物等无害化处理和资源化利用力度，大力推广节肥、节水、节药、节能技术和绿色、有机、无公害清洁农业生产模式，推进清洁乡村和生态绿色家园建设。大力发展高效特色农业，不断提高高效特色农业档次和水平。加快发展休闲观

光农业，继续开展休闲农业示范创建活动，进一步提高农业产品和产业附加值。

二是在农业示范园区建设上取得突破。加快推进现代农业项目集聚发展，打造一批现代农业示范园、示范基地、示范企业、示范市场和示范服务组织，加速形成现代农业发展的核心区。切实搞好各类农业功能园区规划和推介，加大招商引资力度，激发农民合作社、龙头企业等主体参与建设的积极性，在区域内快速集聚土地、资金、技术、人才等各类资源要素，高标准、高起点地建设一批现代农业发展的典型和样板，在不同区域内形成若干发展极与增长点，引领"两区"现代农业发展。总结典型草地畜牧业、集约畜牧业、交叉畜牧业发展模式，推进标准化养殖基础设施建设，推进区域高效态畜牧业示范区建设。

三是在科技支撑水平上取得突破。切实提高科技研发的针对性、科技成果的实用性、科技推广的有效性，快速提升科技贡献率，推动农业科技水平走在全省前列。进一步建立完善农科教、科物政相结合的农业科技创新推广机制，加快实施种业振兴规划，力争在区内培育壮大一批育繁推一体化种子企业。通过组建专家团队、选派科技特派员等多种方式，广泛开展新品种、新技术的示范推广，筛选一批先进适用技术进行集成配套，为农民提供操作难度低、劳动强度低、生产成本低的成套技术措施。扎实做好农村人才和农民培训工作，不断强化农业发展的人才支撑。

四是在农业基础设施建设上取得突破。突出抓好高标准农田建设和中低产田改造，改善农田基础生产条件，提高土地产出能力。进一步提升农业机械化水平，在推进粮食作物生产全程机械化的基础上，稳步发展经济作物和养殖业机械化，加强先进适用、生产急需农业机械的研发和推广。

同时，谋划建设"海上粮仓"，提高渔业管理水平，加快渔业产业升级。贯彻山东省委、省政府在全省农村工作会议上关于建设"海上粮仓"的重要部署，研究谋划好"海上粮仓"建设，编制"海上粮仓"建设规划，推进进入省里重大工作部署。提升现代渔业园区建设水平，把渔业资源修复作为生态文明建设的一项战略举措，实行海、湖、河库联动，完善省内远洋渔业配套体系，建设远洋渔船装备研发建造基地、远洋渔业产品精深加工基地、冷链物流基地和远洋渔业船员培训基地。加大渔业资源修复支持力度，把渔业资源修复发展成像陆地植树造林一样的群众性生态行动。支持建设海外综合渔业基地，增强远程渔业开发支撑能力。

（二）打造现代旅游服务业

建设产业要素齐全、服务细微、空间布局合理、具有自我增长和调节能力的完整旅游产业体系，实现观光、休闲、度假齐头并进，全面提升黄河三角洲旅游业的核心竞争力。强化政府对旅游产业发展的主导规划和组织协调功能，扩大旅游产业规模，调整产业结构，全面发展旅游产业。实现旅游产品的多元化经营，发展生态观光游、休闲度假游和宗教文化游等多种旅游产品形态的协调发展；实现省内游、省际游和入境游市场的协调发展，实施多行业联合的横向多元化经营以及利用旅游业后向联系的纵向多元化经营，充分发挥旅游业扩大需求、增加供给的关联带动作用；实施金融渠道多元化经营发展，加大政府旅游专项资金投入，放宽民间资本进入旅游市场机制，扩大旅游业发展的金融支持渠道。

以国家 A 级旅游景区评定和旅游度假区考核为手段，通过严格执行标准，强化安全类指标的考核，提高景区、度假区建设和管理的水平。做好"仙境海岸""黄河入海"等品牌打造工作。继续推进品牌所在市政府针对资源特色、气候条件等进行整体包装设计发布和宣传营销，省旅游局将重点负责线性文化旅游目的地品牌的规划和营销，协调相关市、县统一开发、统一营销。将按照党的十八届三中全会确立的"发挥市场配置资源的决定性作用和更好发挥政府作用"的要求，突出市场运用，参照目前国际上最成功的地中海俱乐部的商业模式来运作，引入大企业投资入股建立俱乐部有限公司，负责品牌管理及对加盟旅游要素单位的标准化认证。深化产业融合发展。促进文化旅游目的地品牌建设，深化与文化产业的融合；积极促进开辟海上旅游航线，建设邮轮母港、停靠港和游艇码头，深化与海上交通部门的合作；配合做好休闲海钓基地建设工作，深化与海洋渔业部门的合作。完成《山东海滨度假旅游规划》修编工作，指导各市深入贯彻规划，做好规划实施效果的考核，强化重点工作完成情况的审查力度。推动地方加强两区旅游基础实施和公共服务设施建设。

（三）培育文化产业发展

利用蓝黄"两区"区位优势，积极拓展对外文化贸易。抓住设立青岛自由贸易港区的有利时机，扩大对外文化贸易。探索设立"国家对外文化贸易基地"，引进国内外文化企业开展电子游戏设备制造、艺术品交易、高端家具、珠宝设计加工等保税业务，积极引进外资进入娱乐场所经营、演艺经纪中介等行业，发展文化服务外包产业。

进一步充实我省重点文化产业项目库。在继续征集文化产业项目的基础上，更加注重项目的质量；结合黄三角的地理人文优势，策划、实施一批重点文化产业项目，协助项目方做好宣传推介、招商引资等工作；利用山东省文化产权交易平台，组织文化项目社会办活动，进一步加大对半岛蓝色经济区文化产业项目的整体推介和宣传。

实施重点展会推广工程。积极组织参加中国（深圳）文博会、中国（北京）文博会、海峡两岸文博会、西洽会、中国动漫博览会等专业展会，扩大文化山东的影响力。运用市场机制，加强扶持力度，鼓励文化企业利用文化产业博览交易平台，加强与国内外文化企业的交流合作。

（四）提升园区发展水平，打造开放型经济升级平台

选择部分开发区开展体制机制创新试点，在管理体制、运营机制、投资审批、考核机制等方面先行先试，塑造在产业集聚、功能配套、创新支持、人才吸纳等方面的竞争新优势。明确各园区的产业定位，形成特色鲜明、布局合理、类型多样、错位发展、协同推进的发展格局。重点推进东营中美清洁能源合作产业园加快建设步伐，引进一批清

洁能源领域的大企业、大项目。努力对接天津滨海新区、长三角经济带，发展"飞地经济"和异地共建园区。

五、创新区域管理模式，加大区域融合互动发展，推进统一高效开发

（一）加强综合交通体系建设，推进黄三角发展、增强引领带动能力

统筹规划建设港口、铁路、公路、航空等交通基础设施，加快形成功能明确、分工合理、结构优化、衔接顺畅、服务高效的综合交通运输体系。重视港口资源整合，明确功能定位，强化分工协作，实行错位发展，实现互利共赢。

积极推进重大项目建设。建立符合国家产业政策和技术改造方向的重大项目库，争取国家在安排项目和资金方面给予支持。协调推进高速公路项目前期工作，加大对蓝黄两区重点公路项目支持力度，按照职责分工加快审批工作。加大港口基础设施政策扶持力度。建议进一步落实海域使用金减免政策，加大减免力度，落实好集中集约用海政策。

（二）加强区域发展规划设计

在产业布局、要素配置、物流规划等方面加大规划引导力度，以山东省工业转型升级实施方案为抓手，推动区域内产业转型升级和优化空间布局，创新合作开发机制，加快优势产业实现衔接互补，形成产业联动升级的协同效应。

（三）加强区域融合发展顶层设计，完善体制机制，打破壁垒和障碍，加强区域间协调推进和共建共享

区域一体化是区域经济发展的核心和灵魂，必须冲破单一的行政区管理体制，逐步过渡为经济区管理。要充分发挥党政联席会议制度作用，加强合作机制的沟通协调、基础设施的互联对接、主导产业的优势互补，推动"黄三角"融合发展、错位发展。

六、进一步深化国内外区域合作，积极融入国家"一带一路"发展战略

（一）全方位扩大对外合作交流，提升对外开放水平

加强与"一圈一带"的板块对接，最大限度地发挥好、运用好、放大好政策效应；加快推进中韩地方经济合作示范区建设；主动承接京津优质资源转移，在环渤海地区发展中发挥更大作用。在重点国家和地区加大推介力度，借助中韩合作机制，研究支持中韩地方经济合作示范区的政策措施，推进企业、项目对接合作。深化与跨国公司战略合作，着力引进一批大项目。建立健全人才培养引进使用激励机制，打造高端人才集

聚地。

（二）实施以质取胜和市场多元化战略，保持对外贸易持续稳定增长

巩固深化传统市场，大力开拓新兴市场，提升自贸区市场份额，优化国际市场布局。围绕发展信息技术、生物医药、海洋化工、高端装备制造、现代农业，加快调整产品结构，加强出口基地建设，构建现代产业体系。推动两区加工贸易转型升级，实现由组装加工向研发设计、核心零部件制造、营销等环节拓展，向西部地区梯度转移。大力发展服务贸易，加大对两区服务贸易重点项目支持力度，加快创建以青岛为龙头的服务贸易示范城市群。促进新型贸易业态发展，加快建设外贸综合服务企业平台，大力推动跨境电子商务发展，培育外贸新增长点。

（三）优化利用外资结构，引导外资参与产业转型升级和区域协调发展

认真落实国家外商投资管理体制改革政策措施，探索实施外商投资准入前国民待遇加负面清单管理模式，减少外资进入壁垒。扩大开放领域，引导外商投资城市建设、公用事业、金融保险、通信服务、物流配送、包装仓储、医疗健康、育幼养老等服务业和高端制造业、现代农业等领域。积极推广概念性主题招商，邀请国际知名咨询机构为两区策划、包装一批特定区域、重点产业领域的招商项目，实行一揽子对外推介，实现主题招商的重点突破。推进纺织、橡胶、铝型材、造纸、家电等优势产能向境外转移，腾笼换鸟拓展空间。加快建设境外经贸合作园区，引导关联产业到境外集群发展。充分发挥地处国家"一带一路"战略桥头堡优势，推动企业扩大对"一带一路"沿线国家投资和参与工程项目建设。

（四）积极扩大进口，增强开放型经济发展后劲。切实优化外部环境，提高投资贸易便利化水平

支持境外投资企业开展资源回运，扩大省内短缺的资源能源性产品进口。支持区内符合条件的区域申报创建国家进口贸易促进创新示范区。加快推进电子口岸建设，尽早实现口岸执法部门"信息互换、监管互认、执法互助"。深化涉外管理体制改革，将对外贸易经营备案登记、外商投资和境外投资等审批事项逐步下放到有条件的县（市、区）。建立和完善涉外领域涉企收费清单管理制度，将面向企业实行政府指导价、政府定价管理的收费项目纳入清单，对外公开，接受监督。

七、支持推进新型城镇化

（一）加强对规划编制实施的指导，建立健全区域协调发展机制

加强对城镇化发展的调研、论证、指导和服务，提高城乡规划、城镇化规划等编制

水平。提请山东省委、省政府出台《山东省新型城镇化规划》，加快《山东省城镇体系规划》审查报批，抓好城镇体系规划和《黄河三角洲城镇发展规划》实施。在基础设施建设、公共事业发展、生态环境治理等方面，促进区内城市合作。支持开展城镇化试点，探索具有黄三角特色的城镇化空间布局和形态、发展模式和路径，争取成为国家新型城镇化试验区。

（二）加大政策和资金支持力度

在示范镇和农村新型社区规划建设、农村危房改造补助资金方面予以倾斜。优先推荐城镇、农村新型社区污水处理项目、垃圾处理项目，申报争取中央预算内专项资金，省级城镇污水垃圾资金给予重点倾斜。加快推进公租房和廉租房统筹建设、并轨运行，支持符合条件的城市申报利用公积金贷款支持保障房建设试点。

（三）做好生态环境和历史文化保护

支持有条件的市县镇村优先申报国家或省级历史文化名城名镇名村。制定保护政策，建立监督管理机制，切实保护好历史遗存和地方文化，延续历史文脉，彰显传统风貌特色。

另外，加快推进未利用地开发利用试点工作，积极推进土地指标统筹使用。为黄三角建设提供科学基础数据。发挥专业优势，为填海造地、港口建设、重大工程部署、海洋资源的合理开发与保护提供基础地学数据。

第十一章 省会城市群经济圈一体化发展的思路与政策建议

随着市场机制的不断完善，城际高速通道建设的加快推进，城市群加速崛起，区域间要素流动更为频繁畅通，区域一体化与区域融合发展已成为不可逆转的历史潮流。长三角、珠三角等地区的快速发展，主要得益于通过建立区域联盟推进区域合作向纵深化、一体化方向发展，目前，京津冀一体化也正在扎实推进，并取得了一定的成效。实践表明，打破条块分割，推动区域经济一体化，实现区域间的分工协作、产业互补、融合发展，有助于促进区域协调，聚集优势资源，提升整体实力和综合竞争力，对于促进区域经济科学发展具有非常重要的作用。

省会城市群经济圈是山东区域经济发展的重要板块之一，是山东半岛城市群的重要组成部分，各城市之间距离相对较近，经济联系较为密切，具有实现区域一体化的条件和基础。本章在分析区域一体化发展趋势，介绍区域一体化主要模式，研究省会城市群经济圈一体化基本特征的基础上，提出了推进省会城市群经济圈一体化发展的总体思路和对策建议，为加快实现省会城市群经济圈一体化，推动省内区域协调发展，促进区域融合互动，形成区域集成发展新优势提供参考。

第一节 区域一体化发展趋势分析

自 20 世纪后期以来，国际政治局势逐步缓和，经济全球化加速发展，区域经济一体化深入推进，一体化的内涵不断丰富和完善，一体化的体制机制日益健全，一体化的组织形式日趋多样化，特别是随着我国新型城镇化战略和主体功能区战略的深入实施，区域经济一体化呈现出新的发展趋势，主要表现在区域一体化与城市群发展融合互动、协同共进，与主体功能区相得益彰、相辅相成，区域之间分工协作更加紧密，各区域开放融合态势更加明显。

一、城市群成为区域一体化的重要形式

城市群是在特定区域范围内以一个中心城市为核心，由一定数量、不同性质及不同规模组成的城市综合体，城市群内的城市不是孤立地存在，而是具有较为便捷的交通可达性和比较紧密的经济联系，具有较强的经济组织性和辐射性，是区域经济发展的高级空间形态，是区域经济发展的龙头。区域经济一体化是两个或两个以上的地区，在一个超区域性机构的组织协调下，通过统一制定经济发展政策，消除区域发展阻隔，实现区域内的资源优化配置，促进了区域协调发展、融合发展、互利发展，最终形成了一个经济高度融合的有机体。

区域经济一体化与城市群之间是内在相通的，他们之间相互促进、有机融合，一体化是城市群的基本经济特征，城市群是区域一体化的重要形式。城市群在发展过程中，中心城市和周边城市及其之间的资金、人才、资源、技术、商品等要素流动逐步自由，基础设施不断完善，交通通勤更加便捷，各城市之间的经济联系和分工协作日益密切，经济发展高度融合。可以看出，城市群的发展实质上就是区域经济一体化的过程。国内外城市群的发展也说明了这一点，不管是国外的美国大西洋沿岸、北美五大湖、日本太平洋沿岸、英伦等城市群，还是我国的长三角、珠三角、京津冀等城市群，最终形成的都是城市有机综合体，在实现城市群壮大的同时，促进了区域经济社会的协同发展、一体化发展。在国内外市场竞争日益激烈的环境下，省会城市群经济圈也需要顺应经济全球化和区域经济一体化的趋势，以城市群为载体，加强各城市之间的政策协调，实现资源的高效配置和产业的分工协作，促进区域的资源共享、市场共兴，实现城市群的一体化发展，增强区域整体竞争力，形成新的增长极。

二、主体功能区战略与区域一体化战略相辅相成

主体功能区是根据不同区域的资源环境承载力、现有开发密度和未来发展潜力等，将某一区域确定为特定主体功能定位的一种空间单元，主要分为优化开发区、重点开发区、限制开发区及禁止开发区4种类型。实施主体功能区战略是新形势下推进区域协调发展的一项重要举措，根据不同地区的主体功能来确定发展定位、开发模式和发展策略，控制开发强度和开发次序，可以有效提高区域政策的精确性，形成科学合理的区域一体化发展格局，促进区域可持续发展。

我国国土面积较广、各地差异较大，在某一行政区域中，既包含城市地区、农业地区、生态地区，也包括优化开发区、重点开发区、限制开发区和禁止开发区，情况较为复杂，按照单一的策略推动区域经济发展不符合实际要求，根据市场经济规律要求，实施分类指导的区域政策，适当突破行政区的制约，在更大范围、更广领域促进资源要素的自由流动，可以极大地提高资源配置效率，实现各个区域的优势互补，促进区域的一

体化发展。可以看出，区域一体化发展战略与主体功能区战略相辅相成、相互促进，共构成了我国国土空间开发的完整战略格局。

省会城市群经济圈地域范围较广，资源禀赋和经济基础存在较大差异，按照山东省主体功能区规划的要求，区域内存在着各种类型的主体功能区，各地经济社会发展不平衡是客观存在的。在新的形势下，按照主体功能区的要求，实施区域经济一体化发展战略，充分发挥各地的比较优势，促进资源要素的合理流动，推进济淄省级优化开发区、济南都市圈省级重点开发区、国家级农产品主产区、重点生态功能区以及区域内的自然保护区、世界文化自然遗产、风景名胜区等各类型区域协调发展、互动发展，最终实现区域经济科学发展。

三、区域一体化成员的分工协作不断加强

合理的分工协作是提高经济效率的基础，区域间的分工协作可以带来区域经济效率的最大化。随着全面深化改革的深入推进，市场的决定性作用愈发突出，任何一个城市和地区都不能孤立发展，需要互相依赖、相互融合、互惠互利，需要优势互补、资源共享、协同共进。国内外发展经验也表明，随着区域经济一体化的深入推进，区域间加强分工协作，实现联动发展，是大势所趋，是实现区域协调发展的必由之路。

纽约都市圈能够得以发展壮大的重要原因之一，即是其合理的分工协作。纽约市立足于商业和金融中心功能，为都市圈的其他城市提供了充足的资金保障，为其他城市加强对外联系提供了便捷的渠道；华盛顿以政治产业为核心，主要为其他城市提供政治产品和政治利益；波士顿凭借大学产业发达的优势，为其他城市提供了高素质的人力资源和强有力的智力、技术、思想支持；费城、巴尔的摩等地区依靠发达的工业基础，侧重于制造业发展，打造了现代化的、竞争力较强的工业体系，各城市之间的比较优势加强产业分工协作，有利于各地相互支撑，形成发展合力，促进了区域的整体发展。我国京津冀地区的发展也正按照这一思路推进，为实现区域经济协调发展、一体化发展奠定了基础。京津冀各地的发展基础和条件各不相同，各自承担的职能分工和发展重点也各不相同，北京立足于首都职能，立足现代服务业、高新技术产业和文化创意产业发达的优势，大力发展知识型和服务型经济，逐步剥离和疏解非首都功能；天津市立足电子信息产业、中高档轿车、装备制造、现代医药产业、交通基础设施等发达优势，大力发展制造型和服务型经济，逐步推动钢铁、一般机械制造和传统化工等低端产业转移；河北省立足于资源丰富和加工产业基础较强的优势，大力发展资源型和加工型经济，积极承接北京和天津转移的部分产业和功能。

省会城市群经济圈各市位置相邻、文化相通、利益相关，各地产业之间存在着一定差异和互补性，但经济社会联系非常紧密，合作机制日益完善，具有实现一体发展的巨大潜力，具有实现分工协作的先天优势。顺应区域一体化过程中分工协作日益加强的趋势，按照"一个高地、两条产业带"的布局要求，构建和延伸全区域范围的产业链，

提升价值链水平，加快形成布局合理、分工明确、协作紧密、错位发展的区域产业体系。

四、区域一体化的开放融合特征愈发显著

过去，不管是国际性的区域经济一体化组织，还是国内某一范围内的区域经济一体化地区，都具有一定的排他性，更多的是将其他区域作为竞争对手而非合作对象。随着经济全球化和区域经济一体化的纵深发展，区域经济格局发生深刻变化，资源配置的范围更加广泛，区域经济发展将进入以主动开放促进转型发展、以融合发展实现互利共赢的新阶段，加强对外开放，促进区域融合成为区域一体化的基本特征。欧盟强调要加强对外开放合作，坚决否认和抵制封闭发展；泛美自由贸易区各国也宣称，要建立一个开放而非封闭的贸易集团。长江经济带战略的实施，也有力地推动了长三角地区、长江中游地区、渝蓉地区、黔中地区和滇中地区等各大区域的有机融合，促进了长江沿岸东中西部地区的互动合作、协调发展，实现了沿江沿边地区对内对外开放的全面推进。

省会城市群经济圈作为山东重点区域的重要组成部分，南接长三角地区，北邻京津冀都市圈，是环渤海与长三角地区的结合部，加强与其他区域的开放合作，实现区域间的融合互动发展具有得天独厚的优势。按照山东省重点区域发展战略要求，根据自身的功能定位和资源禀赋，省会城市群经济圈应不断加强与其他板块的对接合作，以优化区域产业布局为重点，建立跨区域紧密协调的产业体系，推动各大板块在资源开发、产业布局、园区建设、基础设施、科技创新、生态环保等方面融合互动，实现优势互补、一体发展，加强形成全省区域经济联动协同发展新格局；同时，通过合理界定在全国区域发展大格局中的发展定位和方向，充分发挥省会城市群经济圈互通环渤海与长三角地区的区位优势，紧抓国家推进环渤海及京津冀一体化战略机遇，以基础设施建设为突破口，推动区域资源整合和要素市场统一建设，加强区域合作交流，增进与京津冀及环渤海其他省市的经济联系，积极对接长三角、珠三角区域经济发展，实现与国内重点区域的"无缝对接"，不断拓展发展空间，在合作共赢中谋求新跨越，为促进山东、环渤海乃至全国区域经济协调发展做出更大贡献。

第二节　区域一体化发展模式研究

"他山之石，可以攻玉"。自20世纪50年代开始，美国、英国、日本等发达国家通过城市群的发展，推动了其区域经济一体化的进程；自改革开放以来，我国的长三角、珠三角、京津冀等地区，也在区域经济一体化方面进行了深入实践。经过多年的发展，这些一体化地区的空间格局日趋完善，经济布局日益合理，内部分工与协作不断加强，

逐步形成了疏密相间、适度集中、互补共生的区域发展格局，形成了类型多样、运作成熟的区域经济一体化模式，推动了区域的组团化、一体化、链条式发展，区域经济总量迅速增加，区域竞争力大幅提高，为推进省会城市群经济圈一体化提供了良好借鉴。

一、国际区域经济一体化发展模式

（一）美国城市群一体化

美国是全球城市化水平最高的国家之一，也是城市群分布最广的国家之一，城市群高度发达。美国主要有东北部大西洋沿岸、五大湖和洛杉矶三大城市群。东北大西洋沿岸城市群以纽约为核心，包括波士顿、费城、巴尔的摩、华盛顿等几个大城市及周边40余个中小城市，面积近14万平方公里，占美国国土面积的1.5%，人口6 500万人，占全美人口的20%，制造业产值占全美的70%，城市化水平达90%以上，是美国的政治中心、商贸中心和世界上最大的国际金融中心；五大湖城市群以芝加哥、多伦多（加拿大）为核心，包括底特律、克利夫兰、匹兹堡及蒙特利尔（加拿大）等周边35个城市，总面积约24.5万平方公里，人口约5 000万，是国际著名的"钢铁城""汽车城"，是美国的制造业中心和金融中心、贸易中心、文化中心；洛杉矶城市群又称洛杉矶大都会区，以洛杉矶为核心，包括洛杉矶县、文图拉县、奥兰治县、橙县、河滨县等郡共150多个城市，总面积为8.8万平方公里，总人口1 800万人左右，是美国的科技中心、商业贸易中心、物流运输中心和时尚娱乐中心。通过大城市群的发展，美国的区域经济一体化水平大幅提高，并形成了其特有的模式和经验。

1. 以核心城市带动一体化发展。

根据现代城市发展理论，核心城市是未来区域经济发展最重要、最具活力的经济增长点和集聚地。区域经济一般都是核心城市先行发展并通过中心城市的带动和辐射、集聚作用，推进区域的整体发展。大西洋沿岸城市群的形成和发展与纽约的发展壮大密切相关。纽约作为区域的核心，是全美的金融中心和商贸中心，享有全美"银行之都"的称号，也聚集着全美约150多个大公司的总部及其相关的专业管理机构和服务部门，现代服务业较为发达，可以为区域内的其他城市提供全方位的服务。在接受纽约辐射的同时，区域内其他城市立足自身特点和发展基础，积极与纽约对接发展、错位发展，区域产业呈现出互补发展、协调发展的格局，为实现全区的整体协调发展奠定了基础。同时，纽约发挥美国东部最大商港的优势，依托区域内城际交通高度发达的基础，加强与其他沿海港口城市的联系，推动形成了分工有序、布局合理的东海岸港口群。

2. 以协同并进支撑一体化发展。

美国的城市群一般包含较多的城市，区域经济一体化过程中，在积极发挥核心城市作用的同时，也需要整体推进、协同发展。五大湖城市群在突出芝加哥、多伦多等中心城市功能的同时，底特律、克利夫兰等其他城市也发挥各自所长，各城市之间相互依存、协同发展，形成了并驾齐驱、齐头并进的发展格局。该地区钢铁、汽车等制造业发达，但也形成了产业单一、专业化程度高的特点，单个城市发展竞争力不高，因此在全区范围内构建起了完善的产业链和完整的生产网络，各城市之间形成了紧密协作的生产关系，并逐步构建起了相互配合、同步发展的均衡城市体系。在受国际金融危机冲击，传统制造业走向衰落的情况下，五大湖城市群又发挥整体优势，通过发展先进制造业、高科技产业和现代服务业，促进了区域产业结构调整，并弥补了传统制造业下滑为经济增长带来的负面影响。

3. 以组团式提升促进一体化发展。

城市组团式发展城市化和城市群发展过程中出现的一种新理论和新模式。组团城市发展是将某一区域相对独立和具有一定功能的不同性质、不同类型和不同规模的各类城市整合起来，形成多极联动、功能分化、分工协作、产业互补、统筹兼顾的城市组团，并依托发达便捷的区域交通网络，产生大中心辐射小中心、大中小城市交融发展的局面，最后生成浑然一体的整体功能。组团城市发展可以有效解决单中心城市发展带来的"摊大饼""钟摆城"等各类问题，解决交通拥堵、污染难治、结构模糊、功能不清、管理不便等"城市病"，使城市群按照布局合理、功能清晰的方向发展，促进了区域经济的协调快速增长。洛杉矶都市区就是按照此种模式发展壮大起来的。洛杉矶都市区是由若干相对独立的中等城市和数百个小型城市（镇）组成的平面化城市群，整个地区包含工业城、商业城、大学城等各种功能的城市，这些城市相互交织、相互协作，既可以使居住、产业、服务等各类功能的相互分散，又可以实现相互之间有机融合，实现了城市群一体化发展。

（二）日本太平洋沿岸城市群一体化

日本太平洋沿岸城市群又称东海道城市群，以东京、大阪、名古屋为中心，包括京滨、阪神、名古屋三个城市群。该区总面积达到 10 万平方公里，占全日本的20%，人口近7 000 万，占全国的61%，该地区集中了日本 80% 以上的金融机构、教育机构和信息机构、研发机构等，集聚了日本 2/3 以上的工业企业，是日本的政治中心、经济中心和科教文化中心。受日本国土面积狭窄、平原面积较小、中小城市相对较少等因素影响，日本的城市群在集聚产业、引领区域经济发展等方面发挥了重要作用，是推动区域经济一体化的重要载体，并形成了其特有的模式和经验。

1. 以基础设施建设为支撑。

体系完善、方便快捷的交通运输网络建设，是推动城市群一体发展、联动发展的重要前提和支撑。经过多年的建设，日本太平洋沿岸城市群内基本形成了高速公路、高速铁路、港口运输与航空网络相互连接、相互配合、便捷高效的综合立体运输体系，形成了内联外接紧密的交通统一体，带动了区域产业的发展、资源要素的交流，为实现区域内的分工协作及参与国际分工奠定了基础，促进了区域内市场和国内外市场的无缝对接，推动了城市群一体化的发展。

2. 以行政力量推动为指引。

受有限的资源地理条件影响，日本高度重视行政力量对国土开发的管理和整治，发展之初就确立了以城市群为载体，走产业集聚发展的区域开发模式。"二战"以后，日本通过不断出台政府规划和指导政策来促进城市群的发展，而且实现了将城镇规划与土地利用规划等多种规划的统一，制定综合性的规划，并以其作为制定国家经济社会发展法律法规的重要依据，为促进城市群健康发展和政府的合理调控奠定了基础。1950年，日本颁布实施了《国土综合开发法》，之后又陆续编制和实施了5次《全国综合开发规划》，2005年，随着区域发展格局的基本确立，日本在《国土综合开发法》的基础上修改形成了《国土形成计划法》，又在侧重点转向推动国土开发和区域经济的可持续发展上，进一步提高了城市群的协调发展水平。

3. 以产业分工协作为基础。

日本太平洋沿岸城市群的形成过程也是其内部不同规模、不同等级城市形成特色产业、实现分工协作的过程。各城市根据自身的条件和基础，承担不同的职能，从而形成城市圈的综合功能和产业协作优势。核心城市东京发挥新型工业和生产性服务业发达的优势，立足政治中心、金融中心、信息中心和交通枢纽建设，成为城市群发展的增长极，为周边城市提供科技、研发、信息、运输、人才等各种服务，发挥了较强的辐射作用，其他城市也立足自身优势，大力发展不同的产业，如横滨发展电子电器产业、名古屋发展汽车工业、东海市发展冶金产业、大阪发展化工产业等，各城市产业间既有分工也有协作，有效避免了产业结构的趋同，形成了高度一体化的区域经济发展模式，实现了城市群内资源要素的合理配置，使城市群的集聚效应和乘数效应发挥到最大，促进了区域整体效应和综合竞争力的极大提升。

（三）伦敦都市圈一体化

伦敦都市圈是世界上发展最早的城市群，以伦敦为核心，包括利物浦、曼彻斯特、利兹、伯明翰和谢菲尔德5个大型城市和十多个中小城市及众多小城镇，面积为4.5万平方公里，约占英国的20%，人口约3 600万人，占全国的50%以上，汽车、机械等工业和金融等现代服务业较为发达，是英国最重要的产业集聚区和经济核心，也是世界三大金融中心之一。分析伦敦都市圈的发展历程，可以发现其也形成了特有的发展模式和经验。

1. 以科学规划为指引。

科学合理的规划指引，在伦敦都市圈的形成过程中发挥了举足轻重的作用。作为工业革命的发祥地，英国的工业化和城市化进程较早，到20世纪30年代时，其城市化率已达到75%左右，且工业和人口过多地集中于伦敦及其周边地区，但随着传统工业的衰落，这种城市发展模式的弊端开始显现，对此，"巴罗皇家委员会"通过研究提出了控制工业布局、防止人口过度向大城市集聚的建议，并依此为基础编制了大伦敦规划；提出了四层地域圈的发展思路，形成了单中心同心圆式的城市结构，促进了人口和产业的分散，避免了城市"摊大饼式"发展。此后，随着经济的发展和城市化的推进，英国有根据伦敦都市圈发展的不同阶段和特点，制定了相应的规划，如20世纪50年代实施了八个卫星城规划，60年代实施了"反磁力吸引中心"规划，70年代实施了旧城保护及改建规划，90年代又明确了伦敦都市圈的发展战略，为促进城市群发展提供了指引。

2. 以产业升级为推动。

第一次工业革命以来，伦敦都市圈经历了数次产业革命浪潮，但始终能够保持领先地位，屹立于世界经济舞台，最关键的因素是不断推进产业转型升级，保持着较高的产业发展水平。进入21世纪以来，伦敦都市圈内的主要城市，顺应产业发展趋势，大力推动工业经济向服务业经济转型，加强对传统工业的技术改造，调整产业发展格局，淘汰转移传统加工业，大力发展科技、金融、物流、会展、商务、文化、创意等现代服务业，有力推动了区域产业竞争力提升。特别是通过实施"创意伦敦"计划，伦敦的广告、设计、影视、软件等13个创意产业快速发展，并逐步成为与金融业并行的支柱产业，为其他产业和区域经济发展提供了有力支撑。

3. 以交通建设为支撑。

通过加强交通基础设施建设，伦敦都市圈构建起了综合性的交通运输网络，形成了发达的航空、陆路、港口运输体系，为促进区域内各城市的合作，推进区域一体化奠定了基础。早在19世纪50年代，伦敦及其周围就开始建设形成了放射型的铁路和地铁系统，推动了伦敦都市圈的有序扩张，到20世纪，伦敦都市圈的高速公路建设快速展开，建成了环状加放射状的公路网络，各种交通方式相互配合的陆上综合交通运输系统逐步构建完善；伦敦都市圈的航空和港口运输也十分发达，仅伦敦周围就有5个民用机场，利物浦、曼彻斯特等各大城市也有自己的机场，另外，区域内还有伦敦港、曼彻斯特港和利物浦港等国际性港口，极大地方便了都市圈内各地区及与世界各地的联系，为实现区域一体化奠定了基础。

二、国内区域经济一体化发展模式

（一）长三角区域经济一体化

长三角是我国最早推进区域经济一体化实践的区域之一，目前已成为全国经济总量最大、竞争力最强的区域，被誉为"中国乃至世界经济增长的发动机"。长三角以上海为核心，包括江苏省、浙江省和安徽省的部分地区，区域面积为21.1万平方公里，全国的2.2%，人口1.6亿，占全国的11.6%，但其创造的GDP总量达到11.8万亿元（2013年），占全国的20.8%，完成固定资产投资6.2万亿元，占全国的13.8%，实现进出口总额1.3万亿美元，占全国的31.9%，吸引外商直接投资641亿美元，占全国的

54.5%。经过多年的发展，长三角区域经济一体化进程深入推进，区域合作取得了长足的进步，已经成为国内区域经济一体化的先导区和示范区。长三角区域经济一体化过程中采取的模式和取得的经验主要包括以下内容。

1. 功能完善的合作体制。

在我国区域一体化过程中，能否建立起健全完善的协调机构和制度，是一体化能否实现的基础和关键。目前，长三角已基本形成了层次分明、分工合理、组织有序的区域协调机制。长三角合作与协调机制主要由多层次的沟通协调会议来实现：一是定期轮流举办的沪苏浙（现已包括安徽）主要领导座谈会，主要是磋商事关区域发展的重大战略问题，研究制定区域合作的总体思路、重点事项、预期目标等重大问题；二是由常务副省（市）长参加的经济合作与发展座谈会，每年举办一次，主要是落实重大战略部署，协调推进区域重大合作事项，增进区域经济一体化共识；三是由区域内各城市市长参加的城市经济协调会，主要职责是落实前两个会议上形成的决议和方针，以专题形式开展不同领域的合作事项，开展基础设施、科技信息等方面专题项目的合作；四是包括长江沿岸中心城市经济协调会、长三角城市经济协调会、长江流域发展研究院、长江开发沪港促进会等多层次、多行业的沟通平台。这种四级联动、有机协调的合作机制，为推进长三角区域经济一体化提供了有力的基础支撑和制度保障。

2. 渐次推进的合作模式。

区域经济一体化是一个由易到难、由点到面、渐次推进的过程。长三角涉及 4 个省级区域，范围较广，多方利益难以一致，区域间协调成本较高、难度较大，如何选择好突破口和路线图，对顺利实现区域经济一体化至关重要。对此，在推挤区域经济一体化过程中，长三角地区以相对容易一体化的交通基础设施建设为突破，实现了高速公路和高速铁路的互联互通，为加强市场联系、拓展市场需求奠定了基础，获得了主要城市间的同城化效应，进而推动生产要素一体化、产业发展一体化和公共服务一体化的逐步深入。此外，长三角地区加强阻力较小的次级区域合作，如南京、杭州、宁波等城市均组建形成了自己的经济圈，逐渐积累成功经验、总结失败教训，为推进整个长三角的区域经济一体化提供了借鉴。

3. 体系完善的治理模式。

在长三角区域经济一体化过程中，逐步形成了以政府为引导，以市场为基础，以企业为主体，社会各界共同参与的治理模式，为推动区域一体化提供了有力支撑。长三角地区的各级政府按照互惠互利、共同发展的原则，构建起了多职能部门参与的对话沟通机制，为加强相互交流，构筑区域一体化的政策平台，实现区域资源共享、产业协作、基础设施衔接奠定了基础；各地区的学术界、新闻界等社会各界也不断加强交流与合作，纷纷成立各种研究机构，如长焦流域研究院、浙江清华长三角研究院等，通过各类学术会议、学术论坛和专题研究等形式，为推进区域经济合作提供支撑；另外，长三角地区的企业通过招商引资、产权交易、并购重组、技术合作等形式进行合作交流，如上汽集团、宝钢集团等在长三角地区进行扩散布局，促进了产业在长三角的有序转移，实现了产业链在全区范围的重构融合，强化了区域间的产业联系，为区域一体化增强支撑。

（二）珠三角区域经济一体化

珠三角以广州、深圳为核心，包括珠海、佛山等7个城市，面积5.5万平方公里，占广东省的30.5%，人口5 715.2万人，占广东省的53.7%。改革开放以来，珠三角充分发挥毗邻港澳台的区位优势和中央赋予的特殊政策，经济社会发展取得巨大成就。2013年，珠三角地区生产总值达到5.3万亿元，占广东省的79.1%；公共财政预算收入2 522亿元，占广东省的66.3%；全社会固定资产投资和社会消费品零售总额分别为16 030.8亿元和18 933亿元，占广东省的72.1%和73%；出口总额6 070.9亿美元，占广东省的95.4%，是拉动东部沿海地区乃至全国经济社会发展的重要增长极，是我国发展活力最大、发展势头最强和区域一体化程度最高的区域之一。珠三角区域经济一体化采取的发展模式和取得的经验主要有：

1. 建立一体化的协调机制。

广东把建立一体化的统筹协调机制作为推进珠三角区域经济一体化的前提和保障。建立了由省委书记挂帅、省市主要领导为成员的高规格、多层次指挥协调体系，建立了市长联席会议制度，通过组织召开工作会议和现场会等形式，协调解决一体化过程中出现的各类问题，统一指挥珠三角区域经济一体化发展，统筹协调推进区域经济合作事项；建立了完善的责任追究机制，实行目标责任制，省级领导分片包干，重大项目落实到具体负责人和相关地市及部门，强化监督考核，为推进一体化提供了强有力的制度保障；围绕推进一体化进行行政管理体制改革，按照大部制的原则改革省级政府和部分地市的机构，打破了部门之间和地区之间的体制性阻隔；推进投融资体制改革，对财政资金实行竞争性的分配方式，强化了市场在资源配置中的决定性作用，为推动区域经济一体化提供了体制保障。

2. 加强规划的引领。

为保障珠三角区域经济一体化的顺利推进，广东将编制发展规划放在突出位置，按照国家有关要求，出台了《关于加快推进珠江三角洲区域经济一体化的指导意见》，明确以基础设施、产业发展、生态环保、城市规划和公共服务5个一体化为重点，并依此编制了5个专项规划，提出了一体化发展的总体思路、发展方向、重点任务、发展路径和具体措施，为实现基础设施互联互通、产业发展互补协作、生态环境联防同治、城市规划统筹衔接、公共服务标准统一提供了引领和指导。

3. 强化基础设施一体化建设。

珠三角地区以城际轨道交通、高速公路、管道网络等为重点，基本实现了基础设施的一体化，为推动区域经济一体化提供了支撑。按照全区统一规划建设、统一经营管理的方式，推进珠三角内的城际轨道交通建设，逐步建立起了现代化的快速交通运输体系；为实现一体化的公路交通运输体系，珠三角建设了覆盖全区所有县市的高速公路网，统筹建设了各市客运交通枢纽，推行了高速公路电力联网收费、区域年票互认、公交卡一卡通、电信同城化等一体化的管理方式，为形成快速交通走廊、打造 1 小时生活圈奠定了基础；以管道网络建设为重点，珠三角形成了一体化的能源基础设施，为保障区域经济发展必需的油、气、电等提供了支撑。

（三）京津冀区域经济一体化

自 20 世纪 80 年代开始，京津冀地区就围绕基础设施、资源环境保护、产业分工协作等方面开展了广泛的合作，区域经济一体化进程不断推进，随着京津冀协同发展上升为国家战略，京津冀区域经济一体化进一步走向深入。京津冀包括北京、天津、河北两市一省，面积 21.6 万平方公里，占全国的 2%，总人口超过 1 亿人，约占全国的 8%；2013 年，地区生产总值达 6.2 万亿元，占全国的 10.9%；社会消费品零售总额达 2.4 万亿元，占全国的 9.9%；进出口总额达 6 124.8 亿美元，占全国的 14.7%，已经成为继长三角、珠三角之后，我国区域经济发展的又一增长极。

1. 利用产业互补推进区域合作。

京津冀三地存在较大的产业梯度差，推进区域产业分工协作的基础较好。京津两市农业比重较小，工业的支撑作用也在减弱，但服务业特别是生产性服务业较为发达；而河北的农业优势相对明显，工业特别是加工制造业已经具备了良好的发展基础，但服务业发展较为滞后，自主创新能力相对较弱。可以看出，京津冀三地的产业层次、技术水平存在一定的差异和互补，具有推进产业梯度转移和进行产业协作的良好基础。近年来，受市场力量的驱动和产业转型升级的需要，诸如首钢等一些不符合北京功能定位和资源环境容量要求的产业逐步向周边转移，而河北以园区建设为载体，积极承接这些产业的转移；与此同时，河北的部分企业出于要素保障等实际需求，也纷纷"进京"，进一步拓展发展空间，京津冀地区产业的交流合作进一步加深，为提高区域经济一体化水平奠定了基础。

2. 发挥核心城市带动作用。

北京作为京津冀地区的核心，充分依托其全国政治中心、文化中心、交通中心和经济决策中心的地位，发挥其人才、管理、科技、资本、信息等资源丰富的优势，不断加强对周边地区的辐射带动，为推动京津冀一体化提供了支持。以信息资源为例，北京拥有全国四大互联网网络中心，具有全国 30% 以上的信息库，在以互联网、云计算和大数据等为代表的网络经济快速发展的背景下，北京以其丰富的信息资源，可以为自身和周边地区提供有力的信息服务，为推动区域经济合作奠定基础。同时，北京以中关村科技园和各类开发区为载体，战略性新兴产业和高端制造业快速发展，形成了对周边地区的产业扩散，带动了京津冀地区产业的协同发展。

3. 加强交通一体化建设。

京津冀地区是我国华东、华北、东北和西北四大经济区域的交汇之处，是我国最重要的交通枢纽地带，交通基础雄厚，交通条件优越，交通网络四通八达，以北京为中心的放射状区域路网格局不断完善；同时，北京拥有显著的空港优势，而天津和河北的海港资源得天独厚。多年来，京津冀各地不断加强协作，联手推动区域内公路、铁路、航空、港口等交通基础设施建设，以构建一体化交通体系为突破，不断推进区域经济一体化走向深入。目前，京津冀地区已基本形成了以陆路交通为基础、以航空运输为辅助、以港口运输为支撑的现代化综合立体交通网络，区域内部互联互通日益便捷，交通一体化水平不断提高，为实现区域经济一体化奠定了坚实基础。

第三节　省会城市群经济圈一体化的基本特征

推进区域经济一体化是省会城市群经济面临的重大问题，不仅关系到省会城市群自身的可持续发展，还关系到山东省四大重点区域协调发展大局。省会城市群经济圈作为山东重点区域战略的重要板块，是全省政治、经济、科技、文化最为发达的区域之一。近年来，在省委省政府和地方政府的推动下，城市群内各地区之间的合作取得了长足的进步，区域经济一体化进程成效明显，但相对于发达地区，区域合作的广度和深度均存在一定差距，区域经济一体化水平有待提高。本部分以全区 7 个地市为对象，采用定性定量相结合的方法，分析近年来省会城市群经济圈一体化的经济联系程度、产业分工程度和存在的主要问题，揭示区域一体化发展的基本特征，为推动区域一体化提供参考。

一、省会城市群经济圈一体化中的经济联系度分析

区域经济联系度是分析区域经济一体化水平的重要标准之一，它既能反映中心城市对周边城市的辐射能力，也能反映周边城市对中心城市浮生的接受程度，其主要是通过区域经济联系量和区域经济隶属度两个指标进行衡量。

目前，区域经济联系主要是运用引力模型进行分析。引力模型于 1929 年由威廉·J·雷利（W. J. Reilly）提出，他根据万有引力定律提出了"零售引力法则"，认为一个城市对另外城市的零售额与其人口数成正比，与其间的距离平方成反比；而后，G. K. 齐普夫（G. K. Zipf）对引力模型进行改进，并将其引入城市空间相互作用的研究。我国学者对区域经济联系的研究起步于 20 世纪 80 年代，但起初多为定性分析，直到 90 年代才开始引入引力模型、重力模型、投入产出模型等数学分析方法，而其中以引力模型应用最为广泛。周一星、郑国、刘承良、徐维祥等应用引力模型对区域经济联系进行了分析。因此，本部分也采用引力模型对省会城市群经济圈的经济联系进行分析。模型的公式如下：

$$C_{ij} = \frac{\sqrt{G_i \times P_i} \times \sqrt{G_j \times P_j}}{D_{ij}^2}; S_{ij} = \frac{C_{ij}}{\sum_{i=1}^{n} C_{ij}}$$

式中，C_{ij} 表示两个城市间的经济联系量，P 为城市城镇人口数，G 为城市市区 GDP，D_{ij} 为两个城市间的公路里程数，S_{ij} 为 j 城市对 i 城市的经济隶属度。

此处以省会城市群经济圈内的济南、淄博、泰安、莱芜、德州、聊城和滨州 7 个地市为对象，分别对 2010 年和 2013 年各城市间的经济联系量和经济隶属度进行分析（结果见表 11 - 1 和表 11 - 2）。

表 11 - 1　　2010 年和 2013 年省会城市群经济圈各城市间经济联系量

单位：亿元·万人/平方公里

		济南	淄博	泰安	莱芜	德州	聊城
淄博	2010 年	59.4	—				
	2013 年	107.3	—				
泰安	2010 年	60.1	11.1	—			
	2013 年	103.9	24.0	—			
莱芜	2010 年	15.8	15.7	20.1	—		
	2013 年	24.0	30.0	36.7	—		
德州	2010 年	18.0	2.3	2.0	0.8	—	
	2013 年	32.8	5.3	4.4	1.5	—	
聊城	2010 年	14.6	2.5	5.1	1.3	3.4	—
	2013 年	24.6	5.2	10.4	2.3	7.2	—
滨州	2010 年	11.4	21.4	1.4	1.3	1.4	0.6
	2013 年	21.0	49.6	3.2	2.6	3.4	1.3

资料来源：《省会城市群经济圈各市统计年鉴》。

表 11 - 2　　2010 年和 2013 年省会城市群经济圈各城市间经济隶属度　　单位：%

		济南	淄博	泰安	莱芜	德州	聊城
淄博	2010 年	33.1	—				
	2013 年	34.2	—				
泰安	2010 年	33.6	6.2	—			
	2013 年	33.1	7.6	—			
莱芜	2010 年	8.8	8.8	11.2	—		
	2013 年	7.7	9.6	11.7	—		

续表

		济南	淄博	泰安	莱芜	德州	聊城
德州	2010 年	10.0	1.3	1.1	0.4	—	
	2013 年	10.4	1.7	1.4	0.5	—	
聊城	2010 年	8.1	1.4	2.9	0.7	1.9	—
	2013 年	7.8	1.7	3.3	0.7	2.3	—
滨州	2010 年	6.4	12.0	0.8	0.7	0.8	0.3
	2013 年	6.7	15.8	1	0.8	1.1	0.4

资料来源：《省会城市群经济圈各市统计年鉴》。

从经济联系量来看，省会城市群经济圈各城市呈现出典型的中心—外围特征，济南在区域中的中心地位突出，其与周边城市的经济联系量显著高于其他各城市间的经济联系量，充分体现出济南在本区域中的主导地位；淄博处于区域的次级中心地位，其与其他城市的经济联系量仅次于济南，但也显著高于其他各市间的水平；泰安等其余五市在区域中处于外围城市。从联系强度看，济南与淄博、泰安等市的联系强度较大，2013年济南与这两个城市间的经济联系量之和占其与区内所有地市经济联系量综合的67.4%，充分说明淄博和泰安在接受济南辐射和产业合作方面占据了有利先机。从动态变化上看，2013 年与 2010 年相比，各市间的经济联系量均有了大幅度的提高，各城市间经济联系量的年均增幅在 20% 以上，且绝大多数年均增长 25% 以上，说明"十二五"规划以来，随着重点区域战略的深入实施，省会城市群经济圈各市间的区域经济联系进一步加强，区域经济一体化水平明显提升。

从经济隶属度看，周边城市对济南的经济隶属度显著较高，且其余城市对淄博的经济隶属度与其相互之间的经济隶属度差别不大，说明作为次级中心的淄博，尚不具备较强的集聚力和辐射力，与济南的差距十分明显。从动态变化上看，2013 年与 2010 年相比，各市间的经济隶属度也有所提升，但提升幅度有限，说明各城市对周边地区的带动作用有一定提高，但辐射力提升较慢。

总体来看，"十二五"规划以来，省会城市群经济圈各城市间的经济联系强度有了显著提高，为推进区域经济一体化奠定了良好基础，特别是济南发挥在区域内综合实力较强的优势，集聚效应较大，辐射带动作用明显；但外围城市处于弱势地位，周边城市与中心城市的经济联系更多的是单向联系，且外围城市间的经济联系较弱，各城市间发展不平衡，说明本地区区域一体化的程度仍然偏低，仍需进一步加强各城市间的合作，消除行政壁垒和市场障碍，加快推进产业分工协作，实现商品、要素和政策的一体化，提高区域经济一体化水平。

二、省会城市群经济圈一体化的产业分工程度分析

产业分工程度是评价区域经济一体化水平的重要指标之一，区域间的产业分工程度

越高，区域经济一体化水平就越高；反之，区域经济一体化的水平则越低。

目前，国内外学者一般采用产业分工指数对区域产业分工程度进行测度，计算公式如下：

$$D_{jk} = \sum_{i=1}^{n} \left| \frac{q_{ij}}{q_j} - \frac{q_{ik}}{q_k} \right|$$

式中，D_{jk} 表示 j 地区和 k 地区的产业分工指数，q_{ij} 和 q_{ik} 分别表示 j 地区和 k 地区 i 产业的产值，q_j 和 q_k 分别表示 j 地区和 k 地区的工业总产值。D_{jk} 的值在 0～2，其值越大，说明两个地区间的产业差异程度越高，产业分工越显著；其值越低，则说明两个地区间存在产业同构化问题，产业分工的可能性越低。

运用此方法以 2013 年的数据为基础，对济南与淄博、济南与泰安、济南与莱芜、济南与德州、济南与聊城、济南与滨州之间的产业分工指数进行计算，对济南与周边地区的产业分工情况进行分析（见表 11 - 3、图 11 - 1、图 11 - 2、图 11 - 3、图 11 - 4、图 11 - 5 和图 11 - 6）。

表 11 - 3 济南与周边城市产业分工指数

	济南—淄博	济南—泰安	济南—莱芜	济南—德州	济南—聊城	济南—滨州
产业分工指数	0.830	0.855	1.201	0.824	1.434	1.086

资料来源：《省会城市群经济圈各市统计年鉴》。

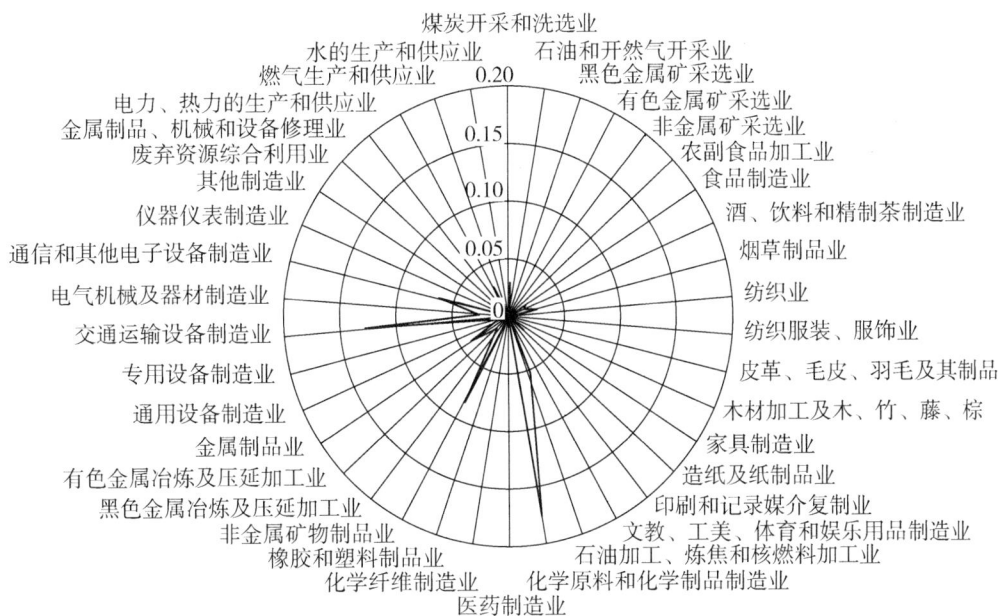

图 11 - 1 济南与淄博产业分工指数

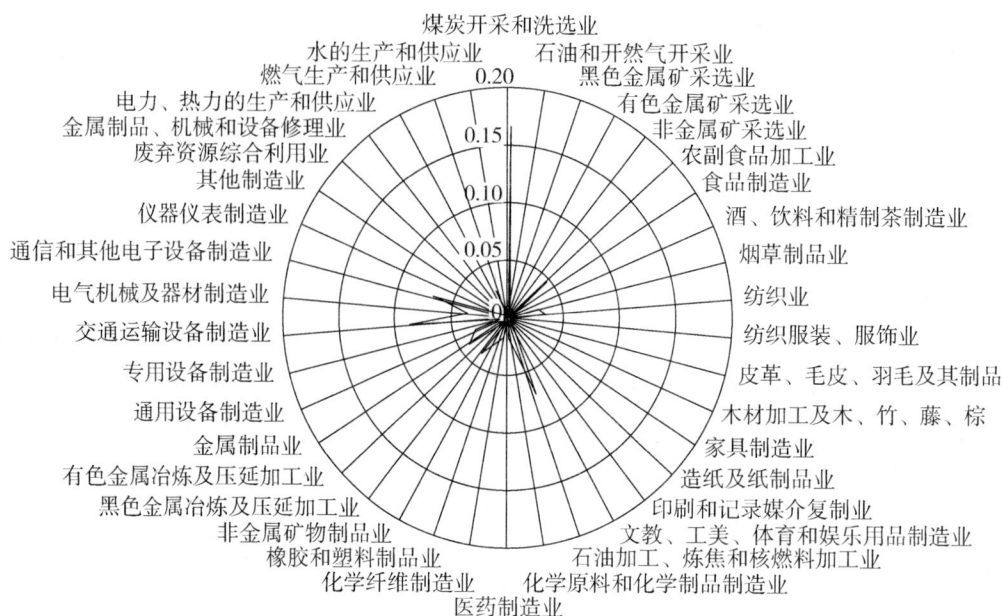

图 11-2　济南与泰安产业分工指数

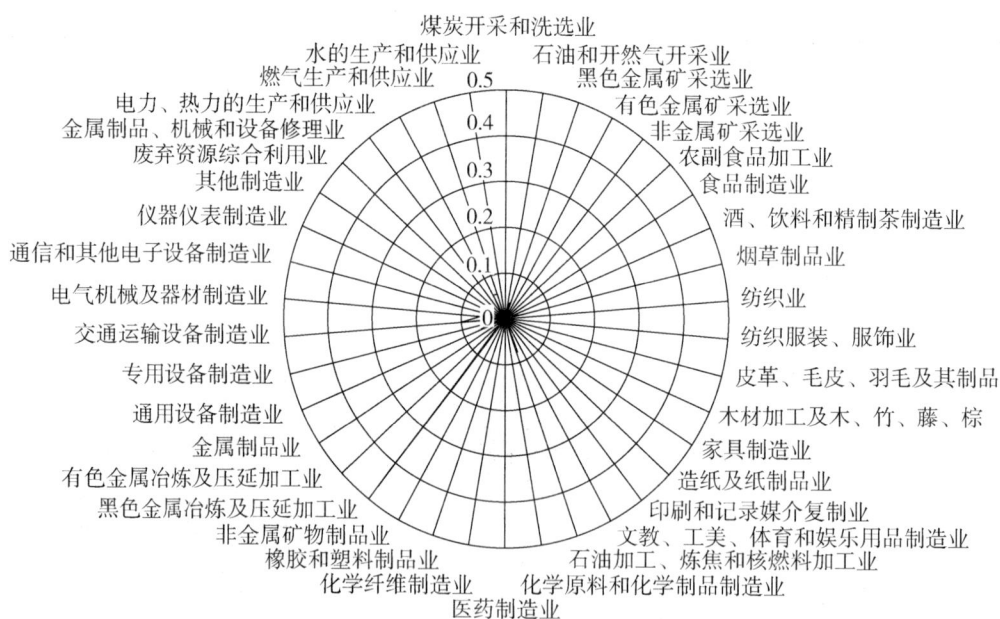

图 11-3　济南与莱芜产业分工指数

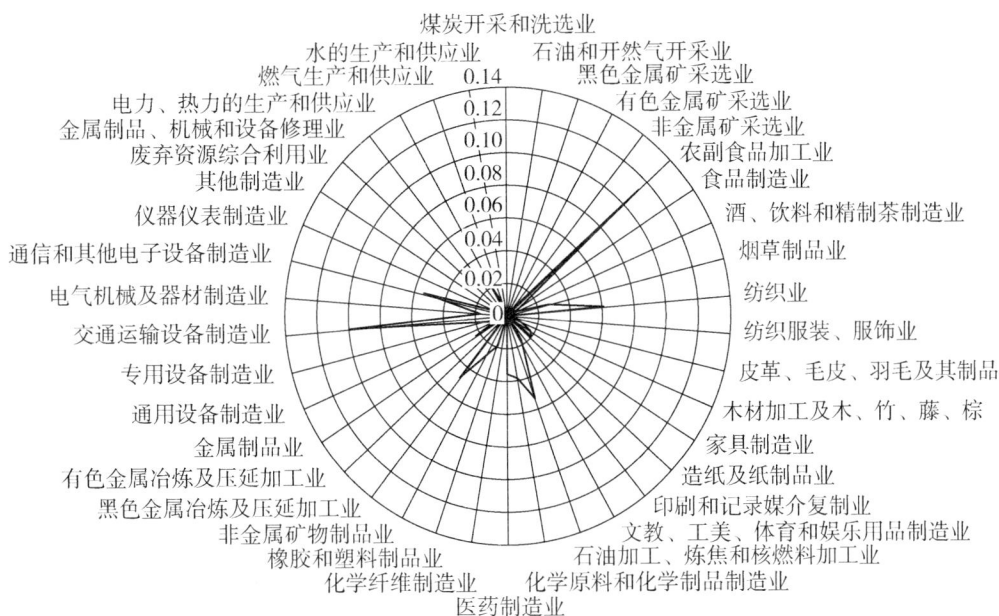

图 11 - 4　济南与德州产业分工指数

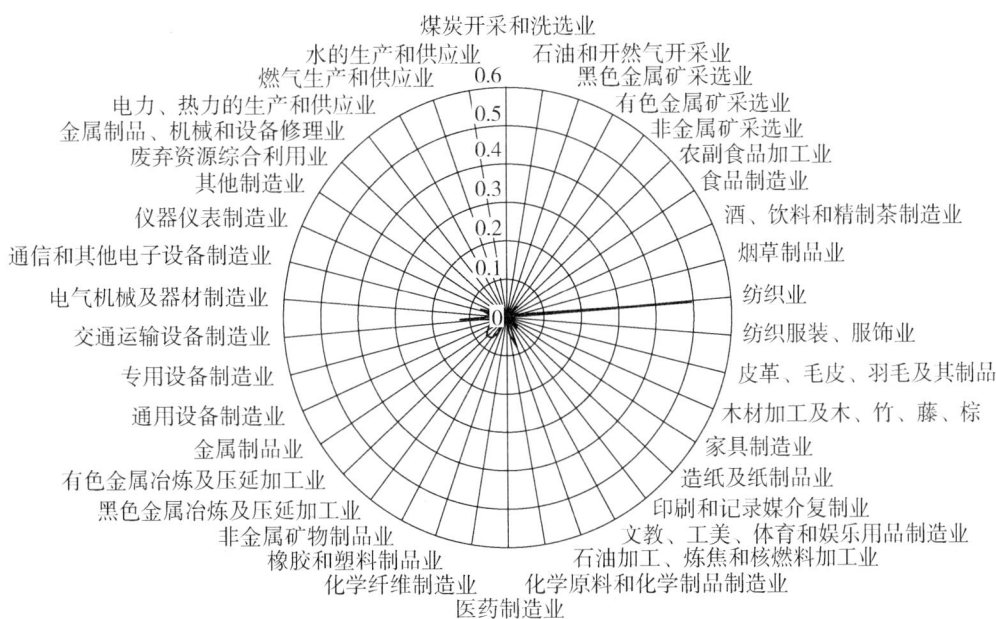

图 11 - 5　济南与聊城产业分工指数

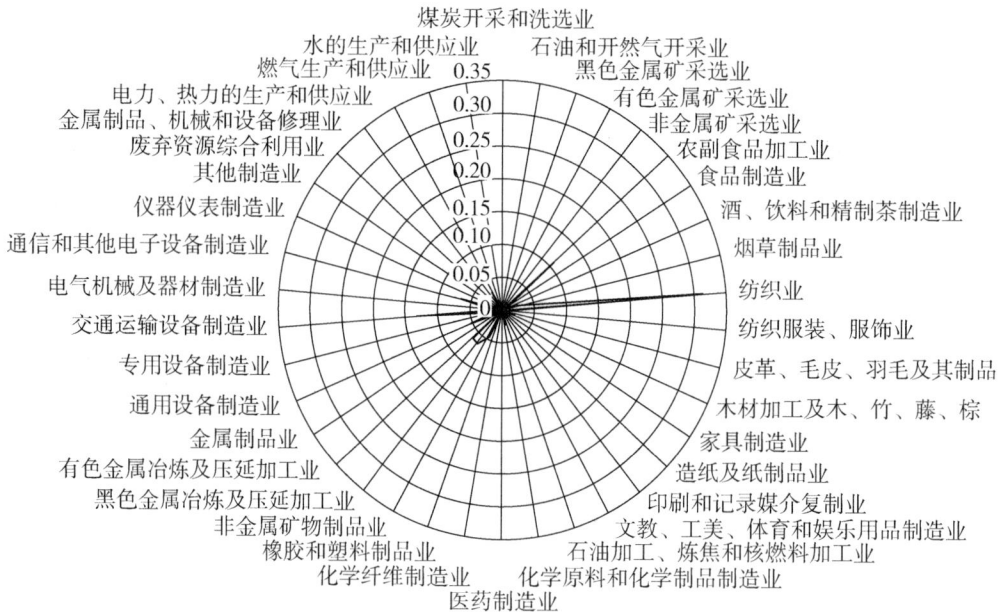

图 11 - 6　济南与滨州产业分工指数

资料来源：《省会城市群经济圈各市统计年鉴》。

根据计算结果，目前济南与淄博、泰安、德州等市的区域产业风格指数均在 1 以下，处于较低水平，说明济南与这三个城市间的产业差异程度较低，存在一定的产业同构现象。特别是济南与这三个城市间的化学纤维制造业，有色金属冶炼及压延加工业，食品制造业，造纸及纸制品业，橡胶和塑料制品业，纺织服装、服饰业，家具制造业，专用设备制造业，仪器仪表制造业，皮革、毛皮、羽毛及其制品和制鞋业，木材加工及木竹、藤、棕、草制品业，酒、饮料和精制茶制造业，文教、工美、体育和娱乐用品制造业等产业的区域分工指数均较低，说明在这些行业上济南与周边城市尚未形成明确的分工协作，差异化程度不够。但也应该看到，济南与这三个城市的化学原料和化学制品制造业，计算机、通信和其他电子设备制造业，交通运输设备制造业，黑色金属冶炼及压延加工业，石油加工、炼焦和核燃料加工业，烟草制品业、金属制品业等产业的区域分工指数较高，具有了一定的区域产业分工，为下一步加强区域产业协作奠定了基础。

济南与莱芜、聊城、滨州的区域产业分工指数均在 1 以上，相对较高，说明与其他城市相比，济南与这三个城市之间的产业差异较大，存在一定的产业分工。特别是济南与这三个城市间的交通运输设备制造业，计算机、通信和其他电子设备制造业，通用设备制造业，非金属矿物制品业，黑色金属冶炼及压延加工业等产业的区域分工指数较高，说明在这些行业上济南与莱芜等三市已经形成了明确的分工。但也应该看到，济南与这三个城市的化学纤维制造业，橡胶和塑料制品业，家具制造业，木材加工及木、竹、藤、棕、草制品业等产业的区域分工指数仍然较低，需要进一步加强分工协作，避免不必要的竞争。

总体来看，济南与周边城市既存在一定的产业分工，也有着一定的产业同构问题，区域经济一体化已经取得了一定进展和成效。济南在电子信息、装备制造、现代服务业等方面具有显著优势，具有较强的辐射带动功能，周边城市在资源供给、加工制造等方面也形成了较强的产业基础，今后应进一步加强区域间产业分工，避免过度的产业重构和雷同，推进区域产业向协调合作方向发展。

三、省会城市群经济圈一体化存在的主要问题

（一）区域经济整体实力不强

区域经济一体化是区域经济发展到高级阶段的产物，需要在区域经济实力达到较强水平才能实现。改革开放初期，以济南为中心的省会地区和以青岛为中心的山东半岛地区，是当时山东经济发展的重心。改革开放以来，以青岛为龙头的沿海地区快速发展，在全省经济所占比重持续上升，成为带动山东经济的主要区域。2013 年，山东沿海 7 市 GDP 总量占全省的比重达到 50.3%，比 1980 年提高了，其中青岛是的 GDP 占全省的比重达到 14.6%，比 1980 年提高。相比之下，济南及其周边地区的经济发展虽也取得了长足的进步，但与沿海地区仍有较大的差距。2013 年，省会城市群经济圈 7 市 GDP 总量占全省的比重仅为 35.6%，虽较 1980 年提高个百分点，但比沿海 7 市低 14.7 个百分点，其中济南的 GDP 占全省的比重仅为 9.6%，比青岛低 5 个百分点，差距比 1980 年扩大了个百分点。从平均水平看，省会城市群经济圈也落后于山东半岛蓝色经济区，2013 年，山东半岛蓝色经济区的人均 GDP、地均 GDP 分别为省会城市群经济圈的 1.3 倍和 1.1 倍，省会城市群经济圈的经济产出效率和集约化发展水平相对较低。不仅如此，省会城市群经济圈与内陆地区类似的城市群相比也不占优势，2013 年，长株潭城市群的人均 GDP、地均 GDP 分别达到 7 万元/人和 3 764 万元/平方公里，分别比省会城市群经济圈高 1.3 万元/人和 22 万元/平方公里。可以看出，省会城市群经济圈的经济实力仍相对较弱，不利于区域经济一体化的顺利推进。

（二）区域经济差距较大

推进区域经济一体化的过程，也是区域经济差异逐步变小的过程。但因自然禀赋、发展基础、外部环境等的不同，区域经济发展不平衡是省会城市群经济圈的一个明显特征，区内各市之间经济发展呈现出明显的差异性，且表现出相对差距逐步缩小，但绝对差距仍在扩大的特点。随着区域协调发展战略的全面推进，省会城市群经济圈各城市的相对差距开始缩小。"十二五"以来，德州、聊城、滨州等市 GDP 占全区的比重持续增加，2013 年分别达到 12.6%、12.2% 和 11.1%，分别比 2010 年提高了 0.9、0.8 和 0.2 个百分点；而济南、淄博、泰安、莱芜等市 GDP 占全区的比重持续回落，2013 年分别为 26.9%、19.5%、14.3% 和 3.4%，分别比 2010 年下降了 0.6、0.7、0.2 和 0.4 个百

分点，各市之间的相对差距正在减小。但与此同时，区内各市间经济实力的绝对差距仍在扩大，GDP 总量最高的济南和最低的莱芜之间的差距由 2010 年的 3 364.2 亿元扩大到 2013 年的 4 576.7 亿元；济南与其他 6 市之间 GDP 的差距之和由 2010 年的 13 166.7 亿元扩大到 2013 年的 17 153.5 亿元（见表 11 - 4）。

表 11 - 4 　　　　　2010～2013 年省会城市群经济圈各市 GDP 比较 　　单位：亿元，%

城市	2010 年		2011 年		2012 年		2013 年	
	总量	比重	总量	比重	总量	比重	总量	比重
济南	3 910.5	27.5	4 406.3	27.0	4 803.7	26.8	5 230.2	26.9
淄博	2 866.8	20.2	3 280.2	20.1	3 557.2	19.9	3 801.2	19.5
泰安	2 051.7	14.5	2 304.3	14.1	2 547.0	14.2	2 790.7	14.3
莱芜	546.3	3.8	611.9	3.8	631.4	3.5	653.5	3.4
德州	1 657.8	11.7	1 950.7	12.0	2 230.6	12.5	2 460.6	12.6
聊城	1 622.4	11.4	1 919.4	11.8	2 146.8	12.0	2 365.9	12.2
滨州	1 551.5	10.9	1 817.6	11.2	1 987.7	11.1	2 155.7	11.1

资料来源：《山东统计年鉴》。

人均 GDP 水平也呈现出相似的变化特征，"十二五"以来，区内各城市之间人均 GDP 的相对差距逐步缩小，极值比率（最大值与最小值的比值）由 2010 年的 2.13 下降为 2013 年的 1.91，泰尔指数也不断下降（见图 11 - 7）。城市间的绝对差距依然较大，且呈不断扩大趋势。人均 GDP 最高的淄博市与最低的聊城市，其绝对差距由 2010 年的 33 508 元扩大至 2013 年的 39 381 元，这一差距甚至于已接近聊城市的人均 GDP 水平（见表 11 - 5）。

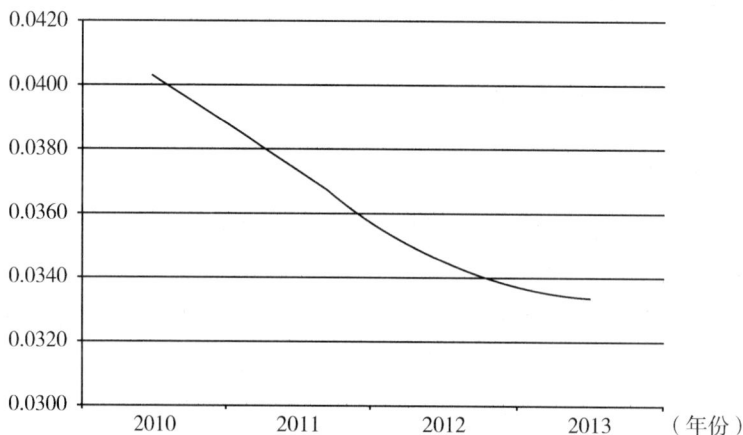

图 11 - 7　2010～2013 年省会城市群经济圈各市人均 GDP 泰尔指数变动情况
资料来源：《山东统计年鉴》。

表 11 -5　　　　　　**2010~2013 年省会城市群经济圈各市人均 GDP 比较**　　　单位：元

城市	2010 年	2011 年	2012 年	2013 年
济南	57 353	63 997	69 122	74 730
淄博	63 249	71 993	77 680	82 769
泰安	37 314	41 791	46 067	50 118
莱芜	42 061	46 859	48 071	49 034
德州	29 741	34 815	39 612	43 388
聊城	27 983	32 831	36 427	40 023
滨州	41 355	48 205	52 465	56 642

资料来源：《山东统计年鉴》。

（三）产业协调发展水平不高

各城市之间的相互合作与产业分工是区域经济一体化发展的必要前提。省会城市群经济圈发展规划明确提出，要加强区域分工与协作，构建科学合理的产业体系，打造产业分工协作高地。但在城市群内，济南和淄博这两个中心城市尚未形成明确的产业分工，存在一定的产业同构现象，两市工业总产值排名前五位的行业中，均包含了黑色金属冶炼及压延加工业，石油加工、炼焦和核燃料加工业，通用设备制造业等产业，这将导致两市在资源供应、项目建设等方面的不必要竞争。同时，济南与周边其他城市之间产业合作的深度和广度较低，以产业集群为依托，具有较高自主创新能力，占据产业发展高端的区域产业链尚未形成，不能为区域一体化提供强有力的产业支撑。

（四）中心城市带动作用有待加强

中心城市的发展，对带动周边地区经济，推动区域经济一体化具有重要作用。但济南作为省会城市群经济圈的中心城市，发展水平相对不高，辐射带动能力有待加强。

2013 年，济南 GDP 仅占全省 GDP 总量的 9.6%，与沿海主要省份省会城市相比明显偏低，同期广东、浙江、辽宁省会城市 GDP 占比分别高达 24.8%、22.2% 和 26.4%（见表 11 -6、图 11 -8）。在 2014 年中国城市竞争力排名中，山东省未有城市进入前十，济南仅位列第二十一位。

表 11 -6　　　　　　**2013 年主要沿海省份省会城市经济状况对比**

城市	全省 GDP（亿元）	省会城市 GDP（亿元）	省会 GDP 占比全省 GDP（%）
山东	54 684.3	5 230.2	9.6
广东	62 163.97	15 420.1	24.8
江苏	59 161.8	8 011.8	13.5

续表

城市	全省 GDP（亿元）	省会城市 GDP（亿元）	省会 GDP 占比全省 GDP（%）
浙江	37 568.0	8 343.5	22.2
福建	21 759.6	4 678.5	21.5
辽宁	27 077.7	7 158.6	26.4
河北	28 301.4	4 863.7	17.2

资料来源：《各省统计年鉴》。

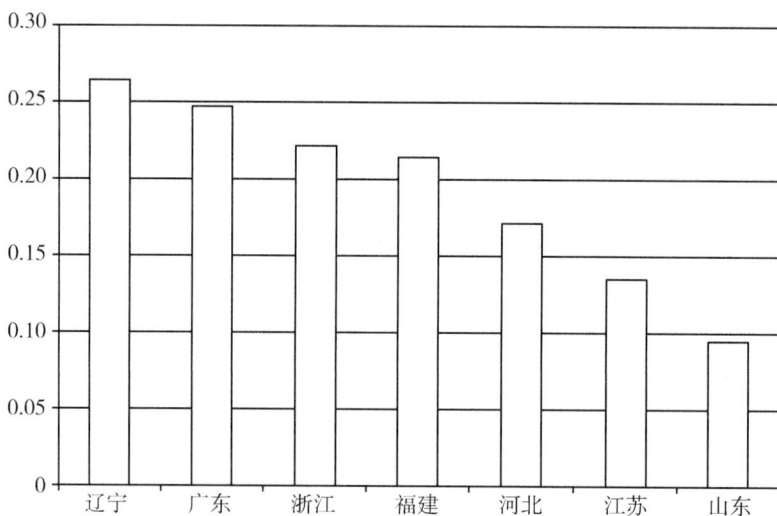

图 11 - 8 2013 年主要沿海省份省会城市 GDP 占全省比重对比（%）

资料来源：《各省统计年鉴》。

　　从区域内部来看，济南也面临首位度不够高，与周边城市的连接不够密切，辐射带动力不够强等问题。按照一般规律，一座城市要担当起区域发展的龙头，发挥辐射和带动作用，关键性的条件有两个：一是要有一定的经济实力，特别是对产业、人口、资源的集聚能力较强，具有比一般城市更强的经济势能；二是其城市功能和产业层次相对于区域内的其他城市应当更高，具有综合功能或多种主导功能，能够为腹地提供一些较高层次的服务，在区域经济发展中起着先导和主导作用。

　　济南作为省会城市群经济圈的龙头，综合实力与地位极不相称。2013 年，济南市的经济总量只占省会城市群经济圈的 26.9%，而且这个比重近年来呈下降趋势，与第二位的淄博市 GDP 之比仅为 1.38，人口首位度更是仅为 20.66%（见表 11 - 7）。辖区内平阴、济阳、商河发展依旧较为滞后，与周边城市的连接不够密切，辐射带动力不够强。由于现代服务业发展滞后，使济南缺乏必要的金融、信息和投资手段对经济群施加足够的影响。尤其在融资、对外贸易领域，济南与一般大城市地位相似，国家级或跨区域的大银行、大集团数量较少。城市内部信息交流体系尚不发达，影响了城市功能的组织。

表 11 –7   济南在省会城市群经济圈的首位度   单位:%

年份	经济首位度	GDP 与第二城市之比	人口首位度
2011	27. 07	1. 34	20. 56
2012	26. 87	1. 35	20. 63
2013	26. 88	1. 38	20. 66

资料来源:《山东统计年鉴》。

第四节 省会城市群经济圈一体化发展的总体思路

省会城市群经济圈一体化,是顺应经济全球化发展新趋势、区域经济一体化发展新潮流,贯彻落实重点区域发展战略及主体功能区战略的系统工程,需要在密切把握国内外经济形势新变化的基础上,立足"一体"理念,创新发展思路和指导原则,明确任务目标,确立发展重点,凝聚着全社会力量和共识,加快推进区域经济一体化发展的强大合力。

一、指导思想

以邓小平理论、"三个代表"重要思想、科学发展观为指导,全面贯彻党的十八大、十八届三中、四中全会精神,认真落实习近平总书记对山东发展的各项要求,紧紧围绕提前全面建成小康社会目标,以一体化为方向,按照"一个核心、两个圈层"的战略布局,坚持统筹协调、市场主体、循序渐进,创新体制机制,加强规划引领,增强龙头城市辐射能力,强化法律法规保障,促进开放融合互动,整合区域优势资源,促进区域分工协作,统筹实施新型城镇化、区域一体化、城乡一体化、主体功能区建设,实现重大基础设施一体化建设、重大产业项目一体化布局、区域要素市场一体化发展、生态环境一体化保护、公共服务体系一体化设计,加速区域经济融合,促使区域内各城市之间错位发展、互补发展、合作发展、联动发展,增强区域整体经济实力,形成区域一体化发展新格局。

二、基本原则

(一) 坚持统筹协调

树立统筹兼顾理念,协调推进区域一体化、新型城镇化和城乡一体化,贯彻主体功能区精神，做到全方位相互作用、相互促进，形成角度不同、方位各异、共同支撑的局面。按照国家、省主体功能区布局要求，进一步明确省会城市群经济圈内各类功能区的发展定位，实行分类管理的区域政策，建立科学开发的利益机制；以城市化为抓手，突出各地特色，重视产城融合，以人的城镇化为核心，着力提高城镇化质量，推动各地城镇化由偏重规模扩张向注重内涵提升转变、由偏重经济发展向注重经济社会协调发展转变、由偏重城市发展向注重城乡一体化发展转变；强化以城带乡，促进基本公共服务均等化，推动基础设施、产业发展等向农村地区、落后地区拓展，积极推进区域之间协调发展。

（二）坚持市场主导

在推进省会城市群经济圈一体化过程中，要在充分发挥政府宏观引导作用的前提下，突出市场的决定性作用，遵循市场经济规律，强化市场的调节作用和企业的主体作用。区内各市要树立大市场理念，在市场准入、公平竞争等方面实行同城化政策，坚决消除各类行政性、区域性市场壁垒，逐步建立区域性统一大市场，使各类市场主体在平等的权利和规则下进行市场竞争，提高区域内资源的高效配置；突出企业在区域一体化中的主力军作用，鼓励区内外企业在全区范围内整合资源、布局产业，支持跨区域的投资行为和兼并重组，充分发挥市场主体在推动产业集群集聚、构建产业链条、促进产业转型升级等方面的作用。

（三）坚持改革创新

省会城市群经济圈一体化建设，需要破解区域一体化发展、主体功能区建设、新型城镇化建设、城乡统筹等各个方面的体制机制障碍，必须坚定不移地深化改革、加强创新，以改革创新突破各类发展难题。用改革统领全局，明确各个领域改革的主线，紧密结合区域实际，选好突破口，谋划好路线图，合理确定改革的节奏，切实做到正确推进改革、准确推进改革、有序推进改革、协调推进改革。加快重要领域和关键环节改革，以重要领域和关键环节的突破，推进改革的全面进行；加快政府职能转变，加快建设法治政府、服务型政府；实施"创新驱动"战略，加快构建有利于创新驱动、内生增长、绿色发展的市场机制；深化户籍管理、人口就业、社会保障、土地管理、建设管理、投融资、行政管理等改革，形成有利于区域一体化的体制机制。

（四）坚持循序渐进

区域经济一体化是一个长期的、复杂的、艰巨的过程，需要统筹谋划、分步推进，不能平推平拥、齐头并进。要根据区域经济发展的阶段性特征，明确区域一体化的重点和路径，做到有主有次、有先有后，集中优势力量，以点的突破带动面的发展。在目前态势下，省会城市群经济圈要以加快推进济莱同城化为突破，以次级区域的一体化带动整个区域的一体化，为实现全区一体化和全省重点区域协调发展积累经验、探索路径。

三、总体目标

充分发挥省会城市群经济圈区位条件优越、发展基础良好的优势，以实现区域协调发展、融合发展、互动发展为总目标，推动区域发展理念协调同步、基础设施互联互通、产业发展分工协作、市场资源高效配置、生态环保联防同治、公共服务均等一体，将省会城市群经济圈打造成体系完善、结构合理、功能互补、资源共享的新型城市群，使其成为带动全省区域经济发展的增长极，成为对外开放合作的桥头堡，成为全国区域经济一体化发展的示范区。

（一）近期目标

初步形成省会城市群经济圈一体化发展的基本框架和具体路径，在全社会范围内达成推进区域经济一体化的共识，在完善党政联席会议制度的基础上，建立由政府部门、社会组织和企业组织共同组成的合作交流平台，完善区域一体化的协调推进机制，开创各市合作发展的新局面。济莱同城化取得初步成效，基础设施、规划编制、政策制定等领域的一体化开始形成，各市之间的行政区划界限初步化解，区域经济一体化的带动作用开始显现。

（二）中长期目标

省会城市群经济圈一体化深入推进，济南的核心地位明显提升，辐射能力显著增强，形成结构合理的城镇体系；建成连接各城市的高速公路、城际轨道交通运输网络；市场作用更加突出，要素资源实现高效配置；产业集聚水平全面提高，形成科学的产业分工协作体系，产业布局基本合理；区域生态环保联防同治取得显著效果，资源节约集约利用水平大幅提高，生态环境得到良好保护；地区之间、城乡之间基本建立共享平等的公共服务供给体系，公共服务均等化水平大幅提高，区域经济协调发展、一体发展的格局基本形成，省会城市群经济圈成为山东乃至环渤海地区发展的重要引擎。

四、重点领域

（一）基础设施一体化

基础设施一体化是实现区域经济一体化的先决条件。无论是从美国、日本、英国等的城市群一体化，还是长三角、珠三角、京津冀等区域一体化，都将推进基础设施一体化作为重中之重。

近年来，省会城市群经济圈在高速铁路建设、高速公路扩容、跨黄河通道建设、国省道扩建、农村公路升级等方面已取得了积极的成效，一张承载力更强、衔接更紧密的一体化交通网正在织就，省会城市群经济圈一体化建设的交通大动脉搏动有力。在互联网、物联网、大数据、云计算等新一代信息技术迅猛发展的背景下，省会城市群各市也将推动智慧城市建设作为一项重要工作，加快推进工业化与信息化的深度融合，以推进"三网融合"、建设"无线城市"、发展大数据产业、建立公共数据库、加强信息运用等为重点，推进信息基础设施建设，信息一体化对区域一体化的助推作用越显突出。

但也应看到，相对于发达地区，省会城市群经济圈交通一体化水平仍然较低，济南与周边城市的联系虽已十分密切，但周边城市之间的交流尚不十分通畅，泰安到聊城尚未实现高速的直接连接，城际轨道交通建设虽已纳入规划，但建成尚需时日，特别是建设资金缺口较大，区内公路、铁路、机场衔接配套问题亟待解决，构建现代化综合运输体系，加快实现交通一体化仍需努力。各市信息化水平虽有较大提升，但区域内信息一体化水平仍相对较低，特别是跨区域的公共数据平台尚未建立，公共服务信息的同城同用尚未实现，除济南与莱芜外，各城市之间的信息通信成本仍相对较高，信息一体化水平有待提升。因此，要把推进区域交通一体化和信息一体化作为重点，加快各市间的统筹协调、合作对接，推动基础设施一体化水平的快速提高，增强对区域一体化发展的支撑力。

1. 加快推进交通一体化。

（1）完善一体化交通网络格局。树立大交通、大流通理念，站在区域一体发展的大格局中，以构建功能完善、辐射力强、方便快捷、高效畅通的综合交通枢纽网络为目标，统筹做好顶层设计，按照国家和省里各项规划的要求，构建以济南为支点、周边地市为节点、县乡为补充的多层次立体型综合运输服务网络，形成以高速公路、铁路和航空等交通大通道为依托、普通国省干线公路为骨架、农村公路为脉络的干支相连、外畅内达、便捷快速交通一体化网络格局。

（2）创新交通建设投融资模式。针对交通发展面临的建设任务重、资金缺口大、地方配套资金难等难题，努力凝聚发展合力，创新投入机制，营造"政府主导、社会支持、群众参与、合力发展"的良好环境，积极探索 PPP 投融资机制创新，拓宽融资渠道，为顺利推进交通一体化提供资金保障。

（3）提升交通管理一体化水平。以构建统一高效的综合交通管理体制为目标，逐步撤销区域内普通公路收费站，加强城际交通与城市交通对接融合，促进各城市间公共交通的互联互通，推进各市间公交卡并网通用，实现公共交通"一卡通"。

2. 加快推进信息一体化。

（1）加强一体化信息基础设施建设。以构建智能化、宽带化、高速化的现代信息网络为目标，积极开展下一代互联网、新一代移动通信网、数字电视网等先进网络的建设，全面推进信息基础设施升级换代；整合网络资源，积极推进"三网"融合发展；以推进一体化的智能交通、智能电网、智能水利、智能园区、智能环保和智慧金融建设为重点，促进信息基础设施的智能化、一体化提升。

（2）打造区域性公共信息服务平台。按照政府引导、市场运作、企业主体、社会参与的原则，围绕城市管理、公共服务、产业发展等方面，建设全区统一的公共信息服务平台，逐步实现各领域信息的共建共享。以互联网思维融入区域经济一体化发展，推广互联网一体化解决方案，梳理打包"一揽子"以提升政府管理效能、服务水平和企业创新能力为核心目的的产品资源，实现区域信息公开、共享、共用的互联网化。

（3）建立一体化的信息标准规范体系。结合省会城市群经济圈信息化需求特点，探索建立以国家标准为主体、层次分明、分类明确、相互衔接、满足需求的区域信息化标准规范体系。围绕信息基础设施、信息资源开发和利用、电子政务、电子商务、信息安全和中小企业信息化等重点领域，加强信息技术标准、应用和管理规范的建立和实施，形成标准化、一体化、网络化的规范制度体系。围绕物联网、云计算、下一代网络、三网融合等新技术、新应用、新业态，鼓励扶持企业规范发展，加强区域行业标准规范的监督与管理。

（二）产业发展一体化

按照"四化同步"的要求，推进工业化和城镇化、城镇化和农业现代化相互促进、共同发展，是区域经济一体化的必由之路。当前，产业间的个体竞争正转变为区域间、集群间的综合竞争，在产业转型升级的关键时期，通过优化产业发展布局、构建现代产业体系、提高从产业集聚发展水平，形成分工明确、配套联动、一体化发展的产业新格局，是实现省会城市群经济圈一体化发展的重要支撑。

近年来，省会城市群经济圈各市以促进产业经济转型升级为着力点，大力实施高端、高质、高效产业发展战略，持续推进高端产业聚集区建设，调整优化产业布局，促进区域产业错位发展、融合发展，区域产业一体化发展取得初步成效。但通过上面内容的分析可以看出，区内各市之间趋同现象还比较突出，区内各板块间的工业结构相近，同质化竞争严重，高效运作的产业分工体系尚未形成，产业发展一体化优势尚不明显，对于区域经济一体化的支撑能力不足。

1. 优化区域产业布局。

树立规划引领、合理分工、联动发展的思路，明确省会城市群经济圈各市的功能定位，创新体制机制，加大推进力度，按照"一个高地、两条产业带的"的发展格局布局产业，推动形成小区域集中、大区域均衡的空间产业发展模式，促进各市之间错位发展、联动发展，打造区域一体化发展新动力。以发展服务经济、总部经济和创新经济为重点，以加快产业融合发展为支撑，以济南为重点，大力推进城市经济发展高地建设，促进中心城市整体实力的快速提高，打造区域经济一体化发展的增长极；以发展文化生态旅游、先进制造业、战略性新兴产业、港口物流等产业为重点，大力推进滨、淄、济、聊产业带建设，加强与山东半岛蓝色经济区及中原经济区的对接合作；以发展文化生态休闲旅游、新能源、新材料、新生物、先进加工制造等产业为重点，大力推进德、济、泰、莱产业带建设，加强与京津冀地区的对接合作。

2. 构建现代产业体系。

（1）提高农业现代化水平。以推进农村产权改革、培育新型经营主体、搞活农村金融、引入工商企业、强化城乡统筹等为重点，以推进农业结构调整、强化科技支撑、完善基础设施、发展农村经济、增加农民收入等为目标，以改革开放、城乡统筹、工农联手为手段，以产权改革、土地流转为突破，以培育规模化、品牌化、集约化的新型经营主体为着力点，以壮大农产品精深加工企业为龙头，以建设现代农业特色园区为载体，打造农业全产业链的发展新模式，形成批高产优质高效生态安全的农产品生产基地。

（2）培育战略性新兴产业。把握未来战略性新兴产业发展方向，研究制定重点产业技术路线图，完善财税金融支撑体系，建立风险资本退出机制，坚持市场需求带动，强化示范基地引领作用，加强重点项目建设，积极推动新信息、新材料、新能源、节能环保、生物医药、高端装备制造等战略性新兴产业跨越发展。

（3）提升服务业发展水平。按照山东省加快服务业发展的指导意见，立足发展基础，突出重点领域，把握关键环节，努力培植新优势、打造新亮点。重点围绕信息服务、现代物流、科技服务、金融保险、商务会展等生产性服务业，整合资源要素，加大政策倾斜，使之尽快实现突破，形成规模，为产业转型升级提供引领；突出发展好健康养老、教育培训、信息消费、文化旅游等生活服务业，推广品牌化、标准化、连锁化、网络化发展模式，开发便捷、高效、安全、优质的服务产品；顺应制造业服务化趋势，注重信息网络技术在服务领域的应用普及，更加注重服务要素对产业链的嵌入提升，注重商业模式和组织形式创新，积极推动农业和制造业与服务业的深度融合。

3. 提高产业集聚发展水平。

发挥园区产业基础设施条件好、资源配置效率高、产业配套功能强的突出优势，是提升产业竞争力、承接产业转移的有效载体。省会城市群经济圈各市应当根据当地环境、区位优势、产业基础等客观条件，明确园区产业定位和发展重点，完善园区发展和建设规划，加强园区基础设施建设，完善园区功能和配套条件，以优势资源为依托、骨干企业为龙头、重大项目为支撑，通过产业的上下游延伸配套，推动各种生产要素向园区集聚，提高产业集约发展水平。借鉴江苏推动南北园区共建的经验，以市场为导向，以自愿合作为前提，建立合理的利益共享机制，引导和鼓励区内各市之间共建园区，推动区内产业转移，促进产业布局优化、整合提升，在更高层次上实现区域产业的分工协作、共赢发展。

（三）市场一体化

在国家宏观调控的引导下，充分发挥市场配置资源的决定性作用，通过深化行政管理体制改革，深入推进市场准入、工商管理、信用监管等一体化改革，突破行政区划的体制障碍，破除地方保护和地区封锁，努力构建一体化的区域市场体系，促进要素自由流动和资源优化配置，实现市场一体化，是区域经济一体化的重要标志。因此，构建统一开放、竞争有序的区域性大市场，是省会城市群经济圈一体化建设的重要环节。

近年来，随着区域一体化进程的加快，省会城市群经济圈市场一体化逐步深入，金融市场、商品市场和要素市场等一体化水平不断提高，各市间资本、技术、人才、商品等相互交流日益频繁，资源优化配置程度不断提升。但受行政区划的影响，各地之间仍存在着一些市场壁垒，造成了市场分割、市场体系不完善、市场主体不健全等问题，加快区域市场一体化进程，构建以济南为中心、周边地市为补充的统一市场仍任重而道远。

1. 建立一体化的市场管理体制。

加强对现有市场的整合，按照规则统一、标准统一和政策统一的原则，各市要按照规划要求，加大政府间协调力度，清理地方市场保护政策，废除分割市场的各种规定，打破市场准入封堵和行政壁垒，建立完善区域共同市场规则，逐步建立统一的市场管理体系；严格执行国家和省里全面深化改革的要求，加快简政放权力度，在注册登记、财政资助、投资条件、场地安排、管理服务等方面实行统一政策，减少行政审批、降低准入门槛，是区域内的资金、人才、技术等自由流动，逐步建立起公平、透明等市场管理制度。

2. 完善一体化的市场组织体系。

引导区内各市按照功能定位和职能分工，积极建设各类专业化市场。济南大力发展金融、信息、科技、人才等要素市场，积极打造金融服务中心、科技研发中心、人才供给中心和商品集散中心、产品交易中心、价格形成中心、信息发布中心等；周边各市根据发展基础和优势，发展农产品、工业原材料、生活用品、医药等各类商品市场，积极培育次区域的金融、劳动力和技术市场，为本地发展提供支撑。

3. 建立一体化的市场服务体系。

加强区域性公共服务平台建设，为各类市场主体提供项目信息、政策咨询、技术支持、融资援助、跟踪扶持等一体化服务。抓住互联网、大数据、云计算快速发展的机遇，积极搭建覆盖全区、相互链接的一体化信息服务网络，为各地提供供求、价格、质量等方面的市场信息，为推进市场一体化提供支撑。

（四）生态环保一体化

党的十八大做出了"五位一体"总布局的要求，提出"把生态文明建设放在突出地位，融入经济建设、政治建设、文化建设、社会建设各方面和全过程"。随着收入水平的提高和生活条件的改善，人们对生态环境的要求越来越高，推进经济绿色发展、循环发展、低碳发展成为人们的共同诉求。因此，在区域经济发展中，树立生态文明理念，加快推进生态环保一体化，建立人与自然高度和谐、经济社会与生态环境相互协调的生态经济区，是省会城市群经济圈一体化的重要目标。

近年来，省会城市群经济圈各市按照生态文明建设要求，不断加强生态环境整治力度，生态环境有了显著改善，但与新的发展要求和发展标准相比，区域生态环境仍十分脆弱，全区各市 PM2.5 排放均达到国家二级标准，济南排放量更是位居全国前列，生态治理仍然的面临着严峻形势，特别是在确立分类指导的生态建设目标、健全区域生态协调机制、完善区域生态补偿机制等方面，还存在着诸多问题，需要加快解决，推进生态环保一体化进程。

1. 确立分类指导的生态建设目标。

按照主体功能区规划要求，各地根据生态环境的现状和特点，按照各自的发展定位和发展方向，合理确定自身的生态建设目标，实施分类指导的生态保护政策和生态评价机制，加强对生态脆弱区、生态保护区的保护，加大对各类生态污染问题的整治，实现区域生态文明建设的整体进步。

2. 健全区域生态协调机制。

行政分割、地方利益是导致生态环境问题特别是跨界污染问题的重要因素。对此，要加快建立和完善省会城市群经济圈内的合作协调机制，实现生态环境联防同治。探索建立区域环境保护联席会议制度，在制定区域环境政策、协调解决地方矛盾、确定工作重点等方面发挥作用，并赋予其一定的监管权、调控权和执法权，加强对跨区域污染难点问题的治理；健全区域内的环境监测协调机制，建立全区一体化的环境监测网络和公共数据库，提高环境监测的信息化水平，为各地提供相关监测数据和环境报告，为制定相关政策提供依据；探索建立区域生态保护的联合执法机制，组建区域性联合执法队，对影响全区的环境污染问题进行处置，形成跨区域污染问题的应急协调处理机制，强化对区域生态环境的共同治理。

3. 完善区域生态补偿机制。

环境污染成本较低，保护生态环境得不到应有补偿，是造成区域性环境问题的重要原因。对此，应按照主体功能区建设要求，健全完善生态补偿机制，加大对限制开发区和禁止开发区的财政转移支付力度；加大对破坏生态环境行为的处罚力度，并建立相应的再分配机制，加强对生态环境保护行为的奖励，促进区域生态效益的最大化；探索区域污染物排放总量控制制度，合理确定各地的排污权，并在加强监管的前提下，健全完善排污权交易机制，利用市场化手段解决环境污染问题，以最低成本实现污染治理。

（五）公共服务一体化

通过建立健全功能完善、覆盖面广、基本满足全体居民需要的公共服务体系，逐步缩小城乡、地区差距，促进区域社会事业加快发展，提高义务教育、基本医疗、公共文化、社会保障水平，实现公共服务均等，是区域经济一体化的重要任务。

近年来，在统筹城乡发展、提升基本公共服务均等化水平方面，省会城市群经济圈各市做了大量卓有成效的工作。但由于发展水平和发展基础的不同，各市内部城乡发展相对不平衡、城乡二元结构矛盾等问题仍然存在，各市之间公共服务水平相差较大，区域公共服务发展不平衡问题突出，全区性的公共服务一体化任务依然任重道远。

1. 健全公共服务市场化供给体系。

充分发挥市场的决定性作用，加大对基本公共服务市场化改革力度，增加企业、社会组织和个人参与公共服务的供给，建立多主体、多方式、多渠道的公共服务运作体系。完善政府购买公共服务政策，引入第三方监督机制，建立信息公开和评价制度；加强公共服务设施建设，逐步实现公共服务标准全区统一；加快建立互通互联、全区统一的政府公共服务信息网络平台。

2. 建立一体化的公共服务管理体制。

服务标准的不统一，是造成区域之间公共服务差别的重要原因。因此，通过建立一体化的公共服务管理体制，按照由点及面、先易后难的原则，逐步推进全区公共服务标准的统一；积极借鉴发达国家经验，整合现有关于相关，法律法规，探索完善区域性的公共服务法律法规，逐步建立全区一体的公共服务法律体系。

3. 建立公共服务对口支援机制。

区域发展水平差异大，地区之间公共资源不对称，是造成公共服务不统一的主要原因。探索建立城乡之间、城市之间的对口合作机制，健全完善相应的政策扶持体系和奖惩机制，推动发达地区公共服务资源向欠发达地区流动，逐步实现地区之间公共服务的均衡发展。

第五节　提高省会城市群经济圈一体化发展水平的对策建议

省会城市群经济圈一体化是推进区域经济向更高层次演进和"四化"同步发展的新实践，是逐步实现区域基础设施网络化、要素配置高效化、产业发展协作化、基本公共服务均等化的一项系统工程，必须更加注重建设规划的引领作用，将改革创新贯穿于区域一体化建设的各个领域、各个环节，以统一规划为引领，强化政策支持和法制保障，建立健全协调推进机制，增强龙头城市带动能力，加强对外开放合作，形成发展导向明确、政策整体联动、叠加效应突出的配套联动新格局，为推进区域经济一体化提供坚实支撑。

一、强化规划引导

推进区域经济一体化是一个系统工程，要坚持规划先行，强化规划引领，绝不能盲目无秩序发展。随着《省会城市群经济圈发展规划》的颁布实施，各地以规划为引领，区域经济一体化建设取得了显著的成效。但是各地规划之间与各类规划之间仍然存在一些不协调的问题，规划之间相互冲突、相互矛盾时有发生，规划的严肃性和约束力也相对较弱，影响了区域经济一体化的持续推进。在"十三五"规划编制的关键时期，省会城市群经济圈各市要按照"多规合一"的要求，秉承区域经济一体化发展的理念，科学制定经济社会发展规划，加强不同类型、不同地区之间规划的对接协调，建立全区统一的规划体系，实现区域经济发展统一规划、统一管理，为推进区域经济一体化提供科学指引。

（一）推进各类规划融合

国民经济和社会发展规划、土地利用总体规划、城乡建设规划和生态环境保护规划，分别由发改委、国土局、城乡建设和环保等不同职能部门牵头组织编制，由于规划编制主体、技术标准和编制办法不尽统一，规划落实中难免存在不协调的问题；区内各地在制定规划时，考虑地方利益多一些，而考虑整体利益少一些，地方之间规划也难免存在相互矛盾的地方。以编制"十三五"规划为契机，探索建立由不同地市、各规划编制部门和相关领域专家组成的咨询委员会，集中力量摸清"规划打架"的"家底"，研究提出解决思路，为编制地方规划提供参考，实现各地、各类规划思想的基本统一、目标的相互协调和内容的互相支撑，有序推动"多规融合"，以规划融合推动区域经济一体化发展。

（二）建立科学的规划管理体制

区域经济一体化是一项庞大的系统工程，涉及方方面面、众多领域和区域，需要完整的规划体系支撑，更需要建立科学高效的规划管理体制。要加快破除部门、行业和区域各自为政、相互缺乏衔接的现行规划管理体制，明确审批各级各类规划权限的主管部门，加强规划立项管理，将众多审批环节整合为立项、用地、报建、施工和验收五大阶段，由主管部门统一受理，同步审批，即可以提高审批效率，又能很好地进行衔接，形成规划合力。

（三）强化规划的权威性

建立规划落实监督管理机制，把规划执行情况，特别是推进区域经济一体化的相关内容纳入领导班子和领导干部科学发展绩效评估体系，引导各级领导班子和领导干部牢固树立"功成不必在我"的发展观念，彻底改变过去那种喜欢另起炉灶、随意变更规划的现象，强化规划的约束力、公信力和执行力，坚持一张蓝图绘到底，确保规划任务目标顺利实现。

二、完善协调机制

省会城市群经济圈一体化，涉及经济社会发展的各个领域，必须通过各地区、各级各部门之间的协作配合、整体联动，把促进各项工作的有机衔接，使发展思路变成具体实践，将奋斗目标变成美好现实。因此，建立健全协调机制，形成保障有力的组织体系，是推进区域经济一体化的必然要求。

（一）加强组织协调

进一步完善党政联席会议制度，加强对基础设施建设、生态环境工程与产业布局调整等重大事项的协调，寻找实现各方利益最大化的切入点，拓展议事范围、提升协调能力，为促进区域经济一体化提供引导；进一步发挥省区域发展战略推进办公室的职能，增强其在制定统一规划、协调重大利益、解决跨区域矛盾、推进政策落实、督导检查一体化工作进展等方面的作用，形成完善的区域一体化推进机制；各地、各部门要强化大局意识，按照山东省省委省政府和相关规划提出的任务目标，进一步完善协调工作机制和信息沟通机制，依靠网络对相关信息进行整合，建立信息共享平台，为完善配套政策，加强协调联动，确保区域经济一体化提供支撑。

（二）明确责任分工

省会城市群经济圈各地各部门对照相关政策文件规定，结合发展定位和工作职能，制订工作计划，分阶段、分目标推进区域经济一体化。围绕政策制定、基础设施建设、产业布局调整、要素自由流动、生态环境保护、公共服务等关键领域和环节，明确责任分工，层层分解目标，逐级落实任务，保障区域经济一体化工作顺利推进。探索建立区域经济一体化综合评估报告制定，及时发现问题，总结积累经验，定期形成报告报送区域经济一体化的领导机构和协调部门，并及时向社会公开，为推动区域经济一体化提供借鉴。

（三）完善社会治理体系

充分调动社会组织、民间团体、研究机构及人大代表、政协委员、普通民众等各类社会力量参与区域经济一体化发展的积极性，通过参加省会城市群经济圈党政联席会议等重要工作会议、参与重大规划政策制定等方式，为加快区域经济一体化建言献策；依托人大、政协等部门，建立跨区域的民意联络沟通机构，负责联系民意代表参会、征集各类意见建议等，为相关部门和地方政府提供决策参考；建立重大项目社会稳定风险评估机制，确保项目和政策制定的科学性法性、合理性、可行性和安全性，在全社会形成人人关注、人人参与、合力推进的浓厚氛围。

三、加强改革创新

在区域经济一体化过程中，必然伴随着利益格局调整、体制性障碍的破除等，是一项复杂艰巨的工作，必须通过改革的手段、创新的方式进行推进。从目前的情况看，现行的户籍制度、土地制度、管理体制等方面均对区域经济一体化发展存在着不同程度的制约，全面推进改革创新，破除体制机制性障碍，已经成为加速推进区域经济一体化发展的关键环节。

（一）积极深化户籍制度改革

户籍制度改革进程是制约区域经济一体化的关键因素。按照党的十八届三中全会要求，贯彻《国务院关于进一步推进户籍制度改革的意见》，按照合理确定济南落户条件，有序放开中等城市落户限制、全面放开建制镇和小城市落户限制的原则，实施全区一体的居住证制度，支持高端人才、紧缺人才等符合条件的人才在区内自由落户，推动居住证持有人群在教育、医疗、就业、住房、养老、最低生活保障等方面享受同等待遇，实行保费补助跨区转移方式，建立"钱随人走"的政府保费补助政策，探索建立社会保险异地委托管理协作机制，为加速人员自由流动，推进区域一体化发展提供支撑。

（二）积极深化土地制度改革

区域经济一体化发展离不开土地的支撑，土地资源短缺对省会城市群经济圈经济社会快速发展、区域经济一体化加速推进的制约作用越发明显。深入贯彻落实党的十八届三中全会精神，深化城乡土地管理制度改革，建立健全区域一体的土地管理制度，提高土地利用效率，是推进区域经济一体化建设重要而紧迫的任务。按照"管住总量、严控增量、盘活存量"的原则，创新土地管理制度，建立区域统一的建设用地市场，推进要素平等交换和公共资源均衡配置；积极推进土地征收和供应等领域的改革，不断完善土地产权、用途管制、市场配置、收益分配等配套制度，提高区域发展的土地资源保障能力。充分依托现有的国有土地交易市场，完善集体建设用地使用权流转管理，规范市场准入范围和条件，确定流转方式、价格、收益分配方式和评估方法。创新多元化土地供应机制，尝试在土地供应方式、土地使用年限、地价标准等方面，实行区域一体的供地政策，按照人均城市建设用地标准，确定各市建设用地规模，运用市场化手段推进剩余土地跨界交易，促进土地集约利用。

（三）积极推进行政管理体制创新

党的十八届三中全会明确指出，要加快政策职能转变，深化行政体制改革，创新行政管理方式，建设法治政府和服务型政府。下一步，省会城市群经济圈要按照中央和省里的统一部署和要求，积极开展行政管理体制改革创新，探索构建适应全区域经济一体化发展要求的行政管理体制机制。进一步优化行政区划设置，适时适度调整行政区划范围，拓展中心城市发展空间。强化区域经济一体化发展理念，打破行政区域限制，进一步完善重大基础设施、重大产业项目、公共服务体系一体化发展机制，促进各类生产要素自由流动、高效配置，推动区域间产业分工、产业整合和园区共建。

（四）大力推进法治创新

发达国家的成功经验表明，推动区域经济一体化必须有强有力的法治保障和公平稳定的法制环境，立法是促进区域协调发展的有效途径。按照党的十八届四中全会要求，贯彻全面依法治国精神，加快制定相应的法规，为区域经济一体化提供法制保障。随着《省会城市群经济圈发展规划》的出台，区域经济一体化发展的总体要求、战略目标、发展重点、具体政策等内容进一步清晰，但在目前体制下，规划等政策文件的约束力不强，法律效力较低，更改的随意性也比较大。对此，探索制定各地共同遵守的区域性公约，增强区域政策的规范性和法制化十分有必要。围绕产业调整布局、基础设施建设、科技人才交流、共同市场开放、自然资源利用、生态环境保护等方面，制定统一的公约，以约束不合理行为、协调地方政策、构建无差别的发展环境，条件成熟时，将公约上升为区域发展管理法，为推动区域经济一体化提供制度保障。

四、做强龙头城市

龙头城市是带动区域经济发展的增长极，是推动区域经济一体化的主力军，龙头城市发展快慢和水平高低，对实现省会城市群经济圈一体化至关重要。济南是辐射带动区域发展的核心和龙头，省会城市群经济圈一体化发展，关键取决于济南的综合实力和辐射带动能力。

应充分利用济南独特的政治优势和良好的区位优势，加大突破省会城市力度，优化产业结构，做大做强省会经济，提高省会"首位度"，强化有利于省会城市群协调发展的综合服务功能；充分利用科技、资本和技术优势，整合各种资源，构建人才、金融、信息等公共服务平台，吸引资本、劳动力、技术、信息等要素向中心城市聚集，在集聚生产要素上实现新突破；进一步优化营商环境，加快行政体制改革，建设服务型政府，推动政府职能向创造良好发展环境、提供优质公共服务方向转变；突出抓好济莱协作区建设，加强与其他省会城市群经济圈六市的沟通配合，强化务实合作，加快同城化步伐，推动实现优势互补、共赢发展，积极推进省会城市群经济圈一体化进程。

五、加强对外合作

在经济全球化迅猛发展和改革开放加快推进的背景下，实现省会城市群经济圈一体化，不仅需要加强内部各市间的合作，也要积极加强与外部区域的互动。省会城市群经济圈地理位置优越，是连接山东半岛和中西部地区的重要枢纽，处于京津冀和长三角的中间地带，推进区域经济对接合作的基础良好。对此，省会城市群经济圈要不断加强与省内重点板块的对接，加强与周边重点区域的合作，积极融入国家对外开放新战略，借力推动区域经济一体化加快发展。

（一）加强与省内重点区域的对接

目前，山东已经形成了"两区一圈一带"的区域发展格局，而省会城市群经济圈正处于其中的重心位置，与其他三大板块之间直接相连、互有交叉，为推动与各大板块之间的对接合作、融合互动奠定了良好的基础。今后，省会城市群经济圈要以优化区域产业布局为重点，以高速铁路、城际轨道交通建设为依托，积极完善跨区域发展对策，推动建立跨区域紧密协调的产业体系，促进本区域与其他板块在资源开发、产业布局、园区建设、基础设施、科技创新、生态环保等方面融合互动，实现优势互补、一体发展，增强区域发展的联动协同效应。

（二）加强与周边重点区域的合作

省会城市群经济圈地处长三角和京津冀两个经济增长极的中间，接受双辐射的条件优越，但京津冀北强南弱、长三角南强北弱，紧靠山东的多为欠发达地区，省会城市群经济圈处在其中的"断裂带"上，存在被边缘化的隐患。对此，在加强对省内重点区域合作的同时，紧抓国家环渤海及京津冀一体化战略机遇，最大限度利用省会城市群经济圈优势地位，以基础设施建设为突破口，推动区域资源整合和要素市场统一建设，加强区域合作交流，提升区域合作功能和整体效益，积极融入环渤海区域协作，加强与京津冀地区的对接。以环渤海大通道的建设为契机，加快环渤海高等级公路、环渤海铁路网络建设，加强高速公路对接建设和交通远景规划对接，有效连接沿海港口群，增进与京津冀及环渤海其他省市的交通联系。加快推进渤海跨海通道的立项和建设，形成环渤海沿海经济带的环行联结，提升海路联动效应，增强山东与辽宁以及东北地区的互动与辐射功能。同时，积极对接长三角公路、铁路交通网，发挥省会城市群经济圈在环渤海对接融合长三角中的桥头堡作用，实现两大国家战略的"无缝对接"，借势推动区域经济一体化发展。

（三）积极融入国家重大对外开放新战略

当前，我国自由贸易区战略和"一带一路"战略加快推进，为省会城市群经济圈打造对外开放合作示范区，在更广领域、更深层次和更高水平上参与全球经济竞争与合作提供了重大机遇。（1）积极融入中韩自贸区建设。山东处于中韩跨国经济圈的核心地带，是与韩国位置最近也是最早开展经贸往来的省份，韩国在华投资的"半壁江山"落户山东，山东与韩国之间经贸合作基础良好，文化交流密切。省会城市群经济圈要抓住中韩签订FTA的有利时机，立足自身优势和合作基础，超前谋划推动，加强与韩国在产业对接、园区共建、科技研发、节能环保等领域的合作，着力打造中韩合作的新高地。（2）加快融入"一带一路"建设。充分发挥省会城市群经济圈的比较优势，找准与沿线国家和地区合作的契合点，确定好突破点、线路图，集中力量取得突破，对接新亚欧大陆桥经济走廊、中巴经济走廊，强化与中亚地区和俄罗斯的合作，重点加强能源矿产、基础设施等领域的合作。利用中国—东盟自贸区升级版谈判、孟中印缅经济走廊建设等新机遇，充分发挥鲁新经贸理事会平台作用，以新加坡、印度尼西亚、马来西亚、泰国、越南、柬埔寨、印度为重点，着力在矿产资源、海上合作等领域取得新突破，努力成为"一带一路"建设的排头兵。

第十二章　西部经济隆起带特色高地建设思路与政策建议

根据不同地区的发展基础、发展重点和发展方向，建设各具特色的发展高地，是《西部经济隆起带发展规划》提出的重要战略，是实现资源要素优化配置的重要方式，是促进区域分工协作，推进产业集中集聚，实现西部经济隆起带错位发展、差异发展、一体发展的重要途径。

济宁、枣庄等地是儒家文化的发祥地，文化资源、旅游资源丰富，经济与文化互动发展、融合发展的基础良好，具有打造文化经济融合发展高地的先天优势；临沂等沂蒙革命老区的商贸物流业规模迅速扩大，辐射范围不断拓展，集聚带动功能不断增强，具备了打造商贸物流高地的优势条件；德州、聊城新能源产业、低碳经济发展基础较好，具有打造生态低碳高地的优势；菏泽处于鲁苏豫皖四省交界地区，在政策、交通和资源等方面优势较为突出，具备了打造邻边经济高地的基础。

第一节　文化经济融合发展高地建设思路与政策建议

人类社会发展史实际就是一部文明进步史、文化发展史。人类社会的每一次跃进，无不镌刻着文化进步的烙印，凝聚着文化发展历史的印记。一个国家、一个民族、一个政党，其发展、其兴盛、其强大，最重要的动因就是文化。当今世界，文化与整个经济社会发展融为一体，文化越来越成为民族凝聚力和创造力的重要源泉，越来越成为综合国力竞争的重要因素，越来越成为经济社会发展的重要支撑，丰富精神文化生活越来越成为我国人民的热切愿望。大力发展文化产业，不仅成为繁荣现代产业和复兴民族文化的一项重要内容，也是培育新的经济增长点，以及改变经济增长方式的最有效途径之一。

一、其他地区先进经验

西安曲江新区作为首批国家级文化产业示范园区，也是国家 5A 级景区，是国内少有的"文化产业园区、景区与城市新区"三区合一的区域。早在 1996 年该区域被规划为以大雁塔为核心的省级旅游用地，2003 年正式定位为城市发展新区。在政府主导、市场化运作的机制环境下大胆创新，以文化资源富集为优势和发展根基，确立了"文化立区、旅游兴区"的发展思路，2004 年以大雁塔北广场改造建设为突破，以大唐芙蓉园、曲江海洋馆等文化主题公园为关键节点，实现文化与旅游产业的融合创新，在旅游集聚人气、财气的驱动下，相继建成大唐通易坊、大唐不夜城等文化商业街，以及曲江会展、演艺、出版等文化产业。曲江新区在大力推进文化产业园区发展的同时，坚持走"文化主导、旅游先导和城市向导"的文化产业与城市经济融合发展的路径，通过提升文化旅游景观、完善基础设施，以大集团、大项目带动为发展战略，坚持建设高标准的城市新区，不断推进曲江新区文化产业与城市经济的融合发展。"十一五"规划之后，曲江新区利用曲江一期建设所取得的成功经验，打破行政区划界限，拓展产业发展空间，整合优质资源，大胆实施了扩区、跨区发展战略，先后形成了大明宫遗址保护区、法门寺文化景区、临潼国家旅游休闲度假区、西安城墙景区、楼观中国道文化展示区等板块文化旅游项目协同并进的发展格局。在扩区、跨区发展中，曲江新区坚持"产业先导、城市化基础设施先行、引领示范区"和"腾笼换鸟，栽树引凤"的发展思路，引领城市经济快速推进与发展。总体看来，曲江新区推进文化经济融合发展的经验主要有以下几点：

（一）文化与旅游一体发展

在曲江新区开发之前，所在区域 20.4 平方公里的范围内仅有大雁塔景区，缺乏旅游接待设施。随着曲江文化产业发展的推进，曲江新区以大雁塔和曲江皇家园林遗址为中心，以大雁塔北广场改造为突破，以大唐芙蓉园为标志，相继建成曲江池遗址公园、唐城墙遗址公园、唐大慈恩寺遗址公园、寒窑遗址公园、秦二世陵遗址公园和曲江海洋世界等一系列重大旅游项目；同时，旅游设施不断完善，而今曲江新区已成为国家 5A 级景区，年均接待游客超过 5 000 万人次。

（二）以文化促进商业兴旺

在 2002 年之前，曲江新区所在地基本属于西安城郊的乡村区域，商业设施很少，且只能满足当地村民的日常生活所需，缺乏大型商场、超市、酒店、商业街等现代化商业设施。自曲江新区开始文化产业的开发以来，实现了商业经济的发展繁荣，以大唐不夜城、大唐通易坊等商业设施的快速发展，极大地提高了曲江新区的商业水平，创造了巨大的经济效益。目前，曲江新区已成为以文化与商业等为主要特色的经济区，实现了商业环境的优化、商业设施的打造和商业效益的回收，实现了外部经济的带动作用，成为西安市的新型商圈。

（三）以文化带动地产发展

随着曲江新区文化产业园区的开发，整个区域环境也得到了重新打造，完善的基础设施，改变区域的人居环境，而一跃成为西安最适合人居的理想之地。全区的绿化覆盖面积由 232 万平方米增加到 417 万平方米，人均占有公共绿地面积达到 14.19 平方米；全区周边的房地产布局合理，环境优美，形体雅致，已形成绿色节约型的全新式居民小区，2010 年 10 月，曲江新区被国家环保部评为"国家级生态示范区"。曲江地产从 2002 年 30 万元/亩的地价跃升至 2010 年的 300 万元/亩，商业地产也得到发展。

二、发展基础

近年来，济宁、枣庄两市发挥文化资源丰富、经济基础较好、交通条件便利、文化影响力较强等优势，通过大力实施"文化强市"战略，以发扬光大儒家文化、运河文化、古城文化为契机，以建设"曲阜国家级文化产业示范园""台儿庄古城"为平台，全力推进文化产业发展，全方位健全公共文化体系，文化经济融合发展水平不断提高，已经具备了打造文化经济融合高地的坚实基础。

（一）文化资源丰富

济宁市拥有曲阜和邹城两大国家级历史文化名城，是孔子和孟子的诞生地、儒家文化的发源地，也是黄帝诞生地、神农炎帝故都、少昊之墟、商殷故国、周汉鲁都，在海内外享有很高的知名度和影响力，是中国文化的标志性符号和文化圣地。该地区文物遗存众多，其中，曲阜市现拥有各类文物古迹 600 余处、非物质文化遗产 106 项，邹城拥有孟府、孟庙、孟林、孟母林等古建筑群，拥有号称"中国书法艺术瑰宝"的北周时期铁山、岗山、葛山、尖山"四山"摩崖石刻以及"天下第一怪石山"峄山，"明代亲王第一陵"明鲁王陵等文物古迹 517 处，其中国家级重点文物保护单位 5 处。济宁是儒家文化底蕴最为密集的区域，是中国极其少有的文化区位组合，具有很大的发展潜力、发展优势和发展空间。枣庄也是一座文化之城，文化底蕴深厚，境内分布着北辛文化、古滕国、古薛国等遗址，孕育了造车鼻祖奚仲、科圣墨子、工匠祖师鲁班等历史文化名人，著名的台儿庄大战就发生在这里，也是"铁道游击队"的故乡，拥有京杭运河、台儿庄古城等享誉世界的文化品牌。

（二）交通条件便利

济宁和枣庄位于鲁苏豫皖四省结合部，北接环渤海经济圈，南承长三角经济区，西连中原经济圈，东邻山东半岛蓝色经济区和经济发达的东亚经济带，地理位置优越，交通条件便利，是西部经济隆起带和淮海经济区的重要城市，是连接华东、华北两大区域的重要交通枢纽。两市设有京沪高铁重点站点，京九、京沪、新石铁路交叉穿越，京福、日东、济菏高速公路和四条国道、八条省级干线公路纵横境内，铁路、公路密集度在淮海经济区和西部经济隆起带中相对较高；济宁机场已开通北京、上海、广州、成都、沈阳等多条航线，机场运行良好，机场迁建工作顺利推进，枣庄机场建设也在加快推进；京杭大运河纵贯全境；宽带信息网覆盖全国各地和世界 200 多个国家和地区；京杭运河黄金水道辐射带动作用较强，"运河物流"品牌逐步确立。

（三）经济基础较好

济宁和枣庄两市的经济发展在西部经济隆起带中处于较高水平。2012 年，曲阜市实现生产总值（GDP）298.44 亿元，三大产业的增加值分别是：27.88 亿元、117.91 亿元和 152.65 亿元，占 GDP 的比例为占 GDP 的 9.3%、39.6% 和 51.1%。相比曲阜，邹城市地区生产总值 671.32 亿元，三大产业的增加值比例分别是：43.48 亿元、403.30 亿元和 224.54 亿元，所占 GDP 的比例是 33.45%、6.48% 和 60.07%。两市的产业结构趋渐合理。特别是曲阜市、邹城市近年来文化改革发展取得了显著成效，文化产业初步形成了各具特色的产业体系。目前，曲阜市有各类文化企业 1 000 多家，从业人员 3 万多人，2012 年文化产业增加值预计 14.86 亿元，占比达到 4.98%，增幅 21.7%，初步形成了文化旅游、教育培训、演艺、文物复仿、动漫创意、休闲体验等为主的文化产业体系。2012 年，曲阜市旅游产业增加值约 10 亿元，其中曲阜文化旅游发展投资集团有限公司注册资本达到 3.8888 亿元，总资产为 12.66 亿元，成为中国文化产业协会常务理事。曲阜市还依托曲阜师范大学、济宁学院、孔子研究院、孔子礼仪文化学校、儒源儒家文化体验基地等多所大专院校、科研院所和培训机构，大力发展教育培训产业，发展势头强劲。邹城市以儒家文化、母教文化、生态文化作为主攻方向，不断提升峄山景区、"两孟"文化区经营管理水平，全面突破文化旅游业，初步形成了文化旅游业、古玩字画与工艺品产业、娱乐业、艺术培训业等业态的文化产业布局。

（四）城市影响力较高

曲阜市被尊崇为世界三大圣城之一，号称"东方圣城"，是我国首批历史文化名城。2013 年，曲阜"孔子故里东方圣城"被评为 2012 年山东省十佳城市文化品牌。中国曲阜国际孔子文化节在国内外具有广发的影响，已经联系举办了几十届，通过孔子文化节活动的举办，扩大了曲阜文化的交流，增强了国际知名度，这一时期的旅游客流量具有高峰期的特点，成为国家级"节庆活动的精选"，被国际节庆协会评为"中国最具国际影响力的十大节庆活动"。邹城市依托孟府、孟庙、峄山等旅游资源，先后成功举办了六届中华母亲文化节，全力打响孟子思想、孟母品牌影响力，塑造鲜明城市形象和特色城市品牌。曲阜市和部城市这两座国家级历史文化名城在全国全世界都有很高的知名度和影响力。

曲阜市不断创新发展模式，市委市政府重视可持续发展，经济转型取得初步成效。自 2007 年以来，曲阜市委、市政府坚持以科学发展观为统领，按照建设资源节约型、环境友好型社会要求，把资源开发利用与产业结构优化和实施可持续发展战略结合起来，合理控制资源开发强度，拉长煤电化产业链条，大力发展接续替代产业，推动经济转型发展。在煤炭产量没有增加的情况下，经济总量增长 57%，财政一般预算收入增长 70%，规模以上工业增加值增长近一倍、企业个数翻了一番，农业产业化进程加快，工业内部结构优化升级，先进制造业占比提升，新兴产业快速崛起，服务业增加值 3 年翻了一番，节能减排成效明显，万元 GDP 能耗下降 15%，COD 排放量减少 15.97%，SO_2 排放减少 20.47%。实现了经济持续发展、资源合理开发利用、生态环境不断改善的良性循环，走出了一条资源型城市主动转型、可持续发展的新路子。

三、建设思路

（一）指导思想

高举中国特色社会主义伟大旗帜，以邓小平理论、"三个代表"重要思想和科学发展观为指导，深入贯彻落实党的十八大、十八届二中、三中、四中全会和山东省委省政府关于经济文化强省建设的各项重大部署，彰显儒家文化金名片优势，以创新发展为主线，以提升产业竞争力和实力为核心，整合资源，加强产业协作和产业融合，促进文化体制机制创新，按照完善文化管理体制、建立健全现代文化市场体系、构建现代公共文化服务体系、提高文化开放水平的要求，以签订合作协议为契机，以加快建设曲阜文化经济特区、曲阜国家级文化产业示范园区、中华儒家文化、台儿庄古城文化产业园，构建现代公共文化服务体系为重点，积极探索，率先起步，努力打造西部经济带文化经济高地。

（二）基本原则

——深化改革，完善机制。建立健全科学有效的文化管理机制和灵活高效的运行机制，推动政府部门由办文化向管文化转变，确保文化发展正确方向。巩固已有改革成果，加快推进当前改革任务，研究实施新时期改革方案。完善改革配套政策、文化扶持政策和文化贸易政策，充分发挥政策集成优势，促进产业又好又快发展。

——统筹引导，重点突破。发挥政府在产业发展中的引导作用，着力强化规划引领、资源统筹、政策调节和公共服务，提升决策的科学性和前瞻性。牢牢抓住制约产业提升发展的关键问题，集中力量，科学施策，重点发展渗透性、关联性强，有助于产业链延伸、价值链提升的高端领域和环节，为壮大产业规模和实力奠定基础。

——鼓励创新，内涵发展。以大文化观布局谋篇，营造鼓励创新、宽容失败的发展环境。充分发挥市场在文化资源配置中的积极作用，激发企业创新创意活力。加强产品研发和内容原创，推动文化内容、形式、手段创新。加强知识产权保护，鼓励原创作品创作、开发、制作与传播，加大对原创作品采购、扶持和奖励力度。充分挖掘利用首都历史文化资源，采取有效措施，努力将资源优势转化为产业优势，走内涵式发展道路。

——存量挖潜，集约利用。发挥北京资源集聚效应，把握非首都核心功能疏解和产业转移契机，推进工业遗址、废旧工业设施和空置工业厂房改造，拓展文化创意产业发展空间，更好地为全市经济结构调整、产业转型升级服务。因地制宜，加强对不同文化创意产业发展区域土地利用方向、结构和布局的调控和引导，充分开发利用现有存量土地资源，提高文化创意产业发展效益。

——融合发展，转型提升。注重产业附加值的提升，在产业发展中融入更多创意元素，促进文化创意产业内部及与其他产业的融合发展、联动发展。注重新型文化业态的培育，提高产业规模化、集约化、专业化水平，培育产业新的增长点。加快产业结构创新、链条创新、形态创新，实现产业升级发展。

——分工协作，开放共赢。充分发挥北京作为全国文化中心的辐射带动作用，推进产业链上下游和区域分工与相互协作，加快跨区域、跨行业、跨所有制的跨界合作，优化区域产业结构和空间布局，加快京津冀文化创意产业一体化发展，提升产业链协作发展水平。提升市场开放度，加快产业"引进来"与"走出去"，促进文化要

（三）发展重点

突出创新创意理念，大力发展文化旅游、文化创意、影视制作、出版发行、印刷复制、演艺娱乐、广告会展、数字内容、动漫等产业，着力提高文化产业比重，构建结构合理、门类齐全、科技含量高、富有创意、竞争力强的现代文化产业体系。

1. 文化旅游产业。

统筹文化与旅游一体化发展，重点整合演艺、饮食与景区文化资源，挖掘儒家文化内涵，提升景区的文化品质，延伸文化旅游产业链，完善旅游目的地体系、旅游产品体系、旅游市场体系和旅游接待服务体系。强化文化旅游统筹发展意识，打破地区界限和行业壁垒，以重点景区为依托，以精品线路为纽带，大力推进跨景区、跨地域、跨行业合作，形成资源共享、优势互补、相互促进的文化旅游融合发展良性机制。

2. 文化创意产业。

扶持一批能够成为研发投入主体、技术创新主体和创新成果应用主体的文化创意骨干企业，提高企业的自主创新能力和设计策划能力，重点发展文化科技、艺术创作、音乐制作、广告制作、工业设计、软件设计、包装设计、建筑设计、园林设计、服装设计、旅游策划、咨询策划、动漫游戏等产业。建设创意设计产业公共服务平台，加快成果转化，提高创意产业的影响力和带动力，拉长产业链条，带动相关服务业和制造业的发展。

3. 影视制作产业。

依托大型文化企业集团，集聚国际国内各类影视制作资源，提升两地影视产业的整体实力、竞争力和影响力。扶持一批民营影视传媒企业，建设一批大型影视制作项目，提高电视剧、非新闻类电视节目的生产能力，壮大集创作、拍摄、制作、交易发行等综合功能的影视加工贸易业，推动城市院线影院建设和有线网络的整合、改造、提升，扩大影视产品及其后续产品的开发能力和规模。

4. 出版发行产业。

加强以跨地区连锁经营、信息化管理和现代物流为特征的大型出版物流通体系建设，完善出版物发行网络。以内容产业为主导，加快选题策划、印刷发行、仓储物流的软硬件建设，通过一批出版发行业龙头项目建设，支持国有出版传媒骨干企业发展壮大，支持民营书业快速发展。加快传统企业技术升级和战略转型，积极发展数字出版、网络出版、手机出版等新兴业态，支持电子纸、阅读器等新闻出版新载体的技术开发、应用和产业化，加快各类出版物的数字化、网络化、电子商务化进程。

5. 印刷复制产业。

加快技术改造升级，规划建设出版物印刷产业基地、包装装潢印刷基地、印刷物流基地，重点发展高新技术印刷、数字印刷、个性化印刷，加快发展包装印刷和可录类光盘复制，支持骨干企业建设大型印刷项目，增强印刷行业整体竞争实力。

6. 演艺娱乐产业。

完善演艺娱乐基础设施，支持社会资本兴建新型健康的娱乐场所，重点加快文艺演出院团转企改制和资源重组，培育一批上档次、上规模的娱乐文化企业和连锁网点，策划打造一批重点演艺项目，培育扩大娱乐消费市场，打造具有山东特色的演艺品牌。加快推进文艺演出院线制，通过组建演艺联盟、统一票务网络等形式，推进主要城市演出场所连锁经营。

7. 广告会展产业。

提高广告会展业知识、技术、人才、资本的密度，吸引国内外高端机构进入山东省广告会展市场，提升山东省广告会展业的技术和水平。积极促进新型广告媒体发展，加快培育品牌会展，扶持打造一批定位准确、主题突出、特色鲜明的广告会展项目。

8. 数字内容产业。

积极发展以数字、网络等高新技术为支撑的新兴文化业态，推动现代科技与文化的融合，重点培育一批创意独特、科技含量高的新兴文化企业，促进山东省数字内容产业的全面升级。加快推进三网融合，大力发展以互联网、数字化、多媒体等高新技术为依托的数字内容产业，积极开发数字出版业务，推动纸质有声读物、手机报刊、电子图书、网络出版物等新兴出版业态快速发展。

9. 动漫产业。

以举办动漫文化艺术节为契机，大力推进动漫基地建设，加强动漫原创及衍生产品开发，促进动漫产业"产、学、研、服"一体化发展。在动漫企业项目申报、市场融资、产业整合等方面加大支持力度，大幅度提高本地原创动漫产品的数量和质量。

四、政策建议

深入实施文化强国战略和经济文化强省战略，加强社会主义核心价值体系建设，深化文化体制改革，扩大文化对外开放，实施文化创作精品工程，大力推动文化事业和文化产业繁荣发展，大幅度提高人民基本文化权益保障水平，展现儒家文化良好形象和精神风貌。

（一）大力发展公益性文化事业

1. 加快构建公共文化服务体系。

按照公益性、基本性、均等性、便利性的要求，建立完善覆盖城乡、结构合理、功能健全、实用高效的公共文化服务体系，全面实现市、县（市、区）、乡镇（街道）、村（社区）四级公共文化设施全覆盖。突出抓好两方面工作。一方面，面向县（市、区）、乡镇（街道）、村（社区）三级，推进基本公共文化服务均等化。"十三五"期间，国家和省里将大力推进基本公共服务均等化。按照《国家基本公共服务体系规划》和《山东省基本公共服务体系行动计划》要求，制定基本公共文化服务的主要标准，明确目标任务，落实保障工程，分年度、分步骤组织实施，逐步实现人人享有基本公共文化服务的目标。另一方面，面向市级，加强公益性文化重点项目规划建设，认真做好重点文化项目的规划论证，区分轻重缓急，优先安排人民群众关心、建设条件落实、社会效益显著的项目。

2. 积极发展现代传媒体系。

当今时代，谁的传播手段先进、传播能力强大，谁的思想文化和价值观念就能更广泛地流传，谁就能更有力地影响世界。适应信息化和全球化条件下舆论传播的新特点新要求，加快构建技术先进、传输快捷、覆盖广泛的现代传播体系，是一项十分紧迫的任务。要进一步加强党报党刊、电台、电视台、出版社等重点新闻媒体建设，加快数字化转型，扩大有效覆盖面；积极发展移动多媒体广播电视、交互式网络广播影视、数字多媒体广播、网络出版、手机出版等新兴业态；继续整合全省广电网络，加快推进三网融合。

3. 统筹推进城乡文化一体化发展。

没有农村文化的繁荣发展就没有整体的文化的繁荣发展。西部地区农村人口多、区域广，文化建设历史欠账较多。要把农村文化建设摆到优先发展的位置，增加农村文化服务总量，促进城乡公共文化协调发展。组织实施广播电视村村通、文化信息资源共享、农村电影放映、县级城市数字影院、农家书屋等新农村建设工程，继续开展大规模送戏下乡活动。

（二）创造生产高质量的文化产品

创作生产更多优秀作品，是文化繁荣发展的重要标志。积极借鉴先进省市的好经验、好做法，发挥自身优势，在文艺作品、哲学社会科学、网络文化等方面，引导广大文化工作者创造生产出思想性、艺术性、观赏性相统一，具有儒家风格、古城气派、群众喜闻乐见的精品力作。组织实施好文化创作精品工程，完善相关扶持政策，努力在历史题材、革命题材、农村题材、少儿题材等方面实现新突破，进一步做大做强品牌影响力。以建设曲阜国家级文化产业示范园为契机，培养一批骨干文艺创作表演人才，推出一批原创精品力作，新建一批剧院等文化设施，推动西部隆起带文化创作再上新水平。

（三）加快构建现代文化产业体系

加快构建现代文化产业体系，不仅是满足人民多样化文化需求的重要途径，也是转变经济发展方式的、建设经济文化强省的重要着力点。济宁和枣庄文化资源丰富，儒家文化源远流长，运河文化波澜壮阔，古城文化异彩纷呈，发展文化产业具有得天独厚的优势和巨大的潜力。把发展文化产业作为推动发展方式转变的重要着力点，推动文化产业规模迅速扩大、结构更加优化、质量不断提升，使其成为国民经济支柱性产业。

1. 强化规划的引导作用。

科学的规划、合理的布局，是构建现代文化产业体系，建设经济文化强省的重要前提。要按照相关规划，加快制定文化改革发展专项规划和重点产业子规划，进一步优化文化产业布局，明确主攻方向和发展重点，以规划引领文化产业科学发展、跨越发展。

2. 实施大项目带动战略。

一个大项目，可以带动形成一个文化产业集群，甚至能够形成一个特色文化产业基地。要把重大文化产业项目建设与壮大优势产业集群、优化提升产业结构、培育文化产业园区和基地有机结合起来，立足当地优势领域，精心谋划和推进一批成长性好、牵动性强、市场空间大、发展前景广阔的重大产业项目，在项目审批、资金安排、土地供应等方面给予重点支持，加快招商引资平台，吸引战略投资者，实现集群发展，培育形成一批新的增长点。

3. 着力培育大型文化企业集团。

培育大型文化企业集团是做大做强文化产业的重要途径。传媒大亨默多克旗下的新闻集团，正是通过兼并收购，在五十多年的时间里将一个普通地方报业公司变成当今世界上规模最大、国际化程度最高的综合性传媒公司。可以预见，随着文化体制改革的不断深入，国内文化企业兼并重组将进入一个加速阶段。西部地区要紧紧抓住这一大好机遇，继续深入推进文化企业改革，制定鼓励文化企业以资本、资源、品牌为纽带兼并重组的政策措施，积极推动有实力的文化企业跨地区、跨行业、跨所有制兼并重组，培育一批具有较强国际竞争力的大企业集团，使其成为推动文化产业发展的中坚力量。

4. 打造一批文化产业基地和园区。

加快建设文化产业园区（基地），是延伸文化产业链条，深化专业化分工协作，优化资源配置，提高文化产业的集聚发展水平，推动文化产业优化升级的必然选择。要规划建设各具特色的文化创业创意园区，引导社会资本以多种形式投资参与文化产业园区建设。充分发挥现有省级以上园区的作用，推行园中园和一区多园等模式，支持省级以上各类园区建设一批特色文化产业园；结合实施西部经济隆起带战略加快建设特色文化园区，济宁要大力发展儒家文化与文化创意、动漫游戏等新兴文化产业，建设一批有影响力和带动力的文化产业园，枣庄要重点建设一批彰显古城文化、生态文化、运河文化特色的文化产业园区；按照"大项目—产业链—产业集群—产业基地和园区"的思路布局大项目建设，留足发展空间，力争建成一个大项目，就能培育一个特色基地和园区，对于能够形成特色文化园区和基地的骨干企业，要完善配套政策，支持中小企业向骨干企业周围集中，引导中小企业向"专、精、特、新"方向发展，提高为骨干企业的配套协作能力，加快形成一批以行业龙头企业为引领、中小企业紧密配套的特色文化产业园。

5. 拓宽文化产业投融资渠道。

文化产业是高投入、高产出、高风险行业，其发展需要大量资金支撑。要加大财政、金融等方面对文化产业的政策扶持力度，创新投融资体制，进一步拓宽投融资渠道，加快构筑政府推动、市场主导、社会资金广泛参与金融支持体系。加大政府投入力度。要筹划一批投资规模大、市场前景好的重大项目，建立重大项目储备库，密切跟踪国家各类文化专项资金支持动向，争取更多的国家专项资金支持。扩大信贷规模。要建立金融支持文化产业发展的激励政策，鼓励金融机构创新产品和服务方式，完善信用担保体系，引导银行业金融机构加大信贷支持力度；搭建银企政合作平台，定期举办银企对接活动，推介重点文化产业项目。拓宽直接融资渠道。要抓紧推动文化产业投资基金设立工作，加快发展风险投资基金，构建支持文化产业发展的股权投资基金体系。抓好培育发债资源，支持符合条件的文化企业发行企业债券。

（四）提高科技和人才对建设文化经济高地的支撑引领作用

要充分发挥文化和科技相互促进的作用，深入实施科技带动战略。加快推进文化重大科技创新平台建设。加大政策和资金扶持力度，推动科技资源整合，组建一批文化重大科技创新平台，形成科技创新合力。增强文化产业核心竞争力。立足培育高端文化产业，加强核心技术、关键技术、共性技术攻关，努力在一些重大关键技术领域取得突破，形成一批具有自主知识产权的科技成果，以先进技术和装备支撑高端文化产业加快发展。推动文化与科技融合发展。加快建设文化科技成果中试基地、公共转化平台和成果转化基地，促进文化科技成果转化；依托高新技术园区，建立一批文化和科技融合示范基地，积极争取上升为国家级文化和科技融合示范基地。强化文化企业技术创新主体地位。鼓励文化企业建设实验室、博士后工作站和企业技术中心；支持文化企业与高校、科研院所以多种方式建立产业技术创新战略联盟，培育一批特色鲜明、创新能力强的文化科技企业。

要坚持尊重劳动、尊重知识、尊重人才、尊重创造，深入实施人才强省战略，建设宏大文化人才队伍。培育引进文化高端人才。努力造就一批名家大家和领军人才、一批占据文化科技制高点的科技型人才、一批善于开拓国际文化市场的外向型人才、一批懂经营善管理的复合型人才。实施高端文化人才引进计划，重点引进一批高端文化产业经营管理人才和文化创意人才。加强基层文化人才队伍建设。要以公共文化设施管理人才、群众文化活动指导人才、非物质文化遗产保护人才为重点，制定实施基层文化人才队伍建设规划，完善机构编制、学习培训、待遇保障等方面的政策措施，吸引优秀文化人才服务基层。加强文化人才培养培训，要鼓励有条件的高等院校调整增设文化建设管理相关学科和专业，扩大招生规模，加快文化紧缺人才培养。依托高等院校、职业院校、文化科研机构、文化产业园区、文化骨干企业，建立一批文化人才培养和实训基地。健全完善文化人才激励机制。探索建立以岗位职责为基础，以品德、能力和业绩为导向的人才选拔、激励机制和指标体系，为优秀人才脱颖而出、施展才干创造有利制度环境。

（五）加快构建文化经济繁荣发展的体制机制

1. 积极推进国有文化单位转企改制。

坚持区别对待、分类指导，分类型、分系统、分层次推进国有文艺院团和非时政类报刊出版单位改革，鼓励支持跨区域、跨行业、跨行政级别兼并重组，组建大型演艺集团、报刊出版传媒集团。着力推动已改制单位按照"三改一加强"的要求，建立现代企业制度，完善法人治理结构，培育富有活力的市场主体。按照"管人管事管资产相统一"的要求，制定出台加强国有文化资产监管的指导意见和国有文化资产考评办法，建立健全科学有效的国有文化资产管理体制机制。

2. 创新文化管理体制。进一步推动文化行政管理部门切实依法履行政策调节、市场监管、社会管理、公共服务的职能，制定和完善公共文化服务保障、文化产业振兴、文化市场管理等方面法规，建立职能规范、职责明确、运转有序、统一高效的管理和执法体系。围绕增强活力、改善服务，进一步深化人事、收入分配和社会保险改革，探索建立公益性文化事业单位法人治理结构，拓宽服务领域、创新服务方式、改善服务质量。

3. 健全现代文化市场体系。建设综合交易平台，重点发展图书报刊、电子音像制品、演出娱乐、影视剧、动漫游戏等产品市场。大力发展连锁经营、物流配送、电子商务等现代流通组织和流通形式，加快培育大型文化流通企业和文化产品物流基地，构建文化产品流通网络。加快培育产权、版权、技术、信息等要素市场，培育发展专业中介服务机构，促进文化产权交易市场繁荣发展。

（六）加强对外文化交流合作

适应文化产业发展国际化趋势，近年来，山东省积极推动齐鲁文化走出去，以日本、韩国、新加坡、意大利等亚欧国家为重点，通过组织多种形式的文化交流活动，增强了齐鲁文化在世界上的影响力。要加快构建政府主导和多方参与相结合的对外文化交流体系，扩大对外文化交流的规模、层次、效益，鼓励支持各类艺术院团出境演出交流、艺术品出境展览展销。充分发挥以孔子文化为代表的齐鲁文化优势，重点推进对台湾地区和亚洲"儒教文化圈"以及美欧等重点国家文化的交流合作，着力打造"孔子故乡、中国山东"文化外宣品牌。大力发展文化对外贸易，推动文化产品、服务出口和文化企业跨国经营与海外投资。完善扶持政策措施，巩固传统市场，开拓新兴市场，打造有特色和国际知名度的文化品牌，延伸产业链条，扩展市场增长空间，提高文化产品和服务的国际市场竞争力。一般而言，在文化贸易的初期，重点是推动文化产品和服务出口。在大力推动文化产品和服务出口的同时，要积极谋划，主动出击，在海外进行文化传播渠道布点，通过控股、参股以及并购等多种形式经营影院、剧场、书店甚至电台、电视台、出版社，进一步提升当地对外贸易的质量和水平。

第二节　商贸物流高地建设思路与政策建议

经过多年努力，沂蒙革命老区商贸物流业规模迅速扩大，辐射范围不断拓展，集聚带动功能不断增强，已经成为江北最大的商品集散地，并且有力地带动了周边地区相关产业的发展。2013年，仅临沂市的社会消费品零售总额就达到1 789.8亿元，临沂商城交易额达到2 096亿元，在全国批发市场中位列第二位，"南义乌，北临沂"的商贸格局基本形成，"天下物流、中国临沂，中国临沂、物流天下"的品牌影响日益扩大。可以看出，沂蒙革命老区商贸物流在全国的地位愈发突出，沂蒙革命老区具备了打造全国重要的国际商贸物流基地的优势条件。

充分发挥商贸物流产业发展较好的优势，抓住国家支持沂蒙革命老区发展的重大机遇，加大支持力度，加快打造全国重要的国际商贸物流基地，把老区打造成为转变贸易发展方式示范区、带动产业转型升级的重要基地、世界领先的国际商品贸易中心，对沂蒙革命老区实现跨越发展乃至成为全省新的经济增长极，都具有十分重要的战略意义。

一、商贸物流发展的主要经验

作为全球最大的商品批发市场，义乌是一个既不沿边、又不靠海，既无工业基础、又缺乏外部支持且地瘠人贫的内陆小县，改革开放以来，义乌坚持"兴商建市"战略，以小商品市场为龙头和核心，以市场经营者为主体，以要素市场和第三产业相配套，以现代交通通讯为媒介，以商强农，以商促工，工商联动，极大地促进了农村经济工业化、城镇化和现代化的发展，带动了经济社会的全面整体发展，为沂蒙革命老区商贸物流发展提供了许多值得借鉴的经验。

（一）坚持兴商建市

义乌确立并实践"兴商建市"发展战略二十多年不动摇，始终把市场摆在义乌经济社会发展的龙头地位，坚持不懈地把商贸业作为主导产业来抓。义乌市遵循抓市场就是抓经济的理念，大力推进专业市场的扩张提升，推进专业市场硬件完善、功能拓展、业态提升。批发市场由地方政府出资建设，经营市场的利润所得都投入到市场的再建设、再开发，形成了滚动发展、良性循环。义乌的市场经过多次扩建后，逐步从一个区域专业市场发展为全国性的小商品流通中心。

（二）促进产业联动

商贸业的持久繁荣，需要有产业的坚强支撑。义乌市以市场带动工业，以工业支撑市场，促进了市场与产业的联动发展。义乌市在推进"兴商建市"的同时，充分发挥商贸资本雄厚、市场信息灵敏、经商人才众多等优势，积极实施"以商促工""贸工联动"策略，引导商业资本向工业扩展，大力发展与专业市场关联度紧密的小商品加工业，推进工业的规模扩张和产业升级，形成了与专业市场紧密联动的工业产业体系，构筑了"小商品、大世界，小企业、大集群，小产业、大市场"的工业发展格局，推动小商品集散中心进一步向小商品流通中心、制造中心、研发中心的方向发展。

（三）健全物流网络

义乌既不属于沿海地区，也不是沿边地区，既无深水良港，又缺要素资源，并不具备发展大规模商贸物流的先天优势，但能够成为全球最大的小商品集散市场，与其积极打造健全完善的物流网络密不可分。义乌拥有五个物流集散中心和四个专业性物流场站；基本构建了公路、铁路、航空等相互交织、相互配合的综合交通运输体系，公路四通八达，已成为浙中交通枢纽，建设了全国现代化程度和智能化水平最高的火车站，建成了浙江中西部地区最大和全国第二个县市级中型航空港，2013 年货邮吞吐量达到 3 452.7 吨。电子商务快速发展，物流公共信息平台日趋完善，网商异军突起，截至 2013 年，在义乌注册的电子商务个体工商户达到 10 000 多家，淘宝卖家账户近 12 万个。国际商贸城市建设加快推进，创立了"陆、海、空"多式联运模式，设立了公共保税仓库，打造了"直通式口岸"和"保税物流"两大核心功能的内陆"无水港"，接轨全球物流网络。2013 年，义乌跨境快递出货量超过 9 000 万票，实现跨境电子商务零售交易额 106 亿元，同比增长 110%，义乌市场的国际竞争力不断提升。

（四）规范市场管理

义乌市在充分发挥市场的决定性作用基础上，有效行使政府职责。义乌在发展商品市场的初期，就实行了"划行规市"的管理方式，促进不同种类、不同行业商品的分区经营、集中经营，实现摊位的有序合法流转，规范了商品交易价格，建立了完善的市场管理制度，扩大了商品的竞争强度，在一定程度上防止了假冒伪劣行为。2003 年，义乌自主开发了我国首个专业市场电子信息化管理系统，实现了市场开发、商位租赁、经营户行为规范、商务信息等服务信息化管理，极大地提高了管理效能。通过一系列规范的社会管理，义乌市场获得了全国"重质量、守信用市场"的美誉，同时也成为我国首个建立 ISO9001 国际质量体系的专业市场，为其商贸物流夯实基础、打开国际市场提供了质量保证。

（五）强化政策支持

政府政策的有效性和连续性在义乌市场培育、发展、规范，以及促进市场体系完善中发挥了十分重要的作用。一般来说，"国家越落后，一个开拓性政府的作用就越大"。市场化改革初期，义乌政府起了市场第一推动力的作用，大胆提出了"四个允许"，确保了小商品经营者的合法地位和正当权利，打消了观望商户的疑虑，大大拓展了市场的发展空间。之后又提出"兴商建县"（"兴商建市"）"以贸促工、贸工联动""建设国际性商贸城市"等战略目标，不同阶段的战略目标不同，但坚持发展商贸物流的大方向没有变，保持了良好的政策连续性，为义乌商贸物流发展创造了较为稳定的政策环境。在市场有一定的发展基础之后，1993年，政府开始逐步退出市场主体的角色，实行"管办分离"，坚持控制土地使用权和市场摊位等事关市场发展的战略性资源，市场由政府出资建设，经营利润继续投入市场扩建，既有利于扩大市场规模，又有效控制了市场的进入成本，有利于推进市场结构调整和合理布局。此外，政府在税收、金融等领域也积极探索，采取了一系列有力措施，引导、规范、推进了当地商贸物流的大发展大繁荣。

二、商贸物流高地建设的发展基础

近年来，老区经济综合实力明显提高，产业结构持续优化，城乡统筹、基础设施建设加快推进，社会民生全面加强，为商贸物流发展提供了良好的经济基础和社会基础。此外，老区商贸物流业已有的较好发展基础、独特的区位优势，以及当前难得的政策机遇和老区人民勤劳淳朴的优良传统，都是推动老区商贸物流实现更大发展的宝贵资源，形成了老区商贸物流的后发优势。但与先进地区相比，沂蒙革命老区的商贸物流无论在规模、层次，还是对当地发展的带动能力，仍有明显差距。

（一）商贸物流发展的优势条件

1. 发展基础较好。

临沂市场是我国最早发展的专业批发市场之一。经过30多年的发展，形成了日趋完善的商贸物流体系，日益增强的物流配套能力，已经成为我国最大的商贸物流集聚区之一。目前，临沂市已建成各类商品市场1 000多个，其中临沂商城拥有专业市场100余个，销售商品包括小商品、五金、建材、板材等25个大类、6万多个品种，基本涵盖了生产资料和生活资料的主要门类，2013年临沂商城实现商品交易额2 096.2亿元，同比增长18%。近年来，区域国际贸易业务不断拓展，销售网络不断扩大，商品交易辐射全国30个省、市、自治区和亚、非、欧等30多个国家和地区，形成了长江以北地区最大的商品集散地，2013年临沂商城实现出口总额31.1亿美元，同比增长140%。电子商务网络建设成效显著，2013年，临沂电子商务实现交易额550亿元，其中网络零售额实现 170 亿元，拥有电商平台 20 个，电商企业和商户达到 2.6 万家。现代物流业快速发展，配送能力不断增强。目前城区共有商贸物流园区 21 处、物流企业 3 000 余家，货运配载户 2 000 多户，涌现出了立晨物流、华派克物流、荣庆物流等一批国内外知名的大型物流企业。

2. 区位优势明显。

沂蒙革命老区地处我国承南接北的重要位置，是鲁南经济带的重要组成部分和对接长三角地区的桥头堡，同时也是淮海经济区重要的交通枢纽，毗邻青岛董家口港、日照港、连云港等重要港口，港口密集程度在全国独一无二，绝大多数县市区位于国家重点开发区域——东陇海地区之内，区位优势明显，对打造全方位、立体式的交通物流网络，开拓国际市场十分有利。

3. 政策支撑有力。

老区同时享受中部地区政策、国家重点开发区域政策、蓝色经济区政策、资源枯竭型城市政策、国家生态县政策、国家贫困县政策等多项扶持政策，处在难得的政策密集期和机遇期。国家高度重视商贸物流业的发展，提出"搞活流通、促进消费"和振兴现代物流产业等重大决策，出台了一系列扶持商贸物流业发展的优惠政策。这些都给老区商贸物流发展带来了难得的契机，如果能够认真研究、积极争取、充分利用国家和省里赋予的各项优惠政策，抓住机遇，加快发展，很有可能实现老区商贸物流发展的重大突破。

4. 人文环境良好。

沂蒙革命老区是国内重要的革命根据地之一，为抗日战争和解放战争的胜利做出了重要贡献，流传下来的"沂蒙精神"是中华民族宝贵的精神财富。老区人民秉承了吃苦耐劳、勇往直前、永不服输、无私奉献的传统美德。这种精神是干事创业的客观要求，也是推动老区商贸物流赶超先进、拓展市场、跨越发展的有利条件。

（二）存在问题

1. 自身发展能力不足。

沂蒙革命老区的面积和人口分别占山东省 17.3% 和 15.7%，而 2013 年老区完成的地区生产总值和地方财政收入仅占山东省的 9.9% 和 6.6%，人均 GDP 仅为全省平均水平的 59.6%。老区经济总量偏小，人均水平偏低，发展的任务十分艰巨。同时，园区带动能力不强、基础设施建设滞后、要素供给趋紧、对外开放水平较低等不足也严重制约沂蒙革命老区经济社会的快速发展，影响了国际商贸物流的发展，突出表现为客商少、驻不下、货不畅。此外，商贸物流国际化必须要有品牌市场支撑，目前临沂缺乏在国内外有相当影响力的知名品牌，物流之都和城市品牌宣传渠道和力度也不够，影响了老区商贸物流的市场力。

2. 外贸发展相对滞后。

经过多年的发展，临沂以内贸为主的市场、物流格局越来越完善，成为国内重要的小商品集散地之一。然而外贸发展却相对滞后，国际物流体系的建设水平还比较低，尚无直通式内陆口岸。同时，缺乏相关优惠政策、外贸人才储备不足、招商安商的措施不配套、市场采购方式的出口贸易路径尚未理顺、缺乏相关的法律法规来规范和制裁不法企业的行为等制约发展因素也逐渐凸显，制约着老区国际商贸物流水平的提升。

3. 对当地产业带动作用不强。

义乌市场长盛不衰最关键的因素之一就是"以贸促工、工贸联合"的发展模式。以市场带动工业，以工业支撑市场，市场与产业联动发展。义乌所售产品的60%由山东工业企业生产。而目前临沂市的商贸物流尚没有形成当地相关制造业的配套，仅仅是"买全国货、卖全国货"，产品定价权不在自己手里，利润微薄，对当地经济的贡献及带动作用非常有限，也难以支撑商贸物流国际竞争力的提升。

4. 商业企业"小、散、弱"现象突出。

临沂商城龙头企业相对缺乏，年销售额在亿元以下的企业占了九成以上，且以传统产业为主，迫切需要转型升级。零售商业中现代商业所占比重较低，连锁经营销售份额仅占1/10左右，总体效率偏低。社区连锁便利店尚未形成。商品物流配送体系落后，组织化程度低。

三、商贸物流高地建设的总体思路

（一）指导思想

积极借鉴义乌以商兴市的成功经验，争取将临沂列为国家级国际贸易综合改革试点，抓住临沂设立综合保税区设立的有利机遇，实施更加灵活的开放体制，在发展外贸方面尽快实现新突破，形成内外贸一体化发展新格局；以专业化、信息化和国际化为方向，大力发展综合性、专业性、行业性和特色商贸物流，鼓励集团化发展、连锁化经营、智能化管理，推动商贸物流业转型升级；加快实施高速疏港通道、铁路和高速公路大通道建设工程和临沂机场改扩建工程，构建海陆相连、空地一体、便捷高效的现代商贸物流通道网络，进一步强化对建设国际商贸物流基地的支撑能力，形成以物流园区为依托、龙头企业为核心、中小企业为支撑的现代物流产业集群，力争把沂蒙革命老区打造成为具有较强国际竞争力的现代商贸物流基地。

（二）基本原则

——坚持市场主导。充分发挥市场的决定性作用，尊重市场规律，突出经营者主体地位，挖掘区域内外市场需求潜力，运用市场机制促进老区商务物流加快发展；同时，充分发挥在基础设施建设、市场秩序维护、营商环境打造等方面的扶持、引导、监管和服务功能，不断完善相关法律法规、行业标准和政策措施，为商贸物流业发展创造良好的环境。

——坚持统筹规划。顺应商贸物流业发展新趋势，借鉴先进地区经验，立足沂蒙革命老区实际，高起点、高标准制定商贸物流业发展规划，明确发展的路线图，合理布局区域重大物流基础设施建设，健全完善区域之间、行业之间、部门之间的协作机制，科学有序地推进商贸物流业发展。

——坚持改革创新。加大重点领域和关键环节改革力度，创新有利于老区商贸物流科学发展的体制机制；突出推进技术创新、管理创新和模式创新，突破人才"瓶颈"制约，强化科技人才对老区商贸物流发展的支撑作用，进一步增强商贸物流加快发展的动力和活力；创新开放型经济新体制，推进实施"开放带动"战略，提升国际贸易水平。

——坚持突出特色。在准确把握国内外商贸物流业发展规律的前提下，充分发挥沂蒙革命老区的产业发展基础、区位交通条件、政策支持环境、商誉历史积淀等优势，突出商贸文化旅游互动发展、内贸外贸一体发展、贸易加工科技融合发展、线上线下协同发展的特色，不断放大中国物流之都的品牌效应。

（三）建设重点

1. 加快构筑内外贸协调发展的新格局。

与义乌相比，沂蒙革命老区的内贸是长项，外贸是短板。义乌是全球最大的商品批发市场，是重要的国际贸易窗口，又拥有国际贸易综合改革试点的优势，商贸物流发展的基础好、后劲足。要想把老区打造成具有较强综合实力的国际商贸物流基地，必须尽快实现外贸发展的新突破。应抓住国家支持沂蒙革命老区发展的大好机遇，积极研究争取国家关于促进外贸发展的优惠政策，探索新型贸易模式，加强市场建设，大力发展现代物流，推动内外贸一体化发展。充分发挥综合物流保税区的作用，研究探索更加优惠的开放政策，引进国内外大型企业来临沂投资设立物流配送中心、发货中心。同时，完善物流配套政策，如优化通关环节、完善保税功能、落实好"无水港"配套政策等。

2. 推进传统商贸物流优化升级。

园区是商贸物流活动的载体，为配套行业的聚集提供了平台，也便于通过规范管理提升商贸物流的整体水平，应增强顶层设计和整体规划的引领作用，按照专业化、规模化、集约化的要求，规划建设一批功能集成、经营集约的现代商贸物流园区，创新园区管理模式，加强园区基础设施建设，打造综合信息网络平台，推进商贸物流集群发展。注重大型物流企业的培育，强化企业市场主体地位，促进形成规模效应，降低物流成本。用科技提升商贸物流，建立完善物流信息系统和交通运输系统，加快电子交易平台建设，鼓励商贸流通企业和工业企业积极发展网上商店、网上交易，推广应用可视化、货物跟踪等物联网新技术，打造现代化商贸物流。研究制定跨境电商支持政策，引导企业利用国内外知名跨境电商平台开展跨境电子商务业务，积极搭建跨境电商公共服务平台，促进跨境电子商务发展。

3. 改善商贸物流发展的支撑条件。

义乌发达的物流网络为其商贸物流的全球发展起到了重要的支撑作用。临沂现已形成了较完备的国内物流体系，具备了商品流通辐射全国的能力。但临沂的国际物流体系建设较为滞后，缺乏"义乌港"那样的直通式内陆口岸，国际物流配套能力的欠缺成为制约临沂外贸发展的一个关键因素。加快构筑辐射范围更加广泛的公路运输网络、铁路运输网络，同时，实施好临沂机场改扩建工程，增加国内外航线，构筑航空商贸物流通道。

4. 强化对相关产业的带动能力。

专业市场拥有稳定和广泛的产品销售网络，可以借鉴义乌"以贸促工"的先进经验，加大财税、金融等方面政策的扶持力度，将商贸物流发展与转方式、调结构相结合，培育以专业市场为销售终端的相关制造业，增强专业市场与产业集群的互动机制，促进专业市场由中转型向产地型的转变。同时，培育和发展小商品制造的上下游行业，提高产业链竞争力，形成经济全球化背景下老区提升自身竞争力，参与国际经济合作与竞争的新优势。

四、商贸物流高地建设的政策建议

依托老区商贸物流良好的发展基础，积极借鉴义乌以商兴市的先进经验，顺应全球经济一体化的大趋势，加大政策扶持力度，充分发挥自身优势，加大政策支持，优化发展环境，加强市场监管，为建设具有较强综合实力的国际商贸物流基地，促进沂蒙革命老区实现跨越发展提供支撑。

（一）加大政策支持力度

贯彻落实中部地区的有关配套支持政策，借鉴其他地区的好经验和好做法，立足突破薄弱环节，围绕财税、投融资、基础设施、产业发展、园区建设等方面，研究制定针对性强、可操作性强、含金量高的配套政策和实施细则，全力塑造老区商贸物流竞争新优势。加强对重点商贸物流企业的支持，优先组织申报国家和省市重点项目，优先安排相关专项资金和引导资金的投入；着力优化投资结构，加大对商贸物流的投入，促进贸易结构升级和发展方式转变，落实国家新一轮取消和调整行政审批项目的精神，鼓励引导民间资本投资商贸物流业。

（二）提高要素保障能力

充分发挥市场在资源配置中的决定性作用，加强政策引导，强化资金、土地、人才等生产要素保障，为老区商贸物流发展提供支撑。

一是强化金融保障能力。创新现代金融服务模式，拓宽融资渠道。鼓励金融机构开发适合商贸物流业发展特点的金融产品，积极发展无形资产抵押、供应链金融等业务，缓解相关企业资金周转压力；加快金融服务配套设施建设，积极推广票据、电汇、委托收款、托收承付等现金支付工具和支付方式，引导企业运用互联网金融开展业务，健全商贸物流业结算体系；支持相关企业发行短期融资券、中期票据、中小企业集合债券、中小企业私募债券，扩大债券融资规模，支持有条件的企业上市融资，拓宽直接融资渠道。

二是强化土地保障能力。加大土地政策扶持力度，推动土地利用规划、城市规划和产业发展规划相对接，优化老区商贸物流业建设用地布局，推进土地集约节约利用；在新增用地、增减挂钩、低丘缓坡利用、存量挖潜等方面给予商贸物流业政策倾斜，保障临沂商城、综合保税区等项目建设用地需求；充分发挥各类物流园区作用，鼓励和引导相关企业和项目向园区集中；鼓励相关企业通过盘活存量土地、改造利用闲置场地等方式，提高土地空间利用率，实现"少用地、集约用地"。

三是强化人才保障能力。加大省级人才专项资金的倾斜力度，支持老区引进和培养商贸物流业发展的紧缺人才；探索实施差别化的薪酬制度，对老区引进的相关人才，特别是领军人才，按照省内发达地区标准定薪酬，并允许给予适当补贴；健全人才帮扶机制，鼓励省直部门、省内发达地区的干部和专业人才到老区任职和创业。

（三）优化发展环境

以营造公开透明、高效便捷的商贸物流发展环境为目标，全力营造"零障碍、低成本、高效率"的营商环境。通过集中办公、开设绿色通道等方式，简化采购商手续办理程序，进一步提高效率、优化服务；推进电子信息平台建设，为商户提供业务数据信息；编制发布重点商品物价指数，及时掌握价格走势，扩大老区商贸物流影响力；大力发展第三方物流，支持商贸服务业与物流业对接，发展专业化、网络化、全流程的物流服务，促进供应链各环节的有机结合。

（四）完善市场监管体系

建立健全"政府主导、部门监管、行业自律、企业负责、社会监督"的商品质量安全监管责任体系；充分利用云计算、大数据等新一代信息技术，建设综合贸易服务平台和公共信息平台，为相关企业发展提供快速、准确、及时的信息和政策导向；建立商品质量可追溯体系，做到来源可追溯、去向可查询，切实防止疫病疫情、有毒有害物质和不合格商品进出；密切跟踪调控和监管的新思路新方法，积极推进第三方监管机构和第三方检测机构建设，探索大市场大监管模式，加强市场监管，严厉打击假冒伪劣、以次充好等行为，整顿市场环境、规范市场秩序。

第三节　生态低碳发展高地建设思路与政策建议

在山东省西部隆起带未来的发展中，必须将坚持生态文明建设作为重要前提，树立尊重自然、顺应自然、保护自然的生态文明理念，坚持"绿色发展、循环发展、低碳发展"，加快形成资源节约、环境友好的空间格局、产业结构和生产生活方式，打造"美丽新西部"。

一、加强生态建设

（一）全面系统进行水环境改善建设

严格执行《山东省水系生态建设规划（2011～2020年)》，围绕南四湖、沂沭河、大汶河、黄河和海河五大流域，加快实施水系造林绿化、湿地保护与修复、水土保持、农业面源污染控制、破损山体治理、环境综合治理六大工程，根据各河段特点确定各河段的生态功能定位及基本改造方式。将南水北调干线、环南四湖、环东平湖、沂蒙山区、沿黄河、沿省界线列为重点生态保护带（区）。科学恢复河道生境构建及生物群落，提高其自净能力，改善水质，建设河滨景观。强化水土保持工作，在水源地保护区内实施退耕（果园）还林和经济林改造，加强监督管理。建立预警与监管体系建设，加强流域水文水资源监测体系建设。建立流域生态系统中长期动态监测评估与预警系统，加强对流域水资源和生态环境的监控。统筹协调好流域社会经济发展与流域污染综合治理、溪流水利工程建设、河道生态环境保护之间的关系。加强点源污染防治强化城镇生活污水处理，加大畜禽养殖场整治力度，加快工业废水治理，完善城市建成区的工业企业周边配套完善市政污水收集系统工作，推进农村生活污水治理。

（二）对生态功能区实行重点保护，治理并修复生态区域

学习其他地区成功经验，找到适合沂蒙山区、南水北调沿线生态环境补偿试验区发展模式和机制。力争到2020年，实现湿地保护面积与国土面积比由2.9%提高至6%。严格控制开发强度，对生态功能区内的开发进行控制，尽量腾出空间用于维系生态系统的良性循环，将已有工业开发区逐渐向低消耗、少排放、"零污染"的生态型可循环经济区转变。重点生态功能区要充分利用特色资源，因地制宜地发展适宜性产业。制定更加严格的产业准入和环境要求，提高生态环境准入门槛，在产业发展规划、生产力布局、项目审批等方面，要严格按照国家主体功能区规划的定位要求加强管理，合理引导资源要素的配置。加强生态功能评估，建立健全区域生态功能综合评估长效机制，强化对区域生态功能稳定性和生态产品提供能力的评价和考核，定期评估区域主要生态功能及其动态变化情况。完善考核机制，区域生态功能评估结果要纳入政府绩效考核。强化生态环境监管，建立天地一体化的生态环境监管体系，完善区域内整体联动监管机制。健全生态环境保护责任追究制度，加大惩罚力度。健全生态补偿机制，把财政转移支付资金主要用于保护生态环境和提高基本公共服务水平等。鼓励探索建立地区间横向援助机制，生态环境受益地区要采取资金补助、定向援助、对口支援等多种形式。

（三）推进绿色城乡建设

实施森林进城，提高城区绿化覆盖率，形成连线成串的城市绿色生态网络，加快社区公园和公共绿地建设，新城开发应尽量保留原生山体植被和水面、湿地。着力打造一批高品质、特色型的生态宜居精品城镇，充分发挥城镇的引领和辐射作用。大力开展集镇周边山林、环城林带和生态防护林建设。着力构建自然、景美、路畅的城乡生态绿道。根据资源分布现状，彰显现代农业产业特色，大力发展经济林建设成果，带动休闲农业、红色旅游和森林旅游业发展。加强"绿心"区域的保护和建设，严格管护城市绿地和湿地资源，禁止无序开发。大力实施生态公益林、退耕还林、长防林、血防林、碳汇林、矿山植被修复等重点生态工程。加大对重要水源涵养区、饮用水源区和水土流失重点治理区的森林植被保护力度。健全市级森林生态补偿机制，扩大县级森林生态补偿实施范围，积极探索试行湿地生态补偿。推进绿色文化建设，传播绿色理念，普及绿色知识，推广绿色建筑，倡导绿色出行，在全社会形成自然、健康、节俭、生态的绿色生产和绿色消费模式，改善生活环境。

（四）依托国家级可持续发展实验区，带动西部地区建成全省可持续发展实验带

充分发挥这些实验区在推动区域转方式、调结构，方面的示范和推动作用。通过科技创新，使实验区坚持高起点规划、高水平管理和高标准考核，完成示范任务。根据各实验区自身情况，深化低碳城市建设、资源枯竭型城市转型、生态保护和修复、社会发展、循环经济、城乡一体化等各个实验主题，探索适合西部地区不同行政体制下、可持续发展的多种发展新模式和运行机制。

二、严格污染防治

（一）建立污染减排保障体系，对污染物排放进行总量控制

以推进环保基础设施建设为重点，加大资金投入，大力实施工程减排。强化环境执法为手段，开展环保专项行动；淘汰落后产能为突破，推进结构减排。建立新建项目环评审批与淘汰落后产能挂钩机制，引导企业平稳退出或转型转产。严格控制污染物新增量，实行建设项目环保管理主要污染物排放总量前置审核制度。加强组织领导，严格实行减排问责制。

（二）全力推进大气污染和水污染防治，探索长效机制

开展扬尘与渣土整治、工业污染源达标、机动车污染治理、餐饮油烟清理、清洁能源推广、禁烧秸秆、工业余热供热利用、老工业区搬迁改造及落后产能淘汰等绿色行动。要建立长效管理机制，突出工程建设和高新科技手段的运用，从源头上防治大气污

染。抓好黄标车及老旧车淘汰，督促相关单位严格落实控尘、抑尘、降尘措施，抓好秸秆禁烧和挥发性有机物治理，深入开展石化、有机化工、表面涂装、包装印刷等行业挥发性有机物专项整治，推广清洁能源，减少工业废气，落实禁燃区规定，加快集中供热、燃气工程和管网建设，加强工业、建筑、交通、商业、公共机构等领域节能工作。加强重污染天气应急管理，提升应急能力。

巩固流域水污染治理成果，严防环境污染反弹，确保出境河流断面水质稳定在控制目标以内。实行源头控制，严把建设项目环评审批准入关，禁止新建酒精、造纸等高耗水、高污染企业，推进工业结构优化升级，新上项目不得影响环境质量、新上项目区域内不新增污染物排放量。完善监管体系，采取全方位、立体式、交叉式的环境综合监管手段，健全环境执法联动机制。狠抓工业点源治理，进一步完善城市污水处理设施，全面推进农业面源污染治理，实施测土平衡配方施肥，减少化肥使用量。建造人工湿地，自净河流水质。在出境河流下游选择合适地点，建造一处人工湿地，通过环境自身能力净化河流水质，确保出境水质稳定达标。

（三）实现城乡一体化环境综合治理

规范建设城乡给排水、电力、照明、电信、人防等公共设施，建设城乡园林绿地，使之美化市容，防灾避险，并且定期维护，禁止侵占、毁损、围挡园林绿地。建立健全城乡环境卫生作业市场机制，鼓励组建城乡环境卫生作业公司，参与城乡道路清扫、垃圾清运、公共厕所保洁、园林绿地维护、餐厨垃圾处理等作业。实现城乡居民住宅区生活垃圾应当实行生活垃圾分类投放、定点收集、统一运输、集中处置。配备畜牧业配套污物（水）处置和消毒设施，实施隔离屠宰。城乡环境卫生基础设施建设应当满足城乡环境综合治理功能。重大城乡环境卫生基础设施应当做到区域共享、城乡共享，实现重大城乡环境基础设施的优化配置。鼓励社会资金、外资采取独资、合资、合作等多种形式，参与垃圾处理等项目设施的建设。实行城乡环境综合治理执法责任制度和行政过错责任追究制度。

三、发展生态经济

（一）大力发展节能产业

加强工业、建筑、交通等重点领域的节能增效，提升工业节能设备的技术水平，加速新能源汽车产业化步伐，扩大大气及水污染防治设备、产品生产规模，加速废弃物成套处理设备产业化，开发全防全控智能环境监管系统。扩大再生资源、战略金属回收利用规模，推行合同能源管理、特许经营、综合环境服务等市场化新型节能环保服务业态。提升自主创新能力。鼓励企业加大研发投入，建立技术创新联盟。构建节能环保服务体系。加快建设科技型中小企业技术创新公共机构，为中小型节能环保企业技术创新和产业化发展提供政策、技术、资金支持。培育专业化节能服务公司、环保综合服务公司，鼓励其采用合同能源管理、环境治理特许经营等模式，为用能、排污企业提供设计、融资、改造、调试、运行、管理等"一条龙"服务。在财税金融政策方面，加大预算和财政节能减排专项资金对节能环保产业的投入，完善财政支持方式和资金管理办法，简化审批程序。大力发展绿色信贷，加大对节能环保项目的支持力度；支持融资性担保机构参与对节能环保企业的担保，支持符合条件的节能环保企业发行债务融资工具，鼓励和引导民间投资和外资进入节能环保领域。强化目标责任，落实奖惩措施，实行问责制，落实节能减排目标责任制，形成促进节能环保产业发展的倒逼机制。

（二）完善循环型产业体系

建立资源节约利用、再生利用、科技创新和示范推广体系，全面促进循环经济发展。推动循环型工业、农业及服务业融合发展，培育壮大战略性新兴产业和特色优势产业，实现资源、能源的循环利用和梯级利用。发展生态农业，促进农林废弃物资源综合利用和循环利用。建设生态旅游示范区，发展绿色旅游。依托互联网、物联网和云计算，加快构筑和完善三网融合、企业网络、智慧城市等信息平台，发挥信息资源对物质资源的替代功能。开发利用清洁可再生的非化石能源和新能源。实现土地的集约节约利用。加强工业和城市节约用水，推进分质供水、中水回用及雨水回收利用，发展节水农业。推行产品生态设计，在生产和建筑领域提倡使用可再生材料。提高矿山回采率、选矿回收率和冶炼回收率，加强共伴生矿产资源及尾矿高效利用。完善再制造旧件回收体系和再制造产品标准体系，推动再制造的规模化、产业化发展。健全城市生活垃圾分类回收网络，积极开展餐厨废弃物资源化利用和无害化处理。支持循环经济共性和关键技术开发，建立政府主导、企业主体、社会参与、政产学研相结合的循环经济科技创新体系，加快推广应用循环经济新技术、新工艺、新材料、新产品和新设备，培育从事循环经济技术开发和推广的咨询服务机构。全面推进循环经济示范企业、示范园区和示范城市建设，完善示范推广体系，实现循环经济发展由试点向示范推广的转变。形成"政府推动、市场引导、企业主体、全民参与"的长效机制，促进公益性循环经济项目如期建成和正常运转。强化市场机制的引导和调节功能，利用价格杠杆促进循环经济发展。普及循环经济知识，倡导全民构建节约、健康、文明的生活方式和消费模式。

四、确保安全发展

（一）确保保护生态安全

建设环境友好型社会，推进自然保护区和重要生态功能保护区建设，统筹安排生态功能布局和建设，最大限度地保护和恢复区域生态功能。加大资源开发的生态保护力度，提高资源利用效率。开展生态示范系列创建工作。完善对环境变化和恶化的监测和预警体系，及时排查气象、地质灾害和环境隐患，加强防灾减灾体系建设，提高灾害防御水平。

（二）确保食品药品安全

加强食品药品安全监管体系建设，增强服务意识，进一步健全政务公开制、首问责任制、一次性告知制、办事承诺制，实行安全问责制和重大食品药品安全事故一票否决制，强化社会监督。建立食品药品安全预警机制，开展食品药品安全专项检查，深入整顿药械市场秩序，确保药械质量安全，立足职能，促进医药产业发展。

（三）确保安全生产

落实安全责任、实施责任管理，完善安全检查机制。推广安全教育与训练，普及安全生产知识，强化人员安全意识。落实政府、部门监管职责和企业安全生产主体地位，提高各级政府对突发重大安全生产事件应急处置能力。

（四）维持社会稳定

构建、完善覆盖城乡、打防控一体化的社会治安管理体系，建立社会稳定、风险评估、社会利益协调和社会矛盾纠纷调处机制，提高突发公共事件应急处置能力，加强普法教育和精神文明建设，维护全社会政治稳定，严厉打击各种违法犯罪活动，推进社会治安综合治理，大力加强农村基层政权建设和精神文明建设。

第四节　邻边经济高地建设思路与政策建议

《西部经济隆起带发展规划》明确提出要将菏泽打造成"科学发展和邻边经济高地"，这是山东省对菏泽发展的总体要求、战略定位，也是菏泽当前和今后一个时期发展的思路取向、任务目标。树立经营邻边理念，充分发挥基础资源优势，以加快产业优化升级、统筹城乡协调发展、强化生态文明建设为重点，拓展筹资融资渠道，增强自主创新能力，积极推进民生工程，全力打造邻边经济高地。

一、领边经济发展的先进经验

近年来，云南发挥紧邻越南、缅甸、老挝等国家的临边区位优势，积极推进跨区域经济合作，先后提出了建设中越河口—老街跨境经济合作区、中缅瑞丽—木姐经济合作区和中老磨憨—磨丁跨境经济合作区。

河口—老街跨境经济合作区是云南最先启动建设的跨境经济合作区，也是当前云南配套设施最完善、条件最成熟的跨境经济合作区。河口—老街跨境合作区分为核心区域和扩展区域。其中，中国河口县的北山片区和越南老街市的金城商贸区对接而成的 5.4 平方公里区域为核心区，大力发展现代物流、国际会展、商品展示和销售、进出口保税加工、金融保险服务、宾馆餐饮服务、教育卫生和文化展示及旅游服务等产业，此区域实行"三国一区、封闭运行、境内关外、自由贸易"的管理模式，试图建立一个投资优惠、贸易便利、高度开放的综合性国际经济合作区。在河口北山片区、蒙自红河工业园区、越南老街口岸经济区及腾龙工业区，建设面积 129.85 平方公里的拓展区，重点发展农林渔产品深加工、矿产资源和有色金属深加工、化工及化肥生产、机电产品加工和保税区等特色工业园区，成为承接发达地区产业转移的出口加工基地。

瑞丽市紧紧抓住国家深入实施西部大开发战略的重大机遇，积极推动瑞丽—木姐经济合作区建设。合作区按照"国家主导、双向互动，双边实施，市场导向、规范运行，企业运作、多方参与"原则，通过中缅三国国家层面的沟通，共同制定相对一致的优惠政策措施，统一规划布局，按照国际通用方式，实施国际招商，健全运行机制，加快建设进程。合作区以瑞丽约 300 平方公里的坝区和木姐 300 平方公里，共计 600 平方公里的范围为核心区，采取"特殊海关监管模式"运营，即来自国内的货物进入此区即视为出口，不再受海关监管，而来自缅方的商品进入此区，且未进入市区前，不被视为进口，可免于向海关申报，极大地提高了贸易便利化程度。目前，中缅双方在合作区内围绕交通建设、油气管道建设、农业发展、商贸物流、跨境旅游、会展经济、进出口加工、医疗卫生、城市和基础设施建设及文化交流十大领域展开深入合作，已取得初步成效，基础设施日益完善，合作区范围内基本实现了"1 小时经济"，即 1 小时内通达合作区内各个位置，缅经贸合作和人员往来最重要的地区；双边贸易往来和人员往来日益频繁，合作区对缅贸易总量占云南对缅贸易的 60% 以上，占中国对缅贸易的 30% 以上，占缅甸陆地进出口贸易额的 50% 以上，占全缅边境贸易的 75% 左右；合作区年出入境运输车辆近百万辆次，年出入境近千万人次；合作区建设农业合作项目面积 20 多万亩，共同改造了多条边境公路和电站、学校、医院、市场等基础设施，合资建立了一批加工装配企业。

磨憨发挥通往东南亚最便捷陆路通道的优势，立足国家级口岸基础，大力推进磨憨—磨丁跨境经济合作区建设。2010 年，中老双方达成了《中国磨憨—老挝磨丁跨境经济合作区框架性协议》，确定以磨憨边境经济贸易区和磨丁黄金城经济特区为核心区，以西双版纳和南塔省为支撑区，建设磨憨—老挝磨丁跨境经济合作区。合作区主要由口岸旅游贸易区、仓储物流区、保税区、替代产业加工区和综合服务区五个部分组成，按照"一区三国、封闭运行、境内关外、自由贸易"的模式建设，并由中老双方共同制定相互配套的优惠政策，以加快合作区发展。合作区立足商贸基地、加工基地、物流基地和现代服务基地建设，积极实施"国际通道活区，商贸旅游富区，人才服务兴区，新型工业强区，绿色生态立区"五大战略，已基本形成了功能设施完备、管理通畅便捷、产业活力充沛、生态环境优美、开发水平较高、经济文化繁荣的发展态势。

云南建设跨境经济合作区的经验主要有以下几点。

（一）积极利用较强的产业互补性

中越优势产业互补性强，也为云南推进跨区域经济合作提供了强有力的产业支撑。农业上，云南的烟草、花卉、蔗糖、茶叶、蔬菜、水果、橡胶等优势明显，而越南是世界著名的大米出口国之一，咖啡、腰果、水产品，特别是鱼、虾产量优势明显。在工业上，因为越南是农业国家，所以工业基础相对薄弱，制造业比较落后，商品短缺，大部分工业品需从国外进口，而云南省在轻工、纺织、机械、电子、建材、化工和制药等行业具有比较优势。能源产业上，云南省与越南在能源结构上存在较大差异，云南省水能资源和煤炭资源丰富，而石油、天然气资源十分短缺，越南有着丰富的石油和天然气资源，但电力资源十分短缺，合作开发潜力巨大。

（二）双方政府大力支持

我国与越南以及东南亚、南亚其他国家和地区的政治关系日益紧密，高层互访和民间交往日益增多，经济合作的领域和范围不断扩大，双边和多边贸易快速增长，随着经济全球化和区域经济一体化进程的加快，开放、合作、互利共赢的思想深得人心。良好的中越外交关系和世界经济发展趋势，为中越跨境经济合作区建设奠定了坚实的基础，营造了良好的氛围。

（三）强有力的政策保障

由云南省政府组织有关部门，根据国家原则，充分考虑全国开放的大趋势，在省级权限内制定"一揽子"较为宽松的政策，特别在产业、金融、税收、投资、贸易政策等方面给予倾斜，为开展跨区域经济合作创造了有利环境。

二、发展基础

菏泽地处鲁苏豫皖四省交界地区，与山东省内的济宁市、江苏省的徐州市、安徽省的宿州市和河南省的开封市、新乡市、商丘市、濮阳市相邻。近几年，在实施"东西结合""突破菏泽"和"打造区域科学发展高地"等战略的强力推动下，菏泽在国民经济、基础设施和产业发展等方面均取得了长足的进展，并进入了科学发展、和谐发展和跨越发展的快车道，又加之菏泽在产业、文化和环境等方面的特色，已具备打造邻边经济高地的基础条件。

（一）优势条件

1. 经济保持快速增长，发展态势强劲。

近几年，菏泽加快转方式、调结构、增效益，着力推进经济规模膨胀、社会事业进步、生态环境优化。多数经济、社会和生态指标增幅均高于山东省和邻边地区平均水平。2014 年，菏泽实现地区生产总值 2 222.2 亿元，可比增长 10.2%，增速居全省第一位；三次产业结构调整为 11.9∶53.6∶34.5，第三产业占比提高 1.3 个百分点；完成公共财政预算收入 162 亿元，增长 1.7%，税收和主体税种占比分别达到 76.5%、58.8%。城镇居民人均可支配收入、农民人均纯收入分别达到 23 344 元和 10 436 元，分别增长 9.9% 和 12.1%，增幅均居全省第一位；进出口总额完成 35.2 亿美元，增长 19%，增幅居全省第二位。今年一季度，实现地区生产总值 548.87 亿元，增长 9.2%；完成固定资产投资 200.16 亿元，增长 15.1%；实现公共财政预算收入 44.3 亿元，增长 9.5%；实现社会消费品零售总额 338.05 亿元，增长 11.2%。这种强劲的发展态势，为菏泽打造邻边经济高地提供了良好的动力源泉。

2. 基础设施日趋完善，区域互联互通水平大幅提升。

为加强与周边地市协调合作，菏泽加快推进跨境航道、铁路等基础设施建设，区域一体化交通体系建设取得积极进展。菏泽至青岛港站间首次开通直达集装箱货运班列，标志着鲁西南通过铁路绿色长廊与山东半岛正式互联互通。海铁联运的发展也成为菏泽融入"一带一路"的重要组成部分。通过建立联席会议制度，并与济宁市搞好对接，定期调度新万福河航道进展情况。联合聊城市共同推进京九客专商丘以北段建设，协调济宁、兰考共同推动曲阜经菏泽至兰考城际铁路建设。国家发改委、中国铁路总公司已初步同意将京九客专商丘以北段、曲阜经菏泽至兰考城际铁路列入国家"十三五"规划和中长期铁路网规划，菏泽至曲阜城际铁路项目建议书已经获得批复，菏泽至兰考铁路在兰考南站预留接轨问题，国家铁路总公司已同意。与徐州市搞好对接，加快菏徐铁路前期工作，目前菏泽段正在开展预可行性研究。目前，"京九"铁路"新石"铁路在菏泽"十"字交汇；日兰、济广、菏东高速公路和正在建设的德商高速公路以及规划建设的菏鱼、东新、东濮、济祁高速公路在菏泽成"米"字形框架，4 条国道和 14 条省道在境内通过，是国家公路运输主枢纽城市，这种便捷的交通运输，为菏泽打造邻边经济高地提供了良好的支撑条件。

3. 产业实力不断增强，产业协作水平显著提高。

菏泽已初步构建了完善的产业体系，目前已建成了郓城、巨野等十个省级园区，形成了新医药、新能源和新材料等十大产业集群，培育了山东达驰、洪业化工和步长制药等一批知名企业。随着产业实力的不断提升，菏泽积极推进与周边地区产业的一体化发展。以旅游为例，菏泽积极参加好客山东"联合推介、捆绑营销"的宣传，在央视、山东卫视及丰县、砀山、兰考等周边城市电视台，《齐鲁晚报》《牡丹晚报》等报纸媒体及微博、微信等新媒体进行了宣传促销。主动加强与"西部隆起带"区域城市的配合，开展联盟城市间的相互宣传，互为客源地和目的地，在区域内共同拉动旅游人气。组织有关旅游企业参加了 2014 中国西安国际旅游展览会，赴亳州、宿州、商丘等地进行宣传促销。主动加强与联盟城市在旅游节庆活动举办上的经验交流探讨，认真吸收借鉴其先进经验，努力丰富完善"菏泽国际牡丹文化旅游节"各项活动，成功打造"全国花卉类节庆十强活动""中国最具影响力的品牌展会"品牌。围绕水浒文化旅游体系建设，制订了《菏泽市水浒旅游交通体系建设建议方案》，主动倡议加强郓城县与阳谷、梁山、东平等县的交通体系建设，同时在形象宣传、产品包装等方面进行了有效合作，推出了多个水浒文化旅游产品。

4. 各类资源较为丰富，基础保障能力较强。

菏泽拥有丰富的矿产资源和深厚的文化底蕴，为打造邻边经济高地提供了良好的基础保障。菏泽境内预测煤炭地质储量 280 多亿吨，其中探明近 100 亿吨，已进入开发利用阶段；预测含油区内石油资源量约为 21.70 亿吨、天然气资源量为 1 500 亿~3 000 亿立方米，其中探明石油地质储量 5 625 万吨、天然气地质储量 273.47 亿立方米，已进综合开发阶段；预测盐矿地质储量 300 亿~400 亿吨、铁矿地质储量 14 亿吨，已进入资源勘探阶段；同时，还有地热、沙金、陶土、石灰石等矿产资源，且开发前景广阔。此外，菏泽是中华文化的重要发祥地之一，拥有黄河文化、水浒文化和红色文化等多种资源，是著名的中国牡丹之都和书画之乡、戏曲之乡、武术之乡、民间艺术之乡。相传尧、舜、禹等著名民族部落首领主要活动这一地区，政治家伊尹、军事家孙膑和思想家庄周等大批先贤在此出生，"刘邦称帝""黄巢起义"和"范蠡经商"等历史事件均发生在这里。

5. 环境保护力度不断加大，生态环境建设成效显著。

近年来，菏泽积极落实《推进西部经济隆起带行政边界地区环境执法联动工作方案》有关要求，积极配合省里建立行政边界地区环境执法联动工作机制，认真做好联合检查、协同应急处置和信息共享等各项工作，为共同防治行政边界地区环境污染奠定基础。积极响应西部经济隆起带各市成立行政区域边界地区执法联动工作领导小组，每年召开联席会议，妥善解决行政边界地区环境污染纠纷。高度重视行政边界环境信访案件办理，明确责任分工，实行领导包案，确保办理质量。开展行政边界地区环境污染综合整治专项活动，尤其是对三条主要过境河流重点监控。累计排查涉水企业 295 家，发现隐患和问题 494 个，全部整改完成。在此推动下，菏泽的生态环境不断优化，为经济社会发展提供了良好支撑。目前，菏泽省级以上生态示范区达到 10 个，其中国家级 1 个、省级 9 个；国家级环境优美乡镇 13 个，省级环境优美乡镇 80 个，省级生态村 24 个；国家级、省级、市级绿色学校分别为 1 个、37 个和 214 个；国家级低碳企业 1 个、社区 1 个；省级、市级绿色社区分别为 13 个和 74 个。菏泽走生态建设优先之路，积极开展生态市、县区、乡镇、村四级创建、层层推进的格局已基本形成，并显现出良好的生态效应。

（二）存在的主要问题

经过近几年的快速发展，菏泽虽然已具备打造邻边经济高地的良好条件，但和邻边市域相比仍存在着综合实力较弱、产业层次较低和环境约束趋紧等困难和问题，在某种程度上将影响菏泽打造邻边经济高地的进程。

1. 综合实力相对较弱。

目前，菏泽地区生产总值仅占山东省的 3.8%，总量居全省第十四位；公共财政预算收入仅占山东省的3.5%，总量居全省第十二位；社会消费品零售总额仅占山东省的4.7%，总量居全省第十位。此外，工业基础薄弱，产业结构不优，产业转型发展难度较大。2014年，菏泽三次产业结构为11.9：53.6：34.5，第三产业比重低于全省平均水平8个百分点。从工业来看，菏泽的企业大都处于产业链的加工制造环节，研发设计和营销管理等环节的企业比重偏小。加工制造产业的产业链不完善，中低端的企业多，初级产品占比大，附加值低。能源化工产业实现主营业务收入占规模以上工业的比重达到37.6%，重工业增加值增速高于轻工业4.9个百分点。项目结构决定产业结构，从西部经济隆起带各市项目建设情况看，重点项目、重大项目带动作用还没有显现出来。从菏泽市来看，2015年重点推进的200个市重点项目，能源化工产业达到47个，投资额490亿元，分别占总量的23.5%和33.4%，仍居主导地位。菏泽目前高新技术产业产值占比为31.1%，研发投入占地区生产总值的1.1%，分别低于全省平均水平0.3和1.2个百分点。

2. 产业发展雷同严重。

菏泽与邻边市域在产业发展上有许多雷同之处。如菏泽发展的能源化工产业就与济宁、商丘和濮阳等市雷同，还如菏泽发展的生物医药产业就与新乡、济宁和商丘等市雷同，再如菏泽发展的农副产品加工产业就与徐州、宿州和开封等市雷同，并且菏泽的产业规模、企业档次和产品质量与邻边市域相比，也存在优势不明显、特色不突出和带动不强势等问题。

3. 交通设施不完善。

菏泽与邻边市的道路连接还不畅通，东至江苏省徐州市、东南至安徽省宿州市、正西至河南省新乡市、西北至河南省濮阳市还没有高速公路直达；域内省际公路建设相对滞后，多为二级以下道路，省际交接公路技术标准与周边省市存在不少差距；域内公路运输占绝大份额，铁路货运量不足5%，比全国资源型城市的26%平均低21个百分点；水路运输仅占货运量的0.7%，航道不足7公里，港区设计标准偏低；快速客运交通主要依靠日东高速、济广高速，交通压力非常大。城市绕城路不连通，城区干道客货混杂，交通组织效率较低，缺少衔接各种运输方式的现代化综合运输场站等，交通基础设施远远不能满足经济社会发展的需要。

4. 区域协同发展滞后。

菏泽市积极与区域内各市在基础设施、环境保护和文化旅游等方面开展卓有成效的合作。但是，由于各地市"一亩三分地"思维定式仍未根本破除，眼中只有竞争、没有共赢，区域一体化发展、错位发展、融合发展任重道远。一是区域战略参与程度不均衡。目前菏泽市深度参与的只有省西部经济隆起带发展战略，中原经济区发展战略争取到相关产业、投资和项目政策后才刚刚破题，大京九协作、陇海兰新经济带等组织相对松散实质性内容不多，而国家"一带一路"、京津冀协同发展、长江经济带发展战略等仅仅停留在构想阶段。二是区域同质化发展严重。受行政区划、财税体制和政府考核机制的影响，地方政府为追求利益最大化，不顾资源条件和生态环境承载力，盲目发展，造成区域间产业结构雷同，不合理的低水平重复建设现象十分突出。如能源化工产业，周边的枣庄、济宁、聊城等市以及我市大部分县区都在大力发展。三是区域经济社会发展差距加大。区域差距问题是区域各市面临的重大问题之一，也是实施区域协调发展战略和区域政策要解决的核心问题。虽然西部各市发展差距势头有所减缓，但各市发展质量差距仍然在放大。如公共财政预算收入2013年最高的济宁市是菏泽的1.9倍，2014年该市的公共财政预算收入是菏泽的2.1倍。与蓝色经济区的青岛和省会城市群经济圈的济南市相比，菏泽的差距更是明显。

5. 区域竞争压力加大。

山东省周边的苏、豫、皖三省都出台了支持省内边界经济发展的扶持政策，江苏出台了助推苏北发展的"十条新政"，河南实施了"郑汴一体化"战略，安徽出台"十条意见"促皖北崛起。这些政策含金量高、倾斜力度大，为苏北、豫东、皖北加快发展提供了强力支撑，特别是在交通设施等重大基础设施建设方面支持有力、投入巨大，给菏泽打造区域性综合交通运输枢纽带来巨大压力。如河南商丘市与菏泽市仅相距110公里，济广高速、京九铁路纵贯两市全境，但横贯商丘市的陇海铁路在国家交通体系中的重要性明显高于横贯菏泽市的新兖石铁路；目前，商丘市已经实现高速绕城，而菏泽市绕城公路尚未贯通；特别是"十二五"期间，河南省在商丘市规划实施多个重大交通设施项目，着力把商丘打造成与省内外城市融合发展、对接周边、服务郑州的地区性门户枢纽。在铁路建设方面，建设2条快速铁路客运专线，改扩建1条普通铁路，规划1条铁路；在公路建设方面，建成4条高速，推进3条高速公路前期工作，搞好2条国道和4条省道扩能改造工作，加快2条跨省道路改造升级，提高干线公路通行能力；在航空运输方面，建成商丘机场，与郑州国际机场形成"干支结合、货运优先、客货并举、突出中转"的民航机场体系；在内河航运方面，建成沱浍河航运开发工程，形成直达华东地区的水上通道。另外，开封、新乡、濮阳等市在重大交通设施建设上也都施于重策。这均给菏泽打造区域综合交通运输枢纽带来巨大压力。

三、建设思路

（一）指导思想

树立经营邻边理念，更新发展观念，充分发挥市场在资源配置中的决定性作用，借助于优越的区位条件、丰富的基础资源和完善的产业体系等比较优势，努力做到着眼邻边、置身邻边、经营邻边，有所为有所不为，走符合自身实际的新型工业化、现代农业化和服务业繁荣发展道路，有效吸纳邻边人才、技术和资金等生产要素，逐步在经营邻边中加快崛起、辐射邻边、带动发展，积极融入西部经济隆起带，加快打造邻边经济高地，建成山东西部重要增长极和向中原地区辐射的桥头堡。

（二）基本原则

——市场主导，政府推动。充分发挥市场配置资源的基础性作用，营造良好的市场环境，调动市场主体的积极性、主动性；强化政府规划的指导和政策、资金的引导作用，加强组织协调，完善有利于区域科学发展、跨越发展的体制机制，形成市场和政府双轮驱动的发展格局。

——科技支撑，创新驱动。深入实施创新驱动发展战略，立足优势领域，建设一批高水平研发创新平台，着力突破关键核心技术，全面提高原始创新、集成创新和引进消化吸收再创新能力；充分发挥人才在创新驱动发展中的核心作用，建立健全人才培养、引进、使用、评价、激励机制，建设高层次领军人才队伍，进一步强化科技人才对经济发展的支撑和引领智力作用。

——智慧引领，转型升级。大力实施信息化战略，完善提升信息基础设施，深入推动信息技术与经济社会发展各领域的深度融合。以适应和引领新常态为方向，以经济结构战略性调整为主线，大力实施高端高质高效产业发展战略，不断推动产业体系向融合、创新、智能、低碳方向转变，加快推动工业型经济向服务型经济转变；着力在破解城乡二元结构、推进城乡要素平等交换和公共资源均衡配置上取得新突破，健全城乡发展一体化体制机制。

——深化合作，开放融合。高水平"引进来"和大规模"走出去"并举，以更加开放的姿态与周边地区加强分工协作，积极融入全球产业体系，加快培育参与和引领国内外经济合作竞争新优势；推动以综合交通为重点的重大基础设施互联互通，建立市场主导的区域发展联盟，推动区域产业融合纵深化发展。

（三）发展重点

1. 建设邻边经济高地。

强化产业升级、基础设施、重大项目、科技创新和人力资源五大支撑，突破"瓶颈"制约和薄弱环节，做强现代农业，做优新型工业，做大现代服务业，走质和量同步提高、好与快统筹兼顾、三次产业高度融合转型发展的路子。

2. 建设特色产业基地。

利用菏泽丰富的自然资源优势，地理位置优势以及行业的优势，努力来构建现代化的产业体系，为加快隆起奠定坚实的物质基础。充分发挥煤炭资源储量大、质量优和分布合理的优势，加快煤电化一体化发展步伐，努力打造邻边最大的煤炭化工基地；充分发挥石油和天然气资源丰富的优势，加快石油化工产业链的延伸、增厚和拓宽，努力打造邻边最大的石油化工基地；充分发挥农副产品资源数量大、品种多和加工能力强的优势，加快推进农副产品深加工，努力打造邻边最大的农副产品生产加工基地。

3. 建设高素质劳动力富集地带。

释放人力资源优势和潜力，整合各类教育资源，加大财政补贴，突出抓好齐鲁工业大学菏泽校区建设，重点实施职业教育和技能培训两大工程，加快培育专业性人才市场和中介机构，鼓励自主创业带动就业，把菏泽建成区域性高技能实用人才集聚中心和交流中心，为加快隆起提供强大的人才智力支持。

4. 建设重要的商贸物流中心。

充分发挥承东启西、连南贯北的区位优势，加速生产要素集聚，强化产业西移、中原地区资源输出和南北区域交流合作的战略通道及经济纽带功能，抓好公路、铁路、航道和航空等基础设施建设，尽快形成路网完善、衔接高效、管理智能的现代综合交通运输体系，促进现代物流业发展，努力把菏泽建设成为西部经济隆起带上重要的商贸物流中心，成为山东向中原地区辐射的桥头堡。

四、政策建议

深入贯彻落实中原经济区和西部经济隆起带发展规划，立足经济欠发达实际，树立经营邻边理念，充分发挥基础资源优势，以科学发展观为指导，以全面深化改革为动力，以提高经济发展质量和效益为中心，以招商引资和项目建设为抓手，以加快产业优化升级、统筹城乡协调发展、强化生态文明建设为重点，努力在打造邻边经济高地征程中迈出坚实步伐。

（一）强化协调对接，促进融合发展

认真梳理各项规划提出的政策措施，确保最大限度地发挥好政策的杠杆作用和溢出效应。加强与周边省市的对接。在交通基础设施规划建设过程中，要主动与国家和省际交通干线相衔接，加强跨区域交通设施建设标准、建设时序上的衔接，联手河南、江苏等省积极推进曲阜到兰考客运专线、菏兰铁路、菏徐铁路建设等。加强与周边省市的产业协调。依托菏泽现有产业和交通运输枢纽优势，进一步密切与周边地区能源化工、生态农业、文化旅游和商贸物流等方面的合作，实现优势互补、资源共享、利益共赢，促进区域经济大融合，实现交通和经济发展的良性互动。加强与周边经济群的融合。菏泽经济发展向西要积极对接中原经济区，并以"丝绸之路经济带"为契机，以新亚欧大陆桥为联系通道加速与我国中西部地区的融合发展；向西南对接郑州城市群，向东北重点对接济南都市圈和山东半岛经济区，向东南重点对接徐连城镇带，乃至长三角地区，向东加强与日照、青岛的联系，扩大外向型经济发展，加快融入东北亚经济圈。

（二）转变发展理念，注重提质增效

全面落实"凤凰涅槃、浴火重生"的目标要求，重点在发展理念、发展定位、发展动力、发展途径、考核导向上实现新转变。进一步优化区域产业布局，完善"五大主导产业"发展规划，突出抓好百强企业培育、百家科技型企业成长、百家服务业企业提升、百个市重点项目等四百工程建设。坚持以"人的城镇化"为核心，围绕对接山东

半岛城市群经济圈，深入落实山东省主体功能区规划，走城乡统筹、市域统筹一体化发展路子，积极构建布局合理、功能完善的"四点对接"新型城镇体系，将菏泽打造成为"花香林绿"的鲁西南区域中心城市。

（三）全面深化改革，提供强大动力

全面把握深化改革的原则、方向、重点，着力破解制约发展的体制机制障碍，积极稳妥推进经济、政治、文化、社会、生态文明等制度改革。围绕细化分解的具体任务，切实加强组织领导，有重点、有步骤、有计划地推进落实，加强对改革要点、改革方案落实情况的督导，不断完善有效推进改革的科学决策机制、组织协调机制、效果评估机制等，切实把改革工作纳入规范化、制度化轨道，力争在深化经济体制改革、转变政府职能、建立城乡一体化发展体制等方面取得积极进展。在前期已出台权利审批清单的基础上，加快负面清单和部门责任清单制定进度，形成完善的政府权责体系。

（四）加强基础设施建设，构建外引内联的交通网络

加快推进曲阜—菏泽—兰考城际铁路的预可研、勘探设计，争取尽快建设，尽早通车，争取在曲阜与京沪高铁接轨，在兰考与郑徐高铁接轨，争取在南、北、东、西四个方向都能实现无换乘乘车，进一步拉近菏泽与济南、郑州、徐州等城市群的距离。尽快启动菏泽机场建设，为菏泽招商引资、经济发展插上腾飞的翅膀。尽快启动菏泽—兰考普通铁路的规划和建设，进一步减轻京九铁路线压力、缩短菏泽至兰考铁路运距，实现陇海线与新兖石铁路的有效对接，中原经济区和丝绸之路经济带城市群出口货物在菏泽的直接通关，进而较大幅度提高青岛港、日照港的吞吐量。尽力推动京九客运专线的规划编制和实施，畅通菏泽北上南下的大通道。加快启动菏泽—徐州普通铁路，为山东新增一条连接长三角地区的铁路通道。

（五）增强自主创新能力，提高内生发展动力

实践表明，自主创新能力的强弱直接影响着一个地区的发展质量和速度，菏泽要把增强自主创新能力摆在发展全局的核心位置，推动优势产业发展，攻克核心技术，提升创新水平，努力为打造"科学发展和邻边经济高地"提供科技支撑。整合现有创新平台，整合公共服务设施，整合科技专项资金，着力解决定位重叠、分工不清和设备配置不合理等问题，充分发挥创新资源的作用。强化应用研发平台建设，重点支持创新创业服务中心、科技成果转化平台和科技产业基地等优化升级，加快推进生物医药、机电设备制造和牡丹产业等研发机构建设。建立菏泽统一的技术产权交易中心，为科技成果转化提供畅通渠道，支持企业与科研机构建立多种形式的产学研创新联盟，加快推动科研成果转化为现实生产力，努力打造邻边自主创新高地。

（六）强化生态文明建设，优化经济发展环境

建立"源头控制、过程严管，后果严惩"的生态文明制度体系，努力抓好污染减

排、节能降耗和生态工程建设，切实推进绿色、循环、低碳发展。强化污染减排。加快实施水污染防治工程，严格落实治污设施运行监管，确保主要出境河流水质稳定达标；加强发电行业脱硫脱硝、工程施工现场扬尘和汽车尾气污染等方面的治理，推进裸露土地绿化，确保空气质量明显改善。强化节能降耗。突出抓好传统产业改造升级和落后产能淘汰，着力推动工业、建筑和交通等重点领域节能；加快发展节能环保产业，开发推广节能环保关键技术和装备。强化生态建设。加快植树造林、河道生态修复和湿地公园等工程建设，着力抓好水土流失、采矿塌陷和地下水超采漏斗区等综合治理，为打造邻边经济高地营造良好的生态环境。

（七）推进民生工程，提高保障水平

继续加大民生投入，切实解决人民群众在就业、教育、社保、医疗等方面的实际困难，让发展成果惠及全市人民群众。规范完善企业养老保险市级统筹，建立健全最低生活保障、就业困难群体就业援助、重特大疾病救助等制度，努力扩大社会保障覆盖面。加大扶贫开发力度，做好精准识别和精准扶贫工作。加强和改进群众工作，深入开展矛盾纠纷排查化解活动，积极创建"平安菏泽"，不断提高人民群众的安全感和满意度。